OPTION

魅力期权

一部脱离“本本主义”的期权宝典

余　力◎著

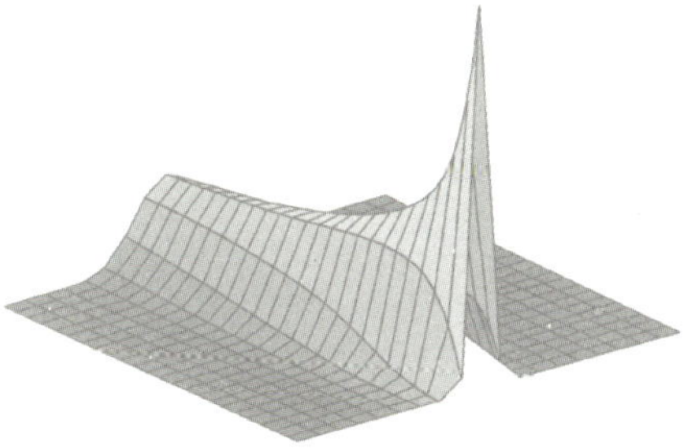

Charming Option

on Your Future

上海财经大学出版社

图书在版编目(CIP)数据

魅力期权：一部脱离“本本主义”的期权宝典／余力著. —上海：上海财经大学出版社，2023.8

ISBN 978-7-5642-4184-1/F.4184

Ⅰ.①魅… Ⅱ.①余… Ⅲ.①期权交易—通俗读物 Ⅳ.①F830.91-49

中国国家版本馆 CIP 数据核字(2023)第 086113 号

□ 责任编辑　吴晓群
□ 封面设计　张克瑶

魅 力 期 权

一部脱离“本本主义”的期权宝典

余　力　著

上海财经大学出版社出版发行
(上海市中山北一路 369 号　邮编 200083)
网　　址：http://www.sufep.com
电子邮箱：webmaster@sufep.com
全国新华书店经销
上海华业装璜印刷厂有限公司印刷装订
2023 年 8 月第 1 版　2024 年 3 月第 2 次印刷

787mm×1092mm　1/16　22.75 印张(插页：2)　446 千字
印数：3 001－5 000　定价：98.00 元

前 言

期权被誉为衍生品皇冠上的明珠。近些年,《期货与衍生品法》颁布,国内衍生品市场发展迅速。一方面,我们看到国内场内期权新品种上市步伐不断加快,从原来只覆盖上证 50 和沪深 300 两大标的指数,到如今已经覆盖中证 500、中证 1000、创业板等各大主要的宽基指数,可用于期现结合和风险管理的工具越来越多;另一方面,我们看到场外衍生品的规模明显得到了提升,雪球等收益凭证成为不少机构用于增强收益的重要工具,也成为一些券商实现业务多元化的重要路径。

国内期权市场诞生于 2015 年 2 月 9 日。出于对衍生品的热爱,我在 2016 年 5 月设立了个人微信公众号(optionstudio_yuli),并写下了第一篇公众号文章。这些年的时光如白驹过隙,从 2017 年年末的第 100 篇,到 2019 年年中的第 200 篇,到如今已经不知不觉写下了超过 500 篇。在这些文章里,大家可以找到"期权的 ABC 和学习的途径",也可以感受"茅台与期权保险的化学效应",可以复盘"历史上大的黑天鹅与卖方风控",也可以回顾"历史上大的趋势与买方布局"。2020 年上半年,我精选并修改了 100 篇文章,出版了我的第一本书——《品味期权:源于实盘感悟的期权交易指南》,它既是对历史的一个阶段性总结,也开启了未来创作的大门。

今年应出版社的邀请,我开始筹备整理第二部作品——《魅力期权:一部脱离"本本主义"的期权宝典》。这部作品主要总结归纳了我在 2020 年以后的策略运用和实盘经验,并且一切基于实盘的思考路径,脱离"本本主义"的思维,让读者切实感受到一个衍生品投资经理是怎样运用期权看市场的,又是怎样运用期权来布局的。

在《品味期权:源于实盘感悟的期权交易指南》一书里,我将全书分为"通俗篇""解惑篇""复盘篇""问道篇""爱智篇"。其中,"通俗篇"是从趣味的视角介绍期权的普及性知识;"解惑篇"是从问答的视角解答大家平时存在的疑问;"复盘篇"是对 50ETF 期权上市前五年那些值得铭记的交易日进行了仔细复盘；“问道篇”是用数据说话，向读者展示历史上的统计规律；“爱智篇”的取名则源自“爱智之学”，介绍期权交易中的投资理念、方法论和我的认知与感悟。

于是，作为《品味期权：源于实盘感悟的期权交易指南》的姊妹作，我沿用了第一部作品的分篇章结构，将《魅力期权：一部脱离“本本主义”的期权宝典》划分为“准备篇”“视角篇”“策略篇”“实盘篇”“事件篇”“产品篇”，一共六大篇章。

“准备篇”一共含15篇文章，是针对期权初学者的入门过渡，介绍了什么是期权，期权与期货、权证的区别，期权的买方与卖方，几大波动率的区别，期权的希腊字母，以及国内期权的交易规则等初学者最容易提出的问题。在这个部分里，您会看到“期权入门最常见的20个问答”“每个客户，适合贴上买方还是卖方的标签”“期权交易前，值得了解的五大公式”“国内的ETF期权与股指期权，有什么区别”等内容。通过这些内容，我希望能用尽量简易通俗的语言让初学者完成快速入门。

“视角篇”一共含15篇文章，主要总结了期权市场里的各种指标，包括认购认沽比、波动率偏斜曲线、波动率期限曲线、波动率指数、Skew黑天鹅指数、期权的最痛点等。在这个部分里，您会看到“一张波动率曲面，可以藏着多少信息”“为什么对海外VIX指数的结论不能持‘拿来主义’”“认购认沽比，这个指标的意义在哪里”“期权的‘最痛点’，您知道是怎么回事吗”等内容。通过这些内容，我希望告诉大家即便您平时不交易期权，期权也可以很有用，因为期权市场的指标和信息可以成为您观察标的走势的“第三只眼”。

“策略篇”一共含20篇文章，所总结的是平时实际交易里的种种细节，其中有关于合约选择的，也有关于止盈止损的。在这个部分里，您会看到“买期权的止盈止损，有什么讲究”“每次卖方止损，怎样突破心理障碍”“双买期权，你会一起离场，还是分腿离场”“期货的日内策略能直接用于期权吗”等内容。通过这些内容，我希望能让大家避开实盘交易中的误区，少走弯路，每一步都能有理有据。

“实盘篇”一共含25篇文章，是对2020—2023年这四年重要行情和操作的复盘记录。在这个部分里，您会看到2020年2月3日大盘低开8%那一天经历者的想法与布局，2020年3月美股四次熔断时买保险的心态和过程，2022年3—4月破位前卖方风控线的设定，以及中证1000期权上市后，中证1000与沪深300期权之间的配对交易等内容。通过对这些交易日的记录，或许在未来的某一天，我们的思考过程会产生共鸣。

“事件篇”一共含10篇文章，是相对轻松的一个部分，主要记录了过去四年里重要的、值得细细回味的大事件。在这个部分里，您会看到“德银大规模裁员的背后，别再让衍生品‘背锅’了”“期权价格可以为负吗？面对负值的油价，芝商所究竟如何调整期权的结算价”“单月巨亏的意外背后，我们应该如何看待一根净值曲线”“从雷曼兄弟到硅谷银行，一个用了衍生品，一个却恰好没用”等内容。通过这些内容，我们可以史为鉴，从历史上的大事件中收获更多宝贵的经验。

“产品篇”一共含15篇文章，介绍了最近几年非常出圈的场外期权，其中有关于雪球的，也有关于安全气囊的。在这个部分里，您会看到“买雪球，你图什么，更要防什么”“买雪球，你赢了，券商就输了吗”“凤凰与雪球，又有什么区别”“半仓底仓＋半仓网格，这像不像雪球”等内容。通过这些内容，我希望能透过现象看本质，帮您对近年来常见的场外期权和热门产品做一个全面的梳理。

在本书即将付梓之际，我真挚地感谢在本书出版过程中默默支持我的每一个人。感谢鑫元基金董事长龙艺女士、首席量化投资官洛里昂先生对本书提出的宝贵建议，感谢我的同事肖涵先生对本书稿的精心校对，也感谢上海财经大学出版社的编辑们的仔细编校和用心润色，这本书的顺利出版离不开大家的全力支持。

做任何事情都有其初心，写下这本《魅力期权：一部脱离“本本主义”的期权宝典》的初心，是希望能够记录下这几年来期权交易路上值得沉淀的感悟。理论是我的基石，实盘是我的源泉，这些文章的素材，有的来源于下班路上的遐想，有的来源于某天复盘后的体会，有的来源于某次课后交流时的问答，有的则是来源于一次盈亏后的归因。我依然相信，正确的投资者教育并不是去吹嘘某一次不可复制的暴利效应，而是试图把一个好的、正确的体系传导给每一位投资者。

小船静静往返，黄浦江的江畔，
星空下的未来，交给期权点燃，
梦美的很绚烂，白渡桥上呐喊，
这世上的成功，出自孤单。

改写着周杰伦的歌词，我感叹过去这些年期权曾向我展现的魅力，也希望您——我的读者朋友，能在这一篇篇的文章中感受到期权的魅力。

余 力

2023年7月于上海

目　录

准　备　篇

视　角　篇

策 略 篇

实 盘 篇

事 件 篇

产　品　篇

Charming Option on Your Future

准备篇

1. 期权入门最常见的20个问答(问题1～问题4)

问题1. 期权到底是个什么“东西”?

答: 期权是一种代表未来权利的合约。比如,保险合约就是一种期权,它代表着如果发生事故则可获得赔偿的权利;“足彩”也是一种期权,它代表着如果某队获胜则可获得报酬的权利。

那么权利金又是什么?所谓天下熙熙皆为“权”来,天下攘攘皆为“利”往,“权利”不是免费的午餐,绝不会从天而降,所以想要得到权利的一方就必须付出一定的费用,这个费用就是权利金(又称期权费)。于是,我们就能理解期权的买方与卖方。在期权交易里,付了费用,获得权利的一方就是期权的买方;得到费用,给予权利的一方就是期权的卖方。支付权利金后,买方就只有权利,没有义务了;而得到权利金后,卖方就只有义务,没有权利了。

以后,当你对期权的概念又有点模糊的时候,想一想投保人和保险公司吧,一切道理皆在其中!

问题2. 同样姓“期”,期权与期货的差别在哪?

答: 期货是一种约定到期日一手交钱、一手交货的标准化合约。既然如此,到期可以不交钱或不交货吗?当然不行,这叫作“违约”。期货中到期必须交钱的一方常称为期货的买方(多方),到期必须交货的一方常称为期货的卖方(空方)。期货买方有义务交钱,卖方有义务交货,你说天下对义务最好的约束手段是什么呢?——没错!保证金!因此期货买卖双方都需要缴纳保证金,一旦保证金不足,就会面临强行平仓的风险。

来对比一下期权吧,让我们把期权想成保险,你说保险的买方既然付了保险费(权利金),还有义务吗?没有了,他只有权利,他可以视情况选择行权或者不行权,所以不再需要缴纳保证金。而保险的卖方(保险公司)呢?俗话说,拿人钱手短!保险公司收取了保险费后,只承担义务,万一哪一天被行权,就必须履约,所以需要缴纳保证金。因此同样姓“期”,期货买卖双方权利与义务对等,都要缴纳保证金,而期权的买方只有权利没有义务，不用缴纳保证金，期权的卖方只有义务没有权利，需要缴纳保证金。

实际上，造成期权买卖双方权利与义务不对等的根本原因，就是买方在交易的一开始就付钱了（卖方在交易的一开始就收钱了），而期货的买卖双方则在成交的一开始没有任何资金往来，直至到期交割！

问题 3. 名中同样有“权”，期权与权证的差别在哪？

答：期权和权证都是代表未来权利的合约，然而它们的“出生”方式却很不相同。

期权就像我们平时的“婚姻”，一方愿娶，另一方愿嫁，则可以立刻领证结婚。在一个期权交易市场中，一方愿开仓买，另一方愿开仓卖，只要价格和数量能撮合成功，双方的成交就会诞生一张期权合约，就像诞生一张结婚证，没有一二级市场的概念，每一位进入期权市场的交易者都可以成为期权的买方，也可以成为期权的卖方。

而权证则不同了，它的出生方式就像股票，创设方往往是大机构或直接是上市公司本身，供给量有限（就像股票、流通股这些），所有第一级的投资者都只能成为权证的买方，随后的转让才形成二级市场。

问题 4. 买期权与卖期权，哪个挣钱？

答：买期权与卖期权的挣钱驱动因素完全不同，按照“足彩”的语言来说，就是胜率和赔率的博弈。如同每一个股票择时模型一样，低胜率必然伴随着高赔率，高胜率一定伴随着低赔率。

买期权的人就像买彩票的人，看重的是标的价格广阔的空间，用未来的时间来换取标的价格持续上涨或下跌的空间，由于价格持续大涨或大跌毕竟是小概率事件，因此可以说是用低胜率来博取高赔率。而卖期权的人就像保险公司，看重的是用波动的下降与时间的流逝换取未来的安静与太平，平时一般能稳赚保险费，但某次高昂的赔偿则会带来较大的损失，是用高胜率来换取较低的赔率。

2. 期权入门最常见的 20 个问答 (问题 5～问题 8)

问题 5. 期权一定要持有至到期吗?

答: 这要看你买的是什么期权。期权可以分成场外期权和场内期权。

场外期权是一对一签订的协议,除非设置中途退出条款(如敲出条款),否则一般不具有流动性,往往是持有到期。比如,签一份半年期的场外黄金看涨期权,如果半年内黄金一路下挫,那你就难以将该期权转手给第三人。

而场内期权的交易就像我们平时炒股一样,属于竞价交易。每一个买期权的人,只要期权不到期,都可以挂出卖单把期权平掉,这种行为叫作卖出平仓;同理,每一个卖期权的人,只要期权不到期,都可以挂出买单把期权平掉,这种行为叫作买入平仓。当然,你也完全可以不平仓,等待到期视情况选择是否行权。

问题 6. 期权价格一天只有一个吗?

答: 对于这类问题,我们用下面这张图(图 2－1)便可对症下药地解答。这里,就以 50ETF 某日的平值认购期权的分时走势图为例。

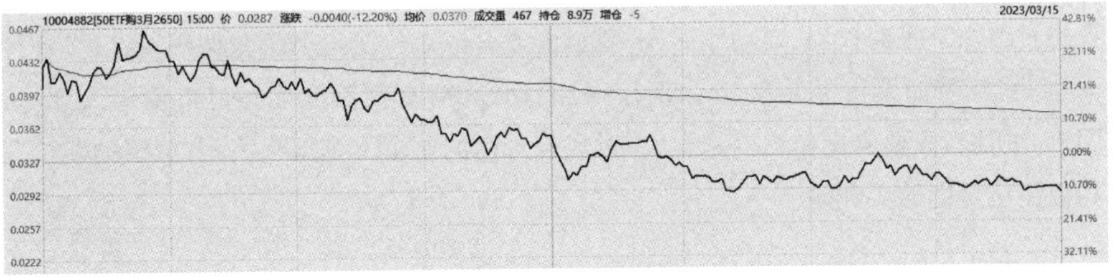

数据来源：Wind。

图 2－1　某认购期权合约的日内分时图

这张图说明场内期权不是普通开放式基金,它的价格显然不是一天只有一个,而是和平时大家玩的股票一样,从 9:30 到 15:00 期间,每时每刻价格都可能发生变化,价格变化的频率取决于交投的活跃度,一般而言,近月平值附近的期权流动性最好。

事实上，有心的投资者还会发现，越是流动性好的期权合约，日内分时价格走势图与标的证券的分时图的相关性就越高。

问题 7. 期权价格是交易所定的吗？

答：当然不是！场内期权市场在交易价格形成上十分类似于股票交易，市场上每一个愿买的人挂出买单，愿卖的人挂出卖单，市场价格是买卖双方竞价出来的，交易所只是提供撮合成交的服务。正是由于这样的竞价撮合机制，同一份期权合约在当天 4 小时内的交易价格才会变来变去。与股票一样，当价格变高时，说明买方势力变强，需求胜过供给；当价格下跌时，说明卖方势力变强，需求小于供给。

问题 8. 我想买期权，会有对手方吗？

答：相比场外期权，流动性已经是场内期权的一个大优势。这里需要一提的是，为保障市场的流动性，尽量使想买的人买得到，想卖的人卖得出，国内场内期权几乎都采用了竞价与做市商混合的交易机制。注意哦！在这个机制下，各大做市商所报的买单和卖单与其他交易者的挂单一样都被扔入竞价系统里进行同时撮合，由于交易所对做市商的报价价差（卖价－买价）、报价数量有一定的要求，加之市场参与者越来越多，通常在平值附近的合约盘口常态都比较类似于图 2－2。

	价格	量(手)
卖五	0.0292	78
卖四	0.0291	4
卖三	0.0290	179
卖二	0.0289	8
卖一	0.0288	30
买一	0.0287	247
买二	0.0286	20
买三	0.0285	19
买四	0.0284	2
买五	0.0283	1

数据来源：Wind。

图 2－2　某期权合约的盘口状态

这张图说明了什么？说明在我截图的这一瞬间，盘口买量是 247 张，意味着如果我想卖出 247 张期权，只要动作够快，我就能立马以市价卖出 247 张期权；盘口卖量是 30 张，意味着如果我想买入 30 张期权，只要动作够快，我就能立马以市价买入 30 张期权。所以，只要成交需求不是太大，对成交价格的要求不是那么苛刻，想买的期权合约往往还是能够买到的。

3. 期权入门最常见的 20 个问题（问题 9～问题 12）

问题 9. 期权会爆仓吗？

答：很多人看到“期”字，就会马上联系起一个惊悚的词——“爆仓”。我想或许我们应该把爆仓的实质在此梳理一下。为什么会爆仓？爆仓往往源自保证金不够，而需要保证金是因为怕你到期不交割或不还钱。市场上有着形形色色的工具，如商品期货、国债期货、股指期货、融资融券、股指期权、ETF 期权、商品期权等，判断一个工具是否会爆仓，只需问自己一个问题，那就是：你持有这个工具后，身上有没有义务，需不需要缴纳保证金？

对于期权而言，我们必须把买方和卖方分开看待。投资者买了期权，就像买了一份保险，我向保险公司支付一笔保险费后，他们还会向我讨债吗？那是自然不会的！因此这个特性反映了买入期权的一大特性，那就是损失有限，不会爆仓。而卖方呢？假设卖方就是一个卖保险的个体户（这里我们假设他不能以信誉担保），他拿了别人的钱就手短，肩上承载着巨大的义务，为了让投保人放心，他必须押着担保品，一旦情况开始朝他不利的方向走，他就必须追加更多的担保品，直至破产，所以存在爆仓的风险。

问题 10. 为什么标的涨了，我的认购期权竟然没涨？

答：事实上，这种情况不足为奇，比如某一天，50ETF 微涨了 0.05%，但当月平值认购合约当天下跌了 6.90%。这就像股票一样，仅从基本面考虑，有些股票每年的净利润在一点点增加，那它就一定涨吗？当然不是，如果它没有一个好的前景，如果这个行业处于周期性低谷，那么市场给予它的估值可以照样很低。一般而言，期权的价格至少受到三个因素的影响：标的价格、波动率（就好比是期权的估值）和时间。它的价格涨跌是由这些因素共同作用的。对于认购期权，标的价格、波动率和时间分别对期权价格的影响如表 3－1 所示。

表 3－1　标的价格、波动率和时间分别对期权价格的影响

影响因素	认购价格
股价越高	越高
波动率越大	越高
距离到期时间越长	越高

标的价格上涨理论上应该带动期权价格上涨，但如果波动率显著下降，时间也在衰减，则这份期权价格反而会下跌。这就好比一个家庭有三个人——爸爸、妈妈和小明，三个人的奖金与家庭的总财富都是正相关关系。虽然今年小明找了一份新工作，年终奖比去年增加了 8 万元，但是爸爸和妈妈的单位今年盈利情况不景气，年终奖都减少了 5 万元，于是整个家庭的总财富还是缩水了 2 万元。这就是标的涨了，所买入的认购期权可能没涨的原因——时间衰减了，波动率可能也下降了。

问题 11. 关于一张期权合约的要素，我需要知道哪些？

答：对于股票，你只需要知道股票代码（一个维度）就能迅速找到想买的股票，比如 600519 代表贵州茅台，300750 代表宁德时代。

对于股指期货，你只需要知道标的和月份（两个维度）即可，比如沪深 300，2023 年 9 月到期的期货合约，代码记为 IF2309。

对于期权，你需要知道标的、类型、月份、行权价（四个维度）。这里，为帮助你迅速地明白自己在买卖哪份期权，我们只需要看一下期权的合约简称。举个例子：50ETF 购 9 月 2800，它表示标的是 50ETF，9 月到期，行权价为 2.800 元的认购期权。具体如图 3－1 所示。

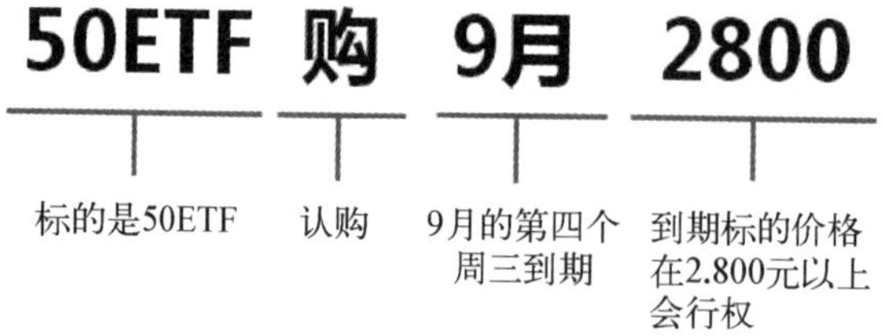

图 3－1　50ETF 购 9 月 2 800 图示

问题 12. 我曾看到一张期权涨了 1 000%，那它会不会也跌那么多？

答：期权的魅力之一就在于收益与风险的不对称性。关于这个问题，我们是站在买方的角度来回答，重要的事情说三遍：期权的买方就是投保人，投保人，投保人！有一次我在携程订机票的时候顺手买了 20 元的乌鲁木齐回上海的延误险。没想到飞机

延误了6小时,意外真的发生了。我获得了500元的赔偿,收益率算下来等于2 400%[(500—20)/20]!

其实,我买保险的时候只是想以小博大,心想万一意外发生了,我可以小发一笔“横财”;如果没延误,我最终的结果是损失20元,也就是最多损失100%(专业名词叫价值归零风险)。你看到过买保险的人付完保险费后,还会亏损更多吗?不会!所以一张期权本身可能涨了1 000%,甚至高达2 000%,但它的最大亏损是100%。

4. 期权入门最常见的 20 个问答（问题 13～问题 16）

问题 13. 有人买了一张期权，赚了 300%，谁亏钱呢？

答： 这里，我以某个交易日的实盘数据来举例。某天，一张 50ETF、8 月到期 2250 认购合约开盘于 321 元，收盘达到了 890 元，假设小明同学开盘买进 1 张，收盘平仓，那么在不计交易费的情况下，他赚了 569 元，收益率为 177.25%。

试想一下，这个过程中，是谁亏了钱呢？通常而言，一个人的盈利是由好几个交易者的亏损合计而得的。为加深你的理解，下面我假设这一天只有四个交易者：小明、小李、小赵、小丁。交易明细如下所示(不计交易成本)：

- 小李上午 9:30 卖出开仓 1 张“50ETF 购 8 月 2250”，成为小明的对手方，到了 10:30，他觉得情况不妙，买入平仓把这份期权转让给了小赵，亏损了 260 元。
- 小赵卖出开仓后一直持有到下午 2:00，出现了一定的浮亏，选择赶紧买入平仓把这份期权转让给了小丁，亏损了 240 元。
- 小丁一直持有到下午 3:00，买入平仓该合约，亏损了 69 元。

图 4－1 展示了上述零和博弈的关系。

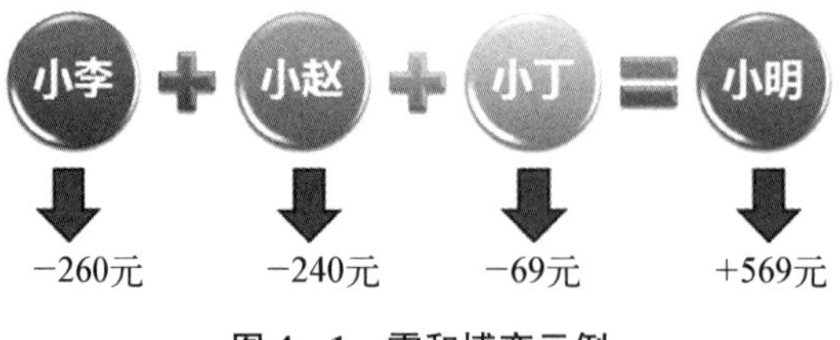

图 4－1　零和博弈示例

问题 14. 听说期权可以穿越牛市/熊市，具体怎么操作？

答： 我在《品味期权》一书中，曾总结过二十四字的操作口诀，叫作“看大涨买认购，看大跌买认沽，有压力卖认购，有支撑卖认沽”。

这是什么意思呢？就是买认购的一方不仅仅是看涨，标的上涨千分之几未必盈利，真正的获利是在标的大幅上涨的时候；而买认沽的一方也不仅仅是看跌，标的下跌千分之几也未必盈利,真正的获利是在标的大幅下跌的时候。反过来,卖认购的一方是认为标的价格难以涨过一个价格,比如预期上方有个双重压力顶,若到期前标的确实没越过这个价格,就赚取了全部权利金;而卖认沽的一方是认为标的价格难以跌破某个价格,若到期前标的确实没跌穿这个价格,就赚取了全部权利金。因此,买认购、买认沽往往运用在趋势行情里,而卖认购、卖认沽往往运用在震荡行情里。

问题 15. 经常听到实值期权、平值期权、虚值期权,怎么区分这三者?

答: 首先,我们可以从到期行权的概率去理解,不论对于认购期权还是认沽期权,站在当前看未来,如果到期行权概率大于 50%就视为实值期权,如果到期行权概率小于 50%就视为虚值期权,如果到期行权概率恰好等于 50%就视为平值期权。

形象地说,实值期权是更让人放心的期权,越实值就越放心(站在当下看);虚值期权是让人担心的期权,虚值程度越深就越令人担心(站在当下看)。

如果实在记不住,也没关系,可以直接打开客户端,进入期权 T 形报价界面,你就会看到左边都是认购期权,右边都是认沽期权。一个原则:凡是“内在价值”一列显示为“0”或“—”的期权都是虚值期权。由下图(图 4 - 2)可见,实值期权位于西北和东南方向(左上方与右下方),虚值期权位于东北和西南方向(右上方与左下方)。

内在价值	历波%	隐波%	真实杠杆	杠杆	溢价%	幅度%	最新	购<行权价>沽↑	最新	幅度%	溢价%	杠杆	真实杠杆	隐波%	历波%	内在价值
0.2720	14.27	20.47	9.57	9.60	0.24	11.94	0.2784	2.400	0.0006	-25.00	10.20	4453.33	-11.77	17.90	14.27	–
0.2220	14.27	18.74	11.51	11.65	0.28	14.41	0.2294	2.450	0.0015	-42.31	8.36	1781.33	-20.82	17.23	14.27	–
0.1720	14.27	17.62	14.12	14.71	0.36	13.07	0.1017	2.500	0.0038	-40.63	6.58	703.16	-27.81	16.87	14.27	–
0.1220	14.27	16.45	17.60	19.66	0.52	23.55	0.1359	2.550	0.0081	-38.17	4.87	329.88	-34.57	16.12	14.27	–
0.0720	14.27	15.62	22.05	28.37	0.83	27.82	0.0942	2.600	0.0171	-36.67	3.33	156.26	-34.79	15.73	14.27	–
0.0220	14.27	15.59	26.84	43.95	1.45	34.51	0.0608	2.650	0.0323	-34.08	2.03	82.72	-32.21	15.23	14.27	–
–	14.27	15.12	32.83	77.45	2.34	36.36	0.0345	2.700	0.0570	-27.39	1.09	46.88	-27.01	15.14	14.27	0.0280
–	14.27	15.17	37.76	147.62	3.60	38.17	0.0181	2.750	0.0900	-21.81	0.45	29.69	-22.10	14.98	14.27	0.0780
–	14.27	15.56	39.04	293.63	5.13	44.44	0.0091	2.800	0.1309	-18.19	0.11	20.41	-17.70	15.28	14.27	0.1280
–	14.27	16.09	35.23	593.78	6.83	45.16	0.0045	2.850	0.1767	-15.86	-0.05	15.12	-14.22	16.15	14.27	0.1780
–	14.27	16.06	33.72	1484.44	8.60	20.00	0.0018	2.900	0.2240	-13.85	-0.15	11.93	-11.66	16.34	14.27	0.2280
–	14.27	17.37	18.17	2429.09	10.45	22.22	0.0011	2.950	0.2728	-12.00	-0.19	9.79	-9.72	16.73	14.27	0.2780
–	14.27	18.24	9.47	4453.33	12.30	0.00	0.0006	3.000	0.3222	-10.50	-0.22	8.29	-8.28	17.12	14.27	0.3280

数据来源:汇点期权交易软件。

图 4 - 2　某日上证 50ETF 期权 T 形行情

问题 16. 期权保证金等于成交金额乘以固定比例吗?

答: 许多初涉期权的交易者会问,期货的保证金是 10%还是 20%等? 期权的保证金比例是多少呢?

这个问题的答案与期货不同,期权的保证金比例是不固定的。原因很简单,回顾我们在第 15 问所提及的实值期权、平值期权、虚值期权:实值期权的到期行权概率大于 50%,越实值,到期行权概率就越大,为保证不发生交割违约,卖方就必须缴纳更多的保证金来承担义务;同理,越虚值的合约,到期行权概率就越小,卖方需要缴纳的保证金就会很少,因此,期权卖方的保证金比例关系是“实值>平值>虚值”。

这就好比你买了三张“足彩”，分别是巴西冠军、美国冠军、泰国冠军，如果你赢了，对方就必须付给你相应的报酬。此时，你说哪个“足彩”对应的担保金要求最高呢？毫无疑问是巴西，因为巴西夺冠的概率最大，最为“实值”。所以，假如当前一张平值期权的保证金比例是15％，那么虚值期权的保证金比例一定小于15％。当然，你不会算也没关系，因为交易软件一般会自动帮你算好每个期权的保证金，在卖出开仓前，会提示你的保证金是否足够开仓。

5. 期权入门最常见的 20 个问答（问题 17～问题 20）

问题 17. 我交易了一笔期权，怎么算盈亏？

答： 期权交易是可以双向交易的，也就是可以做期权的买方（先买开后卖平），也可以做期权的卖方（先卖开后买平）。

做惯了股票交易的投资者或许会问，先买后卖我能理解，但我没有东西怎么先卖后买呢？其实，先卖后买就是你经常听到的名词——“卖空”。图 5－1 展示了期权交易的两种基本操作。

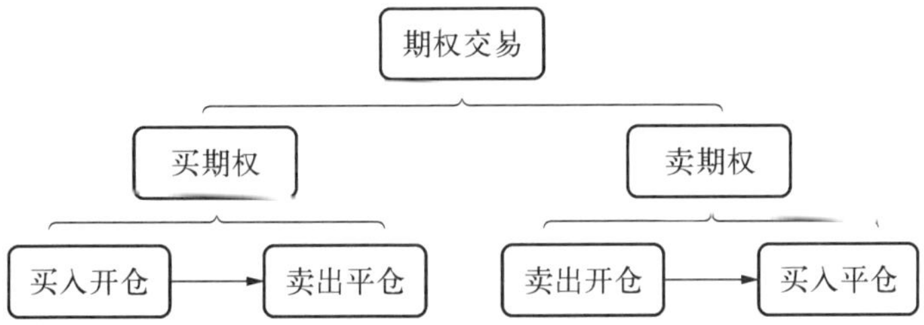

图 5－1　期权交易的两种基本操作

计算盈亏时，只需记住一个原则：

买的时候（不论买开还是买平）对应减号“－”，卖的时候（不论卖开还是卖平）对应加号“＋”。比如，交易者小明在一天内做了如下期权交易：

- 9:40：看大涨买入开仓 1 张认购，开仓价 160 元；
- 11:00：获利了结卖出平仓持有的认购期权，平仓价 220 元；
- 14:20：他认为指数日内下方有支撑，尝试卖出开仓 1 张认沽，开仓价 350 元；
- 收盘前：选择获利了结买入平仓持有的认沽期权，平仓价 250 元。

于是这一整天下来，小明的盈亏（不计交易费用）为 160 元（－160＋220＋350－250）。

问题 18. 我是低风险偏好者。对于期权，有适合我的策略吗？

答： 有！答案非常肯定。比如，在趋势性行情中，你可以买入 50ETF 等指数型产品，享受着“赚指数就赚钱”的感觉。在有了一定浮盈后，买入认沽期权做保险，或者卖出认购期权做备兑。

在期权交易里，持有现货＋买入认沽＝保险策略。当你持有指数工具(如 ETF)时，指数从 2 500 点涨到 3 000 点，这时花一笔小钱买个当月认沽期权锁定 3 000 点的卖出价，就意味着一个月后，即使指数跌回到 2 500 点，你还可以以 3 000 点的价位卖出手中所有的 ETF。这就是保险的作用！

你还记得，早在 2015—2016 年间，你在不停地换股中得到的收益有没有抵御住三轮股灾带来的亏损吗？我想很难！然而，安安静静地持有上证 50ETF，每月不断地买当月虚值 1 档认沽做保险，却还保留了 8.28%的年化收益率，这就是期权作为保险的魅力。

问题 19. 期权交易千万不能有的误区是什么？

答：大部分股票交易者有补仓思维，很少有止盈止损的思维，或是很少有人能长期严格地遵循原则止盈止损，而这一点恰恰不能带到期权交易上来。每一份期权都有到期日，到期以后这个合约就会从“人间”蒸发，永别了！

下面就是一个期权补仓失败的例子。

背景：2016 年 1 月，市场出现第三轮断崖式下跌。
小 A 在 1 月 11 日欲抄底后市，买入 10 张“1 月 2300”认购合约，花费 1 890 元。
随后市场继续下行，所买的认购面临浮亏，到了 1 月 13 日，小 A 继续补仓 20 张，花费了 2 220 元。
然而事与愿违，一天后市场仍然没有起色，小 A 继续补仓 30 张，花费了 3 420 元。

最终，到了认购期权到期日，50ETF 价格依然没有回到 2.300 元以上，“1 月 2300”认购合约以深度虚值收场，小 A 总共面临 7 530 元的亏损。我们试想，如果小 A 具有止损思维，在 1 月 13 日，他没有选择补仓而是止损，那么他只会亏损 780 元。因此，我们感悟到了“熊市不言底，慎接飞刀”，股市中有时补仓是因为，只要股票不退市，你或许还能等到翻盘的那一天；但在期权交易中，由于到期日的存在，逆势而行下的补仓会加大你的总亏损，或许还没等到反弹的那一天，你的头寸已经牺牲在“解放前”，所以我们必须设置合适的止盈止损线，一旦触及就严格地执行平仓，只有这样，我们才能长存于市场。

问题 20. 期权的推出，对标的的长期走势有什么影响？

答：很早以前，芝加哥期权交易所著名的《南森报告》就得出了这样的结论：期权的推出有助于吸引长期资金入市，促进估值理性回归。一方面，期权的卖方将权利金进行股票再投资,实现了资金的循环利用;另一方面,期权的实物交割以及标的与期权组合策略,增加了标的及其成分股的需求,在更多的期权品种推出后,更多资金可能再次回到股票市场。

从国内首个场内期权品种 50ETF 期权上市前后的变化来看,在期权上市后期权投资者的股票日均交易额和股票日均持仓市值分别提高了 68.0%(整体市场为 64.3%)和 49.6%,与市场趋势变化一致,没有分流股票市场的资金,甚至为市场吸纳了更多的增量资金。这些年,MSCI 和富时罗素公司也在逐年提升 A 股在新兴市场指数里的纳入比例,在吸引外资持续净流入的背后,丰富的保险对冲工具将会是一个非常重要的基石,这些长期资金的实质性入市才会真正产生引导被低估的证券估值理性回归的效果。

6. 每个客户，适合贴上买方还是卖方的标签

关于期权的买方与卖方，就犹如冰与火的对立！买方如火焰一般，一旦有一股趋势的东风吹来，就会燃烧得格外耀眼！它有着火一般的疯狂，但也会在冰冷的行情中慢慢熄灭。而卖方则如冰雪一般，每天静静地积累着、增厚着，慢慢地堆成一座小山，又渐渐地变成一片雪海！它有着冰一般的冷酷，但它会在火焰下迅速融化，在日照下迅速崩塌。

所谓"萝卜青菜，各有所爱"。在实盘交易里，有的人喜欢买期权以小博大，有的人喜欢卖期权以每月赚取相对安全的期权费，大家对市场的看法不同，各自的风险偏好不同，导致了每个人有着自己的选择。

那么对于每一个客户，究竟"冰"好还是"火"好？你究竟更适合被贴上"买方"的标签，还是"卖方"的标签，我想，可以从以下四个角度来综合考虑：

- 资金层面：你在期权账户里的本金大小。
- 心理层面：你是更在乎胜率还是赔率的人。
- 技术层面：你的风控意识和能力是否强大。
- 市场层面：当前的市场处于"春秋"还是"夏冬"。

下面我们就从具体的四个角度来和你聊聊：

第一个角度是资金层面的因素，也就是你愿意放在期权账户里的本金有多少。这是一个很现实的问题，本金的多少决定了一个人暂时做买方更合适，还是可以大量做卖方。我们知道，期权买方最大的功能就是看对方向时可以花小钱办大事，通常只需要花费少量的权利金，初始成本很低；而期权卖方就像保险公司，需要很多担保，每一张都要占用一定的保证金。以 300ETF 期权为例，在中等波动率水平下，买一张虚 3 档的近月期权可能只花费 300～600 元，但卖出一张虚 3 档的期权可能占用 3 000 元以上的保证金。

当你只有几万元时，做卖方的收益你或许根本看不上，因为绝对金额太低了，5 万元的本金一年做下来基本上也就是四位数的收益；而当你账户里有几十万、几百万元时，你自然就可以留出一部分仓位去做卖方，再留一小部分做买方，在上有压力、下有支撑的行情下，用卖方作为底仓为总资产增厚一些安全垫，然后在价量齐升等行情下

用买方持仓把安全垫“打下”的收益去博更有爆发力的收益。因此，当你的本金很有限时，而且需要通过小额本金博收益时，就需要依仗买方操作，在强势信号触发的交易日，每次用5%～10%的仓位买购或买沽，长久用这种方式来期待某一次爆发性行情（如2020.7.6）被自己完美踩到。

第二个角度是心理层面的因素，也就是你到底是一个在乎胜率还是赔率的人。投资交易里有两个名词，一个叫作胜率，一个叫作盈亏比（类似于赔率）。胜率是什么意思呢？顾名思义，就是获胜的概率，也就是整个投资期你开平仓总次数中以收益告终次数的占比，这个数值自然是越高越好。那么盈亏比是什么意思呢？盈亏比就是整个投资期内你收益次数里的平均收益率除以亏损次数里的平均亏损率，这个数值也是越高越好。然而，“鱼与熊掌，不可兼得”，世界上几乎不存在长期胜率和盈亏比都非常高的策略。期权世界里也是一样，期权买方以小博大，有时候类似买彩票，一年12个月下来，你会发现就赢了2～3次，输了9～10次，但赢的那两次收益率非常高，也许可以覆盖那10次的亏损，这就说明期权买方属于低胜率、高赔率的策略。而期权卖方则类似开设保险公司，一年12个月下来，可能连赢12次，但也可能赢10次，输2次，但有时输的那2次亏损率远高于赢10次的平均收益率，所以期权卖方属于高胜率、低赔率的策略。

以前接触过不少投资者，大家表面上说在乎的是赔率，胜率低一些都无所谓，但在执行某一个策略时连错5次以上就会受不了甚至放弃，所以像这样的情况，这类投资者内心更在乎的还是胜率。像某些单均线策略、双均线策略，它们本质上就是低胜率、高赔率的策略。比如，在过去16年里，每次上穿MA20即买入中证500指数基金，下穿MA20就卖出，那么从2005年到2020年，这个策略的累计收益率高达27倍，赔率非常高，可是在此期间，这个信号曾经连败了10次以上，这意味着在一年的维度里，每一次按信号做都错了，这一年里一直就没有赚到钱，你会愿意吗？我想，这个例子相对比较直观，可以帮助大家测试自己的交易心理，判断自己究竟是一个更在乎胜率还是赔率的人。

第三个角度是技术层面的因素，也就是你的风控意识和能力是否强大。尽管受到“明枪暗箭”的影响，做买方的胜率并不高，但它的“损失有限性”是其他工具所不可比拟的。对于买方而言，用本金比例止盈法左侧离场，或是5～10日均线右侧离场，是买方常用的止盈止损技术，这些技术每个交易者都能理解，都能学会，即便离场没有那么及时，无非也是少赚一些，不会造成大起大落的变化。

可是对于卖方而言，风控的技能就不只是止盈止损那么简单了，它可以包括精细的仓位管理、有效的事前事后风控，以及最后兜底止损时的果断力。对于卖方的仓位管理，当波动率指数低于中低区时，卖方的加仓节奏就要放缓，究竟是以10%仓位的步长加仓，还是20%仓位的步长加仓，这取决于底仓的轻重；对于卖方的风控操作，我们需要通过学习，了解什么是“同向移仓”“双向移仓”“反向移仓”，什么叫作“由卖转买”的风控，以及常用的善后信号有哪些。可千万别小看这些风控技术，它们在趋势破位或是大幅低开时会起到重要的作用，这些技能掌握得越是熟练，做卖方的反应也会越快，风控应对也会越合理。因此，对比买方与卖方的离场和风控技术，很明显，卖方的要求来得更高。

第四个也是最后一个角度即市场层面的因素，也就是你对后市大格局的判断。我们始终要记住一点，不论是期权买方还是期权卖方，不可能有一种策略可以适用于任何的市场环境，不可能“放之四海而皆准”。相比期货，期权交易的优势就在于：期货只能做多做空，看涨后市对应买入开仓期货，看跌后市对应卖出开仓期货；但对于方向不明确的牛皮震荡市，做期货者往往会被两边“打脸”，做多也不对，做空也不对。而对于期权而言，它的买方与卖方不再是多与空的区别，而是趋势和震荡的区别：一旦市场的“夏天”（趋势上行）或“冬天”（趋势下行）来临，它就确确实实适合做买方，不拿出一些仓位做买方就实在太可惜了；反之，一旦市场进入“春秋”（箱体震荡格局），就应该减仓买方头寸，也就是根据均线之间的位置关系，加仓单侧或双侧卖方头寸。因此，究竟当下适合做买方还是卖方，除了从资金层面、心理层面、风控技术层面考虑以外，还需结合对后市的一个基本判断。所以每一位期权新手都可以记下这样的一句口诀，“趋势行情，以买方为底仓；震荡行情，以卖方为底仓”。

可以这么说，买方就怕行情不来，而卖方就怕行情乱来！对任何交易而言，“胜败乃兵家常事”。我们一般不太可能永远借着东风之势把大火始终烧得正旺，也不太可能永远靠抱着冷雪花避开一切潜在的阳光！期权交易的真正核心不是“买买买”，也不是“卖卖卖”，而是有买有卖，动态调整，当行情不来时让卖方去抵消买方的时间消耗，而当行情乱来时则让买方去对冲卖方的迅速浮亏。

7. 致开户后迷茫的投资者

这个市场上，总有新开户的朋友，每一位期权新手也都会存有这样的疑问："我的第一笔期权单应该怎么下手?""我的本金并不大，可以怎么做期权?""做了几次不如预期，怎样才能找到适合我的入口?"其实，期权这个工具，本金小有小的做法，本金大有大的做法。对于刚开户的期权投资者，了解一些平时用得到的交易模式，是未来投资之路的重要起点。这里，我们就来聊一聊：对于刚入市的期权散户们，有哪些值得了解的交易模式?

第一种模式：为股票加上或有的保险

对于大部分散户而言，追求绝对收益是第一本位，他们不需要像机构那样去回避每一个大"坑"，也不需要像机构那样那么在乎回撤，所以在隐波较低的时候，或是趋势有被破的迹象之前，买一些轻度虚值的认沽作为保险，可以说是最适合散户的。

首先，它的成本可控，比如买 10 张 200 元的认沽来防守一下，成本上限为 2 000 元，不会是一个无底洞。其次，它不会涉及保证金管理，可以将剩余资金买货币基金，打逆回购，想干啥干啥。最后，它在实盘里往往不会持有至到期，如果后市的趋势又走好了，我觉得暂时不用防守了，也可以中途平仓，只亏一个权利金价差；如果后市正如所料大跌了，认沽期权的价格就会大幅升值，此后可以在标的出现企稳迹象(如极度缩量等信号)时把买沽平掉，与股票做一个时间差，说不定还可以在股票大幅反弹后，实现"双赚"。

第二种模式：用利润博取"黑天鹅"的收益

对于一个刚入市的期权散户，我个人认为不必急着用买期权来博取一笔大收益，因为这是可遇不可求的。买方的最大特色自然是"以小博大"，但在很多降波的交易日里，没有大涨大跌的行情，拼命去博弈日内交易中期权买方的一点点收益，对刚入市的投资者而言，要求太高了。

对于尚未对买期权产生感觉的朋友而言，先用一种相对安全的仓位模式去体会一下买方的盈亏效应，会是一种更负责的方式。比如，在某个季度(月度、年度等)里，每一次入场都是拿出上一个季度(月度、年度等)理财收益的 $a\%$，去买入虚 2 档到虚

3档的认购期权或认沽期权。这样做的好处是即便连续出现了几次亏损(包括价值归零)，你也是用自己承受得起的代价去博弈，而不是动不动就被大幅侵蚀本金。

实践中，根据自身的风险偏好，好好把握止盈点，你也可以在左侧离场和右侧离场方式之间寻找一个平衡点，当所买入期权的权利金翻倍时先止盈一半，剩下的一半等趋势暂告段落的那一天(如短期均线被破)再平完。这样做的优点是加大了每次买入期权的保本概率，缺点则是没有把买入期权的赔率最大限度地“放飞”，在趋势比较明显的年份里，累计收益率会有所降低。

第三种模式：定投＋或有“卖购”

对于许多投资者而言，“定投”是他们日常必做的一件事。定投的原理非常简单，每个月指定一个日子，投入相等的本金，图的是标的指数能够长期往东北方向前进(长期进二退一)。在等金额的模式下，指数越低则买入的份额越多，指数越高则买入的份额越少，这既具有摊薄成本的作用，又是一种相对科学的仓位管理模式。

不过，有了期权以后，咱们又可以在“定投份额”上玩出一些“花样”了！怎么做呢？就是当定投份额积累到一定数量以后，根据指数上方是否有压力，选择性地卖出对应数量的认购期权。这样操作后，整个持仓就变成了“定投的指数份额＋当月卖出的认购期权”，前者用于进攻，后者用于降低持仓成本，如果指数当月没有涨过卖购的行权价，就权当获取了一份不错的“租金”。即使当月指数涨过了头，由于卖购的行权价往往会设在指数建仓均价的上方，因此“定投＋卖购”的组合也不会以亏损出局。

其实，这种模式之所以可以考虑，是因为它只是在我们本就在做的事情上再多收一份“租金”。同样在实盘中，上方的“卖购”头寸是或有的。我们可以根据技术面信息决定要不要卖出认购。如果指数放量突破前期数重顶，那个月我们就不“卖购”，等其他的时候再把卖购的“盖子”加上去——这就是为什么要“定投＋或有卖购”。

第四种模式：高隐波＋MA20均线轮动

如果一个刚入市的期权散户获得了沪深交易所的“三级投资者”资格，那他就有资格用卖出开仓赚取降波的收益。交易所把卖方设为最高等级，就是因为卖方的风控管理是最难的，所以从长期来看，卖方的操作必须有一个统一的原则。对于三级投资者而言，我们可以有选择地、在合适的时机做卖方。比如我们可以在隐波高的时候，通俗地说，就是权利金的“肉”很厚的时候，去赚后市潜在降波的钱。

对于卖方的风控，最朴素的思路是可以结合一根重要的趋势线，比如MA20，以此作为卖沽还是卖购的分界线，如果标的价格高于MA20则轻仓卖沽，如果标的价格低于MA20则轻仓卖购。不过你需要永远记住这个道理，卖期权千万别卖在极致低波的时候，因为此时期权的“肉”(权利金)已经很薄，潜在的盈利空间大大小于潜在的风险。

我想，学习一种工具的使用一定是渐进的，跑之前需要会走，走之前需要会爬。对于刚入市的散户，先懂买与卖，然后明白组合，先轻仓然后了解节奏，先搭配熟悉的工具，先不被侵蚀太多的本金，先从低仓位的运行开始。这几种模式之所以相对适合刚入市的散户，是因为它符合“大道至简”这条原则。模式重于技巧，体系重于预测，一个全方位的工具，应该能帮助具有不同需求的投资者实现不同的收益。

8. 如何快速记住一个个期权组合

期权交易的策略库真的就像古龙原著里的兵器谱，有的如西门吹雪的长剑，有的如李寻欢的短刀。各式各样的期权组合头寸让初学者可以说是看得眼花缭乱，学得云里雾里。

这里，我希望引入国外期权交易员常用的“符号速记法”，用最简单通俗的语言帮你记住 16 个基本期权组合到底是如何构建的，也方便本书后续的策略表述。好！现在就让我们直奔主题吧。

首先，我们来看看什么叫“期权符号速记法”。我们先举一个单腿策略的简单例子：买入 10 张行权价为 2.300 元，5 月份到期的认购期权，用“速记法”可表达为如图 8－1所示。

图 8－1　速记法图示

这里：

第一列表示买卖方向：(＋)表示“买入”，(－)表示“卖出”。

第二列表示认购还是认沽：“C”表示“认购”，“P”表示“认沽”。

第三列表示行权价格：“2300”表示行权价为 2.300 元。

第四列表示到期月份：“@5”表示到期月份为 5 月。

第五列表示交易数量：“×10”表示交易 10 手，“×1”表示交易 1 手……通常当交易 1 手时，第五列可以忽略不写。

接着，就让我们用这样的速记法来逐个记住平时常用的 16 个“期权组合”。

(1) 牛市认购价差组合

(＋)C2300 @ 5

(－)C2400 @ 5

记忆口诀：买卖、认购、低高、同月。

文字表述：买入一份较低行权价的认购期权，卖出一份较高行权价的同月认购期权。

说明：第一列的第一行是加号，第二行是减号，所以简记为买卖；第二列全部是认购，所以简记为认购；第三列第一行 2.300 小于第二行的 2.400，所以简记为低高；第四列都是 5 月到期，简记为同月；所以一共 8 个字——买卖、认购、低高、同月。

(2) 牛市认沽价差组合

(＋)P2300 @ 5

(－)P2400 @ 5

记忆口诀：买卖、认沽、低高、同月。

文字表述：买入一份较低行权价的认沽期权，卖出一份较高行权价的同月认沽期权。

说明：第一列的第一行是加号，第二行是减号，所以简记为买卖；第二列全部是认沽，所以简记为认沽；第三列第一行 2.300 小于第二行的 2.400，所以简记为低高；第四列都是 5 月到期，简记为同月；所以一共 8 个字——买卖、认沽、低高、同月。

(3) 熊市认沽价差组合

(＋)P2400 @ 5

(－)P2300 @ 5

记忆口诀：买卖、认沽、高低、同月。

文字表述：买入一份较高行权价的认沽期权，卖出一份较低行权价的同月认沽期权。

说明：第一列的第一行是加号，第二行是减号，所以简记为买卖；第二列全部是认沽，所以简记为认沽；第三列第一行 2.400 大于第二行的 2.300，所以简记为高低；第四列都是 5 月到期，简记为同月；所以一共 8 个字——买卖、认沽、高低、同月。

(4) 熊市认购价差组合

(＋)C2400 @ 5

(－)C2300 @ 5

记忆口诀：买卖、认购、高低、同月。

文字表述：买入一份较高行权价的认购期权，卖出一份较低行权价的同月认购期权。

说明：第一列的第一行是加号，第二行是减号，所以简记为买卖；第二列全部是认购，所以简记为认购；第三列第一行 2.400 大于第二行的 2.300，所以简记为高低；第四列都是 5 月到期，简记为同月；所以一共 8 个字——买卖、认购、高低、同月。

(5) 买入跨式组合(双买同一行权价)

(+)C2300 @ 5

(+)P2300 @ 5

记忆口诀：买买、购沽、同价、同月。

文字表述：买入一份某行权价的认购期权，买入一份相同行权价的同月认沽期权。

说明：第一列的第一行和第二行都是加号，所以简记为买买；第二列第一行认购，第二行认沽，所以简记为购沽；第三列第一行和第二行都是 2.300 的行权价，所以简记为同价；第四列都是 5 月到期，简记为同月；所以一共 8 个字——买买、购沽、同价、同月。

(6) 卖出跨式组合(双卖同一行权价)

(—)C2300 @ 5

(—)P2300 @ 5

记忆口诀：卖卖、购沽、同价、同月。

文字表述：卖出一份某行权价的认购期权，卖出一份相同行权价的同月认沽期权。

说明：第一列的第一行和第二行都是减号，所以简记为卖卖；第二列第一行认购，第二行认沽，所以简记为购沽；第三列第一行和第二行都是 2.300 的行权价，所以简记为同价；第四列都是 5 月到期，简记为同月；所以一共 8 个字——卖卖、购沽、同价、同月。

(7) 买入宽跨式组合(双买不同行权价)

(+)C2400 @ 5

(+)P2300 @ 5

记忆口诀：买买、购沽、高低、同月。

文字表述：买入一份较高行权价的认购期权，买入一份较低行权价的同月认沽期权。

说明：第一列的第一行和第二行都是加号，所以简记为买买；第二列第一行认购，第二行认沽，所以简记为购沽；第三列第一行行权价 2.400 大于第二行 2.300 的行权价，所以简记为高低；第四列都是 5 月到期，简记为同月；所以一共 8 个字——买买、购沽、高低、同月。

(8) 卖出宽跨式组合(双卖不同行权价)

(—)C2400 @ 5
(—)P2300 @ 5

记忆口诀：卖卖、购沽、高低、同月。

文字表述：卖出一份较高行权价的认购期权，卖出一份较低行权价的同月认沽期权。

说明：第一列的第一行和第二行都是减号，所以简记为卖卖；第二列第一行认购，第二行认沽，所以简记为购沽；第三列第一行行权价 2.400 大于第二行 2.300 的行权价，所以简记为高低；第四列都是 5 月到期，简记为同月；所以一共 8 个字——卖卖、购沽、高低、同月。

(9) 买入认购日历组合

(+)C2300 @ 6
(—)C2300 @ 5

记忆口诀：买卖、认购、同价、远近。

文字表述：买入一份某行权价的远月认购期权，卖出一份相同行权价的近月认购期权。

说明：第一列的第一行是加号，第二行是减号，所以简记为买卖；第二列全部是认购，所以简记为认购；第三列两行的行权价相同，所以简记为同价；第四列第一行是 6 月到期，是远月合约，第二行 5 月到期，是近月合约，因此简记为远近；所以一共 8 个字——买卖、认购、同价、远近。

(10) 买入认沽日历组合

(+)P2300 @ 6
(—)P2300 @ 5

记忆口诀：买卖、认沽、同价、远近。

文字表述：买入一份某行权价的远月认沽期权，卖出一份相同行权价的近月认沽期权。

说明：第一列的第一行是加号，第二行是减号，所以简记为买卖；第二列全部是认沽，所以简记为认沽；第三列两行的行权价相同，所以简记为同价；第四列第一行是6月到期，是远月合约，第二行5月到期，是近月合约，因此简记为远近；所以一共8个字——买卖、认沽、同价、远近。

(11) 卖出认购日历组合

(+)C2300 @ 5

(−)C2300 @ 6

记忆口诀：买卖、认购、同价、近远。

文字表述：买入一份某行权价的近月认购期权，卖出一份相同行权价的远月认购期权。

说明：第一列的第一行是加号，第二行是减号，所以简记为买卖；第二列全部是认购，所以简记为认购；第三列两行的行权价相同，所以简记为同价；第四列第一行是5月到期，是近月合约，第二行6月到期，是远月合约，因此简记为近远；所以一共8个字——买卖、认购、同价、近远。

(12) 卖出认沽日历组合

(+)P2300 @ 5

(−)P2300 @ 6

记忆口诀：买卖、认沽、同价、近远。

文字表述：买入一份某行权价的近月认沽期权，卖出一份相同行权价的远月认沽期权。

说明：第一列的第一行是加号，第二行是减号，所以简记为买卖；第二列全部是认沽，所以简记为认沽；第三列两行的行权价相同，所以简记为同价；第四列第一行是5月到期，是近月合约，第二行6月到期，是远月合约，因此简记为近远；所以一共8个字——买卖、认沽、同价、近远。

(13) 买入认购对角组合

(+)C2300 @ 6

(−)C2400 @ 5

记忆口诀：买卖、认购、低高、远近。

文字表述：买入一份较低行权价的远月认购期权，卖出一份较高行权价的近月认购期权。

说明：第一列的第一行是加号，第二行是减号，所以简记为买卖；第二列全部是认购，所以简记为认购；第三列第一行 2.300 小于第二行的 2.400，所以简记为低高；第四列第一行是 6 月到期，是远月合约，第二行 5 月到期，是近月合约，因此简记为远近；所以一共 8 个字——买卖、认购、低高、远近。

(14) 买入认沽对角组合

(＋)P2400 @ 6

(－)P2300 @ 5

记忆口诀：买卖、认沽、高低、远近。

文字表述：买入一份较高行权价的远月认沽期权，卖出一份较低行权价的近月认沽期权。

说明：第一列的第一行是加号，第二行是减号，所以简记为买卖；第二列全部是认沽，所以简记为认沽；第三列第一行 2.400 小于第二行的 2.300，所以简记为高低；第四列第一行是 6 月到期，是远月合约，第二行 5 月到期，是近月合约，因此简记为远近；所以一共 8 个字——买卖、认沽、高低、远近。

(15) 买入认购蝶式组合

(＋)C2300 @ 5　　×1

(－)C2400 @ 5　　×2

(＋)C2500 @ 5　　×1

记忆口诀：买卖买、购购购、低中高、相同月、一二一。

文字表述：买入一份较低行权价的认购期权，卖出两份中间行权价的同月认购期权，买入一份较高行权价的认购期权。

说明：第一列的第一行是加号，第二行是减号，第三行是加号，所以简记为买卖买；第二列全部是认购，所以简记为购购购；第三列第一行 2.300、第二行 2.400、第三行 2.500，等距变大，所以简记为低中高；第四列都是 5 月到期，所以简记为相同月；这里多出了一个第五列，它表示期权的数量，第一行的×1 表示交易一份，第二行的×2 表示交易 2 份，第三行的×1 表示交易 1 份，所以一共 15 个字——买卖买、购购购、低中高、相同月、一二一。

(16) 买入认沽蝶式组合

(+)P2300 @ 5　　×1
(−)P2400 @ 5　　×2
(+)P2500 @ 5　　×1

记忆口诀：买卖买、沽沽沽、低中高、相同月、一二一。

文字表述：买入一份较低行权价的认沽期权，卖出两份中间行权价的同月认沽期权，买入一份较高行权价的认沽期权。

说明：第一列的第一行是加号，第二行是减号，第三行是加号，所以简记为买卖买；第二列全部是认沽，所以简记为沽沽沽；第三列第一行 2.300、第二行 2.400、第三行 2.500，等距变大，所以简记为低中高；第四列都是 5 月到期，所以简记为相同月；这里多出了一个第五列，它表示期权的数量，第一行的×1 表示交易一份，第二行的×2 表示交易 2 份，第三行的×1 表示交易 1 份，所以一共 15 个字：买卖买、沽沽沽、低中高、相同月、一二一。

期权组合的要素众多，买卖方向、期权类型、行权价格、到期月份、交易数量，这些要素稍不留神就容易搞错或是遗漏。但运用了这个速记法后，你会发现原来一句很长的话，用几个数字和字母就表示清楚了，既便于交流，也便于速记。但愿你能逐步感受到这种方法的好，以及它的妙！

9. 上海梅雨季下的“波动率”遐想

每年的六月份，是一年的“毕业季”，而就上海的天气而言，却逢一年“梅雨时”。对于常住上海的人们，每年6月份的天气预报往往会带一个“雨”字，这对每天上班的我们来说，就不得不做出这样的一个抉择：今天出门带不带伞？

如果我们把今天下不下雨看作一种风险，那么今天下雨的概率就相当于一种风险的度量。如果这个概率很大，就意味着今天的降雨概率很大；反之，就意味着今天的降雨概率不大。那么，要判断这个风险是大还是小，有哪些途径呢？细细想来，我们或许可以从三个途径获得信息。

第一个途径是回顾过去的历史数据。比如对于6月10日这一天，要是我能拿到过去二三十年上海气象的数据，我就可以找出6月10日那一天，每一年是否“降雨”的数据。假如过去30年里，有12年在这一天是确实下雨的，那么我就可以求出一个非常简单的历史概率，12/30＝40％，这说明历史(30年)的降雨概率为40％，这个概率是历史概率。

第二个途径是头一晚的天气预报。比如6月9日晚间10点的新闻里，主持人播报了“上海明天的降水概率为60％”，这个数据是由气象局专业人员通过专业模型预测得出的，于是我可以通过专业模型预测的结果，从另一个侧面了解到明天的预测降雨概率为60％(我们姑且称这个概率为“预测概率”)。

第三个途径是向市场寻找信息。比如我家住在高楼，在今天早上出门前，我放眼望去，楼下进进出出的人们，走出小区的30个人里有24个人手里是拿着伞的。这说明什么呢？这说明外面的人们通过带不带伞这个行为暗示了今天降雨的概率[我们姑且称这个概率为“隐含概率”(Implied Probability)]。同样计算一个简单的概率，取样30个人里，有24个人是带伞的，那么从市场行为里，我可以看出今天的降雨概率为80％(24/30)。

接下来，我就要出门上班了，我必须通过对上述三个信息的判断尽快地决定我今天到底要不要带伞。如果我更相信历史概率，那我今天可能考虑不带伞(历史概率低于50％)；而如果我更相信隐含概率，那我今天就需要考虑带伞(隐含概率高达80％)。

推开遐想的大门，在这个梅雨季里每天的“降雨概率”，其实不正类似于平时期权交易里的“波动率”吗？“波动率”三个字，简言之，便是未来资产价格风险的度量：未来价格上蹿下跳的概率大，波动率就高；未来价格四平八稳的概率大，波动率就低。于是在期权交易里，我们同样可以对应地得出三种波动率。

上例的“历史概率”对应历史波动率。历史波动率是先取过去一段时间，比如 30 天、60 天、90 天等，然后用日收益率的标准差乘以年化因子计算得出。“标准差”这个概念来自初中数学，它衡量的是一堆数据的离散程度，用它刻画波动率最好了，价格越是上蹿下跳，那么日收益率的数据就越离散，反之就越集中。它反映了过去 n 天资产价格上蹿下跳的风险程度。

实际计算历史波动率时，历史波动率可以用标的资产百分比收益率或对数收益率来计算。计算波动率时，若无特别说明，则都表示时间长度为 1 年。下面我们来手动操练一下历史波动率具体的计算步骤：

第一步：计算每日市场价格变动情况。计算当日资产价格 $S(t)$与前一天资产价格 $S(t-1)$的比值，再减去 1，作为当日的日收益率 $R(t)=\frac{S(t)}{S(t-1)}-1$，这个结果与对数收益率近似。

第二步：计算一段特定时期内日收益率 $R(t)$的标准差，在 Excel 上就是 stdev 这个函数。如果你需要计算过去 30 天的历史波动率（在此期间有 22 个交易日），这 22 个交易日的日收益率数据位于 A1：A22，那么这 22 个日收益率的标准差就是 stdev(A1：A22)。

第三步：将这个标准差再乘以一个年化因子，也就是把 stdev(A1：A22)乘以 $\sqrt{250}$（假定 250 为平均每年交易日的天数），便转化为历史波动率的年化值。

接着还是回到上述梅雨季的例子，其中的“隐含概率”就极其类似于期权交易里的“隐含波动率”。隐含波动率是从期权的市场价格里反推出来的，就像期权市场“暗示”我们的一个信息。举个例子，某个期权合约的报价是 0.021 0 元。如果根据期权定价公式，将波动率输入值设为 25%，就得到期权的理论价值为 0.017 0 元，它并不等于 0.021 0 元。于是我们就把波动率的输入值提高，输入 26%、27%、28%、29%、30%等值，直到输入 31%时，假设此时发现期权价格刚好是 0.021 0 元，于是这份期权合约当前的隐含波动率就是 31%。可以看出来，隐含波动率是当前市场所有参与者通过期权报价，对未来波动率达成的共识。

最后是上述梅雨季例子中的“预测概率”，它就类似于期权交易里的“预测波动率”。这个预测波动率就不同于历史波动率了，不同之处在于它是用一种模型计算出来的，并不是过去 n 天日收益率的简单标准差。预测波动率的模型可以说得很复杂也可以很简单，最简单的预测波动率就可以等于“昨天收盘隐波×90%＋过去 n 天历史波动率×10%”。这种预测方式叫作“90－10”方式。当然，有些人对隐波更加信仰，相信把隐波对应的权重提升会有更好的预测效果，那他也可以把预测波动率公式调整为“昨天收盘隐波×95%+过去 n 天历史波动率×5%”。事实上，若是要完全预测准确第二天的波动率，是极其困难的，如果能预测出一个升降方向，就算是一个很不错的模型了。美国一位期权大师 S. 纳滕贝格(S. Natenberg)曾经说过，“预测波动率就像一门不精确的科学”，它不求完全准确地预测出第二天的波动率，对我们更有借鉴意义的是，当我们预测的波动率与市场隐含波动率相去甚远时，我们可以卖出我们认为高估的期权，买入我们认为低估的期权，去实施类似于套利的策略。

……

每一天出门后，我们会带着不确定的心情去面对这不确定的世界，最终一天下来，我们才会知道这一天究竟有没有下雨。一个人对市场波动率的熟知程度，其实就好似对自己所在地的熟悉程度，什么季节可能降雨多，上午什么天色可能暗示着下午会下雨，这些因素正是交易里被誉为“艺术”的那一部分。

10. 趣谈爱琴海边的希腊字母

如果有人问起，你最喜欢的欧洲国家是哪个？哈哈！若抛开瑞士留学的情结不说，我的答案一定会是希腊。喜欢希腊不仅因为那儿有着童话般的爱琴海和圣托里尼，还因为那儿的文字始终伴随着我。

从中学里一元二次方程根的判别式 Delta，到大学数列极限里的 Epsilon，希腊字母教会你认识自然，促使你变得严谨。从事金融行业后，希腊字母更是成为每日投资盈亏中另类跳动的音符。在股票投资中，股票价格生出了两个"孩子"——Alpha 和 Beta，天下熙熙皆为 Alpha 来，天下攘攘皆为 Alpha 往；而期权投资中，期权价格更是"多子多福"，生出了五个希腊字母——Delta、Gamma、Vega、Theta 和 Rho，让期权头寸的盈亏每时每刻都充满更多的变幻。在爱琴海上星罗棋布的岛屿中，这五个字母就是其中最明亮、最显眼的"岛屿"。

为了方便大家理解希腊字母，下面，我们可以从"足彩"的角度来通俗地加以说明：

首先，期权价格的第一个"孩子"便是 Delta。何谓 Delta？以 50ETF 为例，当股票价格发生变化时，期权价格也会随之改变。股票与期权之间的价格关系可以用 Delta 来刻画：当 ETF 价格变化 0.001 元时，对期权价格的影响就是 0.001×Delta 元。无巧不成书，不论是认购还是认沽期权，Delta 的绝对值都介于 0 与 1 之间，而且越实值的期权 Delta 越接近 1，越虚值的期权 Delta 就越趋近 0，平值期权的 Delta 恰好是 0.5。因此我们也可以把 Delta 想象成期权到期实值的概率。

这就好比 2002 年世界杯德国队和沙特队的足球比赛，那是一场 8∶0 的"大屠杀"。设想有一张德国对沙特的足球彩票，我们可以发掘这样的道理：当德国队以大比分 5∶0 领先沙特队时，几乎可以确定德国队能战胜沙特队，因此一张德国队获胜的"足彩"已经处于深度实值的状态，比赛终场结束时处于实值的概率几乎就等于 100%，因此该"足彩"的 Delta 就等于 1；反之，如果下注沙特赢，则此时该彩票已经一文不值，此时某一方进球，对彩票价值几乎就毫无影响了，这张彩票在比赛终场结束时处于实值的概率几乎就等于 0，因此它的 Delta 就等于 0。

我们来再看第二个希腊字母 Gamma。在实际交易中，Gamma 可以理解为标的价格变化对盈亏结果的重要性。也就是说，Gamma 值越大，股价稍微动一动，你的盈亏变化就越明显。很容易想象，实值、平值、虚值的期权，哪一个 Gamma 值最大？

自然是平值！就像今年充满“戏剧性”的欧洲杯，在处于平局的比赛中，突然某一方进了一球，那对比赛结果的影响力是很致命的，这种致命有个专用名词，就叫作“绝杀”。

此外，若某队在比赛刚开始时进了1个球，由于剩余时间较长，落后队依旧有机会反败为胜，故而此时1个球对于结果的影响不大，Gamma值就较低。但随着比赛进行到中盘，1个进球对于比赛结果的重要性就开始凸显，此时Gamma值就升高。随着比赛进入最后时刻，若某队领先或落后，则1个进球可能无法逆转比赛结果，此时Gamma值就回落。但如果两队比分持平，此时1个进球对于比赛的结果是具有决定性的，平值期权的Gamma值就会继续升高。这说明随着到期日的临近，平值期权的Gamma值越来越大，而实值期权和虚值期权的Gamma值则趋于0。

接着，我们来聊一聊Theta。何谓Theta？Theta衡量的是期权时间价值的损耗，这个指标刻画了时间每流逝一天，期权的价格变化多少。对于大多数期权而言，随着到期日的临近，期权的时间价值也会不断损耗，因此，大多数期权的Theta是小于0的。正因为期权的Gamma和Theta大部分情况是反号，所以在期权价格的五个“孩子”中，我们可以把Theta和Gamma的关系理解成两者总是一对死对头，你要往左我偏要往右，永远拧着来。

然后，我们来看看Vega。何谓Vega？Vega是用来刻画隐含波动率变化1%，期权价格变化多少的指标。在期权的世界里，隐含波动率描述了人们对未来的不确定程度，由于期权价格和隐含波动率之间的关系用Vega来衡量，由于在其他因素不变的情况下，期权价格随着标的资产未来不确定性的增加而上升，因此不论认购期权还是认沽期权，Vega值都是大于0的。

喜欢网球的朋友都知道曾经的“费纳决”。费德勒和纳达尔是两位伟大的球员，他们所经历的伤病历程却截然不同。费德勒人称“瑞士快车”，几乎很少遭受伤病困扰，一年到头基本上能如约参赛；而纳达尔就不同了，法网过后经常因旧伤复发而匆匆离场(“豆粉”们请见谅)。如果为他们买个一年期的伤病保险，你觉得两人的保险费差距大吗？答案是肯定的。可是从极端的角度来看，如果为他们仅买个一天的伤病保险，那两人的保险费差距还会大吗？我想两人的保险费之差就会很小了吧。这就说明Vega值会随着期权到期日的临近而整体趋于0。

最后是第五个“孩子”Rho。Rho衡量的是无风险利率对期权价格的影响。Rho对期权价格的影响，我们可以通过下面这张表格(表10-1)清晰地看出端倪(假设表中的期权1年后到期，行权价对应资金为20 000元)。

表 10-1　Rho 对期权价格的影响示例

期权类型	利率为 5%	利率为 10%	结果	好事/坏事
认购期权	现在需准备 19 047.6 元	现在需准备 18 181.8 元	利率上行 省钱了	好事
认沽期权	损失 1 000 元 机会成本	损失 2 000 元 机会成本	利率上行 亏钱了	坏事

无风险利率的上升，使得认购期权买方行权的资金成本下降，认购期权对期权买方而言变得更有价值，因此认购期权的价格上升。同理，无风险利率的上升，降低了认沽期权买方所能收取的收益的现值，因此认沽期权的价格就会下降。

……

最后，我想以本人自创的一首有趣的打油诗来结束“期权希腊字母”的“爱琴海”之旅：

德尔塔，看股价，穿梭牛熊依靠它；
买购卖沽合多头，威武看涨正德他；
卖购买沽合空头，预期下行负德他。
伽马兄，二阶导，猴市利润大赢家；
大幅震荡正伽马，买购买沽建宽跨；
小幅盘整负伽马，三腿蝶式或卖跨。
斐咖弟，看隐波，股价起伏影响大；
做多波动正斐咖，隐波上升把钱拿；
做空波动负斐咖，隐波回落获利差。
赛他君，看期限，伽马赛他似冤家；
买个期权负赛他，期盼时间满满哒；
卖出开仓正赛他，但愿分秒如水哗。

（注：“德尔塔，德他”表示 Delta，“伽马”表示 Gamma，“斐咖”表示 Vega，“赛他”表示 Theta。）

11. 期权交易前，值得了解的五大公式

有人说："期权就像一颗明珠，如果没有数学基础，就很难吃透它的本质。"也有人说："期权交易无非就是加减乘除，即便没有高深的数学，也能驾驭其中。"的确，从实盘交易的角度来说，期权交易可以绕开高深的数学，也有办法把一些指标通俗化、简单化，不过若是能够了解一些基本的公式，你就会发现这对操作实盘大有裨益。下面我列举了五个公式，它们无论是对于平时复盘统计还是对于合理的交易决策，都有着重要的意义。

(1) 胜率与盈亏比

在交易中，对于同一个交易系统（比如上穿 MA20 买入，下穿 MA20 卖出），我们可以把一次入场到离场的操作视为一次开平仓交易，如果我们把每一次开仓价与平仓价都记录下来，那就可以统计出该系统长期的胜率与盈亏比。一般而言，一套交易系统的胜率与盈亏比是这样定义的：

$$胜率 = \frac{以收益告终的次数}{开平仓交易次数}$$

$$盈亏比 = abs\left(\frac{收益次数下的平均收益率}{亏损次数下的平均亏损率}\right)$$

这里的 abs 就是取绝对值的意思。

举个非常简单的例子，对于 MA20，假如将从上穿到下穿作为一次开平仓交易，过去 10 次的收益/亏损率分别为 4.14%、−3.26%、14.48%、−0.12%、−1.12%、−1.03%、22.41%、3.60%、−2.57%、−0.88%，于是这个信号的胜率就等于 4/10 即 40%，盈亏比就是 a/b 的绝对值，其中 $a=(4.14\%+14.48\%+22.41\%+3.60\%)/4$，$b=(-3.26\%-0.12\%-1.12\%-1.03\%-2.57\%-0.88\%)/6$。可以发现，这个信号是一个低胜率、高赔率的信号，确实符合均线等趋势型信号的特征。

(2) 杠杆率与真实杠杆率

在几乎每一个期权软件端，我们总是会看到两种杠杆率：一种称为"杠杆率"，另一种则称为"真实杠杆率"。两者分别是这样定义的：

$$期权杠杆率=\frac{标的价格}{期权价格}$$

$$期权真实杠杆率=\frac{标的价格}{期权价格}\times Delta$$

从这两个公式的对比中，我们可以发现，两者的差异就在于真实杠杆率多了一个“Delta”。由于杠杆率的定义里没有“Delta”，因此，越是虚值的期权，它的价格越低，对应的杠杆率就越高；然而真实杠杆率则未必如此，越是虚值的期权，它的价格的确越低，但它的 Delta 也随之越小。故盘面上未必最虚值期权的真实杠杆率就是最大的。相比杠杆率，真实杠杆率这个指标更好地考虑了期权的涨跌活力，在实盘中更具有参考意义。

比如，某一天 300ETF 的价格是 4.500 元，某 Delta 等于 15%的虚值认购期权价格是 0.015 0 元，于是这份期权的杠杆率＝4.500÷0.015 0＝300，真实杠杆率＝4.500÷0.015 0×0.15＝45。

(3) 权利仓保本止盈比例

在期权买方交易里，止盈是一门大学问，过早止盈则长期的赔率被降低，赚不到真正的大钱，而过晚止盈则容易受降波和时间的侵扰，因此在实盘里，我们往往运用“本金比例止盈法”分批止盈。

所谓“本金比例止盈法”，就是当权利金上涨 a%时，平仓 1/(1＋a%)的市值。比如，当 a＝200 时，我相当于在权利金上涨 200%时先平仓 1/3 的市值，在这种止盈方法下，平仓后的市值仍然等于我一开始投入的初始权利金投入，从而确保这次交易能以“保本”告终。

举个例子，我们可以计算一下：如果我以 200 元的本金买了 10 张 300ETF 虚值期权，我设置以下两个左侧止盈点，第一个止盈点设在权利金涨到 400 元时止盈一部分，第二个止盈点设在权利金进一步涨到 600 元时再止盈一部分，那么，按照“本金比例止盈法”，我这两次止盈的市值分别占多少比例？第一次止盈时，权利金从 200 元涨到 400 元，相当于上涨了 100%，代入公式可得需要平仓 1/2 的市值；第二次止盈时，权利金从 400 元涨到 600 元，相当于上涨了 50%，代入公式可得需要平仓 2/3 的市值。

(4) Delta 中性的含义

做期权卖方，当卖期权的仓位比较重时，一旦标的出现了大涨大跌，我们很可能就需要一部分平仓止损，一部分迅速用买入期权进行 Delta 对冲，越快越好！那么每到这样的紧急时刻，我们究竟需要买入多少数量的期权进行对冲呢？下面这个公式就是期权卖方 Delta 对冲的善后公式：

$$\text{Delta 中性买入对冲量} = \sum \frac{\text{每个义务仓合约数量} \times \text{对应 Delta}}{\text{买入合约的 Delta}}$$

在这个公式里,每个义务仓合约都包括所有你想要去对冲的认沽义务仓和认购义务仓。对于认沽义务仓而言,对应的 Delta 指标是正的;对于认购义务仓而言,对应的 Delta 指标是负的。因此,如果右侧的分子求和结果是正的,那我们就需要再买入一些认沽期权去对冲;如果右侧的分子求和结果是负的,那我们就需要再买入一些认购期权去对冲。

举个例子:假设某一天低开 2%,我手里的持仓如下图(图 11－1)椭圆形圈所示,此时若希望能暂时维持方向上的 Delta 中性,方法之一就是买入 x 张 P4500 认沽期权,这里的 x 就是根据上面这一公式计算而得。

$$
\begin{aligned}
\text{买入张数} &= (-0.016\,5 \times 50 - 0.037\,4 \times 40 - 0.075\,0 \times 30 \\
&\quad + 0.030\,2 \times 50 + 0.005\,6 \times 50) \div (-0.134\,5) \\
&= 21
\end{aligned}
$$

	Delta	最新	代码	购<行权价>沽↑	代码	最新	Delta	
	1.0000	1.0990	10002621	3.700	10002822	0.0020	-0.0000	
	0.9999	1.0075	10002603	3.800	10002612	0.0029	-0.0001	
	0.9994	0.9144	10002604	3.900	10002613	0.0039	-0.0006	
	0.9979	0.8125	10002605	4.000	10002614	0.0049	-0.0021	
	0.9936	0.7120	10002606	4.100	10002615	0.0074	-0.0064	
	0.9835	0.6198	10002607	4.200	10002616	0.0103	-0.0165	50张
	0.9626	0.5285	10002608	4.300	10002617	0.0158	-0.0374	40张
	0.9250	0.4354	10002609	4.400	10002618	0.0249	-0.0750	30张
	0.8655	0.3491	10002610	4.500	10002619	0.0386	-0.1345	
	0.7819	0.2695	10002611	4.600	10002620	0.0613	-0.2181	
	0.6769	0.2032	10002631	4.700	10002632	0.0940	-0.3231	
	0.5580	0.1483	10002647	4.800	10002648	0.1386	-0.4420	
	0.4362	0.1054	10002663	4.900	10002664	0.1952	-0.5638	
	0.3224	0.0738	10002699	5.000	10002702	0.2643	-0.6776	
	0.1177	0.0303	10002700	5.250	10002703	0.4720	-0.8823	
50张	0.0302	0.0141	10002701	5.500	10002704	0.7047	-0.9698	
50张	0.0056	0.0080	10002719	5.750	10002720	0.9514	-0.9944	

图 11－1　持仓示例

(5) 波动率的换算

在期权交易里,有一个词是无论如何绕不过去的,它就是“波动率”。从最通俗的角度讲,波动率就是衡量一项资产“上蹿下跳”程度的指标。比如拿成人与小孩的体温对比,小孩的体温一定波动率更大,小孩发烧时可能一天之内就从 41 度降到 37 度,而成人要是烧到 41 度,基本就处于昏迷状态了。

一般来说,不论是历史波动率、隐含波动率,还是预测波动率,我们平时看到的波动率都是年化后的数值。如果我们希望将年化的波动率转换成一个月或者一周,甚至是一天的波动率,那么我们又应该如何转换呢?

对于这样的诉求，我们需要做的就是，学会运用平方根定律进行波动率的时间换算，具体如下：如果年化波动率是 Sigma，那么对应的月波动率就等于 Sigma/Sqrt(12)，约为 Sigma/3.5；对应的周波动率就等于 Sigma/Sqrt(52)，约为 Sigma/7.2；对应的日波动率就等于 Sigma/Sqrt(250)，约为 Sigma/16。

举个例子，假如用 90－10 的加权方式，把“昨天收盘的波动率指数/100×90%＋过去 30 天历史波动率×10%”作为明天的预测波动率，昨天收盘的波动率指数为 30（意义为 30%），过去 30 天的历史波动率为 22%，于是第二天的预测日波动率就等于(30%×90%＋22%×10%)/Sqrt(250)＝1.85%。

12. 国内的 ETF 期权与股指期权，有什么区别

2022 年是国内期权市场的一个大年，中证 1000 股指期权、中证 500ETF 期权、创业板 ETF 期权陆续上市。随着越来越多的期权上市，很多投资者自然会关心一个问题：国内的 ETF 期权与股指期权的区别在哪里？这里我们就以沪深 300 这个标的为例，来看看沪深交易所的沪深 300ETF 期权与中金所的沪深 300 股指期权有什么区别。

任何时候，我想记住不同东西的最好方式都是先对比后归纳。于是，我就先把三个交易所的三个沪深 300 期权合约条款总结在下面的三张表格（表 12－1、表 12－2、表 12－3）中。

表 12－1　上交所期权品种主要要素一览

要素	沪深 300ETF 期权
标的	华泰柏瑞 300ETF(510300.SH)
合约乘数	×10 000
最小报价单位	0.000 1 元
合约月份	当月、下月、下季月、隔季月(共 4 个月份)
到期日	到期月份的第四个星期三
行权价格	以标的昨日收盘价为基准，按行权价格间距挂出 4 个实值、1 个平值、4 个虚值期权
行权方式	欧式
履约方式	实物交割

表 12－2　深交所期权品种主要要素一览

要素	沪深 300ETF 期权
标的	嘉实 300ETF(159919.SZ)
合约乘数	×10 000

续　表

最小报价单位	0.000 1元
合约月份	当月、下月、下季月、隔季月(共4个月份)
到期日	到期月份的第四个星期三
行权价格	以标的昨日收盘价为基准，按行权价格间距挂出4个实值、1个平值、4个虚值期权
行权方式	欧式
履约方式	实物交割

表12-3　中金所期权品种主要要素一览

要素	沪深300股指期权
标的	沪深300指数(000300.SH)
合约乘数	×100
最小报价单位	0.2点
合约月份	当月、下两个月、随后的三个季月(共6个月份)
到期日	到期月份的第三个星期五(与股指期货一致)
行权价格	行权价格覆盖沪深300指数前一交易日收盘价上下浮动10%对应的价格范围
行权方式	欧式
履约方式	现金交割

根据上面三张表格，我们可以为大家提炼出七个记忆的要点：

(1) 合约标的

沪深交易所300ETF期权的合约标的是沪深300ETF，都是交易型开放式基金，只是上交所选择的是在上交所上市交易的“华泰柏瑞沪深300ETF”，基金代码510300.SH，而深交所选择的标的是在深交所上市交易的“嘉实沪深300ETF”，基金代码159919.SZ。

对比之下，中金所沪深300股指期权的合约标的是全市场的大蓝筹指数——沪深300指数，指数代码000300.SH。需要大家特别注意的是，中金所拟推出的沪深300股指期权不是股指期货的期权(不是IF期货的期权!)，而是实实在在的现货股指期权，这一点千万不要搞错!

(2) 合约月份

目前，沪深交易所 300ETF 期权的合约月份为 4 个，类似当前的股指期货——当月、下月、当季月、隔季月。比如今天是 11 月 9 日，那么市场上存续的合约月份就是 11 月、12 月、明年 3 月、明年 6 月。

对比之下，目前中金所沪深 300 股指期权的合约月份为 6 个——当月，后面两个月份，以及随后的三个季月。比如今天是 11 月 9 日，那么市场上存续的月份就是 11 月、12 月、1 月、明年 3 月、明年 6 月，以及明年 9 月。

(3) 合约到期日

期权合约到期日就是这份期权的生命终止日，这一天以后权利方就不再拥有权利，义务方也不再承担义务。关于这三个沪深 300 期权合约的到期日，可以一言以蔽之：沪深交易所 300ETF 期权合约到期日——到期月份的第四个周三；中金所沪深 300 股指期权合约到期日——到期月份的第三个周五(同中金所股指期货)。如果到期日遇到节假日，那就顺延到下一个交易日。

在沪深交易所最初进行产品设计的时候，由于 ETF 期权涉及实物交割，因此若到期日设计在第三个周五，则认购期权行权方获得的券就面临着周五晚间和双休日那么长时间的隔夜下行风险，所以目前国内 ETF 期权的到期日还是定在第四个周三，这是相对没有大事件的日子。

(4) 行权价格

对于盘面上的行权价格分布，国际上通常是两种挂牌方式：一种是“M－1－M”的挂牌方式，即一个平值期权，确保至少有 M 个实值期权和 M 个虚值期权；另一种是“N 倍涨跌幅”的挂牌方式，即设置一个涨跌幅 $a\%$，所有行权价分布介于标的结算价加上 $N\times a\%$与减去 $N\times a\%$之间。目前，沪深交易所 300ETF 期权正是基于前一种挂牌方式，而中金所沪深 300 股指期权是基于后一种挂牌方式(如表 12－4 所示)。

表 12－4　不同金融期权品种行权价分布分类

交易所	标　的	行权价分布
上海证券交易所	华泰柏瑞沪深 300ETF 期权	“4－1－4”模式确保始终有 1 个平值期权、至少 4 个实值期权、4 个虚值期权
深圳证券交易所	嘉实沪深 300ETF 期权	“4－1－4”模式确保始终有 1 个平值期权、至少 4 个实值期权、4 个虚值期权

续　表

交易所	标　的	行权价分布
中国金融期货交易所	沪深 300 股指期权	行权价格覆盖标的指数昨日结算价上下浮动 1.1 倍的价格范围

（5）最小报价单位

沪深交易所 300ETF 期权的报价单位是“元”，交易时盘口的最小价差是 0.000 1 元。对比之下，中金所沪深 300 股指期权的报价单位是“点”，交易时盘口的最小价差是 0.2 点。由于期权价格与标的价格之间主要相差一个 Delta，而 Delta 的绝对值又是介于 0 与 1 之间，因此从这个意义上来看，沪深交易所 300ETF 期权与对应标的，两者在最小报价单位的比值上是 1/20，精度更为高些。

（6）合约乘数

沪深交易所 300ETF 期权的合约乘数是 10 000，这表示大家盘面上看到的单价在实际成交时都是乘以 10 000。对比之下，中金所沪深 300 股指期权的合约乘数是每点 100 元，也就是大家盘面上看到的单价在实际成交时都是乘以 100。

需要我们注意的是，尽管 300ETF 期权的合约乘数看上去是 10 000，大于沪深 300 股指期权的 100，但 300ETF 期权的面值只是沪深 300 股指期权的 1/10，这是因为当沪深 300 指数在 4 000 点时，300ETF 大约在 4 元，4×10 000＝40 000（元），300ETF 期权的合约面值为五位数这个级别；4 000×100＝400 000（元），沪深 300 股指期权的合约面值为六位数这个级别。因此，如果我有 120 万元沪深 300 成分股股票市值，那我就需要套保 30 张 300ETF 期权，或者套保 3 张沪深 300 股指期权。

（7）履约方式

这一点相对好记！由于中金所沪深 300 股指期权的合约标的是指数，指数只有数值，没有实物，因此沪深 300 股指期权自然会是现金交割，不可能实物交割；而 300ETF 期权与 50ETF 期权一样，标的都是实实在在的基金份额，是一种广义的“券”，因此沪深交易所两个 300ETF 期权都为实物交割（一手交钱、一手交券）。

13. 国内股指期权的现金交割，怎么理解

自 2010 年以来，对于熟悉期指交易的朋友们而言，“第三个周五”几乎成了股指期货到期日的代名词。不过，由于中金所股指期权的诞生，“每月第三个周五”将不再是股指期货的专属到期日了，它也是国内股指期权的到期日。

容易理解，指数不像 ETF，更不是股票，它本身是无法实物交割的，因此国际上的股指期权基本上会采用现金交割的方式。那什么是现金交割呢？用最通俗的语言来说，实物交割相当于在到期日“一手交钱，一手交货(券)”，现金交割则相当于“买方以到期结算价卖出平仓了结头寸，卖方以到期结算价买入平仓了结头寸”。

那么对于中金所的股指期权，在交割制度上，有哪些条款呢？这里就让我们把交易所的原话(摘自《中国金融期货交易所股指期权合约交易细则》)写在“小黑板”上，一起来看一看：

> **第二十七条** 股指期权合约到期日结算时，交易所对符合下列行权条件的买方持仓自动行权：
>
> (一) 买方提交行权最低盈利金额的，行权条件为合约实值额大于买方提交的行权最低盈利金额和交易所规定的行权(履约)手续费两者中的较大值；
>
> (二) 买方未提交行权最低盈利金额的，行权条件为合约实值额大于交易所规定的行权(履约)手续费。
>
> 不符合前款规定的行权条件的买方持仓，视为放弃行权。期权合约实值额为最后交易日的结算价乘以合约乘数。
>
> **第二十八条** 股指期权合约买方可以在到期日 9:30—15:15，向交易所提交行权最低盈利金额。
>
> **第二十九条** 交易所根据行权的买方持仓，按照卖方的持仓比例进行行权配对。
>
> **第三十条** 股指期权合约行权时由交易所按照最后交易日的结算价进行现金交割，了结相应持仓。

从以上短短几个条款里，我们可以发现，在实际的现金交割时，我们会考虑一个参数——最低盈利金额，即行权手续费，它等于中金所收取的费用加上经纪商收取的费用，经纪商部分的费用因人而异。于是，假如我们把权利仓一直持有至到期，则权利仓

的到期价值就可以表达为下面的两个式子：

认购买方的到期价值 = Max[（标的指数最后两小时算术平均价 − 行权价）× 合约单位 − 行权手续费，0]

认沽买方的到期价值 = Max[（行权价 − 标的指数最后两小时算术平均价）× 合约单位 − 行权手续费，0]

为便于理解，我们来举一个现金交割的例子，帮你算清楚到期日结算时的情况。

假设王同学之前买入开仓了一手“IO－2302－C－4000”认购期权，沪深 300 指数在 2 月到期日最后两小时的算术平均价为 4 120 点，于是这份期权的到期价值就等于 4 120－4 000＝120（点/手），若总行权手续费每手 5 元（假设中金所收取 2 元/手，经纪商收取 3 元/手），那么在现金交割的制度下，这份认购期权到期的最终价值就等于 11 995 元（120 点×100 元/点－5 元）（这里，中金所沪深 300 股指期权的合约单位为每点 100 元），王同学相当于以这个金额完成了结，省去了任何实物兑付的过程；反过来，如果王同学之前买入开仓的是一手“IO－2302－P－4000”认沽期权，则这份期权的到期价值就等于 0（如图 13－1 所示）。

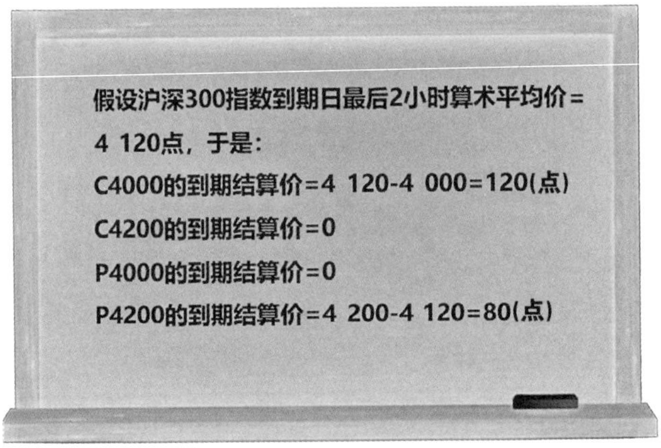

图 13－1　期权合约到期结算价的计算例子

在上面两个案例中，有一个值得注意的地方：这里的“结算价”并不是指到期日的收盘价，而是交易所根据沪深 300 指数在到期日最后两小时的算术平均价计算得出的，之所以这样设置，就是为了防止标的收盘价的偶然性偏离对交割双方产生实质性的影响。（股指期货、股指期权都是如此。）

相比实物交割，现金交割在交易操作的便利性上确实具有不小的优势：

（1）提升了资金使用效率

现金交割的最大优势就是买卖双方不需要在到期日附近去准备大量的现金和

标的。如果我有 100 张“300ETF 购 2 月 4000”，当我行权时，我就需要准备 400 万元（4.000×10 000×100）的资金，而如果用现金交割，那我就相当于以到期日的期权结算价进行卖出平仓（本质上就是一个卖出平仓），事先不需要准备任何资金，提升了资金的使用效率。

(2) 降低了忘记行权的风险

上面曾经提到，对于 ETF 期权，如果我持有一份实值认购期权，但因为我的忙碌忘记了行权，那么这份期权将实质性的价值归 0；而在现金交割的制度下，投资者在到期日不需要提交行权指令，而是以到期结算价自动了结头寸。

(3) 没有实物转移的时间差

对于当前的 ETF 期权，认购期权买方行权，行权日准备好钱，行权日次日获得券；认沽期权买方行权，行权日准备好券，行权日次日获得钱。从中你会发现，对于认购期权的买方，次日拿到的券还要再等一天才能卖出，存在两天的隔夜风险。而在现金交割的制度下，所有的轧差结算都在当日盘后完成，是一个确定的参数，这样不会存在隔夜风险。

当然，目前国际上大部分个股期权或者 ETF 期权仍然会采用实物交割的制度，这是因为在实物交割的制度下，标的股票或 ETF 会发生实际的转移，这有助于促进标的本身的流动性、降低标的本身的波动性，更好地发挥期现市场相辅相成的功能。

14. 国内 ETF 期权的组合保证金,你了解吗

2019 年 11 月 18 日,是上交所股票期权组合保证金正式实施的第一天。在这些年的实盘过程中,有些朋友或许已经体验了这个功能。然而,关于国内 ETF 期权的组合保证金,很多新手朋友在未来实盘里一定有各种各样的疑问,在此我就针对一些主要疑问做一个详细的梳理。

(1) 组合保证金是自动识别,还是自己申报?

截至目前,根据《上海证券交易所、中国证券登记结算公司股票期权组合策略业务指引》(以下简称《指引》),当前的组合保证金是一种“自行申报”的机制,并非自动识别。这样设计有一个好处,就是每个交易者可以根据自己的实际情况自主选择哪一对组合以“省钱”。

举个例子,如果我合成了一个类多头(买 10 张 C3000@11+卖 10 张 P2950@11),然后预期当月涨不过 3 100 点,又卖出了 10 张 C3100@11,于是我的持仓就变成了“买 10 张 C3000@11+卖 10 张 P2950@11+卖 10 张 C3100@11”。

于是,我有两种申报组合的方式:第一种是申报“10 张 P2950@11 义务仓”+“10 张 C3100@11 义务仓”(卖出宽跨式组合),第二种是申报“10 张 C3000@11 权利仓”+“10 张 C3100@11 义务仓”(认购牛市价差组合)。

两者各有好处,第一种申报方法的好处是省下的钱可能更多,而第二种申报方法的好处是一旦标的暴涨,认购牛市价差的利润可以让它去“飞”,“卖 P2950@11”的头寸可以单腿先平仓止盈(因为卖沽头寸在第二种申报下没有被捆绑在组合里)。

(2) 什么时间段可以参与?

根据《指引》,投资者可以在每个交易日的 9:30—11:30、13:00—15:15 两个时间段对同一个账户里的持仓合约申请构建组合。

这里,我们可以注意到:申报组合的时间段比正常交易时间多出了 15 分钟,也就是收盘后的 15 分钟内,你依然可以根据你的持仓结构选择组合的构建申报。试想一下,如果你在收盘前构建了一对同月的双卖组合,最终在收盘集合竞价(14:57—15:00)

时段内成交了，那么剩下的 15 分钟内，你依然可以选择相关的持仓，申报“卖出宽跨式组合”，节省单边的保证金占用。

(3) 组合申报成功后，还会被解除吗?

根据《指引》，主要有两种情况下会把组合解除：

第一种情况是“自行申报解除”：你突然不想持有这个组合了，或者希望单腿平仓，那你需要在软件端先自行申请解除。

另一种情况是“到期前自动解除”：《指引》规定，四个价差组合(认购牛市价差、认沽牛市价差、认购熊市价差、认沽熊市价差)，在 E－2 日(这里的 E 是指期权到期日)将被自动解除；而两个双卖组合(卖出跨式、卖出宽跨式)，在 E 日将被自动解除。这就意味着到期日前，你需要补钱把账户的风险度降下来，否则组合被自动解除后，保证金会一下子多起来甚至翻倍，到时万一补钱晚了，就会面临被强行平仓的风险。

(4) 目前跨月的组合能实现“省钱”的目的吗?

截至目前，根据《指引》，ETF 期权初期实施 6 种类型的组合保证金：卖出跨式、卖出宽跨式、认购牛市价差、认沽牛市价差、认购熊市价差、认沽熊市价差(如表 14－1 所示)。所有组合均只是同月组合。

表 14－1　6 种组合申报前后的保证金占用对比

组 合 类 型	组合申报前保证金占用	组合申报后保证金占用
卖出跨式	认购义务仓保证金＋认沽义务仓保证金	Max(认购义务仓保证金、认沽义务仓保证金)＋保证金较低那一腿的权利金
卖出宽跨式	认购义务仓保证金＋认沽义务仓保证金	Max(认购义务仓保证金、认沽义务仓保证金)＋保证金较低那一腿的权利金
认购牛市价差	认购义务仓保证金	0
认沽熊市价差	认沽义务仓保证金	0
认购熊市价差	认购义务仓保证金	两腿行权价之差
认沽牛市价差	认沽义务仓保证金	两腿行权价之差

因此，尽管像反向日历(买近月平值＋卖远月平值)、买入对角认购(买远月认购＋卖近月认购)这样的组合也是风险有限的，但这些跨月组合目前还没有办法享受到组合保证金的优惠，期待今后进一步优化。

15. 分红对期权有什么影响？需要知道的都在这里了

对于刚进入期权市场的新手，可能并不清楚“标的分红”对每一个期权合约会产生怎样的影响。在此我为刚起步的新手朋友们梳理一下沪深交易所标的分红对期权合约的七大影响。

第一大影响：期权合约单位会变大

根据沪深交易所的期权交易规则，在期权标的分红的前后，有两个变量是不会发生任何改变的！

- 一个是期权市值，即“期权结算价乘以合约单位”。
- 另一个是期权面值，即“标的价格乘以合约单位”。

理解了上面两句话，我们就可以计算出调整后的合约单位。这里，我们举一个例子(下文的内容都沿用这个例子)：假设 300ETF 标的价格是 4.144 元/份，分红方案为 0.064 元/份，期权的合约单位是 10 000 份。经过分红，300ETF 的价格就会变成 4.080 元/份(4.144－0.064)。于是，按照期权面值不改变的计算原则，到了除息日，调整后的合约单位就变成了 10 157(按四舍五入取整)(4.144×10 000/4.080)。

可以看到，经过调整，期权的合约单位变大了！

第二大影响：期权结算价格会变小

上文我们提到，按照沪深交易所的期权交易规则，在期权标的分红的前后，每张期权的市值(“期权结算价格×合约单位”)是不会发生改变的，否则期权买方的“权利”变多了，卖方岂不是要抗议……所以，一旦合约单位发生了调整，那么期权的结算价格也会同步发生调整，调整后的结算价格就等于“原结算价格×原合约单位/调整后的合约单位”。

这里，我们假设当月 C4100 的结算价为 0.075 7 元/份，一起来计算一下调整后的结算价格。由于这份认购的原合约单位是 10 000 份，上面已经计算出调整后的合约单位是 10 157 份，于是按照期权市值不改变的规则，调整后的结算价格就等于 0.074 5 元/份(0.075 7×10 000/10 157)了(按四舍五入精确到小数点第四位)。

可以看到，经过调整，期权的结算价格变小了！

第三大影响：期权行权价格也会变小

与每个期权的结算价一样，每个期权的行权价格也需要进行同比例调整，按照上述的逻辑去计算，不难知道，调整后的行权价格就等于“原行权价格×原合约单位/调整后的合约单位”。

我们依然以当月 C4100 认购期权为例来计算调整后的行权价格。由于这份认购的行权价等于4.100元，合约单位是10 000份，上面已经计算出调整后的合约单位是10 157份，因此，按照上述的公式，调整后的行权价格就等于4.037元(4.100×10 000/10 157)元了(按四舍五入精确到小数点第三位)。

可以看到，经过调整，期权的行权价格也变小了！

第四大影响：备兑义务仓需要补券了

从除息日开始，所有原期权的合约单位都从“10 000”份变为“10 000+零数”份，这意味着已经备兑开仓的投资者到期时交割的 ETF 数量也不再是每张 10 000 份，而是 10 000 份以上。按照逻辑，备兑开仓的投资者是需要用全额标的证券作为保证金的，缺一份都不行，因此，在除息日，对于那些持有备兑义务仓的投资者，就需要另外买入标的 ETF 来补券。沿用上面的例子，每 1 张备兑义务仓需要再买入 157 份 300ETF。

需要提醒的是：如果是上交所 300ETF 分红，你要补的券就是“510300.SH”；如果是深交所 300ETF 分红，你要补的券则是“159919.SZ”。因此千万不要补错券！

第五大影响：沪深期权在备兑补券上的规则不同

假如你在除息日当天持有了备兑义务仓，但未能在收盘前及时补足券，就会导致备兑担保物不足，这个时候，上海证券交易所与深圳证券交易所的处理方式会有所不同。

根据目前的《上海证券交易所股票期权试点交易规则》，如果备兑持仓者未能及时补足券，导致备兑担保物不足，那么不足部分的持仓会被强行平仓。而根据目前的《深圳证券交易所股票期权试点交易规则》，不足部分的备兑义务仓将会转为普通的卖出持仓，对应的担保物就变成了现金，只有在现金不足额的情况下，才会导致这部分持仓被强行平仓，这一点与上交所期权的交易规则略有不同。

第六大影响：分红日的盘面，期权合约变多了

从上面案例的计算中，我们已经发现，一旦标的分红，当前盘面上所有期权合约的行权价格和合约单位都将发生调整，这样的话，原本的合约单位(10 000 份)就都带上了零数，就不再是原来整整齐齐的、合约单位为 10 000 份的期权合约了。

试想一下，如果你到期时被要求交割，你是希望从市场上爽爽气气地买入 10 000 份 ETF 呢，还是东拼西凑地买入带有零数的 ETF 呢？大部分人的答案应该是前一个！考虑到市场上的交易者仍然非常需要整整齐齐的、合约单位为 10 000 份的一批期权合约，按照目前的规则，在除息日的当天，交易所将会新挂一批合约单位为 10 000 份的标准化合约（4 个月份、9 个行权价、认购＋认沽，总共 72 个合约），原来的、已经过调整的期权合约全部会被贴上带“A”（表示 Adjusted）的标签，与新挂的合约共存。

于是，在除息日当天，整个期权盘面上就多出了 72 个合约。

第七大影响：组合保证金、组合行权需要区别对待

2019 年年末，沪深交易所相继实施了组合保证金机制。不过在目前的交易规则下，当两个合约具体进行组合保证金的时候，它们被要求必须具有相同的合约单位。

以上文中的分红假设为例，假如我双卖了当月不带 A 的认沽和当月带 A 的认购各 100 张，前一份认沽期权的合约单位是 10 000份，后一份认购期权的合约单位是 10 157份，在目前的制度下，由于这两个持仓无法申请成为“卖出宽跨式组合”（KSS），因此也就无法用组合保证金的方式省下单边一腿的保证金了。

再举个例子，假设我构建了一对牛市价差组合，买了 100 张不带 A 的平值认购，并卖出了 100 张带 A 的虚值认购，同样是因为前一个合约和后一个合约的单位不一致，所以无法申请成为“牛市认购组合”（CNSJS），也就无法把整个组合的保证金占用暂时降为 0。

所以，对于希望利用组保来“省钱”的投资者，就需要特别注意：在目前的规则下，带“A”和不带“A”的合约，是不能进行“配对”的！

Charming Option on Your Future

视 角 篇

16. 从“波”的角度，如何判断大盘可能“爬”多高

价格与波动率，这两个变量互为因果、互相联系。价格可以用来计算波动率，它就是一段时间内标的价格涨跌幅的年化标准差，反过来，波动率也可以用来估算未来价格的箱体区间。很容易想象，如果你认为未来一个月的波动率会很大，那么你对未来一个月的区间预测就会变得很宽；反之，如果你认为未来一个月的波动率会很小，那么你对未来一个月的区间预测就自然会窄一些。

假如我们把沪深 300 平值认购 20%左右的隐波，看作未来一个月的真实波动率，那么到了下个月底，沪深 300 指数的价格大概率会落在什么点位下方呢？

在统计学里有这么一种估算方法，如果我们近似地假定价格涨跌幅服从正态分布，那么我们可以按照下方公式，简单地对未来标的所位于的箱体区间进行预测估计。

如图 16－1 所示，假设标的指数在未来一个月的年化波动率是 Sigma，当前点位是 S，那我们就可以得出这样的结论：

在未来一个月里，标的价格位于 $S\times(1-\text{Sigma}/3.5)$ 到 $S\times(1+\text{Sigma}/3.5)$的概率为 68%；

在未来一个月里，标的价格位于 $S\times(1-2\times\text{Sigma}/3.5)$ 到 $S\times(1+2\times\text{Sigma}/3.5)$的概率为 95%；

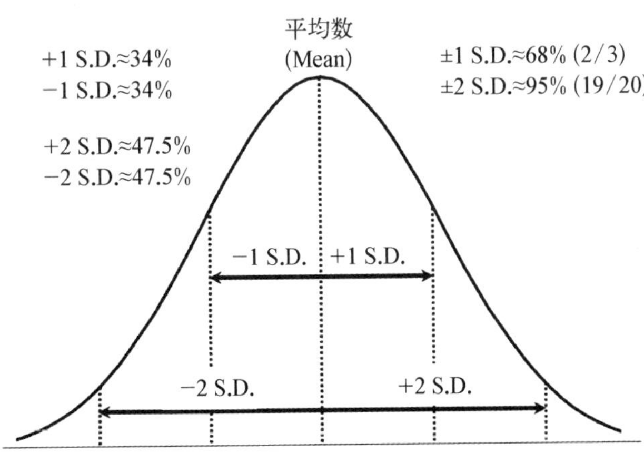

图 16－1　统计学正态分布下，不同倍数波动率对应的概率

在未来一个月里，标的价格位于 $S\times(1-3\times\text{Sigma}/3.5)$ 到 $S\times(1+3\times\text{Sigma}/3.5)$ 的概率为 99%。

上式里的 3.5，实际上就是 $\sqrt{12}$（12 个月）的近似值。

需要说明的是，由于没有人能够“未卜先知”未来一段时间的真实波动率（除非穿越了时光隧道，亲眼看到了未来 n 天里每一天的价格），因此，在实际估算时，我们往往只能用自己心中的一个预测波动率，或者根据当前市场呈现的隐含波动率，来替代上述结论中的 Sigma。当然，这种估算方法仍然只是一种粗略的估计，一定会有假设的局限性，比如实际涨跌幅分布的尾部会更“肥”。

现在我们来按照这种估计方法估算一下。这里，我们以 2021 年 5 月末的行情为例，把当时沪深 300ETF 的价格 5.300 元代入 S，把当时 20% 的隐含波动率代入 Sigma，就大约可以推算出有 95% 的概率，沪深 300ETF 在一个月内会位于 5.905 元的下方，这个值几乎恰好接近 2021 年全年的最高点……

看来，期权市场的报价真的是非常聪明！

这里还可以举一个估算的案例。回顾 2021 年 3 月底 4 月初时，沪深 300 等指数在触及 3 月 25 日的地量底之后，开启了一波持续的反弹。不过那时的隐波完全没有跟随起来，当月平值认购的隐波连 15% 都不到。同样，我们尝试用上面的方法来估算一下，取当时沪深 300ETF 的价格在 5.000 元左右，当时 4 月平值认购的隐波在 14% 左右，于是（$5.000+2\times14\%/3.5$）约等于 5.400 元，它差不多就在当时 MA60 均线上方一点点的位置！所以从这个角度看，说明了当时上方的 MA60 是具有一定“威慑力”的。

实际上，真正做投资的人从不会预测大盘能涨到××××点，他们更在乎的是大概率的压力位、大概率的支撑位在哪里，分别对应的概率可能是多少，到了这些位置，应该止盈多少或者止损多少等。

有了这样一个估算区间，那对期权操作有哪些意义呢？我想它最大的意义就在于给了期权卖方一个相对安全的获利区间。

比方说，我们遵守这样一个策略，顺大势、逆小势，选择一倍 Sigma 以外（这里的 Sigma 是月波动率，可以用年波动率除以 3.5 得到）的认沽或者认购，当标的价格位于 MA20 以上时，卖出行权价低于一倍 Sigma 下界的认沽期权，而当标的价格位于 MA20 以下时，则卖出行权价高于一倍 Sigma 上界的认购期权。这样的卖出开仓，相当于在顺大势的情况，事先估算出了自己到期获利的概率。当我们卖出一倍 Sigma 下方的认沽期权，或是卖出一倍 Sigma 上方的认购期权时，静态地看，相当于获利概率约为 84%[100%－(1－68%)/2]，反过来这也说明买入高于一倍 Sigma 上界的虚值认购，或者买入低于一倍 Sigma 下界的虚值认沽，获胜的概率都不足 17%，这就是我们估算箱体区间的意义所在。

不过在最后，我们依然需要强调一点，那就是在衍生品的实盘操作过程中，在"趋势"二字的大起大落之前，一切统计性的指标都只是作为辅助参考，当趋势性指标真的发出"预警"的信号时，或者当"价""量""波"三个变量发生共振时，从"防患于未然"的角度来说，即便你的卖方头寸位于 3 倍的 Sigma 以外，尽快减仓卖方头寸，加仓买方头寸，也总归是不会铸成大错的！

17. 一张波动率曲面，可以藏着多少信息

作为期权交易者，我们可以用第三只眼——“波”的视角看市场，而“波”的信息都源于一张波动率曲面，它是在公开市场可以获得的信息，就像一个期权品种的“任督二脉”。那么，它身上究竟藏着多少信息呢？我们平时应该怎样来解读呢？以下我们就来好好说一说。

图 17-1 就是沪深 300ETF 期权在某个交易日的波动率曲面，它是各个月份、各档行权价期权隐含波动率所连接而成的曲面。

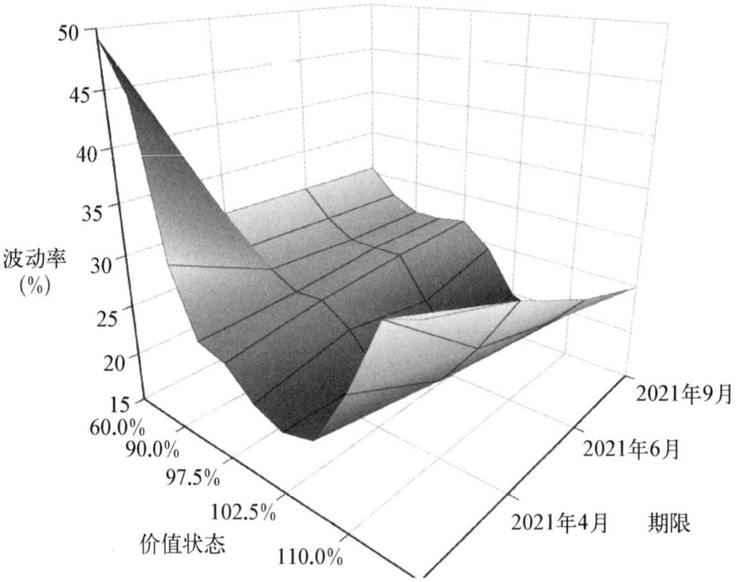

数据来源：Wind。

图 17-1　沪深 300ETF 期权某日隐含波动率曲面

先把波动率曲面垂直于“期限轴”横切一刀，就会得到一根类似于下方的曲线，这根曲线就是波动率偏斜(Skew)曲线(见图 17-2)。

一般来说，Skew 曲线的横坐标可以有两种度量的方式：一种是各个期权的行权价(单位：元)，比如，4.000，4.100，4.200，…，6.500。另一种则是价值状态，比如，用 100%表示“平值”，95%表示“5%的虚值认沽”，90%表示“10%的虚值认沽”；反过来，

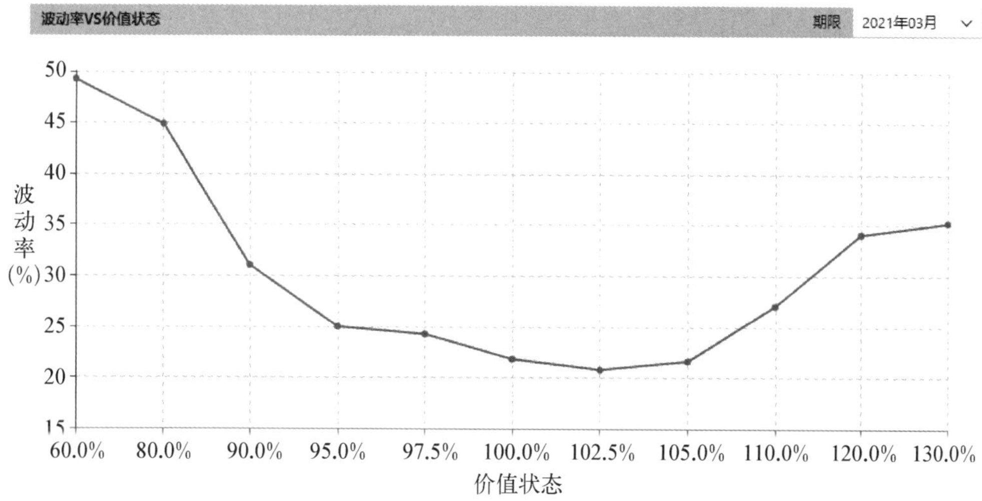

数据来源：Wind。

图 17－2　某日，沪深 300ETF 近月期权合约偏斜曲线

105％就表示“5％的虚值认购”，110％就表示“10％的虚值认购”，等等。我更喜欢用这种方式来观察偏斜曲线。

在期权交易员的眼里，每时每刻的偏斜曲线可以有两种“偏法”，一种叫“正偏”，另一种则叫“负偏”。以图 17－2 为例，大家若以 100％作为中心，就会发现“10％的虚值认沽”的隐波大约在 30％以上，而“10％的虚值认购”的隐波大约只在 25％～30％，整个 Skew 曲线看上去是左高右低的。像这样的偏斜往往会被期权交易员称作“正偏”(Positive Skew)。

如果从相对量化的角度去定义，则可以用“a％虚值认沽的隐波”减去“a％虚值认购的隐波”(这里的 a％可以取 10％或者 15％)，或者用“a％－delta 认沽的隐波”减去“a％－delta 认购的隐波”(这里的 a％可以取 20％或者 25％)。如果这个差值是正的，我们就会认为现在的偏斜曲线是正偏的，认沽那端的投机和避险情绪更高；反之，如果这个差值是负的，则会认为现在的偏斜曲线是负偏的，认购那端的投机和避险情绪更高。

有很多美国回来的交易员会告诉你，股指期权市场 90％以上的时间是正偏的，那些负偏是不太正常的。然而，这个正常与不正常是相对的，由于在过去很多年里，类似标普 500 这种指数的走势是“缓涨而急跌”的，因此，不论是从博弈“黑天鹅”的角度，还是从机构采用领口套保(买沽＋卖购)的角度，下方认沽的买盘需求往往都会更强大一些。

可是对于国内的期权市场，正偏的比例没有想象的那么高，那是因为各国有各国的“国情”。我国国内指数的运动轨迹与美国本来就是不同的，有的年份是“尖顶”，有的年份是“圆底”，有的年份则体现出“缓涨”的特征。在过去的日子里，我们都看到过，“金三胖”（银行、保险、券商）一共振，市场情绪一沸腾，就完全有可能拉出 7%以上的大阳线，于是在这些交易日的前后，偏斜曲线自然是负偏了。

当然，偏斜曲线上的信息还不只是形态上的高低，曲线上每两个隐波之间的斜率更是波动率套利的依据。什么是隐波之间的斜率？不难理解，在偏斜曲线的同一侧，你任取两个合约的隐波比一比，这个比值就相当于“斜率”，比如，虚 2 档认购隐波/虚 1 档认购隐波、15%虚值认沽隐波/10%虚值认沽隐波等。有些期权交易员会在 Excel 等软件上画出类似于图 17－3 的监控矩阵，并确定历史上的尾部阈值。当某两档期权的隐波比值高于 a 时，就卖开隐波高的那个合约，买开隐波低的那个合约，两者之间的数量调成 Delta 中性，这就算是一笔标准的“波动率套利”交易。

回顾 2020 年 2 月 3 日、3 月下旬、7 月 6 日，诸如 P3600/P3700、P3400/P3300、C4200/C4100、P4300/C4200 等合约之间的隐波“斜率”早已超越历史的尾部阈值，而最终的结果是，仅仅过了一到三天，波动率偏斜曲线就从“两翼齐飞”的状态开始逐渐走平，而这三次波动率套利的利润也是那一年全年最“厚”的三次。

继续回到波动率曲面，若是换一个角度，把波动率曲面垂直于“价值状态轴”竖切一刀，那会怎么样？那就会得到另一根曲线——波动率圆锥（Cone）曲线（见图 17－3）。

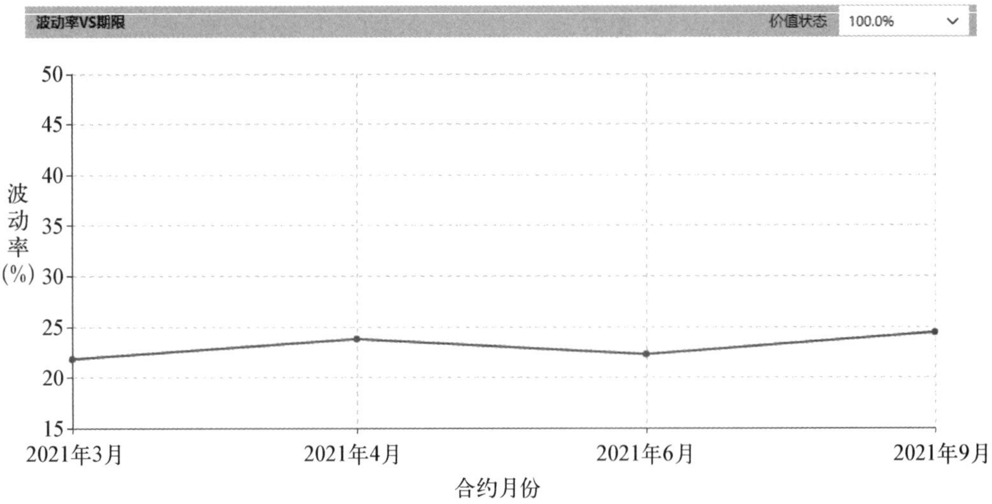

数据来源：Wind。

图 17－3　某日，沪深 300ETF 期权波动率圆锥曲线

尽管对于任何一个行权价，我都可以竖着切一刀（比如，4.000 元的行权价可以得到一根期限曲线，3.600 元的行权价也可以得到一根期限曲线），但一般而言，我们往往会去观察平值这个位置的波动率圆锥曲线，对应的价值状态就等于 100%。

同样，波动率圆锥曲线的形状也不固定。可以看到，在图 17－3 里，我们基本上可以认为这是一根水平(Flat)的曲线，当圆锥曲线处于水平状态时，说明期权交易者正在用“脚”投票，认为近期市场与远期市场的“潜在风险”是差不多的；当圆锥曲线处于“近低远高”的状态时，说明期权市场预期短期市场平静，把未来的不确定性都定价到了远月；可是如果圆锥曲线的形状明显开始变得陡峭，近端月份的隐波开始明显高于次月、远月隐波的时候(“近高远低”)，则往往意味着短期的市场已经处于一个“并不太平”的环境了，会有突破的可能性。

同样作为一种策略或者习惯，有些期权交易员会在 Excel 等软件上实时监控一些比值，比如用“月份 A 的平值隐波”去除以“月份 B 的平值隐波”，如果某个比值“过分了”，比如，高于历史某个极端值，或是低于历史某个极端值，这些交易员就会“买近卖远”或者“买远卖近”，用正反日历的持仓结构，等待期限曲线在某一天“回归常态”。

18. 从 VIX 指数到 VIX 期货，你能学到什么

在期权交易里，VIX 指数是一个绕不开的指数。

什么是 VIX 指数？简单地说，VIX 指数是标普 500 期权市场的波动率指数，它反映了美国期权市场对于未来 30 天标普 500 波动率的预期，也就是对于未来 30 天“上蹿下跳”程度的预期。近二十多年来，标普 500 的主要权重股是科技股，基本上形成了一个“缓涨急跌”的走势(涨的时候波动率越来越低，跌的时候波动率一下子加大)，这使得 VIX 与标普 500 呈现了明显的负相关。

不过，与道琼斯指数、纳斯达克指数一样，VIX 本身只是一个指数，并不能交易，所以要想实际交易这些指数，只能让金融机构发行相关的 ETF 产品，或者由交易所来发行它的衍生品。于是在 2004 年和 2006 年，VIX 期货与 VIX 期权先后应运而生，它们是波动率世界里最基本的两个衍生品，但也是至今用得最为广泛的。

如果你身边没有连接外盘交易的软件，那你可以先从 CBOE(芝加哥期权交易所)的官网(www.cboe.com)获得 VIX 衍生品最基本的信息：

- VIX 期货：https://www.cboe.com/tradable_products/vix/vix_futures。
- VIX 期权：https://www.cboe.com/tradable_products/vix/vix_options。

我们知道，期货是一维的工具，它的涨跌代表着方向的变动，同样，VIX 期货的涨跌也代表着预期波动率的上升和下降。平时我们观察股指期货时，看得最多的就是升贴水，是现货指数更“贵”，还是期货指数更“贵”；而各个不同月份的期指，价格则是依次变“贵”，还是依次变得更加“便宜”。假如越远月的期指价格越贵，我们就称它为升水的结构(Contango)，反之就称它为贴水的结构(Backwardation)。这两个概念同样可以运用在 VIX 期货上，我们以某天 VIX 各月份期货价格截图为例(如图 18－1 所示)。

可以发现，截图中各月份的 VIX 期货之间是一个升水的结构。这意味着什么？意味着市场非常聪明，也非常公平，在市场处于相对平静的阶段，市场不会“平白无故”地给你“低价”做多波动率！要博弈波动率的飙升，就需要付出一定的“溢价”。如果我现在就要左侧做多波动率，那么即便我做多 5 月 VIX 期货，也要付出一个点以上的溢价，假如下个月标普 500 指数没有发生意外，市场没有升波，我将在一个月内“铁定”多

Underlying	Close price
VIX index	19.15
VIX2105 future	20.80
VIX2106 future	22.35
VIX2107 future	23.50
VIX2108 future	23.94
VIX2109 future	24.50

数据来源：CBOE。

图 18－1　某日 VIX 各月份期货收盘价格分布

亏掉 1.65 个点；假如我直接做多 9 月份的 VIX 期货呢，可以看到，9 月份的 VIX 期货需要付出 5 个点以上的溢价。如果情况特别“事与愿违”，6 个月里 VIX 期货一动不动，那就表示我付出的这些溢价又“付诸东流”了。

然而，VIX 各个月份期货之间一定是永远升水的吗？不是的！这个交易世界里，没有什么是一定的，VIX 期货的升水结构是大部分的情况，大多发生在市场相对平静的时期；然而当市场开始躁动，开始对未来的暴跌有所担忧的时候，各月份的 VIX 期货就很有可能从升水的状态转为贴水，也就是越近月的 VIX 期货，相对 VIX 指数的溢价更大。

这是为什么呢？很容易理解，当你和别人吵架在气头上的时候，是短期心绪难以平静，还是长期心绪不宁呢？当然是前者。当市场处于暴跌的初期或中段时，聪明的交易者预期短期 VIX 可能会飙升，于是他们可能在 VIX 期货还没贴水的时候就开始大举做多，然后随着市场确实暴动，跟随者越来越多，供求关系就会偏向做多的一方。谁都知道，波动率的飙升永远是短期现象，长期是会均值回归的，所以越远月的 VIX 期货，它的价格上涨越慢越少，而越近月的 VIX 期货，它的价格上涨越快越多，这样就形成了 VIX 期货的贴水结构。

当我们了解了这样的一些性质后，我们看市场也好，做交易也罢，也就有理有据，不会盲目而行了。

首先，VIX 期货的升贴水也可以作为观察市场的一个角度。我们很难左侧预测“黑天鹅”在哪个月、哪一周发生，不过观察 VIX 期货升贴水的变化，却是可以作为每天的功课进行记录的。当 VIX 期货的升水逐步缩小，到达平水，甚至贴水的第一天，我们可以有所记录，有的时候，升水转贴水的第一天，还处于下跌的初期，有的时候则已经跌出一段时间了；但从长期看，如果在 VIX 期货贴水的首日，考虑一下或有的防守，至少可以避掉过去十多年里的一些大灾难。

其次，由于 VIX 期货大多数时候是处于升水结构，因此做多 VIX 期货天然付出了一个“升水”的溢价，这是导致很多新手在不知不觉中，把做多波动率的成本慢慢抬高，最终亏钱的一大原因。在实际使用 VIX 期货做多波动率时，不会是“无脑”去操作的，而是选择性地操作或者配对性地操作。所谓选择性地操作，就是攒足一个空间上或时间上的安全边际。比如当VIX低于历史均值一定周数时，结合标的走势的斜率越来越平，我考虑短线做多一次VIX期货。而所谓配对性地操作，就是“买近卖远”，做多当月或次月的VIX期货，做空远月的VIX期货，让自己在两个月份的升水上能够有所抵消，然后期待近月波动率在未来的飙升幅度远大于远月。

最后，尽管贴水往往发生在短期市场暴动的阶段，但做空VIX期货也不能满仓去博(All in)。做空波动率往往是要讲究节奏的，如果股指在下跌的趋势上延续，则短期的波动率完全可以高了以后爬得更高，我们并不能因为觉得现在已经很高了，就动辄满仓去博，这样的话，只要波动率再多升一天，就依然会弄得自己“遍体鳞伤”。这个时候，不少机构仍然会采用渐近地、试探性地配对交易，代替单腿投机，采用“买远卖近”的方式，做空当月VIX期货，做多次月VIX期货，等待贴水结构重新回到平水或升水。

对于目前的国内市场，在没有波动率衍生品的情况下，最类似于VIX期货配对的组合只能算是正向日历、反向日历组合了(但需注意，它仍然只是一种近似)。这里，我们从准确的角度概括一下正反日历：在保持Delta中性的情况下，正向日历是“买远卖近”，属于做空“位移”、做多远月隐波、做空近月隐波的组合；反向日历则是“买近卖远”，属于做多“位移”、做多近月隐波、做空远月隐波的组合。人们常说“人总是在赚自己能力圈里的钱”，当我们把能力圈拓宽到“波动率”的维度后，你是否会在2019年2月26日、2020年7月7日这样的日子想到正向日历呢？你又是否会在某些长假、事件的前夕想到反向日历呢？

19. 为什么对海外 VIX 指数的结论不能持“拿来主义”

VIX 指数是专业期权人几乎每天必看的指标，它在海外常被称为恐慌指数。如果你想查看每日的、实时的 VIX 数据，那么最官方、最靠谱的渠道就是到芝加哥期权交易所(CBOE)的官网(www.cboe.com)去查看。

为什么在海外市场，VIX 指数被称为恐慌指数？这是因为，对于美国股市，VIX 指数的飙升往往伴随着标普 500 指数的恐慌式下跌。从下面这张图(图 19－1)中，我们可以清晰地看到，在过去 21 年里(2000—2020 年)，标普 500 指数与 VIX 指数的负相关系数达到了－71.50％，这在统计学意义里已经属于高度的负相关。回顾几个断崖下跌的波段(互联网金融泡沫、“9·11”恐怖袭击、2008 年莱曼兄弟倒闭、2018 年美联储第四次加息、2020 年 3 月“新冠”疫情冲击)，VIX 都出现过 100％以上的巨大涨幅。

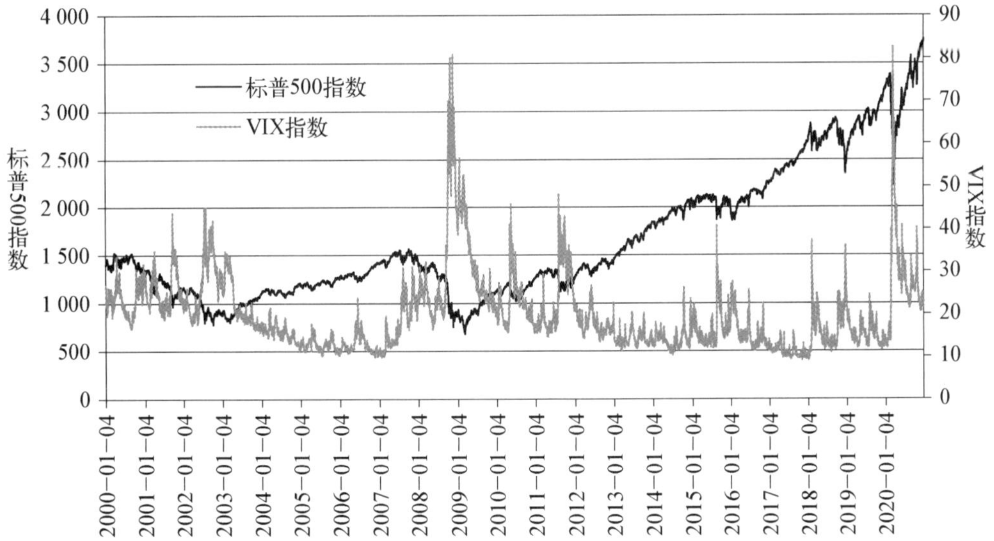

数据来源：Wind。由力的期权工作室整理而成。

图 19－1　2000—2020 年标普 500 指数与 VIX 指数的对比走势

如果我们把时间切割得细一点，每隔五年去观察标普 500 指数与 VIX 指数的相关性，就会发现高的时候，两者的负相关性会达到－80％以上(如 2020—2014 年，

—81.56%)，低的时候也会达到—70%以上(如2016—2020年)，这说明在美国市场，价格指数与波动率指数(“价”与“波”)两个指标的负相关是非常稳定的，标普大跌，VIX就大涨，两者就像跷跷板一样，因此也就不奇怪VIX指数被赋予“恐慌指数”的称号了！

不过，长期负相关只是一个统计结果，它仍然只是表象，背后更本质的原因是什么呢？实质上，两者的负相关程度这么高，主要是由美股长期“缓涨急跌”的走势决定的。

仔细想想“波动率”三个字，不论前面加上什么前缀，它的本质都是衡量一个资产“上蹿下跳”的程度(无非历史波动率是刻画过去一段时间，隐含波动率是刻画未来一段时间)。波动率指数，本质上是由一系列虚值期权的隐波加工计算得到的，所以它代表的是市场对未来“上蹿下跳”程度的预期。当我们预期未来一段时间，标的价格走势的斜率开始趋缓或者走平，那么波动率指数往往就进入了一轮下降的通道；反过来，当我们预期未来一段时间，标的价格走势的斜率要开始变得陡峭，那么波动率指数就可能先知先觉地上升。

那么，对于美股市场，过去三十多年来，它是一个怎样的大势呢？一言以蔽之，“缓涨急跌”！当标普500指数进入上涨通道，几乎所有人预期指数的斜率将会越来越平缓，于是期权市场对应了降波；而当标普500指数开始有暴跌的苗头时，聪明的朋友几乎都要防备这一次可能的暴跌，于是期权市场对应了升波。每天看盘的朋友一定都有这个直觉，除了大跌后的报复性反弹以外，美股几乎很难出现单日3%以上的涨幅，却会因为累计涨幅过大或者某个“黑天鹅”事件的冲击而出现3%以上的单日大跌。正是因为长年累月美股是这样的价格走势，所以VIX指数一般只在恐慌大跌的波段暴涨。

那么，同样是波动率指数，放到国内的市场，它与标的价格指数之间的负相关关系也会那么显著吗？它也只是在恐慌大跌的波段飙升吗？只要用历史数据做一下回测，我们就能知道结果(如图19-2所示)。

数据来源：Wind。由力的期权工作室整理而成。

图19-2　2015—2020年上证50指数与对应波动率指数的走势对比

从这张图(图 19－2)可以发现,2015—2020 年这六年间,上证 50 的波动率指数经历了多次快速的飙升,除去 2015 年牛熊转换时千股涨停、千股跌停以外,2016 年 1 月熔断股灾时飙升过,2018 年 2 月美股风险外溢暴跌时飙升过,2019 年 2 月 25 日上证 50 单日大涨 7%时飙升过,2020 年 2 月—2020 年 3 月“新冠”疫情冲击时飙升过,2020 年 7 月 6 日上证 50 单日大涨 6.80%时飙升过。这六年间,你可以猜猜看两者的负相关系数有多少? **只有－12%左右!** 即便把 2015 年的数据剔除,两者的负相关系数也仅仅只有－16%,这说明,与美股市场大不相同,国内波动率指数的飙升未必会出现在断崖式下跌的波段,而完全有可能出现在单日或几日连续大涨的波段。因此,若依样画葫芦地把国内的波动率指数也称为“恐慌指数”,则是欠妥当的。

现象归现象! 导致国内与海外这种不同的原因是什么呢? 可以有多种解释,其中的一个原因,我想或许与资金结构的不同有一定关系。我们知道,美国股票市场已经是一个高度机构化的市场,资金的理性程度更高,美国上市公司入市、退市是家常便饭,对冲工具相对完备。在这样十八般兵器都完备的市场下,要出现所有股票共振,单日 5%以上这种“枪打出头鸟”的涨幅,相当不易,所以即便在 2022 年之前标普 500 指数屡创新高,每天的涨幅也是很碎步的;反观 A 股市场,尽管相对于 2003 年 90%以上的比例,散户的比例目前已经下降,但仍然还有大量市值掌握在游资或者个人手里,由于游资和散户更加关注短期的赚钱效应,因此难免会在某些板块拉高的时候追入,某个龙头涨停,则紧接着所有关系股异动,如果这种追涨出现在权重板块,就会导致单日大阳线的诞生,从而导致大幅升波。

相比美股的单向升波,A 股的升波是双向的(暴涨或暴跌),这也说明,对海外的一些规律和结论并不能简单地持拿来主义,在国内操盘,一切仍然需要基于国情得出结论。事实上,以 A 股当前的资金结构和估值水平,除了对“价”与“波”的相关性不能持“拿来主义”外,对波动率曲线的形状也是不能持“拿来主义”的。美国市场的波动率曲线通常为左高右低(形似“半边笑”的曲线),而国内市场的波动率曲线往往不是左高右低的(形似“微笑”或者“大笑”的曲线),这些不同并没有谁对谁错,而是一个市场当下最真实的情绪写照,值得我们了解和注意!

20. 历史上的二次探底，“波指”曾经能爬多高

对于期权交易者，我们的视角不会仅仅盯着标的来看，而会把“方向”和“波动率”两个变量结合起来考虑。在 2022 年 10 月的时候，沪指再次逼近了当年 4 月份的底部，出现了“二次探底”。出于好奇，我翻开了历史上的那些二次探底，看看当时的波动率指数（简称“波指”）曾经都发生了什么……

从 2015 年 2 月 9 日国内首个期权上市至今，我印象中最经典、最有代表性的二次探底（从上证综指的角度看），应该有这么五回，它们分别发生在 2015 年 7 月 27 日、2016 年 2 月 25 日、2018 年 3 月 23 日、2019 年 8 月 2 日、2020 年 3 月 13 日。这五回的大背景和波动率指数大致是这样变化的。

(1) 2015 年 7 月 27 日的二次探底

2015 年 6 月中旬，“两融”余额越过两万亿元大关，杠杆资金的崩塌导致指数从 5 178 点一路下挫到 3 400 点以下，最终在 7 月 9 日，上证 50 的 MA5 重新拐头向上，事后宣告第一个局部底形成，其间，波动率指数在当年 6 月 29 日达到了 60.09 的局部最高点。这一次企稳维持了两周半，直至 7 月 27 日，当天中石油和工商银行在下午一点半之后突然开始“大跳水”，然后整个大盘“泥沙俱下”，千股跌停再现，构成二次探底（如图 20 - 1 所示）。

这回二次探底最终的结果是：先横向磨底，然后在 2015 年 8 月中旬受到“人民币汇改”事件冲击，指数再度破位下行。对应到上证 50 的波动率指数上，在 8 月 24 日破位下行之前，波动率指数基本上位于 40 左右徘徊，并没有爬到 6 月 29 日的 60.09。然而，这一切都在指数破位下行后发生了巨变，8 月 24 日指数破位下行后，波动率指数在五天内从 48.34 升到 63.33，其间最高点刻在了 8 月 26 日的 63.79！这个点也是截至目前，上证 50 波指的历史最高点。

(2) 2016 年 2 月 25 日的二次探底

2016 年开年的第一天，A 股的“新”制度“熔断”运行首日即被触发，流动性的短暂缺乏又一次引发了市场新一轮抛盘，最终在这年 1 月 27 日，上证综指缩量触及 2 638

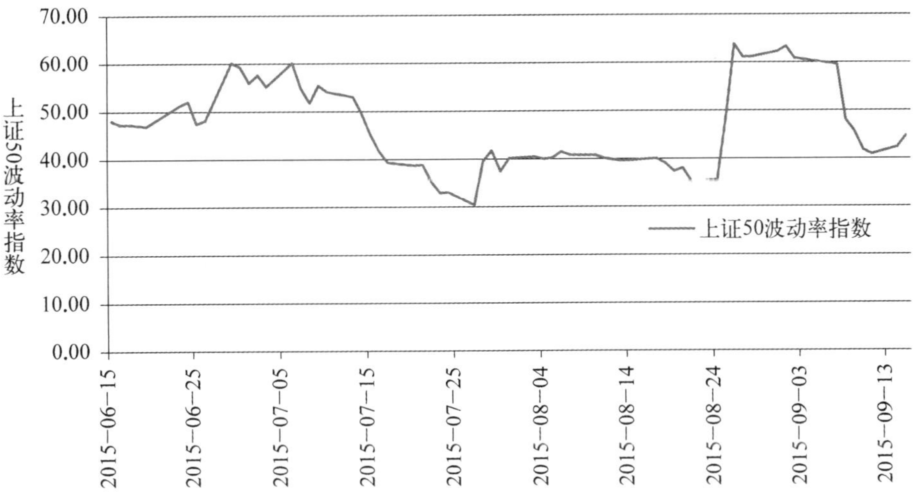

数据来源：Wind。由力的期权工作室整理而成。

图 20-1　2015 年 6 月 15 日至 2015 年 9 月 15 日期间上证 50 波动率指数走势

点，事后宣告第一个局部底形成，其间波动率指数在当年 1 月 14 日达到了 37.80 的局部最高点。这一次企稳维持了一个月左右，直至 2 月 25 日，沪指放量大跌 6.41%，收于 2 741 点，构成了二次探底（如图 20-2 所示）。

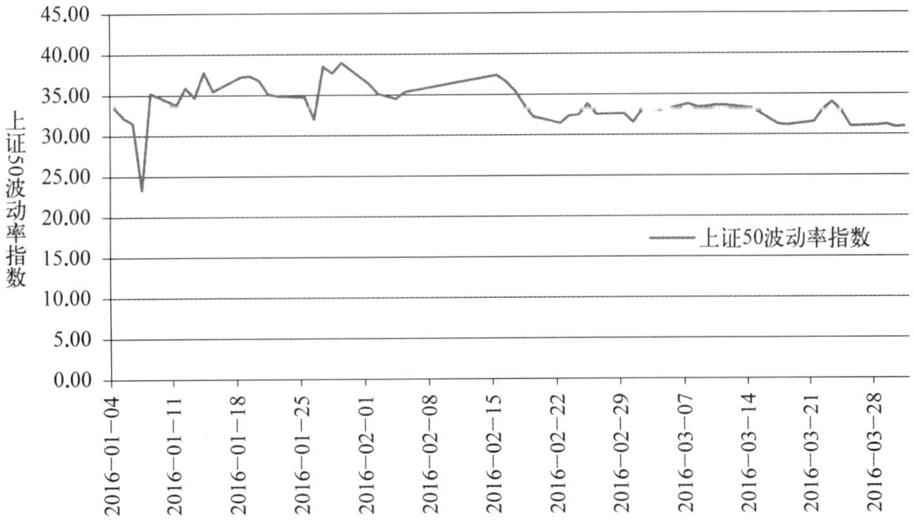

数据来源：Wind。由力的期权工作室整理而成。

图 20-2　2016 年 1 月 4 日至 2016 年 3 月 31 日期间上证 50 波动率指数走势

这回二次探底最终的结果是：形成“双针”探底，量能终于缩到 2015 年 6 月高点的 50%以下。对应到上证 50 的波动率指数上，2 月 25 日（二次探底的第一天），上证 50 波动率指数小幅升至 33.85，此后的一个月内，指数没有再度破位，尽管期权市场的波动率指数没有明显下降，一直维持在 31～34，但再也没有明显超过 2 月 25 日的 33.85，更没有超过当年1月14日37.80的高点。

（3）2018年3月23日的二次探底

2018年的第一个月是2017年的极致延续，1月在大票横行的“二八分化”下，上证50指数连续创下19连阳的记录。但这一切都因美联储加息路径加快而改变了，2月9日，沪指大跌4.05%拉出长下影，事后宣告第一个局部底形成，其间波动率指数就在2月9日达到了33.06的局部最高点。这一次企稳维持了一个月左右，直至3月22日晚间，特朗普宣称对中国发动“贸易战”，次日沪指大跌3.39%，构成二次探底（如图20-3所示）。

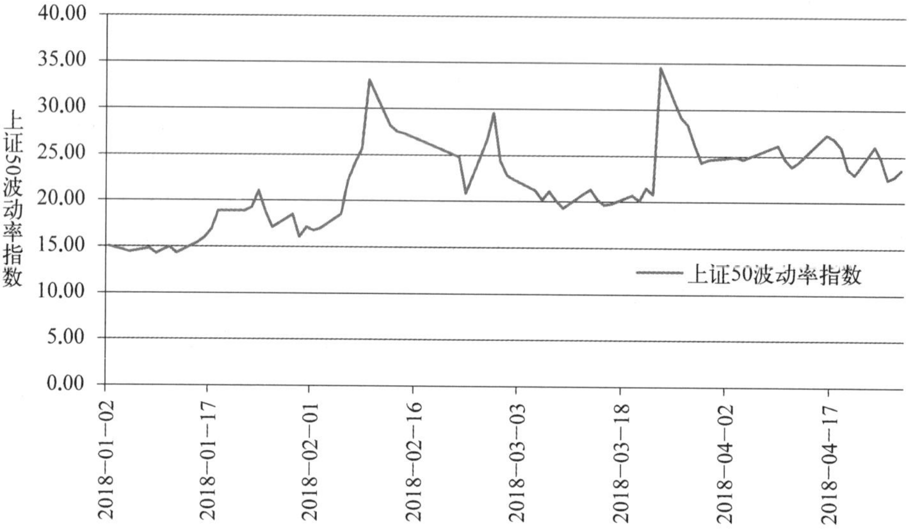

数据来源：Wind。由力的期权工作室整理而成。

图20-3　2018年1月1日至2018年4月30日期间上证50波动率指数走势

这回二次探底最终的结果：用一字磨底的形式，以时间消化情绪，到2018年4月末之前，指数并未再次破位。对应到上证50的波动率指数上，3月23日（二次探底的第一天），受事件冲击，上证50波动率指数飙升至34左右，与之前第一个“底部”2月9日的波动率高点基本齐平。此后随着一字磨底，市场情绪缓和，波动率在之后的一个月内再未创出新高，反而出现了一轮降波潮。

（4）2019年8月2日的二次探底

2019年的两次大跌发生在5月初和8月初，这两次大跌都和某张“大嘴”、某几条推特有关。当年5月上旬，在特朗普的关税威胁下，上证综指在5月10日创出了第一个局部底，5月6日和5月10日的波动率指数分别创出29.31和28.56的高点。此后，G20峰会曾一度传出缓和信号，加上科创板对情绪的利好，这一次的企稳维持了两个月左右。直至 8 月 2 日,特朗普再度变卦,当日沪指下跌 1.41%,次日人民币汇率破 7,构成二次探底(如图 20-4 所示)。

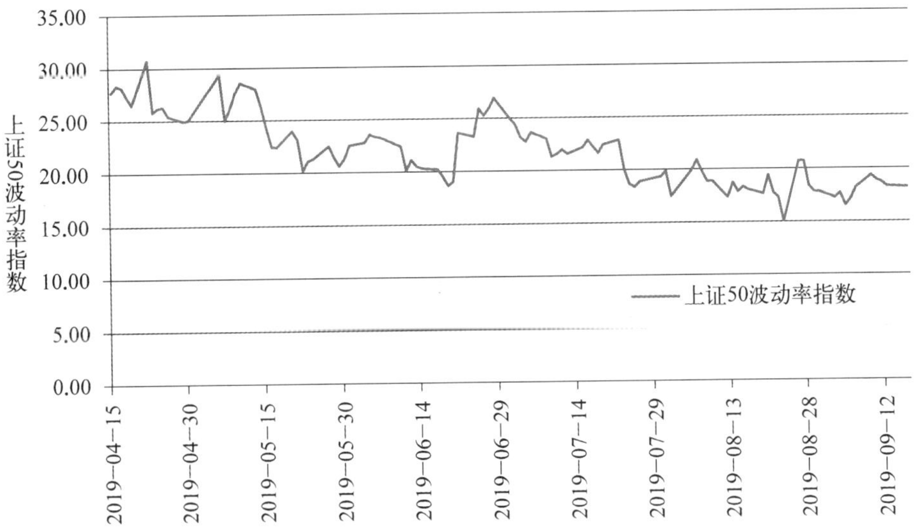

数据来源:Wind。由力的期权工作室整理而成。

图 20-4　2019 年 4 月 15 日至 2019 年 9 月 15 日期间上证 50 波动率指数走势

这回二次探底最终的结果:沪指略微跌破了 5 月的局部底,50 指数却强势没有跌破 5 月的局部底。对应到波动率指数上,当年 8 月 2 日、8 月 5 日、8 月 6 日,上证 50 波动率指数分别升至 18.08、19.92 和 20.86,每天上升一个点左右,远未能爬到 5 月份波动率的局部高点,并从当年 8 月 7 日开始的一个月内,再未突破前期高点。

(5) 2020 年 3 月 16 日的二次探底

2020 年的两次大跌都和突发的“新冠”疫情有关,前一次因国内而起,后一次因全球而起。该年 2 月 3 日,沪指创出了 2 685 点的局部底,上证 50 波动率指数则创出 40 左右的局部高点,此后科技股成为带领指数脱离危险区的先锋,这一次的企稳维持了一个月多一些,直至 3 月 13 日,隔夜美股熔断,当日沪指大幅低开 4.08%,构成二次探底(如图 20-5 所示)。

这回二次探底最终的结果:沪指略微跌破了 2 月的局部底(2 685 点),上证 50 指数的二次探底更深,比 2 月的局部底再下跌了 6%左右。对应到 50 的波动率指数上,当年 3 月的二次探底期间,上证 50 波动率指数最高达到 44 左右,爬到了之前 2 月 3 日的高点之上,并在 3 月 13 日到 3 月 23 日的 7 个交易日内,有 6 个交易日的波动率指数超过 35,在高位区呈现了一种聚集效应。

如果我们把上述五回二次探底的波动率指数数据稍加整理,就可以得到下面的两张表格(表 20-1、表 20-2)。

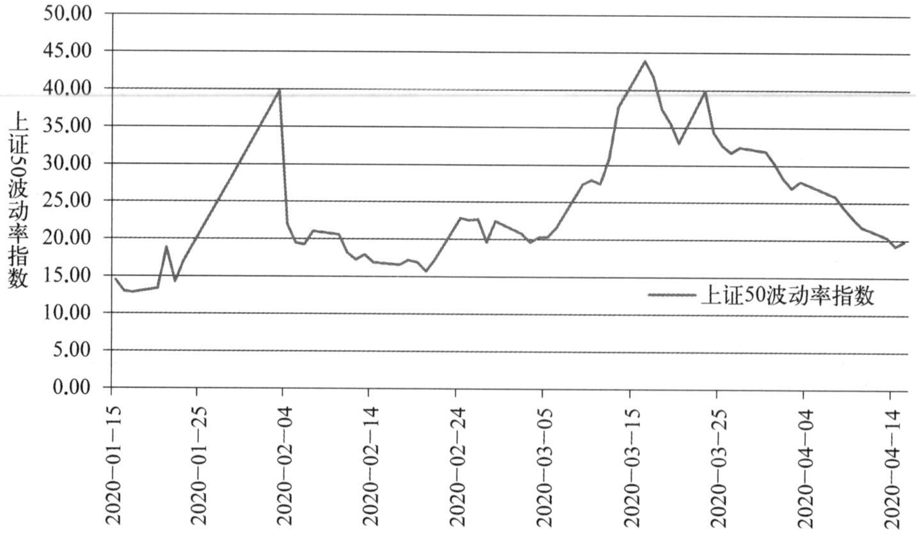

数据来源：Wind。由力的期权工作室整理而成。

图 20－5　2020 年 1 月 15 日至 4 月 15 日期间上证 50 波动率指数走势

表 20－1　二次探底起始日后一周、一个月的波动率情况

二 次 探 底 日	二次探底日后一周内波动率最大升幅	二次探底日后一个月内波指最大升幅
2015 年 7 月 27 日	37.42%	109.77%
2016 年 2 月 25 日	/	0.56%
2018 年 3 月 23 日	/	/
2019 年 8 月 2 日	15.37%	15.37%
2020 年 3 月 13 日	16.32%	16.32%

数据来源：Wind。由力的期权工作室整理而成。
注:“/”表示“此后未出现升波”。

表 20－2　二次探底后,上证 50 波动率指数有没有突破前一次底部的高点

二 次 探 底 日	波动率是否超过前一次底部的高点	波动率超过点数
2015 年 7 月 27 日	是	3.7 个点
2016 年 2 月 25 日	否	/
2018 年 3 月 23 日	否	/

续 表

二 次 探 底 日	波动率是否超过前一次底部的高点	波动率超过点数
2019 年 8 月 2 日	否	/
2020 年 3 月 13 日	是	4.1 个点

数据来源：Wind。由力的期权工作室整理而成。

综合这五回二次探底复盘，我们可以得出什么结论呢？尽管这样的样本不会很多，但我们也能找到其中的重要共性。当指数的二次探底刚开始时，短线升波几乎是一件比较确定的事件，但二次探底带来的升波究竟能爬多高，则极大程度上取决于指数会不会连续创出新低。如果标的指数在二次探底后明显创出了新低，那么波动率指数就容易爬到前一个高点之上；如果标的指数在二次探底的过程中在前一个底部附近戛然而止，甚至还呈现出“二底”比“一底”高的形态，那么波动率指数就很难越过前期的高点，甚至会先知先觉地率先降波。

这个结论也说明了“价波关系”的重要性。标的价格与波动率是紧密而不可分的，两者相辅相成，波动率源于标的价格，本质上是标的价格的标准差，但波动率又可以预示标的价格，反映期权交易者对未来价格区间的预期。波动率特别像一个人的脾气，再好的脾气，当某个红线被越过后，就容易爆发；反之，若是某根红线不被触及，就很可能长期隐忍不发了……

21. 你听说过“黑天鹅指数”吗？它是什么

在期权交易里，有两个指数比较出名，一个是波动率指数（Vol Index，简称“波指”），另一个叫偏度指数（Skew Index，简称“偏指”，也称黑天鹅指数）。这两个指数都是反映情绪面的指标，最早都是由芝加哥期权交易所编制和使用的。

从通俗的角度说，波指来源于一个资产的波动率，而偏指来源于一个资产的偏度。那什么是波动率呢？波动率就是描述一个资产“上蹿下跳”的程度，偏离长期均值的程度。那什么是偏度呢？就是描述一个资产分布偏斜的程度（就好比“比萨斜塔”的偏度值一定会高于“埃菲尔铁塔”），一段时间里负收益率的日子较多，就会往“左偏”，反之就会往“右偏”。

偏指的计算，可应用下面这个公式：

$$Skew = 100 - 10 \times S$$

在这个公式里，$Skew$ 就是偏指，S 是偏度。S 的具体计算比较复杂，涉及期权市场（尤其是虚值期权）的实际报价，而期权的价格是由期权买卖供求关系决定的，所以这个偏指就隐含了期权盘口资金对市场的最新看法。从上述公式里也可以看出，当 S 等于 0 时（偏度为 0）则 $Skew$ 正好在 100，当 S 低于 0 时则 $Skew$ 高于 100，当 S 高于 0 时则 $Skew$ 低于 100。

如果你具有一定的数学背景，想进一步知道它的编制原理，最准确的算法可以在芝加哥期权交易所（CBOE）的官网上直接搜到。关于偏指编制方法的白皮书，参见网址 https://cdn.cboe.com/resources/indices/documents/SKEWwhitepaperjan2011.pdf。

不过，对于大部分朋友，只需要了解它的实盘指导意义，就可以了。

平时观察这个 Skew 指数时，我们需要知道，它高于 100 叫作负偏，低于 100 叫作正偏；偏指的数值越高，表示下跌的“黑天鹅”风险越大，反之，偏指的数值越低，表示暴涨的概率在加大。如果从期权报价的角度去理解，那么当认沽期权的报价普遍偏“贵”时，这个偏指就会上升，而当认购期权的报价普遍偏“贵”时，这个偏指就会下降。

对于美股市场，由于它的长期走势呈“缓涨急跌”的形态，因此，日积月累下来，标普 500 的日涨跌幅的长期分布就形成了一个“左边肥，右边窄”的形态，即暴跌时产生的负收益率的绝对值要明显大于缓慢连续上涨时的正收益率。如下图（图 21－1）所示，标普 500 的偏指常年高于 100，且近几年有中枢抬高的迹象。截至目前，它的历史 95%分位数在 140 左右，历史 5%分位数在 110，当它特别高的时候，表达了期权市场对于潜在"黑天鹅"的一种担忧。记得在 2020 年 3 月"新冠"疫情暴发时，美股四次熔断之前，标普 500 的偏指曾一度达到了 95%分位数附近的点位。

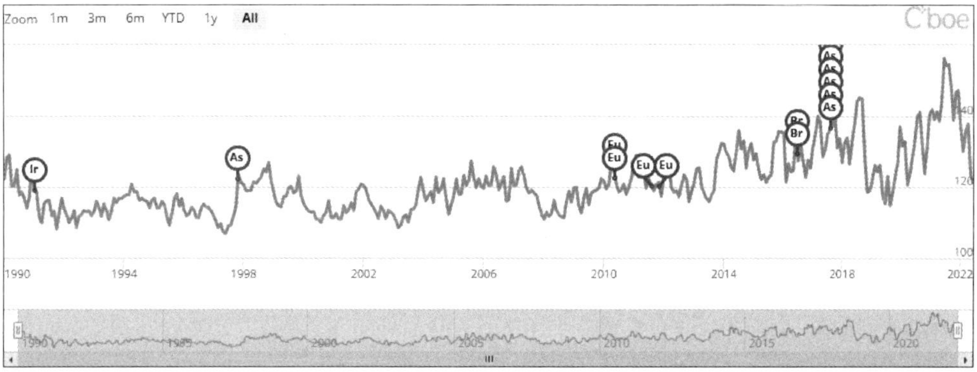

数据来源：CBOE。

图 21－1　自 1990 年至今，标普 500 偏指的长期走势

然而，对于 A 股市场而言，用同样的算法编制出来的偏指就未必一直高于 100 了，很多时候会在 90～110 的范围内震荡，那是因为各国有各国的"国情"，国内指数的运动轨迹与美国的本来就有很大的不同。比如，有的年份 A 股指数是"尖顶"，有的年份是"圆底"，有的年份则体现出"缓涨"的特征。在过去的日子里，我们都看到过，"金三胖"（银行、保险、券商）一共振，市场情绪一沸腾，则完全有可能拉出 7%以上的大阳线，于是在这些交易日的前后，偏指完全就有可能低于 100 了。

那么偏指到底有没有用？应该说，它只是从另一个侧面表达了期权报价者的"隐忧"，更类似于一个"警示性"的指标，并不能作为日频的择时指标。实际上，包括偏指、认购认沽比在内的一些指标，平时某一天、某一周的上升与下降并不能带来太大的实操意义，中途伴随着很多偶然随机的因素，这个指标更大的意义在于进入市场历史的极端区域，比如在国内市场高于 115 甚至更高。

从我们平时的回测和运用情况看，我们更多地将偏指当成辅助性的指标看待，它未必意味着今天进入了极端区域，明天或者下周就会立刻"暴跌"；相比之下，国内的波动率指数，以及波动率期限结构的"及时性"有时会更强一些，我平时参考更多的还是价波关系与近远月隐波高低等信息。就像 2022 年 4 月中旬以后，当时从波动率的维度看，陆续发生了"价波共振"（指数下跌，认沽隐波明显上升）以及"近高远低"（近月平值认沽隐波高于次月平值认沽隐波），此后出现了 4 月最后一周的大跌，同样在 2022 年 3 月 7 日收盘，各月份平值认沽的隐波也出现过"近高远低"，此后的一周内出现过大幅下跌，这些警示都对实战有相当大的意义。

22. 期权市场的“量”，你真的会看吗

炒股的人一定要会看“量”，那么做期权的人会不会也要看“量”？

这里，我先提出一个基本的观点：在平时交易中，期权市场的“量”可以作为一个辅助的指标去看，但是观察期权的“量”并不是用来看期权合约走势的，而是用来观察它背后的标的走势。

对于任何一个期权品种，它的“量”可以有很多种定义：总成交张数、总成交面值，还有权利金成交总额等。我们以沪深 300ETF 期权为例，总成交张数是指所有 n 个 300 期权合约成交量的总和，总成交面值等于“总成交张数×标的价格×合约单位”，而权利金成交总额则是所有 n 个 300 期权合约权利金成交额的总和。

对比这三个“量”，“权利金成交总额”用得最少。我们可以举这样一个例子：假设交易日 A 和交易日 B，交易日 A 的主要成交量集中在近月平值认购，成交均价 300 元，1 万张，那么权利金成交额大约等于 300 万元；交易日 B 的主要成交量集中在近月虚 3 档和虚 4 档认购，成交均价 30 元，5 万张，那么权利金成交额大约等于 150 万元。从直觉上看，在交易日 B，有那么大的单子敢于买入近月虚值认购，是有人强烈看涨的，但那天的权利金成交额是“缩量”的，因此它的实战指导意义很小。

我们平时在看 A 股的时候，总是会说到价升量增、价跌量缩等。很多时候，你会发现，今天指数的价格是微涨的，指数的量能也有所放大，但此后还是没有如期上涨。如果做个回测，把历史上价量齐升的交易日找出来，测算一下与此后 n 天上涨的相关性，则这个相关性在有些阶段实在有些“惨不忍睹”。所以，真正的大机会往往不会纠结于某一天的放量还是缩量，而是要和过去 n 天的均量相比才更有意义。这里说的“量”可以是现货指数的成交额，也可以是期权市场的总成交张数。

一般来说，用期权市场单日的“量”和过去 n 周（比如 2～4 周）的均量相比，可以去刻画某一天“量”的异动。

这里，我们就以 2021 年最有意义的两个交易日（2 月 18 日和 3 月 25 日）为例。回顾 2021 年上半年的走势，2 月 18 日是一个局部顶部，3 月 25 日则是一个局部底部。在 2 月 18 日这一天，300ETF 期权的成交张数放大到 306.33 万张，相比过去两周的均量放大了 47.35%，相比过去三周的均量放大了 40.16%，而 50ETF 期权的成交张数则放大到 393.25 万张，相比过去两周的均量放大了 67.17%，相比过去三周的均量放大

了 54.48%，都构成了“放量异动”，再结合当天指数高开低走收阴的价格特征，这个地方就值得小心局部地“筑顶”（如图 22－1 所示）。

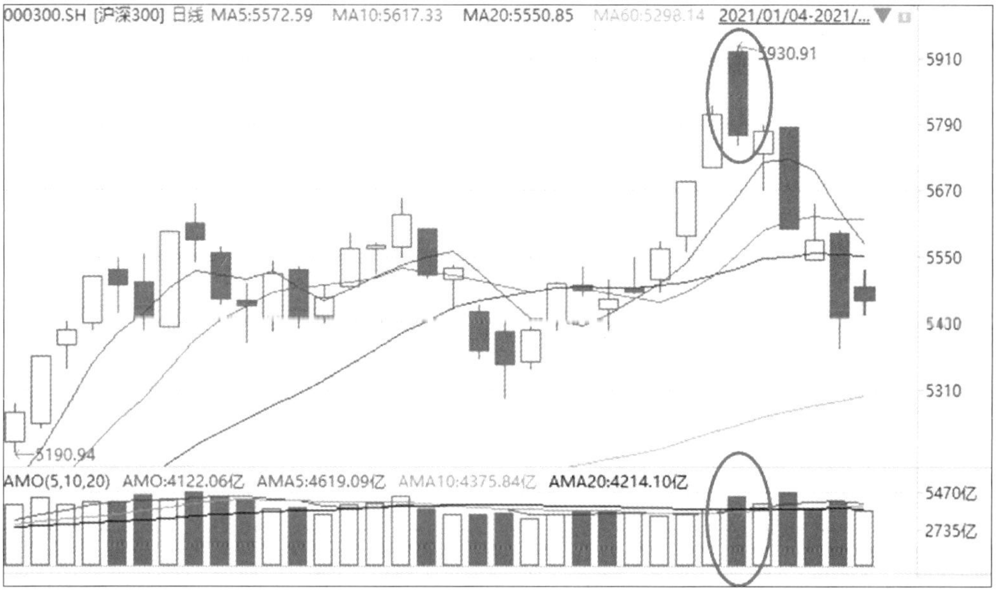

数据来源：Wind。

图 22－1　2021 年 2 月 18 日，沪深 300 高位放量收阴示意图

再来看 3 月 25 日这一天，当天沪深 300ETF 期权的总成交张数萎缩到 163.15 万张，相比过去两周的均量萎缩了 31.01%，相比过去三周的均量萎缩了 37.54%，而 50ETF 期权的成交张数萎缩到 175.09 万张，相比过去两周的均量萎缩了 39.07%，相比过去三周的均量更是萎缩了 44.91%，这个情况就算构成了“缩量异动”，再结合现货指数周线级别已经走出了罕见的五连阴，这个地方就值得关注短期潜在的企稳（如图 22－2 所示）。

随着国内参与期权的人越来越多，期货市场和现货市场的联动性越来越好，期权的“放量异动”往往反映了现货市场极致的情绪，而期权的“缩量异动”则反映了当时市场的低迷情绪。

当然，同样是期权成交量大幅增加，有条件的话，还可以看一下这个“放量”背后的结构，是哪些合约出现了大幅放量，以及主要的增量是否集中在近月、次月等虚值期权上。在国际期权市场上，交易所经常会关注“近月虚值总成交张数/总成交张数”这个指标，将它作为一种衡量投机气氛的指标。

期权市场里的“玩家”往往是聪明的，在箱体震荡的行情里，由于降波和时间的流逝，买入虚值认购、认沽的胜率会大大降低，因此每天成交量最大的合约往往集中在平值附近。可是如果在某一周内，成交量较大的合约不断从平值附近往虚值区域移动，

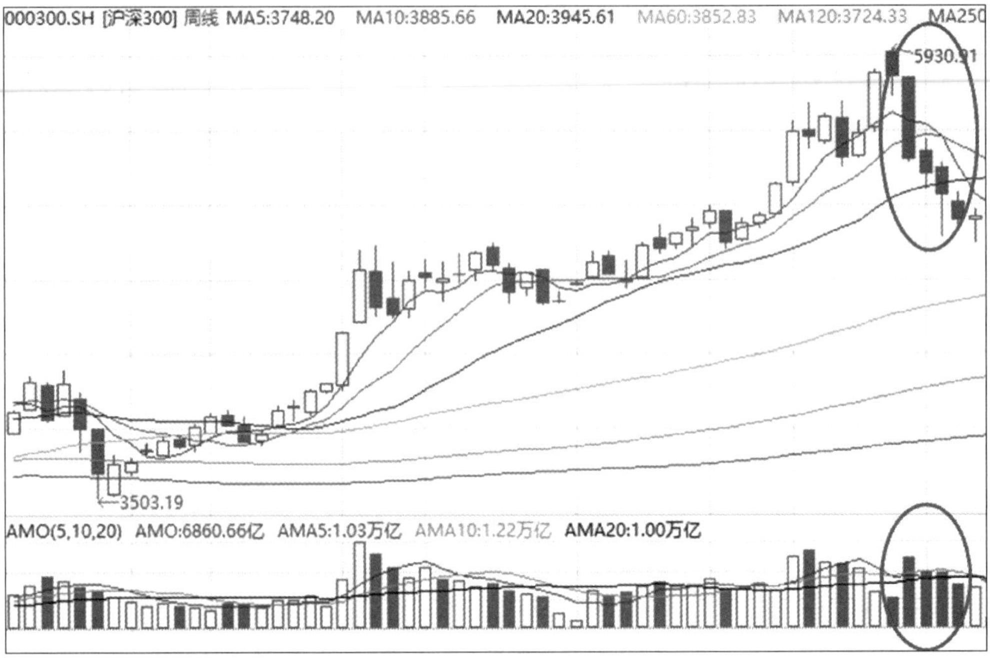

数据来源：Wind。

图 22－2　2021 年 2 月至 2021 年 3 月沪深 300 周线五连阴示意图

甚至出现了越虚值的期权，其“量”越大的现象，那就值得引起注意和重视了！不知你还记得吗？2019 年 2 月下旬那个 192 倍合约，还有 2019 年整个 3 月份的行情，当时 2 月和 3 月的虚值认购在一周内成了全市场最关注的“香饽饽”。

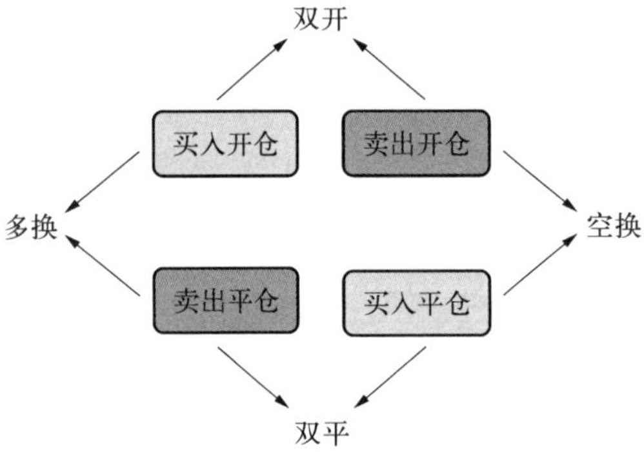

图 22－3　双开、双平、多换、空换示意图

更精细地说，如果两个虚值期权的成交同时出现了放大，那还得看一看这两个合约在当天的主要成交类型是什么？在衍生品市场里，任何一笔成交都可以分为八种类型：双开、双平、多换、空换、多开、空开、多平、空平。这里，限于篇幅，我们就先列举一下前四种成交类型的含义（如图 22－3 所示）。

用通俗的语言说，双开就是买卖双方都想挤破头进场（会增加持仓量）；双平就是买卖双方都想了结离场（会降低持仓量）；多换表示权利仓之间在换手接力，新的买方在买开，旧的买方在卖平（持仓量不变）；空换则是义务仓之间在换手接力，新的卖方在卖开，旧的卖方在买平（持仓量也不变）。

我们试想一下，假如某天期权市场的“量”比前一天多出了 10 万张，可是，其中超

2 万张集中在 C5250 合约，超 4 万张集中在 C5750 合约。接下去你会去看什么？或许就会去看当日这两个合约的大单成交类型。

假如 C5250 合约的主要成交类型是多换(买开与卖平的成交)，而 C5750 合约的主要成交类型是空换(卖开与买平的成交)，那么这两个合约同时的“放量”就不能简单地理解成看涨投机的情绪，而很有可能是某几个机构盘正好在构建 1∶2 比率认购价差(属于期权组合的一种)，反而反映了大资金中性的市场情绪。

有句“股谚”说得好：“春江水暖‘量’先知。”对于期权交易者而言，这个“量”不仅可以是现货指数的成交额，而且可以是期权市场的成交张数，你领悟了吗？

23. 认购认沽比，这个指标的意义在哪里

在期权交易中，有不少朋友听说过“认购认沽比”这个指标。没错！与波动率一样，它是期权市场独有的指标，也被视为一个观察标的市场走势的指标。

什么是认购认沽(成交)比(以下简称“认购认沽比”)？顾名思义，它就是某个品种所有认购期权的成交量除以所有认沽期权的成交量。举个简单的例子，比如对于某一天的上证 50ETF 期权，所有认购的成交量是 170 万张，所有认沽期权的成交量是 110 万张，那么这一天的认购认沽比就是 1.545。于是，我们自然可以发现，对于每一个交易日，每一个期权品种，都会对应一个认购认沽比。

一般来说，当我们计算认购认沽比时，首先需要注意以下两点：

第一，计算的时候必须是同一个品种。拿上证 50 期权和沪深 300 期权混在一起计算是不妥的，拿黄金期权和白糖期权混在一起也是不妥的。

第二，计算的维度必须事先说清楚。由于不同月份可以衍生出多个认购认沽比，比如“所有近月认购成交量/所有近月认沽成交量”就生成了“近月认购认沽比”，“所有次月认购成交量/所有次月认沽成交量”就生成了“次月认购认沽比”，所以如果不加说明，就是把所有月份都统计在内的。

那么，认购认沽比的实盘意义究竟在哪里呢？从很直观的角度去想，如果这个指标变大了，则意味着认购成交量变大了，或者认沽成交量变小了，貌似是一个看涨的信号。那么，这是不是意味着今天收盘的“认购认沽比”上升了，明天就会上涨呢？实盘里会发现，认购认沽比并不在于它一朝一夕的涨跌，某一天的涨跌很可能是随机性的，我们无法因为一天的涨跌，就重仓押宝。这个指标真正的意义其实在以下两个方面：

第一，关注 n 天以上的单边变化。如果你把每一天的认购认沽比记录下来，就会发现它的变化是具有很强随机性的，它往一个方向单边运动的情况相对不是很多，往往可能是今天涨，明天跌，后天涨，大后天又跌。所以，平时我们真正关注的是，这个指标能不能在 3～5 天里持续往一个方向单边变化，以此作为价量的辅助指标，去关注二级市场的异动，这才比较有意义。

我们可以回溯历史上的一些重要的大涨大跌波段。比如 2020 年 1 月 15 日至 2020 年 1 月 23 日期间，上证 50 的认购认沽比从 1.43 连续 5 天下降到 0.97，这次单边

下跌维持了 5 天，而上证 50 在当年 1 月 22 日盘中已经有些不太妙了，此后的 1 月 23 日、2 月 3 日因为"'新冠'疫情、武汉封城"的事件大幅下挫（如图 23-1 所示）。

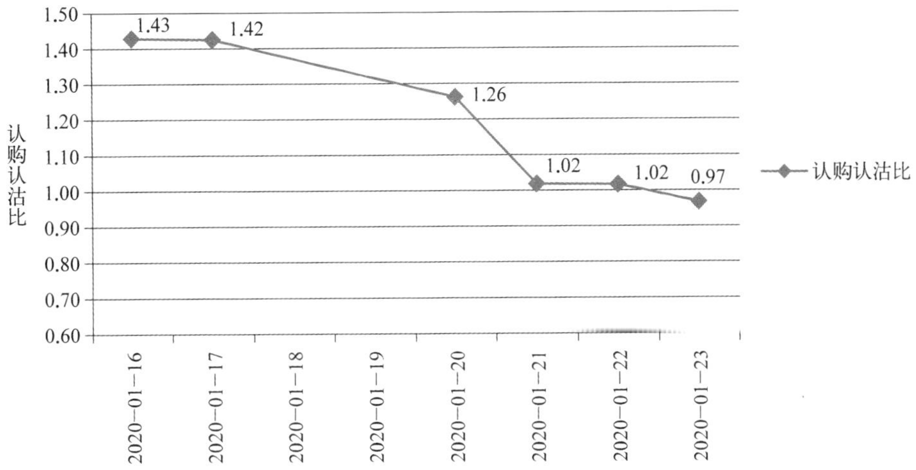

数据来源：Wind。由力的期权工作室整理而成。

图 23-1　2020 年 1 月 15—23 日期间上证 50 认购认沽比变化走势

又如 2020 年 6 月 29 日—7 月 7 日期间，上证 50 的认购认沽比从 0.96 连续 6 天上升到 1.61，其中 6 月 29 日到 7 月 3 日这 4 天，认购认沽比已经从 0.96 大幅上升到了 1.61，这种幅度且连续 4 天的上升在历史上已经罕见，这样的异动值得关注（如图 23-2 所示）。

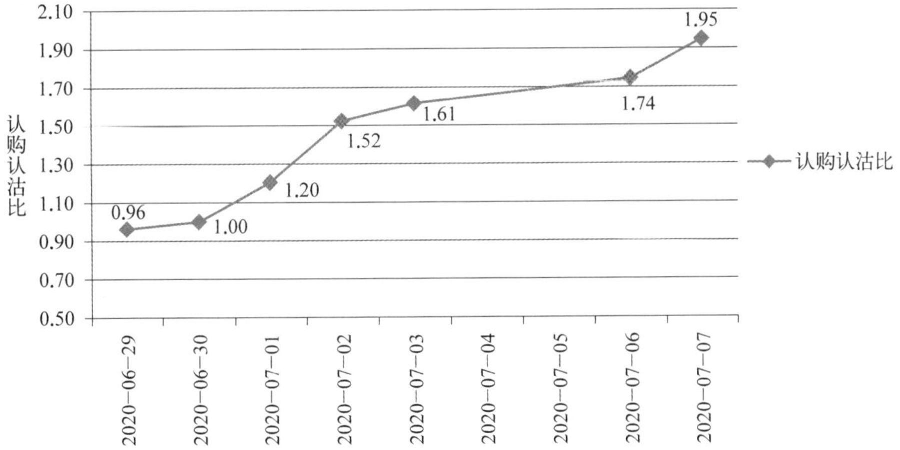

数据来源：Wind。由力的期权工作室整理而成。

图 23-2　2020 年 6 月 29 日—7 月 7 日期间上证 50 认购认沽比变化走势

第二，结合标的趋势关注极端值的产生。这是什么意思呢？就是说将认购认沽比当作一个"过热"或者"过冷"的反向指标，去关注后续可能会存在的拐点。当标的价格处于一波明显的上行趋势时，关注认购认沽比有没有处于历史极大值区域，如果有，则表示整个市场有“过热”的迹象；反过来，当标的价格处于一波明显的下行趋势时，关注认购认沽比有没有处于历史极小值区域，如果有，则表示整个市场有“过冷”的迹象。

那么，历史上认购认沽比的极端值是多少呢？那就必须要用数据回溯才能知道了。我们以上证 50 期权为例，把自 2015 年 2 月 9 日至今的数据导出来，计算一下每天认购认沽比的数值，就会发现，截至目前，该指标的 95%分位数在 1.68 左右，该指标 5%的分位数在 0.98 左右，换句话说，在过去的历史长河中，认购认沽比只有 5%的概率是高于 1.68 的，同时也只有 5%的概率是低于 0.98 的。

有了这些数据，我们就来找找看过去哪些上行趋势里曾经“过热”了，哪些下行趋势里曾经“过冷”了。近几年几次单边上行(下行)波段中“过热/过冷”的点如表 23-1 所示。具体情况如下：

- 2018 年 1 月，上证 50 在银行、地产的带动下走出过惊人的 19 连阳，但在 1 月 18 日那天，上证 50 的认购认沽比达到了 1.62 的极端值，处于历史 93%分位数，此后 2 月跌出了 3 根大阴线。
- 2018 年 12 月，美联储当年第四次加息，导致美股断崖式下跌，A 股也未能幸免，但在当年 12 月 21 日那天，上证 50 的认购认沽比达到了 0.94 的极端值，处于历史 5%分位数以下，次年 1 月市场彻底筑底企稳。
- 2019 年 8 月 1 日，特朗普的推特把全球市场搅得不得安宁。但在此后 8 月 5 日那天，上证 50 的认购认沽比达到了 0.91 的极端值，处于历史 5%分位数以下，此后的 9 月到 12 月沪深两市再无二次探底。
- 2020 年 3 月，“新冠”疫情导致欧美股市恐慌，美股四次熔断，A 股各大指数也跌去 15%～25%不等，但就在当年 3 月 19 日那天，上证 50 的认购认沽比达到了 0.97 的极端值，大致位于 5%分位数附近，此后沪深两市也是筑底企稳。
- 2020 年 7 月，上证站上 3 000 点，沪深两市成交额突破 1 万亿元，市场一片火热，但在此后 7 月 9 日那天，上证 50 的认购认沽比达到了 2.04 的极端值，处于历史 95%分位数以上，此后验证了 7 月 7 日创下的高点成为此后半年的最高点。
- 2021 年 1 月，新年伊始，沪深两市抱团分化到一种极致的状态，上证 50 和沪深 300 等大市值指数一路上行，但在 1 月 13 日，上证 50 的认购认沽比达到了 1.94 的极端值，处于历史 95%分位数以上，此后指数逐渐弧形下跌，形成了 3 637 点的局部高点。

表 23－1　近几年几次单边上行(下行)波段中“过热/过冷”的点

日　期	极 端 值	此后的验证
2018 年 1 月 18 日	1.62	局部高点
2018 年 12 月 21 日	0.94	局部低点
2019 年 8 月 5 日	0.91	局部低点
2020 年 3 月 19 日	0.97	局部低点
2020 年 7 月 9 日	2.04	局部高点
2021 年 1 月 13 日	1.94	局部高点

数据来源：Wind。由力的期权工作室整理而成。

对于认购认沽比这个指标，知道了它的好，我们也需要知道它最大的干扰在哪里。因为全面地认识一件事物都是以辩证的角度。

试想一下，如果这个市场上都是投机单，则买认购的人自然是看涨的，买认沽的人自然是看跌的，那么这个时候认购认沽比的内部结构就会显得很纯粹，就特别能够反映市场的真实情绪。然而，真实的期权市场肯定不会这么简单，不是所有人的交易目的都是投机，每一天的成交量里一定会混入一些套利单和套保单。

先说套利单，比如某个交易者看到了短暂价格偏差的机会，进行了凸性套利的操作——“买入 10 张 C1 认购＋买入 10 张 C3 认购＋卖出 20 张 C2 认购”，这只是一个基于定价偏差的套利操作，对方向其实是没有判断的，但作为成交量，它们都被计入了认购认沽比这个指标的分子中。再来说说套保单，比如某个交易者手里有大量的 50ETF、300ETF，或者 300 指数的权重股，他采取了领口套保——买入了虚值认沽并卖出了虚值认购。实际上他显然是看涨的，不然他就不会持有现货多头了，但同样作为成交量，它们也被计入了“认购认沽比”这个指标的分子与分母中。

说到这里，你或许就会明白我刚才说的那句话了，为什么不要过于在意认购认沽比在某一天的涨跌，而要在意它的连续趋势和极端值，就是因为只有当投机单很多、在总成交量占比变大的时候，认购认沽比才容易形成连续趋势，或者形成极端值，这个时候观察的效果才会显得有意义！

24. 期权的“最痛点”，您知道是怎么回事吗

期权的“最痛点”是什么？各位读者不用觉得神秘，它只是期权市场里的一个指标而已。对于任何一个期权品种，如果说成交量、持仓量、隐含波动率这些都是基础性的指标，那么认沽认购（成交）比、“最痛点”这些就是衍生性的指标。

所谓期权的“最痛点”，其实准确地说，应该称为“买方的最痛点”，它是让全体买方到期利润达到最小化的点位，由于期权交易是一种零和博弈，因此这个点位也是让全体卖方到期利润达到最大化的点位。

这样说，或许你还是云里雾里，那就用具体的例子来算一下吧。首先，什么是买方的到期利润？对于每一份买方持仓来说，它的到期利润就是它的内在价值，所以，只要把每个期权的内在价值乘以对应持仓量，再进行加总，就得到了全体买方的到期利润。

这里，我举一个简易的算例，假设有五个行权价，对应认购期权和认沽期权的持仓量分布如下表（表 24－1）所示。

表 24－1 “最痛点”计算示例一

认购持仓量（张）	行权价（元）	认沽持仓量（张）
10 000	3.8	30 000
10 000	3.9	15 000
10 000	4.0	10 000
20 000	4.1	10 000
20 000	4.2	10 000

不难看出，当标的到期价格处于 3.8（元）的时候：

所有认购期权的内在价值＝0（元）

3 万张 P3800 的内在价值＝0（元）

1.5 万张 P3900 的内在价值＝0.1×10 000×15 000＝15 000 000＝1 500（万元）

1 万张 P4000 的内在价值＝0.2×10 000×10 000＝20 000 000＝2 000（万元）

1 万张 P4100 的内在价值＝0.3×10 000×10 000＝30 000 000＝3 000(万元)

1 万张 P4200 的内在价值＝0.4×10 000×10 000＝40 000 000＝4 000(万元)

全体买方的到期利润＝(0＋1 500＋2 000＋3 000＋4 000)×10 000＝105 000 000
＝10 500(万元)

用同样的方法我们可以算出，当标的到期价格分别为 3.9 元、4.0 元、4.1 元、4.2 元时，全体买方的到期利润分别是多少(具体见表 24－2)。

表 24－2 “最痛点”计算示例二

单位：万元

标的到期点位(元)	“每个期权内在价值×对应持仓量”的总和
3.8	10 500
3.9	7 000
4.0	6 000
4.1	7 000
4.2	11 000

经过这样一轮后，我们就会发现当标的到期正好落在 4.0 元的时候，全体买方到期利润达到最低，这就表明站在当下看，这个“最痛点”就在 4.0 元。

对于上面这个例子，“最痛点”恰好就在中间那个行权价的位置，这是因为认购和认沽的持仓分布相对比较对称。有的时候，“最痛点”是会相对左偏或者右偏的，“最痛点”本质上是随着各合约持仓量的分布而变化的。由于持仓量是人们的交易行为，当聪明的资金觉得上方压力(或下方支撑)很大时，就可能持有数日的卖购(卖沽)，从而导致持仓量的分布发生变化，因此今天的“最痛点”与昨天的完全可能是有差异的。在实际的行情软件中，我们可以通过软件提供的信息查到每个期权品种、每个月份的“最痛点”(如图 24－1 所示)。

关于期权的“最痛点”，我有以下几点体会：

第一，最痛点的“阴谋论”并不靠谱。 以前听到过一种观点，认为做市商是期权卖方的主要角色，做市商具有一定的资金优势，互相之间的行为又比较一致，所以为了实现自身利益的最大化，做市商会去控制标的价格，让其靠近“最痛点”。

这并不符合现实。一方面，标的价格和期权价格，就像鸡和蛋，是标的价格怎么变动，小动还是大动，决定了做市商的报价策略，做市商并没有能力让标的怎么动，标的价格的走势根本上仍是取决于现货市场人们的预期；另一方面，期权做市商并不总是卖方，做市商往往是基于对波动率的预期进行双边报价，Delta 中性是他们的第一要务，当市场出现极端行情时，比如因某个重大利好突然大涨，他们也不可能按照原先的

期权成交统计

标的 50ETF 月份 2021年3月

	认购	认沽	认购/认沽
总成交量	376209	340008	110.65%(比)
总净买量	-26117	-23846	-2271(差)
总持仓量	522109	622592	83.86%(比)
持仓量变化	82422	58060	24362(差)
隐含波动率	7.15%	30.01%	-22.86%(差)
最痛点位			4.300(值)

数据来源：汇点期权交易软件。

图 24-1 汇点期权软件最痛点信息示意图

计划还一个劲地增加义务仓，而是会加入权利仓的战队，买入虚值期权尽快对冲，与此同时提高卖价的波动率。

第二，在趋势面前，“最痛点”的重要性永远是靠后的。不难理解，当一个市场的大格局处于震荡的状态时，“最痛点”就类似一个“铆钉”，位置会相对稳定，标的价格相对最痛点偏离得越多，那就越有可能会重新向这个“铆”靠近，于是可以据此设计出一种“顺大势、逆小势”的策略。比如，当标的价格低于“最痛点”a%时，对应卖沽；当标的高于“最痛点”b%时，对应卖购。

然而，当一个市场的大格局是处于趋势的状态时，标的价格自然就会与“最痛点”渐行渐远。所谓“大涨途中不要轻易言顶，大跌途中不要轻易言底”，如果在趋势途中，再去用“最痛点”中值回归的这种策略，就无异于顶着趋势“自虐”了。

第三，当行情没有受到意外消息影响时，到期前可以考虑围绕着“最痛点”做点事情。上面我们提到了，在箱体震荡的格局里，每天“最痛点”的取值是比较稳定的。既然“最痛点”的含义就是让买方“最痛苦”，那就意味着那些以“最痛点”为中心双卖期权的人，就在博弈自己到期会“最舒服”。

可是，你试想一下，在到期最后一天以“最痛点”作为行权价，卖出该行权价的认购和认沽，去赚取最后一份迅速流逝的时间价值，你敢吗？一般来说，不敢，万一出事了呢?!还记得 2017 年 12 月 25 日那个到期日，“中国平安”大跌 4%以上，有一个认沽合约大涨 44 倍吗？还记得 2019 年 2 月 25 日到期前三天，C2800 一天就大涨了 192 倍吗？所以，即便是想按照“最痛点”去双卖期权，也必须事先做好保护。最常见的一种做法就是在双卖的基础上，加上一份双买。比如近月期权到期前的“最痛点”在 4.0 元，那就双卖 C4000 和 P4000，然后等张数同时买入 C4100 和 P3900(相差一档行权价)，这相当于事先把无限风险化为有限风险。

25. 为什么“折价转溢价”，可以看成一种“量变到质变”

一张期权的时间价值，总是那么深邃和神秘。实盘里，我们总是习惯于把负的时间价值称为“折价”，而把正的时间价值称为“溢价”。

或许你会问，期权的时间价值还能为负？是的！在实盘里，由于流动性较差、隐波较低等因素，因此深度实值期权的时间价值完全有可能为负。在此我想结合上文提到的波动率偏斜曲线（Skew 曲线）和大家聊聊“折价转溢价”（时间价值由负转正）背后的意义，或许可以给各位的实盘操作带来一定的启发。

说到 Skew 曲线，它其实就是一根如图 25－1 所示的曲线。在 Skew 曲线的图像里，横轴是某一个月份里每一档的行权价，纵轴则是隐含波动率，Skew 曲线的左尾对应虚值认沽的隐波，而它的右尾则对应虚值认购的隐波。

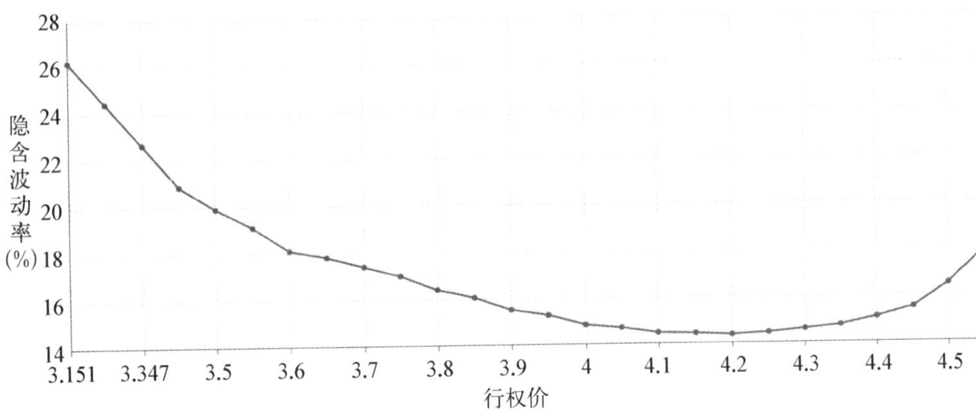

数据来源：Wind。

图 25－1　某日沪深 300 期权的波动率偏斜曲线

我想，每一本期权教科书都会写下这么一句话，“在其他因素都不改变的情况下，一张期权的价格会与隐波呈现正相关的关系，隐波越高，它的价格越高，反之，期权就会变得便宜”。于是，当 Skew 曲线从两翼平缓的状态慢慢变得陡峭时，就意味着两侧虚值的期权正在慢慢变“贵”。

那么一个问题来了：当 P3800 和 C4200 的价格都在变“贵”的时候，你觉得对应的深度实值期权 C3800 和 P4200 是会跟着变“贵”，还是变得“便宜”呢？

期权价格很有意思，看似每个合约的价格都在随机波动，但不同合约之间的价格被很多无形的“定律”所约束。其中的一条“定律”叫作“平价定律”，即同一行权价、同一月份的认购和认沽期权价格大致地满足一个公式：认购价格＋行权价的贴现值≈标的价格＋认沽价格。如果认购或认沽期权中某一个隐波出现剧烈上升或下降，那么这个等式就会失去平衡，因此，对于同一月份、同一行权价的认购与认沽，它们的价格往往是会一起变“贵”的。

当您理解了上面这句话以后，一切就会变得好解释很多了。

在国内的期权市场里，如果 Skew 曲线的两侧相对比较平缓，那就表示两侧深度虚值的隐波还没有升得很高，这个时候，实值程度很深的认购或者认沽可能会处在折价的状态中；反过来，Skew 曲线的两侧什么时候会变得越来越陡峭呢？往往是在交易者预期潜在变盘的时候，这个时候，Skew 曲线“两翼齐飞”，即虚值认沽与认购的隐波同时大幅上升，根据平价定律，深度虚值认沽的价格在变“贵”，则相同行权价实值认购的价格也在同步变“贵”，当这种“贵”到了一定的程度时，深实认购的时间价值就会“由负转正”。于是，在上涨途中，深实认购从折价转为溢价，有可能向上突破；而在下跌途中，深实认沽从折价转为溢价，有可能向下突破。

这里，为什么要强调在上涨、下跌途中“折价转溢价”呢？那是为了区分清楚这种“折价转溢价”究竟是由实值程度变小引起的，还是由 Skew 曲线陡峭引起的！一个简单的道理，一张期权的实值程度越深，它的时间价值占比就会越小，因流动性差等因素就越容易发生折价；反之，一张期权的实值程度越浅，它就会越接近平值，就越不可能发生折价。在指数上涨（下跌）途中，原来 $a\%$ 的实值认购（认沽）会变得更加实值，在更实值的时候还能够转为溢价时，就说明 Skew 曲线的陡峭程度已经从“量变”达到了“质变”。

回顾历史，关于深度实值合约的“折价转溢价”，可以说已经积累了不少经典的案例。

记得还是在 2019 年初，当时两市的情绪面触及冰点，上证综指触及了 2 440 点后，在全面“降准”的催化下随即开启反弹，从当年 1 月到 2 月，先是远月实值认购从折价转为溢价，再到所有月份的深度实值认购纷纷转为溢价，一步一步，最终在 2 月 25 日爆发了一根 7%的大阳线。

无独有偶，2020 年 3 月下旬到 6 月中旬，当时上证 50 期权四个月份所有深度实值认购的时间价值全部为负，但在 6 月 22 日那天，局面出现了“质”的改变，最实值的近月认购开始出现了“溢价”。此后我们也都看到了，7 月 6 日当天，上午券商股全部涨停，下午银行股全部涨停，50 指数当日拉出了 6.80%的大阳线。

还有 2021 年的 7 月下旬，深度实值的认沽期权处于全面折价的状态，当时的指数在一个月内也确实没有走出箱体，但在 7 月 26 日那天上午，波动率 Skew 曲线出现了异动，当日上午差不多 10 点以后，诸如 P6000、P6250、P6500 等深度实值认沽纷纷从折价转为溢价，而当天下午，一直到次一交易日，沪深 300 指数破位一路跳水，直到 7 月 28 日收盘前才重现企稳之势。

……

到了最后，你也许会问，既然深实期权的折溢价与波动率 Skew 曲线密切相关，那为什么不直接看 Skew 曲线的陡峭程度呢？这是因为 Skew 曲线的陡峭程度刻画起来没有那么方便，涉及专业的计算，很多初学者没有概念，并不知道陡到什么程度就要开始警觉了。相比之下，观察“深实合约转溢价”就要直观很多，所以这也就是为什么“折价转溢价”可以看成一种“量变到质变”了……

26. 赚时间价值就是赚时间吗

每次长假临近，初学者往往会认为:“都说卖方赚的是时间价值，每年的‘十一’长假，有长达10天左右不交易，那对于双卖，岂不是赚时间收益的最好时机吗?”持有这样观念的朋友，很可能是对一个公式产生了深深的误会。

我想说的是，“赚时间价值绝不等于就是赚时间的钱”。每一本期权教科书都会有这样一个公式：期权价格=内在价值+时间价值。这个公式看上去很漂亮，却特别容易让人误解，让人误以为赚“时间价值”的钱就是赚Theta(时间)的钱。然而，时间价值就像一个“大杂烩”，影响期权价格最重要的三个变量(方向、波动率、时间)都被包含在里面。

对于一份虚值期权，它的价格等于它的时间价值，从相对严谨的角度来说，它的时间价值变化量等于“Delta×标的价格的变化量+0.5×Gamma×标的价格变化量的平方+Vega×隐波的变化量+Theta×时间流逝量+剩余残差”。相比教科书上的那个公式，这个公式才更为本质地揭示了一段时间内所赚的“时间价值”，哪一部分是方向所贡献的，哪一部分是波动率所贡献的，哪一部分才是时间流逝所贡献的。从这个公式里，我们一般把“Delta×标的价格的变化量+0.5×Gamma×标的价格变化量的平方”称为方向维度的损益，把“Vega×隐波的变化量”称为波动率维度的损益，把“Theta×时间流逝量”才称为时间维度的损益。

我们平时所谓赚“时间价值”，大部分情况下赚的是降波的钱。从截图(图26-1)里，我们可以看到，卖开一份P3000的当月期权，它的Vega值在0.180 0左右，Theta绝对值在0.280 0左右。如果一天标的横盘不动，那么降波1%，就可以在Vega维度上赚取18元(0.180 0×10 000×1%)，降波3%就相当于在Vega维度上赚了54元。而这一天在Theta的维度上仅仅赚取了7.7元(0.280 0×10 000/365)。这样就可以看出，降波一个点赚的钱几乎要靠消耗3~4天的时间流逝才能换来，如果标的还能进一步上涨，那么卖开认沽实际赚到的钱大部分来自

Vega	Theta	购<行权价>沽↑	Theta	Vega
0.0242	-0.1609	2.750	-0.0403	0.0242
0.0405	-0.1901	2.800	-0.0674	0.0405
0.0638	-0.2307	2.850	-0.1057	0.0638
0.0948	-0.2835	2.900	-0.1563	0.0948
0.1331	-0.3478	2.950	-0.2184	0.1331
0.1772	-0.4207	3.000	-0.2891	0.1772
0.2703	-0.5705	3.100	-0.4345	0.2703
0.3430	-0.6793	3.200	-0.5389	0.3430
0.3680	-0.7024	3.300	-0.5577	0.3680
0.3387	-0.6319	3.400	-0.4828	0.3387
0.2710	-0.4981	3.500	-0.3446	0.2710
0.1907	-0.3470	3.600	-0.1891	0.1907
0.1194	-0.2155	3.700	-0.0533	0.1194
0.0671	-0.1204	3.800	0.0462	0.0671

数据来源：汇点期权交易软件。

图26-1 某交易日，上证50ETF期权盘中Vega与Theta的截图

Delta 和 Vega，而不是 Theta。

对于卖开当月期权而言，前半段时间的期权价格更多地受到隐含波动率的影响，时间衰减的影响只占很小的一部分，而后半段时间的期权价格更多地受到时间流逝的影响，显然，对于每年"十一"长假的这段时间，隐含波动率这个维度对期权价格的影响更大，如果节后的隐波开始上升，双卖期权里的时间流逝几乎抵不过一个大幅的低开或是高开。

事实上，每次长假期间，中美交易日相差五天，即便没有意外事件的影响，外盘自身在五天的累计涨跌幅也有可能造成一个高开或低开，这是一个相对比较"天然"的缺口；而如果长假期间国内外再出台一些意外政策或发生意外事件的话，那高开与低开的概率和程度就会变得更大。历史上，跨长假回来后的第一天，持有"双卖"过节早已不是第一次"出事"，回顾 2016 年的元旦假期、2018 年的"十一"长假、2019 年的"五一"假期，以及 2020 年的春节长假，那些事件真的需要我们永久地刻入记忆之中。

27. 期权交易的四个“看”，有没有说到你心里

做股票与做期权，看似都是价格的涨跌博弈，但其实是一个思维的飞跃，要完成这样的一个飞跃，“学习＋操作＋总结”是最好的路径。有的时候，股票操作中一个想当然的习惯，移植到期权操作里，可能会造成好几个月的误会。在此我回顾了过去几年里读者的留言，一共整理了期权交易里的四个“看”。看一看这四个“看”，有没有说到你心里？

(1) 期权交易，看技术面多于基本面

一般来说，在期权交易里，观察指数的大格局会基于基本面的信息，但若是落实到具体的开仓时点、止盈止损时点、移仓对冲时点，则仍然是以技术面为主。这是因为期权是一个路径依赖的工具，它的价格对于波动率和时间是敏感的，有的时候差一天，或许会差很多，你不能过分地逆势而为，也不能因为基本面长期看好，而始终持有买购。

在合约选择上，如果你通过基本面信息判断，想用期权做个长线投资，这时更多应该考虑时间价值不大的那些实值期权，比如买入10%程度的深度实值认购/认沽；而如果你是基于短期趋势线，认为存在突破的可能，那么这个时候虚值期权就会更为合适，它更能让你享受到“由虚变实”那一瞬间的魅力。

(2) 看均线，是看标的的，不是看期权的

我们知道，很多期权交易的策略是基于技术面的，而很多技术面的指标是基于价、量的信息，均线等趋势线就是其中的一种。有的时候，我们会说当前上穿了MA20，会考虑把卖购反向移仓；有的时候，我们会说连续站稳BBI趋势线（MA3、MA6、MA12、MA24四根均线的平均值）几天了，考虑加仓一些买购顺势而为。过去我从来不认为这里有什么可以误解的地方，直到有一天一位读者给我留言，问道“这是指期权的均线，还是指标的的均线”，我才意识到这或许不是一个人的问题……

所以在这里，我们必须声明，平时我们所观察的均线、MACD、BOLL、BBI等趋势线，都是指“标的正股”的均线，而不会去看期权的均线。为什么？一方面，我们是根据标的价格的走势来确定干什么期权，买开还是卖开的，整个逻辑是从标的方向的角度

出发做出决策；另一方面，标的价格变化是线性的，而期权价格变化是非线性的，期权价格里掺杂着升波、降波的影响，掺杂着时间流逝的影响，它的K线图好比生活在一个经过二阶变换的空间里，已经不能纯粹地反映标的价格的变化了。

举个通俗的例子，我们会从一个平面镜里判断一个人长得漂不漂亮，但绝不会从一个哈哈镜或者凹凸镜里判断一个人长得好不好看。实盘里，对于一张5%的近月虚值期权，如果标的价格处于箱体震荡，那么这份期权的K线很可能因为降波和时间流逝而一直位于MA5以下，然而实际上，标的价格的K线却有可能是站在多根均线上方的。

(3) 看波动率指数，是看异动，不是看趋势

对于一类资产，或者一个变量，只要它当天有开盘价、收盘价、最高价、最低价，我们自然就能画出它的K线图。然而，与股指、黄金等价格类变量不同，波动率这个变量是少有的“二阶”变量。事实上，我们仅仅从K线图的分布形状就可以知道，长期来看，股指、黄金等资产的K线是有趋势的，而波动率指数则不是，它的长期形状更类似于周期性的“尖峰圆底”，它对过往的趋势并没有什么记忆，而是围绕着一个中值反复震荡。

正因为波动率会在中低的区域徘徊很久，所以平时观察波动率指数时，我们就不能再像看一般股票K线那样去抓短期均线了。在中低波的环境下，波动率指数的短期均线往往缠绕在一起，长期黏合的，某一天上穿了MA20，过一周又下穿了MA20，围绕着短期均线去设计什么趋势策略或是回测什么指标，效果往往会很差。在实盘里，我们更在乎的是某一天波动率指数相对于前值的大幅异动，因为一次明显的异动或许能帮你规避掉一次大的“黑天鹅”。举个例子，2020年3月13日，主要指数再度放量跌破所有均线，但早在3月9日那一天，波动率指数就已经比前一交易日上升了6个点，而这样的异动也果然成了此后两周下跌的前兆(如图27-1所示)。

(4) 看Skew曲线，别盯着临近到期看

在实盘里，有些朋友可能还会有一个很深的误会，那就是关于波动率Skew曲线。这里，我们先复习一下，可以将Skew曲线视为所有虚值认沽/认购隐波的连线，在期权T形报价里，我们先找到平值认购与认沽，然后以“行权价”为横轴，以“隐波”为纵轴，像中学生描点画图一样，把“左下角合约隐波”与“右上角合约隐波”连成一根线，就形成一条Skew曲线。一般来说，每个月份都可以形成一条Skew曲线，平时看得比较多的两条是当月和次月的Skew曲线。

不过，许多朋友可能会犯下这样的错误，就是到了临近到期的前几天，依然还盯着近月期权的Skew曲线去解读，这就会造成大大的偏差了。在一张临近到期，还剩五

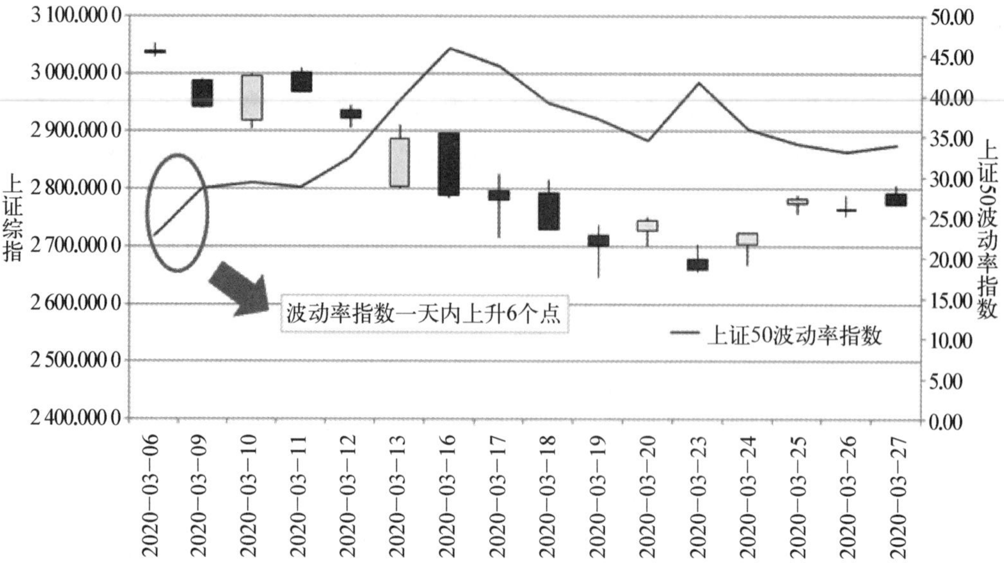

数据来源：Wind。由力的期权工作室整理而成。

图 27-1　2020 年 3 月 6—31 日期间上证综指与上证 50 波动率指数的走势对比

天的当月 Skew 曲线图，你发现了什么？发现了最两侧虚值期权的隐波高达 40%以上，最虚值期权与平值期权的隐波比值竟然比 2 还要大。于是，就有朋友会误以为当前市场的“波”很高，偏度很大，市场是不是要发出潜在大幅变盘的信号了。

然而，事实是这样吗？不要想太多。

当月期权的波动率 Skew 曲线，会随着到期日的临近变得越来越偏，这是一个自然的现象。不信你可以去看看，每个月都会如此，这件事就像一个人会慢慢变老一样。因为临近到期，标的价格若还能达到两侧最虚值的行权价，则一定隐含着“暴涨暴跌”，所以只要最虚值的期权还有剩余价值，它的隐波就会非常高。我们知道，每个期权合约都会有一个跌停价，这就导致即便临近到期，最虚值的近月期权也至少还会值 1 元，而正是这 1 元的价值，背后就对应了这么高的隐波。

28. 为什么各软件的希腊字母有所不同

随着国内期权市场的日渐成熟，越来越多的朋友开始关注希腊字母这个领域了。过去，有一些读者留言问道："为什么我的两个软件端显示的希腊字母不一样呢，我应该相信哪一个版本呢？"那么，在此我们就这个话题来详细聊聊。

我想，不论是基于理论，还是长期的观察，不同的软件显示的希腊值不一样，无外乎以下三个方面的原因。

第一种原因：计算模型不同

在期权界里，由于布莱克-斯科尔斯(Black-Scholes，简称 B-S)公式非常经典，形式也相对简单，因此市面上绝大部分的软件商会基于 B-S 模型去计算每个期权合约的希腊字母，只有极少数高端的交易软件会提供其他模型(如 Black 模型、Leland 模型、Darren Wilcox 模型等，这些模型对用户的使用要求相对比较高)下的希腊字母显示值。所以，几乎可以这么说，不论是软件 A 还是软件 B，大家一般看到的希腊字母在"计算模型"这个维度上是不会有什么差异的(如图 28-1 所示)。

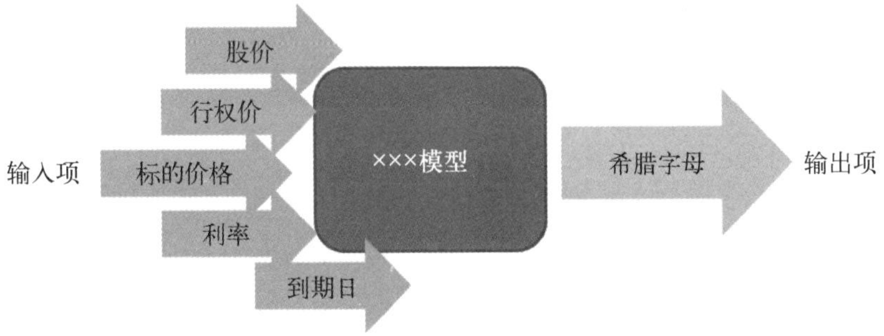

图 28-1　各软件输出希腊字母的逻辑示意图

第二种原因：计算口径不同

有时，你会看到两个软件显示的希腊值数量级明显不同，这背后的原因是什么呢？真相是两个软件计算的口径不同，而且这种口径的不同大概率发生在 Vega 和 Theta 两个希腊字母身上。

在本书《趣谈爱琴海边的希腊字母》一文中，我们提到了 Vega 衡量的是期权价格关于隐含波动率的敏感度，也就是在其他因素不变的情况下，隐波变化 1%，期权价格变化多少。于是，不同软件商背后的计算口径就出现了偏差。有些软件商会按照“隐波变化的 dx%，期权价格变化 dy”的方式去计算 Vega，在这种口径下，Vega 就相当于 dy/dx%；而有些软件则按照“隐波变化 dx 个百分点，期权价格变化 dy”的方式去计算 Vega，那么在这种口径下，Vega 就相当于 dy/dx，这两种口径之间相差了 100 倍，这就是导致不同软件 Vega 值出现数量级不同的一大原因了。

再来看 Theta 值，它是衡量期权价格关于时间流逝的敏感度，也就是在其他因素不变的情况下，时间每流逝一天，期权价格变化多少。从理论上说，用通常的 Theta 公式所计算出来的 Theta 值是一个年化值，如果要刻画每一天的 Theta 流逝则需要除以 365（一年的自然日天数）。比如你计算出的 Theta 值等于 −0.365 0，那就意味着站在当下静态地看，明天这份期权在 Theta 的维度将损失 −0.001 0 元（−0.365 0/365）。也许是有些软件商觉得每次除以 365 很麻烦，于是就帮你省去了这个过程，软件上直接显示了 Theta 的每日衰减值，于是你就会发现两个软件的 Theta 值数量级不一致，它们之间恰好相差 365 倍。以后你就明白了，其实这种差异只是因为一个软件显示了 Theta 的年化值，而另一个软件显示了 Theta 的每日值。

第三种原因：输入参数不同

在实盘观察中，除了某些软件之间在显示 Vega 和 Theta 上有着数量级的不同以外，在具体的数值上也会有些许的不同。这背后的内在原因又是什么呢？

大部分投资者已经知道，在不考虑分红的情况下，期权的价格受标的价格、行权价格、波动率、距离到期的时间、无风险利率这五个因素的影响，而希腊字母是期权价格关于各个分项变量的敏感度，所以自然也受这五个因素的影响。

于是，我们就可以理解，正是各软件采用了不同的输入值，导致了不同的希腊字母输出值。在输入值上，各软件在标的价格、行权价格、距离到期时间三个维度上是一样的，但在波动率的输入值和无风险利率的输入值上，每个软件却有着你想不到的千差万别！

第一，波动率的输入值不同。在计算希腊字母的过程中，波动率的输入值可以是某个周期的历史波动率（比如 30 天的历史波动率、60 天历史波动率等），也可以是隐含波动率，还可以是自己预测的波动率。有些软件输入了 60 天历史波动率，有些则输入了 30 天历史波动率，那它们输出的希腊值自然是不同的。

或许会有朋友会问：究竟输入什么波动率才算是最精确的呢？最精确的算法自然是输入标的的未来波动率。然而让大家失望的是，未来波动率是谁也无法预知的，未来标的的点位尚且猜不准，更不用说未来一段时间的波动率了。因此，与物理学中的“海森堡测不准原理”一样，所有的希腊字母输出值都只是一种近似。如果未来期权到期前的波动率真的就约等于过去 30 天的历史波动率，那么当下用 30 天历史波动率计算出的值就是最精确的；而如果未来期权到期前的波动率真的就约等于过去 60 天的历史波动率，那么当下用 60 天历史波动率计算出的值就是最精确的。

尽管目前国内绝大部分软件在输入波动率时使用历史波动率，但在实际计算希腊字母时，我一般不会用过去 30 天或 60 天的历史波动率。原因很简单，未来 30 天的波动率正好等于过去 30 天历史波动率的概率太低了，过去 30 天的历史波动率往往已经太滞后，无法反映最新的情况了。相比之下，隐含波动率是当下买卖双方博弈出来的波动率，更具有时效性，所包含的信息也新得多，因此有些软件也采用输入实时的隐含波动率来计算各自的希腊字母。

下面我们假定标的价格为 2.800 元，无风险利率为 3%，距离到期 30 个自然日，现在来看看不同波动率输入下期权合约的希腊字母别的差(以虚 4 -实 4 认购期权为例，如表 28 - 1 至表 28 - 3 所示)。

表 28 - 1　波动率输入值为 20%时的希腊字母

行权价格(元)	Delta	Gamma	Vega	Theta
2.60	0.913 7	0.980 0	0.126 3	−0.224 0
2.65	0.848 9	1.459 0	0.188 0	−0.295 0
2.70	0.759 9	1.936 8	0.249 6	−0.363 6
2.75	0.650 2	2.306 6	0.297 3	−0.413 4
2.80	0.528 6	2.478 5	0.319 4	−0.431 0
2.85	0.406 3	2.416 1	0.311 4	−0.411 6
2.90	0.294 5	2.147 4	0.276 7	−0.360 6
2.95	0.200 9	1.748 4	0.225 3	−0.290 5
3.00	0.128 9	1.309 9	0.168 8	−0.215 9

表 28 - 2　波动率输入值为 25%时的希腊字母

行权价格(元)	Delta	Gamma	Vega	Theta
2.60	0.865 3	1.080 5	0.174 1	−0.330 8
2.65	0.799 1	1.398 8	0.225 3	−0.404 4
2.70	0.718 3	1.682 4	0.271 0	−0.468 2

续 表

行权价格(元)	Delta	Gamma	Vega	Theta
2.75	0.626 1	1.887 7	0.304 1	−0.511 8
2.80	0.528 0	1.983 0	0.319 5	−0.527 7
2.85	0.429 9	1.957 1	0.315 3	−0.513 8
2.90	0.337 5	1.820 6	0.293 3	−0.473 1
2.95	0.255 3	1.601 1	0.257 9	−0.412 8
3.00	0.186 1	1.335 0	0.215 1	−0.342 1

表 28－3　波动率输入值为 30%时的希腊字母

行权价格(元)	Delta	Gamma	Vega	Theta
2.60	0.824 7	1.071 7	0.207 2	−0.440 5
2.65	0.761 7	1.285 8	0.248 6	−0.511 9
2.70	0.689 5	1.465 9	0.283 4	−0.570 4
2.75	0.610 7	1.592 4	0.307 8	−0.609 3
2.80	0.528 6	1.652 3	0.319 4	−0.624 4
2.85	0.446 7	1.641 8	0.317 4	−0.614 4
2.90	0.368 3	1.565 5	0.302 6	−0.581 5
2.95	0.296 3	1.435 6	0.277 5	−0.530 1
3.00	0.232 5	1.268 6	0.245 2	−0.466 2

可以发现，输入的波动率不同，输出的结果差异是明显的，这也就是不同软件中希腊字母不同的主要原因。

第二，无风险利率的输入值不同。不同的软件商，在输入无风险利率时，取的值也是不尽相同的，有的输入十年期国债收益率，有的输入一年定存利率，有的输入一年存款基准利率与一年贷款基准利率的平均值，有的输入某个期限的逆回购利率。不过，相比波动率的输入值不同，无风险利率的因素次要很多，毕竟无风险利率对期权价格的影响幅度是五个因素中最小的。在计算希腊字母时，如果你不希望频繁改动无风险利率的输入，那就可以取诸如“一年存款基准利率与一年贷款基准利率的平均值”的数值；而如果你希望所输入的无风险利率是对这个市场敏感的，那么输入国债收益率是一种可替代的选择。

同样，我们来对比在不同的无风险利率的输入下，期权合约的希腊字母的差别（同样以虚 4 -实 4 认购期权为例，如表 28 - 4 至表 28 - 6 所示），假定标的价格为 2.800 元，波动率为 20%，距离到期 30 个自然日。

表 28 - 4　无风险利率输入值为 2.5%时的希腊字母

行权价格（元）	Delta	Gamma	Vega	Theta
2.60	0.912 6	0.989 6	0.127 5	—0.213 8
2.65	0.847 3	1.469 8	0.189 4	—0.285 6
2.70	0.757 7	1.946 6	0.250 9	—0.355 0
2.75	0.647 6	2.312 9	0.298 1	—0.405 6
2.80	0.525 7	2.479 7	0.319 6	—0.423 9
2.85	0.403 5	2.411 9	0.310 8	—0.405 3
2.90	0.292 0	2.139 0	0.275 7	—0.355 1
2.95	0.198 9	1.737 9	0.224 0	—0.286 0
3.00	0.127 4	1.299 3	0.167 5	—0.212 4

表 28 - 5　无风险利率输入值为 3.0%时的希腊字母

行权价格（元）	Delta	Gamma	Vega	Theta
2.60	0.913 7	0.980 0	0.126 3	—0.224 0
2.65	0.848 9	1.459 0	0.188 0	—0.295 0
2.70	0.759 9	1.936 8	0.249 6	—0.363 6
2.75	0.650 2	2.306 6	0.297 3	—0.413 4
2.80	0.528 6	2.478 5	0.319 4	—0.431 0
2.85	0.406 3	2.416 1	0.311 4	—0.411 6
2.90	0.294 5	2.147 4	0.276 7	—0.360 6
2.95	0.200 9	1.748 4	0.225 3	—0.290 5
3.00	0.128 9	1.309 9	0.168 8	—0.215 9

表 28 - 6　无风险利率输入值为 3.5%时的希腊字母

行权价格(元)	Delta	Gamma	Vega	Theta
2.60	0.914 9	0.970 4	0.125 1	−0.234 3
2.65	0.850 6	1.448 3	0.186 6	−0.304 5
2.70	0.762 1	1.927 0	0.248 3	−0.372 3
2.75	0.652 9	2.300 1	0.296 4	−0.421 3
2.80	0.531 4	2.477 2	0.319 3	−0.438 1
2.85	0.409 1	2.420 1	0.311 9	−0.418 0
2.90	0.297 0	2.155 7	0.277 8	−0.366 1
2.95	0.202 9	1.758 9	0.226 7	−0.295 1
3.00	0.130 4	1.320 6	0.170 2	−0.219 5

可以发现，无风险利率的差异化影响远没有波动率来得明显。

事实上，一个好的软件应该能让交易者根据自己的需求自定义地计算希腊字母。比如有些交易者不想用 B - S 模型去计算希腊字母，有些交易者希望 Theta 显示为每日值，有些交易者希望输入的波动率是实时的隐含波动率，有些交易者则希望无风险利率取十年期国债收益率等。提供一个默认的计算方式，然后给交易者更多自主选择的空间，这也可以让我们在某些极端行情下的对冲比率计算得更加精准！

29. 真正的期权复盘，是什么“形状”

每一天的复盘是对当天交易的总结，也是对次日交易的计划。长期复盘伴随着长期交易，就如吃饭喝水对于人一样，非常关键。对于股票交易的复盘，我们通常会跟踪所选个股的最新业绩公告，观察大盘指数的技术走势，分析北上资金和两融余额的最新动向。那么对于期权交易的复盘，我们通常又会看些什么指标呢？一个完备的流程又该是如何的呢？这里，我以自己的实践经验为例，与你分享一部期权复盘的五“步”曲。

第一步：看持仓

复盘可以分为看“家门里”的和“家门外”的。所谓“家门里”的，就是在收盘后好好观察自己没有平仓掉的头寸。期权比股票复杂些，股票持仓仅仅就是一行一行的个股代码，都是多头，都是看涨的，无非只是仓位不同，而在一堆期权持仓里，可能既有权利仓又有义务仓，既有认购又有认沽，这就要求我们每天收盘后仔细看一下自己的持仓是怎样一个结构，知道当前自己在赚什么钱。

那么，如何知道自己收盘后剩下的一堆持仓是干什么的呢？其实，最好的复盘方法不是去看损益图，而是看持仓希腊值的正负与大小。复盘时，一般软件可以直接显示所有持仓的 Delta、Gamma、Theta、Vega 值（Delta 是期权价格关于方向涨跌的敏感度，Gamma 是期权价格关于跳空幅度的敏感度，Theta 是期权价格关于时间流逝的敏感度，Vega 是期权价格关于隐波升降的敏感度）。

比如对于下表（表 29－1）中的持仓情况。

表 29－1　持仓希腊值的复盘案例

Rt_delta	Rt_gamma	Rt_Vega	Rt_theta
0.241 8	3.042 5	0.278 9	−0.273 6
−0.277 0	2.502 8	0.283 0	−0.331 9
−0.012 6	−0.128 4	−0.017 3	0.067 2
37 911	12 483 340	1 245 986	−1 280 706

观察表 29－1，可以发现这些持仓在收盘时的 Delta 是正的，表明我持有这些头寸是希望次日标的是上涨的；Gamma 也是正的，表明我希望次日标的开盘就能大幅跳空；Theta 是负的，表明时间流逝对我是不利的，我希望时间慢点流逝；最后 Vega 是正的，表明我希望次日隐波能够上升，不要出现下降。

第二步：看标的

看完"家门里"的，就要放眼看看"家门外"的世界了。标的涨跌、隐波、时间是影响期权盈亏的三大主因，而标的涨跌是首当其冲的一大因素。做股票投资，通常会有两种投资模式，一种是价值投资，另一种是趋势投资。而在期权交易里，由于时间价值的存在，趋势系统更适合标的价格的复盘，而在所有的趋势指标里，均线系统又是最适合期权所用的系统。

复盘时，我们可以主要参考日线、60min 级别和 30min 级别的均线系统。再短周期的均线虽然更为灵敏，但被反复"打脸"的"毛刺"就会很多，而再长周期的均线虽然"毛刺"少，但在期权的时间价值面前则显得过于滞后，一般只作为义务仓压力支撑位的判断。每天收盘后，看看各级均线系统里，标的价格有没有上穿所有均线的迹象，很强的趋势线有没有被上穿或下穿，中长期均线有没有发生罕见的金叉或死叉，等等。

在标的趋势的复盘里，有一点和做股票、期货很不相同，我们不一定是去猜标的未来 n 天会涨还是会跌，而是根据当下的趋势，去判断市场是处于有压力的格局，还是有支撑的格局，是暂无压力的格局，还是暂无支撑的格局。对于期权交易，趋势线毫无疑问是划分格局的第一利器，而资金面、情绪面的指标更多地可以作为它的一种辅助确认，在复盘时一些常用的辅助指标可以包括两市量能、近 n 日两融余额、近 n 日北上资金净流入(出)、全市场连板率、封板率等。

第三步：看隐波

除了标的涨跌，影响次日期权盈亏的最关键因素就是隐波的升降了。作为期权交易者，在复盘时，我们需要看的指标可以有波动率指数、波动率偏斜(Skew)曲线、波动率圆锥(Cone)曲线。

对于许多个人投资者，可以参考汇点软件端的"波动率指数"，如果你实在不知道波动率指数的由来，也没有关系，那就先简单地把"近月平值认购、认沽的隐波平均值"看成对隐波水平的一种度量。

在看隐波时，学会观察波动率曲线的形状也是复盘里的一门学问。波动率偏斜曲线可以视为同一月份所有虚值认购认沽的连线。当波动率偏斜曲线左高右低时，往往表明市场有很强的避险情绪(2020 年 2 月)；当波动率偏斜曲线左低右高时，往往表明市场的看涨情绪极其亢奋(2019 年 2 月至 3 月)；当波动率偏斜曲线"两翼齐飞"时，则表明市场的观点分歧已经开始加大。

对应地，波动率圆锥曲线可以视为不同月份平值认购(或认沽)的连线。当近月平值认沽隐波高于远月时，那就说明期权交易者更是把当前下跌视为短期风险，更多地把下行风险反映(Price in)在近月认沽期权的价格中了；当近月平值认购隐波低于远月时，则往往表明期权交易者预期短期可能维持震荡，对中长期走势相对乐观，更多地把上行的观点反映在远月认购期权的价格中了。

第四步：看辅助指标

看完了持仓、标的和隐波，其他的一些辅助指标也可以列入我们平时的复盘范围内，这些指标有认沽认购比、认沽认购隐波差、股指期货升贴水情况等。

其中，“认沽认购比”通常定义为同一标的、全部月份的认沽期权成交量之和与全部月份认购期权成交量之和的比值；“认沽认购隐波差”可以定义为近月平值认沽的隐波减去近月平值认购的隐波，当距离到期还剩一周时，可将次月期权定为新的“近月期权”；看“股指期货升贴水情况”，主要是为了观察远月与近月的贴水有没有扩大，有时对应到期权盘面上，就是看远月深度实值认购的价格有没有和近月形成倒挂。

复盘时，如果你具备一些数据处理的基本功，就可以把它们放到历史的数据里去看。以认沽认购隐波差为例，比如历史上有 1 000 个交易日，那就会对应有 1 000 个认沽认购隐波差，把它们从小到大排列，于是第 100 个数就是 10%分位数，第 200 个数就是 20%分位数，依此类推，第 900 个数就是 90%分位数。从原理上说，这个指标越小表示看涨情绪越浓厚，反之，则表示看跌情绪越浓厚。在通常情况下，这些辅助指标的上上下下不会特别引起我们的关注。但是当某一天收盘，这个指标进入极值区域时，我们就需要开始加以关注，观察这个现象的持续性，然后视情况适当降低一些义务仓，作为一种“黑天鹅”风险的事前防护。

第五步：情景思考

期权复盘的最后一步就是情景思考了。手中已经握有一堆持仓，我们需要事先想好明天对我有利时我怎么止盈，明天对我不利时我怎么善后。事实上，往现有的持仓里加入头寸“善后”这件事，本质上依然是对持仓希腊值正负的一种调整。这里，我们举两个例子：

比如，我在某个长假前夕双买了 100 对虚 1 档认购与认沽，整个持仓的 Delta 大约中性，Gamma 为正，Vega 为正，那么我需要事先想好：如果节后开盘标的价格大幅跳空，同时伴有波动率上升，那就太妙了，设定权利金浮盈的一个比例，比如 30%，达到后就平仓一半或更多的仓位以止盈；而如果节后开盘没有如期大幅跳空，波动率反而微微下降，那么可以平仓 50 对双买头寸，加仓 50 对次月的双卖头寸，把整个持仓调整成正 Gamma、负 Vega，这样的调整有助于我继续保留正 Gamma 的收益，也能够对节后第一天潜在的日内降波起到一定的抵消作用。

又如某个星期，极致缩量异动让行情一触即发，如果我之前布局了多份认购期权，如 C3900、C4000、C4100，整个持仓的 Delta 明显为正，Gamma 和 Vega 也为正，那么我就需要事先想好：若此后标的在某一天如期大涨，我应该在日内先平仓哪一部分？从保守的角度说，通常应该平仓 Delta 更大的哪一部分，也就是先平仓 C3900，再平仓 C4000，然后平仓 C4100，作为一种分批止盈的操作。反之，假如此后没有大涨，而是下跌了怎么办？为此，我可以事先设置一个 a%的阈值，在跌破这个阈值后，减仓一部分买购，加仓一部分卖购，再视情况把整体持仓的 Delta 调整成中性甚至负。

30. 为什么“期权”是数学与金融的最佳桥梁

俗话说“男怕入错行”，这句话若是放到现在，那恐怕要适用于千千万万的大学生了。其实，“行当”本身从来没有什么对与错，只是自己是不是合适，是不是热爱，事先有没有一个框架性的认识。以前，我和朋友曾经聊过，理科生能在金融领域里做些什么？这里，我想结合自己的经历，简要地写一些感受。

诚然，学理科（主要指数学、物理）的应届生，去做投行保荐么，似乎比不上学法律和管理的；去做行业研究么，似乎又不如各细分领域专业的。于是，一些理科应届生便投身于二级市场的量化领域，开始了一段“挖矿寻宝”的职业征程。

从过去的经历来说，我一直相信热爱是未来一切的根基，当你想从事金融，那就试着找到自己专业与金融的最佳桥梁，试着去热爱它，它将会是对自己未来最负责的决定。尽管国内的衍生品市场还没有想象的那么大，但假如回到十多年前，我想我还是会选择期权方向，因为我相信它是数学与金融之间的最佳桥梁。

一般来说，我们可以把量化金融分为 P quant、Q quant 和 R quant 三个领域。而对于期权，理科生可以分别在这三个领域找到用武之地。

P quant 领域

所谓 P quant 领域，简言之，就是用过去的历史数据去挖掘一些策略，付诸实践，用于未来。P quant 的职位一般出现在公募、私募、券商资管、期货资管等机构里，它所涉及的数学知识主要是一元和多元统计知识。

在期权交易的 P quant 领域里，回溯测试是理科生发挥优势、强项的主要工作。回溯测试（Back Testing，简称回测），往往是用 Excel VBA、Python、Matlab、SAS、R 等编程语言（目前在国内，非常熟悉一到两种一般也就够了），从 Wind、天软、同花顺、东方财富 Choice 等数据库里提取原始数据，然后整理成自己偏爱的数据结构，最后把策略想法完整地回溯呈现出来（如图 30－1 所示）。

相比选股、择时、期货 CTA 策略，回溯期权策略的过程要更为复杂，这是因为一个期权品种会有成百上千个合约，不像期货品种，少的只有 4 个合约，多的也就十几个合约。

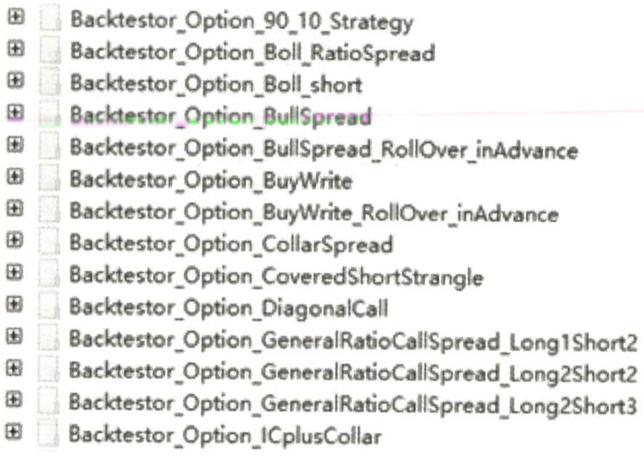

图 30－1　过去回测测试文件分类示例

做期权回溯测试前，我们至少需要编写一个或几个函数，用于识别当日哪个期权合约是平值认购，哪个期权合约是虚 1 档认购，哪个是虚 2 档认购等。就以最简单的一个策略回测为例，当均线多头排列时，建立牛市价差，买入当月虚 1 档认购，卖出当月虚 3 档认购，而当标的上涨 5%时，整体向上移仓这对牛市价差（平掉原来牛市价差，再买入新的虚 1 档认购，卖出新的虚 3 档认购），你会发现，就这么一个简单的逻辑，必须事先编好一个函数去识别每天哪一个合约是虚 1 档，哪一个合约是虚 3 档，否则回测几乎无从下手。

当然，值得回溯的期权策略还远不止这个。如果我每个月月末买入 PB 最低、ROE 最高的 n 只股票，然后配上期权领口对冲，结果会是怎样？如果我在 60 分钟 MACD 金叉时卖出认沽，在 30 分钟 MACD 死叉时平仓卖沽，长期结果又会怎样？如果我在均线多头排列时用牛市价差直到多头排列结束，而在均线空头排列时用熊市价差直到空头排列结束，长期效果又会如何？

可以说，选股＋期权、择时＋期权，这些都是数学与金融之间紧密联系的桥梁。

Q quant 领域

所谓 Q quant 领域，简言之，就是用未来可能的收益结构，去反推一个结构化产品当前的报价。Q quant 的职位一般出现在券商自营（如 FICC 部门）、期货风险管理子公司等机构里，它所涉及的数学知识主要是随机过程、数值模拟和分析方面的知识。

这样的职位很适合理科学生，用的数学知识最多。这些年，随着券商场外期权规模不断提升，这样的人才也越来越有用武之地。最近几年火热的雪球期权背后，不正是 Q quant 领域内的一群人在做报价和对冲吗。

在 Q quant 的工作中，他们必须熟悉各类场外期权、利率互换、收益凭证的定价方法。针对由销售带回来的客户需求，他们可以结合自己公司的风险承受能力，设计合适的未来收益结构。这些结构可以是高息型的期权，如雪球期权(Snowball)、凤凰期权(Phoenix)、安全气囊期权(Airbag)，也可以是类似结构化存款的期权，如单侧鲨鱼鳍、双侧鲨鱼鳍期权等。总之，市场需要什么，什么东西目前有竞争力，他们就设计什么，然后发挥理科生的数学优势，根据未来每一种情景的收益乘以概率，用风险中性的方法得出当前的定价卖给客户。

在计算这些期权报价或者票息时，经典的 B－S 期权定价公式通常是不能现成用的，因为 B－S 公式只能用于最普通的欧式香草期权(比如国内的上证 50ETF、沪深 300ETF 期权)。绝大部分场外期权结构繁多，没有现成的公式去求出价格，所以 Q quant 领域的从业者就会求助于 Monte Carlo 模拟、有限元、有限差分等数值方法去求解最终的定价。

Q quant 是一门大学问，许多欧美的数理博士生未必真的在前线做期权的资产管理，也未必从事着 P quant 领域的策略挖掘，而是在为国际知名的投行机构设计各种结构化产品，并为此报价与对冲，这些亦是数学与金融之间的桥梁所在。

R quant 领域

所谓 R quant 领域，顾名思义，就是 Risk Quant，风险量化。在业界，有一种证书叫作 FRM，它所聚焦的领域就是各种风险度量指标和风险控制方法。

对于一家投行而言，除了信用风险(某债券不小心踩了个“雷”)、操作风险(Fat Finger，肥手指多敲了一个 0)以外，最需要防范的市场风险点就在于衍生工具的风控了。融资融券要收保证金，期货多空双向要收保证金，期权义务仓要收取保证金，凡是要收保证金的工具，风控一定显得极为重要。其中，期权卖方的风控是需要全方位的，如果一个 R quant 领域的从业者要对期权卖方头寸做全流程的风控，那么其可能会从以下两个角度进行控制：

一个是仓位控制(包括各希腊指标的敞口控制)。每个账户的负 Gamma 敞口不能超过净资产的多少，近月头寸的负 Gamma 敞口不能超过净资产的多少，每一周的 Vega 敞口不能超过净资产的多少，仓位控制越细致，“黑天鹅”的风险越小，价格异动产生的影响也就越小。

另一个就是压力测试。R quant 领域的从业者需要熟知各种压力测试的算法，这和数学里的情景假设一样，对自己的头寸“施压”。不同于 P quant 的回溯测试，压力测试并不是回望过去，而是放眼未来，把未来糟糕的情景列举出来，测试每一种糟糕情景下，我们的头寸会不会爆仓，会不会一夜回到“解放前”。假如明天标的价格跳空 2%、5%、10%怎么办？假如明天的波动率指数上升 5 个点、10 个点、20 个点怎么办？用期权定价公式测出每一种情景下的相对现在的价格偏离以及希腊字母偏离，然后生成风控报告，让投资经理决定在极端情况下是兜底止损还是立刻买入对冲！

在 R quant 的工作中，诸如 VaR、ES、情景模拟、压力测试这些都是常用的数学知识。我们可以发现，这些内容同样是数学与金融之间的桥梁所在。有时真的挺感谢期权这个工具的，它不仅让我们多了很多赚钱的方式，而且为刚走出大学校门的理科生们建立了一座通往金融彼岸的合适桥梁。

Charming Option on Your Future

策 略 篇

31. 买期权的止盈止损，有什么讲究

买期权有着众多优点：风险有限，潜在收益巨大，T＋0 交易，不占用保证金等。但在实盘里，许多朋友并没有从买期权的操作中赚到钱，甚至几年下来持续亏损。这是为什么？我想，造成这样的局面，十有八九的问题是出在“止盈止损”这个环节上。

有不少交易者在做股票的时候就有这么一个“顽疾”，一只买对的股票的平均持有时间很短，而一只买错的股票的平均持有时间很长。买对一只股票后可能稍微有点盈利就走了（赚到了“买菜钱”），而买错一只股票呢，则可以一直“装死”，相当于止损点设置在－100％。长此下去，会是什么结果呢？可以预见，这个结果一定会很糟糕。

原因很简单，从数学上讲，我假设买一只股票的胜率是 50％（从长期来看，符合大数定律），那么买错这只股票的概率也是 50％，如果在每次交易里，你的止盈幅度设置得很窄，而止损幅度设置得很宽，那么长期的期望收益（“胜率×止盈幅度＋败率×止损幅度”）就一定是负的，这就意味着在这种“止盈-止损”方式下，长期是没有可能赚钱的。

接着试想一下：买股票与买期权，这两种操作的核心区别在哪里？在于期权的外在价值，期权价格等于内在价值加上外在价值，内在价值只取决于标的方向的变化，而外在价值却会受到时间和隐波这些变量的影响。由于时间是必然流逝的，降波又是一个概率较大的事件，因此，在标的方向没怎么变化的时候，外在价值基本上是会下降的——这就是有的时候买期权看对了方向却没有赚钱的原因。从这个角度来说，在时间流逝和降波的双重影响下，买标的 ETF 的胜率就应该天然高于买对应的期权，作为弥补，买期权的赔率却是远远高于买标的 ETF 的。

既然如此，再来看看“长期期望收益”的公式：长期期望收益＝胜率×止盈幅度＋败率×止损幅度。对于期权买方而言，由于外在价值的存在，它的胜率已经天然低于 50％，因此要使长期期望收益最终为正，就必须让止盈幅度大于止损幅度，并且随着买入期权的虚值程度增加，这个胜率会越来越低，故只有止盈幅度远大于止损幅度，长期才能把期望收益转负为正。

下面，我们来做这样一种思考：如果我买入了 $a\%$ 虚值程度的认购期权，并且做好了损失的准备（相当于止损幅度＝－100％），那么长期来看，这个止盈点应该怎么设置，我才可能赢钱？为此，我们可以假设这个操作的历史胜率等于 p，那么我长期至少

要保持的止盈幅度(x)就等于$(1-p)/p$。

这个$(1-p)/p$是怎么来的呢？就是让长期期望收益为正，基于上面的这些假设，我们很容易得出“买$a\%$虚值认购”这件事的长期期望收益等于$x\times p-100\%\times(1-p)$。要使这个长期期望收益大于0，$x$只能满足$(1-p)/p$。

举例而言，假设买入某个虚值认购期权的历史胜率为$p=40\%$，则长期至少要保持$x=(1-p)/p=(1-0.4)/0.4=1.5$的止盈幅度，才能在长期中获得正收益。从直观的角度来看，假设进行了10次买入期权的操作，4次盈利，6次亏损，但是平均每次盈利了150元，平均每次亏损了100元，那总收益$=4\times150-6\times100=0$(元)。

至此，还剩一个东西是我们不太清楚的，那就是买入$a\%$虚值程度认购的胜率p应该是多少。从最严格的角度讲，这个p是会随着时间的推演发生微弱变化的，但从相对粗糙的角度说，我就参考历史，把历史上的胜率找出来，然后用这个历史胜率来近似替代p。

以买入5%虚值程度认购期权为例，我需要回溯历史，把过去n多个月里，每一次买入5%虚值认购的盈亏记录下来，然后统计几次以盈利告终(胜)，几次以亏损告终(败)，从而得到最准确的历史胜率。然而，这样做同样需要很强的数据处理和回溯能力。因此，对于大部分投资者而言，在测算时可以做进一步简化。容易理解，如果我们在月初买入5%虚值认购，那么指数在这个月必须至少涨5%才可能最终盈利，因此，我们可以把指数在过去n个月的月K线找出来，用每根月K线的最高价与前一根月K线的收盘价对比，看一看其中有几根月K线的涨幅曾经高于5%，以此近似地作为买5%虚值认购的历史胜率。举个例子，如果过去100个月，上证50的月涨幅超过5%的概率只有25%，那么经过简化，所估算的止盈幅度就至少要达到300%。

当然，用这种简化的方式替代测算，一定会有误差。比如某个月降波幅度特别大，那么即便指数上涨5%～6%，这张认购依然亏钱，但这个结论至少具有“兜底”的重大意义！它至少告诉我们，如果我在月初买入5%虚值认购，同时允许它归零(止损幅度为−100%)，那么中途止盈点无论如何至少要高于300%，具体实盘里，这个止盈点只能比300%更高，而不能更低！

想必在研究策略和交易时，有很多人会把精力放在寻找胜率很高的入场信号上，但其实决定长期收益的核心却是在离场。回溯这些历史，我反而觉得回测历史的最大意义在于，通过历史的胜率和赔率数据，我能更合理地确定我离场时的止盈止损比例，这件事情的重要性要远胜于找到所谓的“多么牛”的因子。

32. 每次卖方止损，怎样突破心理障碍

做期权卖方的朋友，通常会符合以下三种特征中的一个：一是比较追求完美，在交易中，最好能够赢下每一笔交易，如果暂时不能赢，也希望能用时间耗完这盘"棋"。二是比较精打细算，卖期权是一种先收取"保险费"的操作，如果当月安全，则"保险费"就算是落入口袋了。有些朋友会预先打算好这个月要赚 2%，于是卖出期权的权利金就差不多等于账户资产的 2%。三是投机心理弱。都说卖期权是一种"无限责任"的操作，实际上它却是高胜率的操作，由于做卖方大部分的时间是舒适的，因此喜欢做卖方的朋友，他的投机心理反而弱。

做期权卖方，最怕的不是赚不到钱，而是因为一直赚到钱而变得麻痹。于是，期权卖方需要具备的素质包括：明白"知难而退"，没有侥幸心理，能够控制仓位，具备善后能力等。对于身边的一些朋友来说，有时候并不是他们没有意识到风险，而是每一次意识到的时候，他们依然会寻找各种理由为"死扛"开脱，这导致他们在每次应该止损、移仓、对冲的时候，无法下定最关键的那一份决心。有时我会站在这些朋友的立场上去思考：在卖方的实盘里，面对每一次应该有的风控，他们应该如何突破那个心理障碍呢？

我想，或许我们可以从这三个方面做起：

第一个方面：告诫自己，"不风控"是绝不可能躲掉卖方魔咒的

我们想一想，做二级市场的交易，本质上是一种概率的"游戏"，一个游戏的长期收益取决于什么？取决于它长期的期望收益。如果一个游戏长期的期望收益为负，那么这个游戏就不值得长期玩下去，赢了一阵就可以走了；反过来，一个游戏长期的期望收益为正，那么即便短期连续挫败了几次，这个游戏也值得长期以等金额的仓位继续玩下去。

那么，对于不止损的卖方而言，其长期期望收益是正还是负呢？它一定是负的。很简单，我假设你每次卖开的期权是 10%虚值程度的，在我们通常的理解里，卖出这份期权已是足够安全的。但是回顾历史，某个指数单月涨幅或跌幅超过 10%的月份仍然存在，并且在 A 股市场上几乎每隔一年发生一次，这也就是很多重仓裸卖期权，同时不带风控的朋友，几乎没有多少人可以笑到一年以上的原因。

除此之外，我们再来算一下卖开 10%虚值期权的长期期望收益，我们假设它的历史胜率有 90%，赢的月份收获全部权利金，但它失败的月份都是大败。一张原来 50 元的期权价格至少可以涨到 500 元以上，于是长期期望收益就小于[90%×100%+10%×(−900%)]，也就是小于 0 了。这也从数学上最直观地说明了“不止损”“不风控”的卖方是不可能躲掉长期亏损的魔咒的。

第二个方面：先平以后还可以再开

当我们遇到了“价”“量”“波”齐升，或是遇到了放量破位，跌破所有均线时，往往意味着该“认怂”的时候就要“认怂”了。这个时候，对于卖期权的朋友来说，记住平仓以后还可以再开，所谓“君子报仇，十年不晚”，先把顶着趋势的那份卖购(或者卖沽)平掉，这样，一来可以解除保证金账户或有的爆仓风险，二来有助于自己冷静下来思考下一步的计划。

从过去无数次历史经验来看，先平后开的人都能少亏很大的一个波段。比如 2020 年的几次卖方灾难行情，2020 年 1 月 23 日，沪深 300 放量破位跌破前期关键趋势线，先平仓卖沽，然后等待一周缩量企稳后再加仓卖沽；2020 年 3 月 12 日，沪深 300 跌破所有均线，先平仓卖沽，然后等待到四月初缩量企稳后再加仓卖沽；2020 年 7 月 2 日，两市价量齐升(3 000 点+1 万亿元)，标的价格位于所有均线上方，先平仓卖购，然后在 7 月 15 日收盘跌破 MA5 时再加仓卖购，这样做的好处是能够避开情绪最为疯狂的一个波段，让卖沽(或者卖购)的头寸免遭爆仓，同时在后续企稳的初期，赚取降波的收益，以此作为一定的补偿。

第三个方面：先减一半换买，仍然保留着希望

一直喜欢做卖方的朋友可能还会存在这样一种心理，就是卖方是先收钱的，买方是要花成本的，由于不希望花费比较大的成本，因此他们也会在关键时候下不了决心做一些对冲。对于下不了全部决心的朋友可以怎么办？那么先下一半决心，算是一种调和！

从操作上来讲，还是以 2020 年 7 月 2 日为例，那一天沪深 300 的点位在 4 300 点左右，假如手上持有了 100 张 C4600 的认购义务仓，此时就先平仓 50 张 C4600 认购，然后拿出少量的成本买入 50 张 C4700@7 认购，用近月的也是相对便宜的认购期权去防一下或有的“灾难”，于是整个持仓的结构就变成了“50 张 C4700 的权利仓+50 张 C4600 的义务仓”，这对持仓本质上是一组熊市认购价差组合，其关键是把原来的无限风险转化成了有限的风险。大家可千万别小看这一点，在发生“灾难”的时候，你的持仓究竟是有限风险还是无限风险，是一件“差之毫厘，谬以千里”的事情。

先减一半义务仓，换成一半权利仓，这样做仍然保留着赚取部分 C4600 权利金的希望，却杜绝了无限亏损的风险，这样至少要比持有 C4600 的裸卖头寸，去经历 7 月 6 日 6.80％的大涨要好得多吧！

很多做交易的人喜欢玩德州扑克。没错！不论是策略还是心态，德州扑克牌局上的各种博弈像极了二级市场上的交易。有时候，你会发现在德州扑克的牌局上，有的朋友牌并不好，但因为被抬到了“杠头”上，于是就是不盖牌，就是不认输，为争一口“面子”上的气，跟着别人把筹码越加越大，最终超出自己的限额。事实上，这样的心态恰恰不能带到交易上来，更不能带到一种具有“无限责任”的操作上来。对于卖方而言，带风控的高胜率才是我们长久追求的，某一次的“认怂”正是为了更好地活着，为了下一次更好地“布局”……

33. 卖期权，是为了耗尽最后一分钱吗

不知你有没有过这样的感受，一张距离到期还剩一个月的深度虚值期权，假如它的时间价值在30元左右，要想完全耗掉这30元左右的时间价值，那真的是“贼”费劲了！

我们回顾一下2020年6月中旬，当时的波动率已经下降到20以下，最虚值的7月认购期权“50ETF购7月3200”的时间价值只剩下25元，到了6月29日那天收盘，好不容易才耗到了单张18元的价格，仅仅耗出了7元的价差，扣除交易成本后，几乎没怎么赚，可是遇到了此后“暴涨的黑天鹅”呢？这份合约先是7月3日暴涨到了598元，7月6日那天更是一路上涨到了3 263元，相对于6月29日的收盘，单张卖购的浮亏达到了惊人的3 245元。

这个案例说明了什么呢？说明为了这些“剩余价值”不大的期权再去消耗到期，就为了赚这30元左右的剩余价值，真的是不太值得了！

一方面，从直观的感受来讲，当虚值期权消耗掉大部分权利金之后，再为了剩余的“微利”占用大量的保证金，会有一种“出工不出力”的感觉，还不如把保证金使用在次月或远月义务仓上，去赚更多的权利金价差。另一方面，从期权价格的变化规律上来讲，卖期权在前半段时间主要赚的是降波的钱，也就是Vega维度的钱，时间每消耗一天，虚值期权的Vega就会变得越小，这意味着同样降波一个点，这份期权义务仓在Vega维度上的赚钱能力会变得越来越弱，而另外一个风险即跳空风险（Gamma的风险）却会变得越来越大。

有了这些理解后，我们就应该在实盘里采取更为合理的操作：

首先，我们在卖期权的操作中，一定要有“移仓换月”的意识。有位教练曾经说过，“意识比技术更重要”，这句话放在交易上同样经典，可以这么说，当一个人长期从事期权卖方交易却从不“移仓换月”时，其实他就已经输在了“起跑线”上。

对于那些变得“很便宜”的义务仓，最好的处理方式就是分批了结来之不易的降波（Vega）收益。当我们进行了“移仓换月”以后，一方面提高了持仓的Vega，继续保留着降波带来的赚钱能力；另一方面降低了Gamma的风险，若是真的碰到大幅跳空的“黑天鹅”时，在相等仓位的情况下，Gamma值小的期权合约也会让你亏得少一些。

下面，我做了一个简单的测算，我们观察卖方MA20轮动策略，即上穿MA20以

a%的仓位卖出虚 2 档认沽、下穿 MA20 卖出虚 2 档认购，结果你会发现：如果我没有设置提前的“移仓换月”，始终持有当月期权到期再换月，那么五年来的累计收益率连 10%都不到；而如果我提前两周左右“移仓换月”，那么五年来的累计收益率就提高到了 40%以上，最大回撤也降低了 7 个点左右(如图 33-1 所示)。这就从最直观、最朴素的角度说明了，从长期看，“移仓换月”这件事情的重要性！

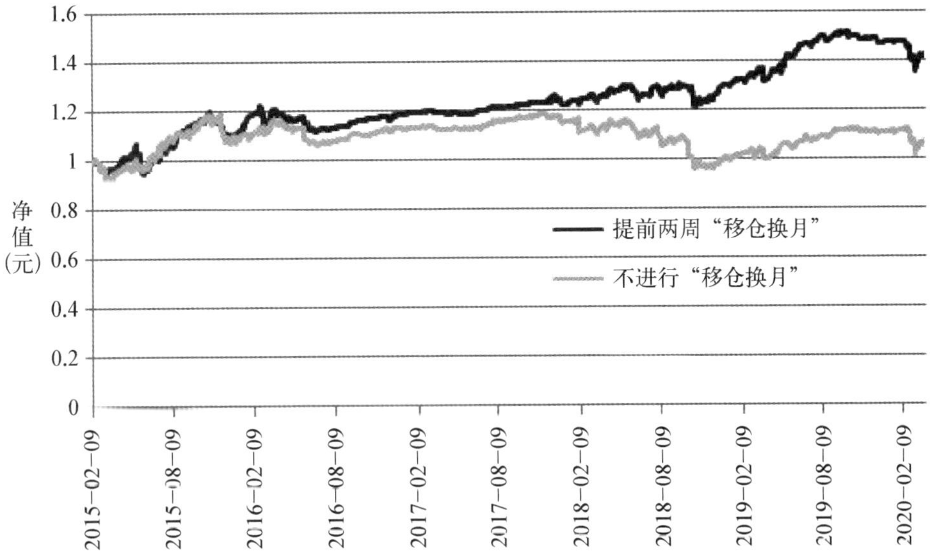

数据来源：Wind。由力的期权工作室整理而成。

图 33-1　2015 年 2 月—2020 年 2 月间“移仓换月”对卖方轮动操作的长期效果对比

其次，我们可以按照量化的规则确定“移仓换月”的时点。容易想象：什么情况下，持有当月义务仓的性价比开始降低了？那当然就是剩余时间价值已经很少，或者关于降波的敏感度已经很低的时候。因此，我们可以设计这样两条原则：一是参考日均时间价值。所谓日均时间价值，就是一份期权剩余的时间价值/距离到期的自然日天数。当一份期权的日均时间价值小于 1 元时，绝大部分投资者就可以考虑对它进行“移仓换月”了。

二是期权本身的 Vega 指标。由于 Vega 指标是“波动率变化 1%，期权价格变化多少”的度量，因此当一份 ETF 期权的 Vega 已经小于 0.01 时，那就意味着在 Vega 的维度上，降波 1 个点，期权价格也就只能下降 1 元(0.01×10 000×1%)了，于是它对于降波的赚钱能力就已经变得很弱了，此时再抱着这份义务仓就像抱着一个不定时的炸弹了。

最后，我们还可以总结这么一句口诀——“宁为远轻，不为近重”。在实盘中，我们宁愿以轻仓卖出次月期权或远月期权，也不愿意以重仓卖出大量当月期权。举个简单的例子，一张当月虚 4 档期权的价格是 30 元，一张次月虚 6 档期权的价格是 100 元，那么我们宁愿只以30%的仓位(30%的风险度)卖开100元的次月期权，也不会以90%的仓位(90%的风险度)卖开30元的当月期权。

尽管很多朋友会觉得，当月期权距离到期的时间更短，到期处于虚值状态的概率更大，胜率极高，但是它的赔率极低，一旦发生类似2020年7月6日、2月3日、2019年2月25日那样的暴涨暴跌，90%仓位的当月义务仓(是次月义务仓仓位的三倍)绝对会有更大的杀伤力，跳空风险、升波风险、爆仓风险都会来得更为猛烈。所谓“道路千万条，风控第一条”，越是前一个月降波赚得爽，下一个月就越是需要重视风控！

34. 卖期权，永远盯着虚几档去卖吗

“站在当下，我卖开虚几档的认沽呢？卖出虚 2 档吧，好像不太安全，还是卖出虚 4 档认沽吧。”

实盘里，你有没有类似这样的纠结？你最终又会卖在哪一档呢？在本书《从“波”的角度，如何判断大盘可能“爬”多高》一文中，我曾经写过一个公式，这个公式是从“波动率”的角度，给未来的箱体区间做出一定的估计。实际上，这个公式不仅对于估算压力、支撑位很有意义，而且对期权的合约选择也很有意义。

我们一起来回顾一下这个公式。先做一个假设，假设标的指数的涨跌幅近似服从正态分布，指数当前点位是 S，在未来一个月的年化波动率是 Sigma，那么我们可以得出这样的结论：

在未来一个月里，标的价格位于 $S\times(1-2\times \text{Sigma}/3.5)$ 到 $S\times(1+2\times \text{Sigma}/3.5)$ 的概率为 95%；

在未来一周里，标的价格位于 $S\times(1-2\times \text{Sigma}/7.2)$ 到 $S\times(1+2\times \text{Sigma}/7.2)$ 的概率为 95%。

这个公式里的 3.5 和 7.2，恰好就是 $\sqrt{12}$（一年有 12 个月）和 $\sqrt{52}$（一年有 52 周）的近似值。这里的 Sigma，我们要么就代入自己预测的波动率，要么就“尊重”市场，代入平值期权的隐含波动率。按照这种估计方法，你可以把每天 300ETF 的收盘价格代入 S，把每天收盘时平值认购、认沽的隐波代入 Sigma，以此估算出每天收盘时的月、周压力位 $S\times(1+2\times \text{Sigma}/3.5)$ 和月、周支撑位 $S\times(1-2\times \text{Sigma}/3.5)$。

事实上，上面这种估算的方法就叫作“2 倍 Sigma”的方法，它背后的基本原理就是“正负 2 倍 Sigma”之间的概率等于 95%，那么，这个“2 倍 Sigma”压力支撑位的“威慑力”有多强呢？我们以 2021 年 8 月中旬到 11 月下旬这段时间为例，通过估算可以发现，当市场往箱体上沿逼近的时候，对应的 2－Sigma 周压力位几乎从未高于 5 月末的最高点，当市场往箱体下沿逼近的时候，对应的 2－Sigma 周支撑位也几乎从未低于 7 月末的最低点，而最终沪深 300 指数确实没有走势那个箱体。

说到这里，好奇的人就会追问一句：如果标的位于“正负 2 倍 Sigma”之间的概率等于 95%，那么位于“正负 1 倍 Sigma”之间的概率又等于多少呢？从下面这张示意图（图 34－1）可以知道，等于 68%！

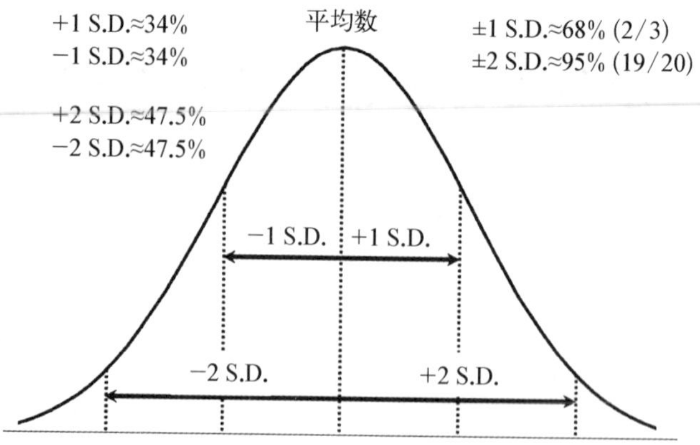

图 34-1　统计学正态分布下，不同倍数波动率对应的概率

于是，我们又可以“依样画葫芦”地写下这两句话：假设标的指数涨跌幅近似服从正态分布，指数当前点位是 S，在未来一个月的年化波动率是 Sigma，那么：

在未来一个月里，标的价格位于 $S\times(1-\text{Sigma}/3.5)$ 到 $S\times(1+\text{Sigma}/3.5)$ 的概率为 68%；

在未来一周里，标的价格位于 $S\times(1-\text{Sigma}/7.2)$ 到 $S\times(1+\text{Sigma}/7.2)$ 的概率为 68%。

这个所谓的“正负 1 倍 Sigma”的压力支撑位，对我们的期权实盘操作有何意义呢？我想它最大的意义就在于提供了期权卖方相对安全的获利区间。

之前我们提到过，设计这样一个策略，每个月卖出 1 倍 Sigma 附近的认沽或者认购，当标的价格位于 MA20 以上时，卖出行权价接近 $S\times(1-\text{Sigma}/3.5)$ 的认沽期权；当标的价格位于 MA20 以下时，卖出行权价接近 $S\times(1+\text{Sigma}/3.5)$ 的认购期权。这样的卖出开仓，相当于在顺大势的情况还顺便为自己事先估算出了到期获利的概率。从静态的角度计算一下，当我们卖出 1 倍 Sigma 支撑位附近的认沽，或是卖出 1 倍 Sigma 压力位附近的认购时，我们的获胜概率粗略地等于 $100\%-(1-68\%)/2=84\%$，当然实际情况由于肥尾效应的存在，这个概率会下降到 70%～80%。

“70%～80%”的获胜概率？有的朋友或许马上就会想到，那我可不可以更保守一点，把上面策略里的“1 倍 Sigma”换成“2 倍 Sigma”，比如当标的价格位于 MA20 以上时，卖出下方 2 倍 Sigma 支撑位附近的认沽期权，当标的价格位于 MA20 以下时，卖出上方 2 倍 Sigma 压力位附近的认购期权呢？不是不可以，只是长期这样做的赔率太低了。

事实上，当我们在卖期权的时候，不仅要考虑它的胜率，而且要兼顾它的赔率，我们所追求的不是“胜率”的最大化，而是“胜率×赔率”的最大化。长期卖出那些“2 倍 Sigma”附近的期权，尽管看上去的胜率有 90%以上，但是一次“黑天鹅”的突袭就能把

n 个月赚的钱全部还掉。所以在实盘里，有经验的朋友宁愿卖出“1 倍 Sigma”附近的期权，通过提前止盈的方式兑现，也不愿意卖出“2 倍 Sigma”附近的期权，陪它一起耗到最后一天……

最后，我们可以再来想一个问题，为什么按照“正负 1 倍 Sigma”的方式选择合约，要比说定虚几档合约更加合理呢？这是因为，虚几档所表示的只是标的价格与行权价格之间的间距，它是无法把隐波的高低变化考虑进去的，而按照“正负 1 倍 Sigma”的方式去选择合约，我们已经充分尊重了当前的隐波。

回顾上面我们所写的公式，从月度的级别来说，上方 1 倍 Sigma 的压力位是 $S\times(1+\text{Sigma}/3.5)$，下方 1 倍 Sigma 的支撑位是 $S\times(1-\text{Sigma}/3.5)$，这里的 Sigma 我们往往会代入当前平值认购、认沽的隐波。于是，当目前的隐波处于较高的水平时，$S\times(1+\text{Sigma}/3.5)$这个值就会上升，$S\times(1-\text{Sigma}/3.5)$这个值则会下降，这时候卖在“1 倍 Sigma”附近，就会比平时卖的虚值程度更深一些；反过来，当目前的隐波处于较低的水平时，$S\times(1+\text{Sigma}/3.5)$这个值就会下降，$S\times(1-\text{Sigma}/3.5)$这个值反会上升，这时候仍然卖在“1 倍 Sigma”附近，就会比平时更靠近平值一些了……

35. 一个简单的指数多头，却有着这么多“省钱”的方式

在长期投资的模式中，我们会把投资模式分为主动投资和被动投资。所谓的被动投资，就是指做多某个指数，期待长期能够获得指数的上行收益。然而，在衍生品交易者的眼中，一个看似貌不惊人的指数多头，却可以用不同的持仓结构替代其中的那个标的多头，玩出很多种“省钱”的花样。下面，我们就来整理一下这些“省钱”方式。

第一种方式：买入开仓带有贴水的期指

在国内，2010 年 4 月诞生了第一个股指期货 IF(沪深 300)，五年后又诞生了第二、第三个 IH(上证 50)和 IC(中证 500)。在期指交易中，我们通常会使用这样的术语，当期指价格低于指数价格时，称为“贴水”，而在期指价格高于指数价格时，称为“升水”。

来看下面这张图(图 35 - 1)，沪深 300 指数在 3 530.31 点，而近月的 IF2004(2020 年 4 月第三个周五到期)的期指价格为 3 508.6 元，那就意味着 IF2004 当前贴水 21.71 点。

代码	名称	现价	涨跌	涨跌幅	基差
000300	沪深300	3530.31	-122.92	-3.36%	0.00
^ CFFEX 沪深300指数期货					
IF2004	2020年04月	3508.6	-107.4	-2.97%	-21.71
IF2005	2020年05月	3494.4	-121.6	-3.36%	-35.91
IF2006	2020年06月	3470.2	-109.0	-3.05%	-60.11
IF2009	2020年09月	3422.0	-104.8	-2.97%	-108.31

图 35 - 1　2020 年 4 月，沪深 300 四个月份期指行情截图

期指价格有一个必然的特点，那就是它在到期日会收敛于标的指数，这就意味着一旦期指是处于贴水的状态，不论后市是上涨还是下跌，买入期指总是会多赚取那个贴水的收益，按照上图中的价格来说，每手 IF 一个月就多赚取了 6 513 元(21.71×300)。

在操作上，我们只需要控制好仓位，多留一些保证金余额，以等面值的方式买入期指，就相当于一种另类的指数多头。举个容易听懂的例子，我本想以 100 万元的金额

买入指数基金，那么我就以等面值 100 万元买入 1 手(100 万/3 500/300)IF 期指，这就完成了“等效”替代。你会发现，这样的替代显然更为“聪明”：一方面它在期指处于贴水的时候，可以比普通指数基金多赚取那个“贴水”；另一方面它具有一定的杠杆性，只需在期货账户里抵押 10 万～20 万元的保证金就能完成这笔交易，剩下的大部分资金可以转到证券资金账户里打逆回购、买货币基金等。

第二种方式：买入开仓折价的深度实值认购

期权折价是什么意思？就是时间价值为负。千万别惊讶！这在实盘中是完全有可能的。在实盘中，期权价格本质上是由买卖供求关系决定的，由于深度实值期权的流动性没有平值、虚值那么好，当市场看涨情绪比较一般时，就有可能出现卖出平仓的势力较大，从而导致期权价格低于内在价值(时间价值为负，也称为折价)的情况。

面对这样的现象，本就想做多指数的朋友会想到什么呢？——挂单买入折价的深实认购。在操作上，同样以等面值的方式买入认购(Delta 近似为 100%)，这又成了第二种替代指数多头的方法。同样举一个例子，假如我本想以 10 万元的金额买入指数基金，那么我就以等买面值买入 3 张(10 万元/3.5/10 000)深度实值认购期权，由于买期权不需要缴纳保证金，因此当一张认购权利金成交价位在 5 000 元时，我的实际成本就相当于 15 000 元(5 000×3)。

与买入期指相比，如果能买到折价的深度实值认购，那就有两个优势：一是不占用保证金，买入成本即最大成本；二是面值小。国内股指期货的面值要在“百万”这个数量级，而 ETF 期权的面值仅在“万”这个数量级，这意味着如果只想花几万元的钱去买指数，那么 ETF 期权可以完成这个替代，而期指的面值则显得太大了。

第三种方式：卖出开仓溢价的深度实值认沽

折价是指时间价值为负，溢价就是指时间价值为正。有的时候，我们未必能够在盘面上找到折价的认购，那么此时，我们可以把眼光放到溢价的深度实值认沽上。从希腊字母 Delta 的角度看，深度实值认购权利仓与深度实值认沽义务仓的 Delta 都近似于 100%，只是后者多占用了一些保证金，因此当深度实值认购的时间价值偏大时，我们可以反过来卖出开仓深度实值的认沽，以此作为一个近似的替代。

在操作上，我们也来测算一下资金占用：假如我本想以 10 万元的金额买入标的，那么我就以等面值卖出 3 张(10 万元/3.5/10 000)深度实值的认沽期权。由于所卖出的是非常实值的期权，因此每张保证金我们算 1 万元，这样的话，我相当于占用了 3 万元的保证金。如果在期权账户里再放置 2 万元的可用资金降低一下风险度，那么我就还可以腾挪出 5 万元的资金去干别的事儿！从资金占用比例来看，卖出深度实值认沽要高于买入期指，但它依然更适合小额面值的操作。

第四种方式：买入开仓平值认购 ＋ 卖出开仓平值认沽

除了上面的几种方式外，还有一种方法可以构建出一个 Delta 近似为 100%的头寸，那就是所谓“合成多头”(买平值认购＋卖平值认沽)，它主要来自下面这个到期盈亏图的合成(如图 35－2 所示)。

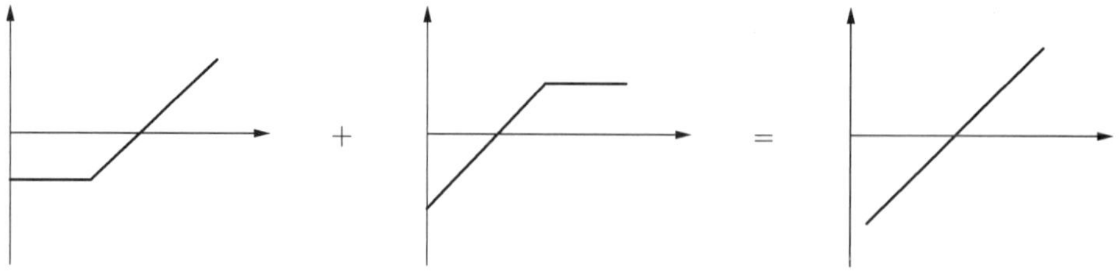

图 35－2　期权合成多头组合构建示意图

与上面的三种替代方式相比，用期权合成多头有三个特点：

第一，从资金占用的角度来说，假如我本月想以 10 万元的金额买入指数基金，那我就先以等面值买开 3 张平值认购(这可能花费 1 500 元左右)，然后卖开 3 张平值认沽(每张保证金大约在 3 500 元左右)，于是整个持仓的“权利金成本＋保证金占用”大约就在 1.5 万元这个水平，之后再留 1.5 万元作为卖认沽这一端的保证金余额，差不多就可以释放出 7 万元左右的可用资金。从省钱的角度来说，合成多头比卖出深度实值认沽省钱，但比买入深度实值认购费钱。

第二，从流动性的角度来说，平值附近的期权往往是流动性最好的期权，它们的买卖价差小，很多情况下只相差一个报价单位，买卖盘口厚，所以成交的时间也会比深度实值期权短，因此，在实盘里构建合成多头时，可以考虑“两条腿”都以市价委托的方式成交，以此来尽可能减少“两条腿”成交的时差。

第三，从希腊字母的角度来说，合成多头的 Delta 始终近似于 100%，Gamma 等其他希腊字母始终近似为 0，这个头寸与指数多头始终高度相似。相比之下，对于卖开深度实值的认沽，当标的出现非常大幅的上涨时，它的 Delta 就会下降，它会从一个指数多头慢慢变成一个轻度实值卖沽，整个头寸赢钱的幅度会慢慢缩小；而对于买入深度实值的认购，当标的出现非常大幅的下跌时，它的 Delta 也会下降，它会从一个指数多头慢慢变成一个轻度实值认购，整个头寸亏钱的幅度会慢慢缩小。因此，它们与指数多头的相似性只是在一定的范围内的。

说到这里，我们应该能够抓到其中的重点了。对于上述四种方式，它们的核心共同点都是在建仓的时候，Delta 全都近似于 100%，正是因为这一点，我们才可以把它们视为标的多头的近似替代！

36. 越是磨人的行情，备兑卖购的学问越大

什么是备兑卖购组合？它是指持有标的多头，同时卖出开仓对应数量的认购期权。在《品味期权》一书里，我曾经把期权里的“备兑卖购”比作我们平时生活中的“持房出租”，持有“房子”就好像持有指数标的，“出租”好比卖购所赚到的权利金。于是很容易理解，我们平时“持房出租”喜欢什么样的市场，当然是房价没有大跌，然后每月收取稳定的租金，同样，备兑卖购最合适的市场正是箱体震荡或一路慢“牛”的市场。

我曾经回测过一个数据，在 2020 年的前 11 个月里，每月满仓备兑卖出虚 2 档认购的收益率大约等于 16.32%，而上证 50 指数同期的涨幅仅有 12.49%，这意味着在那段时间里，即便出现过 7 月 6 日的那根大阳线，备兑卖购仍然完胜指数 4 个点！

同样，我们再来看看 2021 年 7—11 月的这个大箱体。从 7 月中旬到 11 月底，每月满仓备兑卖出虚 2 档认购的收益率大约等于 8.65%，上证 50 同期涨幅仅为 1.64%，这就是说，滚动备兑卖购竟然跑赢了指数 7 个点(如图 36-1 所示)。所以，我们可以看出，在一步一个台阶的市场环境下，与其天天费尽心机找什么超额因子，还不如老老实实每月备兑卖购，备兑开仓在箱体震荡或一路慢“牛”的环境里能够产生天然的 Alpha，这个 Alpha 就是卖购的时间价值给的。

那么，对于实盘里的备兑操作，是不是就像回测里一样每月“无脑”地卖购就好呢？回头看确实就可以了，但是在真实的操盘中，我们往往会做得更加灵活、更加合理一些。可以这么说，同样是半年的“折腾”与“爬坡”，备兑卖购做得好不好、合理不合理，收益上还是能相差不少。下面，我就从三个角度来做个总结。

第一，当市场下行很多的时候，可以事先平仓卖购。以 2021 年下半年为例，上证 50 也好，沪深 300 也罢，都曾经出现过 5%～10%的跌幅，如在 7 月中旬、8 月下旬、9 月下旬时，我们手中的卖购往往已经变得非常便宜，权利金大概率已经耗掉了开仓价的 2/3 以上。这个时候，你会想到什么：继续拿着这份卖购，耗尽最后一分钱？还是先平仓一部分以后再开？我大概率会选择后者，这是因为在市场出现大阴线的时候，卖购已经由于方向、降波和时间的“三赢”耗掉了绝大部分的收益，它最多跌到 0，就算标的进一步下跌，它能起到的对冲抵消作用也已经很小了，倒不如先平掉一部分，

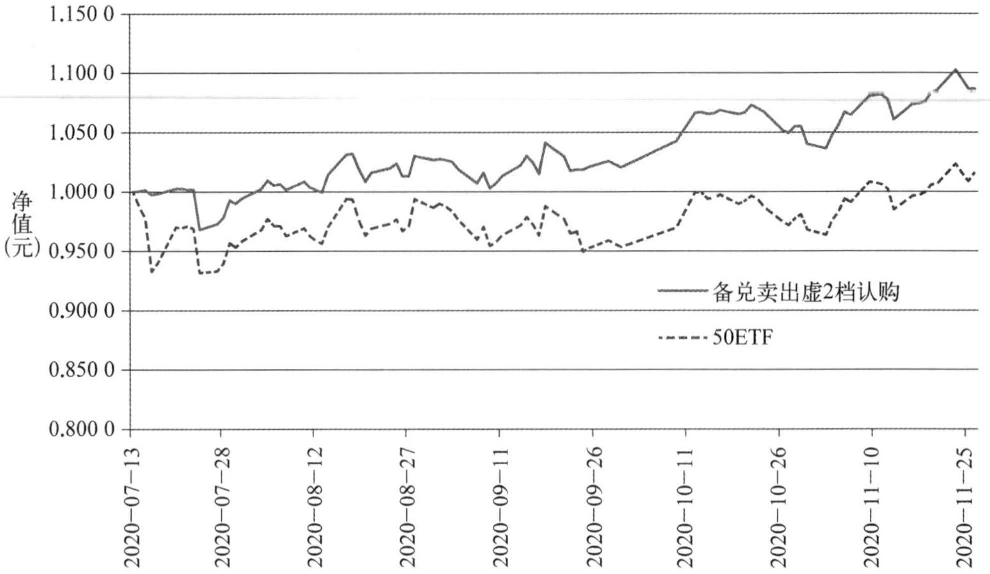

数据来源：Wind。由力的期权工作室整理而成。

图 36-1　2020 年 7 月中旬到 11 月底，每月滚动备兑卖购与上证 50 指数的绩效对比

待后续指数企稳后再拉出两三根阳线，我再把平掉的卖购开回去，所增“厚”的收益反而来得更多一些。

第二，当市场进入向上潜在突破区，也可以先平仓卖购。对于上面所说的第一点，其实我本质上是希望能在卖购这个头寸上再赚个差价，如果有些朋友没时间盯盘，这个动作不去做也可以，因为权利金收入已经起到了跑赢指数的作用。然而，当市场向上突破的时候，事情就有区别了。比如 2020 年 7 月 6 日那天，上证 50 大涨 6.80%，沪深 300 大涨 5.67%，如果我们做期权交易，就会知道那天手中有没有卖购头寸差别很大，如果我有卖购，那天就会削平大量的指数上行收益。所以在市场突破、爆发的时候，尽管备兑开仓整体上仍是赚钱的，但它的最大收益就此封顶，就会妥妥地跑输指数了。这个时候，假如我们还想跟上指数，就必须多做一个动作，那就是在标的站上所有均线时先平仓卖购，然后在标的重回均线下方时再加回去卖购，让卖购在它应该出现的时候再次出现。

第三，不论市场有没有突破箱体，每个月的卖购要提前“移仓换月”。上文已提到，“持房出租”里的卖购本质上是做期权的卖方，既然如此，我们就必须非常清楚，这个头寸在每月主要赚的是 Vega 的钱，也就是降波的钱，而不是很多人想象的 Theta 的钱。在本书《卖期权，是为了耗尽最后一分钱吗》一文中，我曾经提到，同样一套卖方策略体系，相比永不“移仓换月”(每次持有到期)，长期“移仓换月”的收益是更高的，回撤是更小的，我们完全没有必要去为了最后十几元消耗最后的几个星期。不论从增加持仓 Vega(赚波的能力)的角度，还是从降低持仓 Gamma(跳空的风险)的角度，提前“移仓换月”都会是合理的。

……

生活中，我们经常会听到很多朋友抱怨自己做投资的运气差，总是被两边“打脸”。但事实上，坚持一套合理的原则体系就会让这种抱怨逐渐变少，而最终我们会发现十几次的“合理如一”可以顶上某次所谓的“好运气”。

37. 每一次备兑卖购，顶到“喉咙口”了，怎么办

我们知道，在指数一步一个台阶的“慢牛”格局下，备兑卖购（也称备兑开仓）是非常不错的期权组合，它能在绝大部分行情下跑赢指数，起到长期“增厚”收益的作用。

很多初学者热衷于备兑开仓，然而也有不少朋友说自己用不好备兑开仓，每次备兑开仓以后，一旦标的价格中途涨过了卖购的行权价（姑且比作价格顶到“喉咙口”了），便会陷入茫然，不知道下一步应该怎么办？卖购那一腿是单独撤？还是和标的多头一起撤？我想在此就从实操的角度来聊聊，备兑卖购以后，假如标的价格顶到了“喉咙口”，可以有三种善后方式。

第一种处理方式是持有不动，到期前一周左右“移仓换月”。这种处理方式看上去很“佛系”，却是基于一个大前提——震荡格局。从均线的角度说，如果标的指数在日线级别被前期巨量压力线所压制，或者月线级别暂时位于 MA10 下方，那么像这样的月份，就比较适合“以静制动”。

在这样的月份里，月中拉出某根大阳线，并不意味着月末能以大涨收尾。我们可以做一个有趣的统计：过去十多年来，沪深 300 月 K 线超过 6%的概率有多少？只有 20%左右。这说明我在月初备兑卖出虚 3 档认购，站在月末的角度看，最后会有 80%左右的概率仍以虚值告终。如果我们加上月 K 线低于 MA10 这个条件，那么月 K 线超过 6%涨幅的概率就会进一步降低，这说明在这些“有压力”的月份里，“以静制动”反而是一种最优的选择。

第二种处理方式是双向移仓。当你认为当前点位已不再是压力，重新找到了一根压力线时，可以采用这种“善后”方法。从操作上讲，所谓双向移仓，就是平仓原来的那份卖购义务仓，然后两侧分别卖出更虚值的认购期权和认沽期权。举个例子，假设在上个月末，沪深 300ETF 在 3.600 元附近，我备兑卖出了 100 张 C3800 的认购，那么在标的上涨越过 3.800 元以后，我平仓这 100 张 C3800 认购，然后卖出 x 张 C3900 认购，再卖出 y 张 P3600，这就是双向移仓。

在实盘里，我往往会这样确定 x 和 y，由于卖购毕竟在备兑开仓策略里是有保护的，因此 x 的数量一般会大于 y，如果我觉得在当月剩下的日子里，3 900 这个点位很难逾越，那么这个 x 我就可以取为 100 张。然后，剩下的 y 怎么确定呢？为此，我们

可以简单算一下平仓 C3800 这个合约的实亏。注意！我们的主要目的是把 C3800 的实亏用时间兑回来，所以 y 值不用取得太大，只要让“C3900 的成交价 $\times x +$ P3600 的成交价 $\times y$”能覆盖掉 C3800 的实亏，就可以了。

采取了双向移仓以后，我相当于为标的指数留出了进一步的上行空间（从 3800 上涨到 3900 的空间），由于平仓原来的 C3800 认购会造成一定的实亏，因此实际上，整个操作是通过卖出新的期权，期望用降波和时间把 C3900 和 P3600 的价值消耗掉，以此抵消 C3800 合约已经形成的实亏。

第三种处理方式是全部平仓，改变持仓结构。这种情况通常可以在“价、量、波”齐升的行情下运用，我们仍然以 2020 年 7 月初的前三个交易日为例（7 月 1 日指数价格创近三个月新高，7 月 2 日量能放大到万亿，7 月 1 日至 7 月 3 日波上升 5 个点以上）。我们知道，只要指数不大涨，备兑持仓在当月大多能跑赢指数，所以当我们看到“价”“量”“波”明显齐升的时候，最好的处理方式就是把卖购的“帽子”先行“摘掉”（平仓卖购），然后在出现滞涨信号的时候加上新的卖购头寸。一般而言，“价”“量”“波”齐升是一种难得的信号，在这种信号下，留出上行空间是第一要务！

最后，我们需要明确一点，“备兑卖购”和“裸卖认购”毕竟是不同的！备兑开仓＝持有标的＋卖购，标的本身的 Delta 永远是 100%。当卖购的头寸处于平值状态时，整个备兑开仓的 Delta 才刚刚下降到 50%以下，仍然为正，因此，当标的价格中途顶到“喉咙口”时，备兑开仓的持有者不必搞得非常紧张，整个持仓仍是盈利的，仍是看涨的，只不过随着标的价格的进一步上涨，整个备兑持仓的浮盈增速会越来越慢而已。这个时候，我们应该冷静下来重新研判压力位有没有发生变化，然后做出一种更加合理的“善后”。

38. 都说期权能套保，其中的细节知多少

我们都知道，沪深 300 成分股组合与沪深 300 的相关系数较高，所以沪深 300 期权可以用来套保那 300 只成分股的组合，可套保的范围比上证 50 期权更大。然而，相比 IF 期货空头的简单套保，用期权套保真的只是买入持有吗？用期权套保究竟要注意些什么？期权套保的初衷究竟是什么？在此我想通过我这些年在实盘中的经验，浅谈一些期权套保中需要注意的核心要点和操作误区。

曾有一些交易者问，自己根据教科书的做法，选择买入当月平值认沽期权，这是不是就是期权套保？其实，在实盘中，这往往是一种最不划算的套保方式。A 股在时间上的“二八”分化效应非常明显，一年里往往是 20％的趋势行情＋80％的震荡行情。在震荡行情里，如果某个月里持有的股票组合没怎么涨，但标的价格恰好高于认沽的行权价，那么这个月的保险费支出大概率就会在 1％～2％（取决于隐波的水平），这可是一笔不小的支出！

不过，只要我们好好对比一下期货与期权的套保初衷，就不会仅仅用买认沽持有的方式去套保了。什么是期货套保的初衷？期货套保的初衷是以牺牲上端收益的代价，尽可能防范无限下行风险。那什么是期权套保的初衷呢？即用买认沽防范一个“灾难性”的风险，同时择机用卖认购降低保险成本，保留一部分上行的收益（Beta 收益）。所以，在实盘中，花很高的费用去防范小幅下行风险，和花稍低一些的费用去防范大幅下行风险，我们往往会选择后者，对应操作上，则宁愿降低一些保险成本，买入虚 1 档甚至虚 2 档的认沽去防范一个“灾难风险”，然后择机卖出上方虚值认购期权，去抵消这个月一半以上的潜在保险费支出。

有些交易者还会有这样的疑问：在用期权套保时，我到底是遵循面值 1∶1 原则，还是 Delta 中性原则？抽丝剥茧，让我们先来了解一下这两个原则是什么。

所谓“面值 1∶1 原则”，假设你有 100 万元的 300 成分股组合，沪深 300ETF 在 4.000 的点位，合约单位为 10 000，那么你需要套保 25 张期权（1 000 000/4.000/10 000）。而“Delta 中性原则”则是在初始建仓时，把“买入股票＋买入认沽＋卖出认购”三者的总 Delta 值调成 0。Delta 是什么？它是整个持仓在方向上的敞口，它等于 0，也就意味着短期的上涨你赚不到收益。

还是上面的那句话，用期权套保的初衷在于防范大幅下跌的“灾难风险”。如果我

一开始就买入更多的认沽把整个组合的 Delta 中性掉，我将放弃大量的上端收益，这样的套保方式与期货空头套保无异，也就违背了期权套保保留收益的初衷了！因此，我们往往是先按面值 1∶1 的原则进行套保，保留一个正的 Delta 敞口，充分发挥期权套保能保留部分上行收益的优势。

也许你会问：如果我在标的价格等于 4.000 元的时候，买入了虚 1 档认沽 P3900 进行套保，它的 Delta 绝对值只在 30%左右，那岂不是我的套保比率就很低了吗？我的回答是，事情并不能这么静态地看，这里就涉及期权套保的第二大优势——自我调整机制！

试想一下：假如后市从 4.000 元下跌到 3.900 元，这份 P3900 认沽期权会发生什么变化？当标的下跌到 3.900 元附近时，这份 P3900 的 Delta 绝对值已经自动上升到 50%甚至更多(你可以很粗略地认为套保比例从 30%自动提升到 50%)。那么标的价格继续下探到 3.800 元呢？这份 P3800 的 Delta 绝对值将自动上升到 70%甚至更多。如果市场发生 2015 年那样的千股跌停，或是某日大幅跳空低开，这份 P3900 的 Delta 绝对值将上升到接近 100%，此时的 P3900 将变身为一份深度实值的认沽期权，对应的套保比例也可近似地认为等于 100%了！这就是期权套保的自我调整机制——在不改变套保张数的情况下，下跌过程中套保比率自动变大，上涨过程中套保比率自动变小，特别类似于我们生活中常见的“弹簧”。

除了上涨趋势非常明显的阶段，一般情况下，我们不会仅仅买入认沽期权进行套保，还会采用“买沽+卖购”的方式进行套保，这种套保在期权交易中称为“领口套保”。经过一段时间的实盘操作后，你一定还会问：“我买的认沽和卖的认购，它们的行权价格间距究竟差几档更好？”为了方便表述，我把“买沽”与“卖购”的行权价格间距称为领口间距。于是我们需要了解一个共性的原则：领口间距越大，套保比率越低，整个持仓的进攻性越强，防守性越弱；反之，领口间距越小，套保比率越高，整个持仓的进攻性越弱，防守性越强。

在实盘中，我们可以结合趋势的强度进行这样的设计。如果标的站上了所有均线，并且价量配合良好，你已经嗅到了牛市的味道，那么领口的间距就可以适当放大；如果像 2018 年，大盘指数多次位于所有均线下方，半年线拐头向下，那么领口的间距就可以缩小到只有 1 档，甚至改为期货空头对冲。

最后，我想再一次为大家整理一下期权套保的基本原则：

(1) 相比期货套保，期权套保更在乎的点是防范“灾难风险”和保留部分上行收益。

(2) 买入轻度虚值认沽后，跌则套保比率自动提高，涨则套保比率自动下降。

(3) “无脑”买入当月平值认沽持有到期，长期并不可取。

(4) 除非趋势非常明显，否则一般会采取“买沽+卖购”的领口套保。

(5) 领口的间距越大，进攻性越强；领口的间距越小，防守性越强。

（6）期货套保相当于零档领口间距的期权套保。

但愿交易期权的朋友们能够避开套保操作中的误区，在更多期权上市后，更好地使用这个套保工具，真正拿住自己手中值得持有的股票，用期权的优势为自己的资产保驾护航！

39. “股票＋期权”，长期的玫瑰是如何绽放的

如果你还不太了解什么是期权保险，如果你总是误解期权保险就是 Delta 中性，如果你还不知道如何兑现买沽的收益，那么，下面四个问题就真的值得搞清楚：

第一个问题：“股票＋期权”与纯多头有什么区别？

如果用一个“足球队”来打比方，那么“股票纯多头”产品就好比是一个“没有守门员”的球队，而“股票＋期权”就好比是一个“拥有守门员”的球队。在顺风顺水的时候，“股票纯多头”的收益自然会更高，而“股票＋期权”因为当月亏损了认沽期权的“保险费”，所以收益会稍弱一些，但不会削弱很多。

一起来算一笔小账。比如，牛市里指数一个月涨了 10%，股票组合涨了 12%，买认沽的保险费在一定的控制下，算它亏损 1%，于是当月整体的净值就会上涨 11%；但在断崖式下跌的月份里，股票组合很可能跌了 12%，于是在同样的股票仓位下，整个“股票组合”的净值就下跌了 12%，而此时的认沽期权会从 300 元以上涨到 3 000 元以上，认沽期权的市值暴涨将极大限度地覆盖现货端的亏损，把账户总资产维持在一个平台上方。

第二个问题：“股票＋期权”与中性产品有什么区别？

什么是中性产品呢？这类基金赚钱的唯一来源就是 Alpha，即选股组合相对于基准指数的超额收益。比如，我选了一堆股票，其当日收益率为 2%，上证 300 指数当日收益率为 1.5%，于是当日的选股 Alpha＝0.5%。既然称为 Alpha 产品，那么整个操作模式就是选择一堆股票，然后用做空股指期货的方式，把指数本身带来的上行收益和下行风险全部对冲掉，仅仅追求股票相对于指数的超额收益。

继续沿用“足球队”的比喻，你就会发现，中性基金就好比大部分时间严防死守，顺风的时候，运用反越位得分获得“超额收益”，而“股票＋期权”的模式在许多时候会保留指数本身的一部分上行收益，允许自己忍受一部分小幅回撤，更注重防范一个“灾难风险”（好比别被对方灌进 3 个球以上）。

因此，对于小幅回撤的防范，一定是期指空头的防守效果更好，而对于大幅回撤的

防范，两种模式就会变得不相上下。从长期看，要论最大幅度回撤，中性对冲模式通常更小，但要论累计收益，“股票＋期权”通常更高。

第三个问题：用认沽期权保险和改变期指空头数量有什么区别？

有一些朋友会有这样的疑问：用认沽期权防守，可以保留上行收益，那如果我用期指空头对冲，在数量上减少一点期指空头的手数，这两者有没有区别？——有区别！

第一个区别就在于“加速度”的区别：期指空头的 Delta 是不会变的，防守能力的强弱完全依赖数量的加仓与减仓，所以减少期指空头手数，就是裸露了方向敞口，若是遇到指数连续下跌，一部分股票多头的市值就不再拥有保护；对比之下，期权的 Delta 是会动态改变的，当指数大幅跳空或者连续下挫时，即便不增加买沽的张数，期权的 Delta 也会因为 Gamma 的爆发而加速上升，这很难得！

第二个区别是隐含波动率的影响，当市场急速下跌时(像 2022 年 3 月份的前两周和 4 月份的最后一周)，认沽期权的隐波都是大幅上升的，这意味着当天认沽期权在 Vega 的维度上会获得一部分辅助收益，这部分额外收益也能起到加强防守的作用，而这个维度却是期指无论如何也变不出来的。

第四个问题：对于已经大幅盈利的买沽，你如何取利？

也就是说：对于已经大幅盈利的买沽，你是如何把这份买沽的盈利兑现的？如果买沽撤得早，则手里的股票将失去保护；如果买沽撤得晚，则前期的收益又都会吐回去。通常，我偏好的一种做法是把买沽进行重新卡位。什么叫“重新卡位”？就是趁着“大幅下跌＋升波”的交易日(或次日)，平掉已经大幅盈利的买沽，向下移仓买入新的虚值买沽，若是进行等张数(或略增加张数)的操作，则意味着保留进一步的灾难防守能力，同时兑现已经盈利的买沽收益。

再展开得多一些，同样是买沽保险，放给有丰富经验的交易者，他们不太会“死板”地一直持有不变。比如，他们在平时会以“买沽＋卖购”的方式持有，然后在必要的时候利用期权的优势分腿平仓，仅仅留下买沽，重新保留上行收益空间，当大盘接近短期压力线的时候，再重新盖上卖购的那顶“帽子”；又如，在买沽已经经历由虚变实后，向下一档移仓到更虚的买沽，为自己省下更多的保险费；抑或是平掉原来的买沽，仅仅把盈利部分拿出来等金额买入虚值程度 5％以上的认沽，仅仅等待大幅跳空时虚值认沽的大升波。

40. 有没有方式实现零成本保险

在期权的实盘中，有很多朋友总是下不了决心去买保险。我想，这其中一个很大的原因就是大家太在意买沽的保险费。

一个很简单的道理，如果我们单纯地买入认沽来保险，那么一开始支付出去的成本总归是正的，于是，一种叫作领口期权的策略应运而生。所谓“领口期权”，就是用“买沽＋卖购”的组合对整个现货端进行保险。这里的三个头寸可谓各司其职，现货端是进攻端的“矛”，买沽是防灾难的“盾”，而第三个头寸（卖购）则起到降低保险成本的作用。

以“95－110”这个最常用的领口期权为例（买虚1认沽＋卖虚2认购，数量1∶1），你会发现，卖购的权利金收入绝大部分时候是不会完全覆盖掉买沽的成本的。比如，以2020年下半年某一天50期权行情为例，当时11月P3300是虚1档的认沽，它的价格在424元，11月C3600是虚2档的认购，它的价格是302元，从静态的角度看，424元减去302元，依然有着超100元的额外成本，所以这对领口并不是零成本的。

那么在实盘里，有没有什么方式去实现某个月的“零成本”保险呢？我想，在实盘里可以参考和灵活运用的方式至少有三种：

第一种方式是向下移仓卖购。比如使用“95－105”的领口期权去套保，以上例的行情为例，当时11月P3300虚1档认沽的价格是424元，11月C3500虚1档认购的价格是557元，424元减去557元后的值是负的，所以从初始成本角度说，整个保险就从净成本转为了净收入。说到这里，您可能觉得一直这样做下去不就行了吗？事实是，这样做会产生一个小小的副作用，那就是削平了更多的上行收益。

我们知道，领口间距越大，套保比率越低，整个持仓的进攻性越强，防守性越弱；反之，领口间距越小，套保比率越高，整个持仓的进攻性越弱，防守性越强。这就表示，对于“95－105”的领口套保，它的长期收益率相对“95－110”的领口期权一定会低不少，这背后的本质原因就是更多的上端收益被削平了！

实际上，我们需要注意到，实盘里不是每个月都用“95－105”的领口套保是最佳的，而是尽量要在上方压力较大的那些月份去使用它，才更能发挥其“零成本”的优势。

现在，我们再来看看第二种方式——向下移仓买沽。比如，我们用“90－110”的领口套保去替代“95－110”的领口套保，这样的改变相当于是卖购那一腿不动，还是虚

2档，但是把买沽从虚1档改为虚2档，同样以上例的行情为例，当时11月P3200的价格是207元，11月C3600的价格是302元，207元减去302元的差是负的，这说明从初始静态的角度去看，买沽的初始保险成本也被卖购覆盖了。

一般而言，如果某个月真的发生了灾难性的“黑天鹅”条件，诸如2020年2月3日和3月中下旬的断崖式下跌，虚2档的认沽与虚1档的认沽所升值的程度是不相上下的，两者的保险效果并无多大区别。可是如果当月的跌幅在3%～5%，虚1档的认沽就会由虚变实，起到一定的防守作用，而虚2档的认沽则容易默默地价值归零。因此，当我们使用“90－110”的领口期权进行零成本保险时，最好是在大跌月以后下跌空间变小的月份。

最后，我们来说说第三种零成本保险的方式，在实盘里，我们常称它为“单领口改为多领口”。上面我们说的“95－110”也好，“90－110”也罢，都是标准的领口期权，买沽与卖购的数量是1∶1的，对于这样的领口，期权交易员们经常称它为“单领口”。那么，“多领口”是什么意思呢？它指的是“单领口＋多卖一些认购”，使得上方卖购的数量多于下方买沽的数量，这里，多余数量的卖购往往可以选择虚值程度比较高的期权。比如，我买了100张11月P3300，卖了100张11月C3600，这是100对单领口，但若再卖出100张C3800，试图用总共200张认购权利金收入去抵消买沽的成本，则这就是多领口。

当然，要用这个多领口实现零成本，也会有它不太适合的环境。在上面的例子中，C3800合约属于10%以上虚值程度的期权，在绝大部分月份里，这个合约的价值最终会变成零，而且小幅的上涨不会引起这个合约的大幅升值。然而，若是遇到连续逼空的行情，则上方多出来的认购就会成为一个“麻烦”，进而侵蚀现货端的上行收益。因此，我们可以设置一个简单的原则，比如当标的价格站上所有均线的时候，平仓上方多余的卖购。

综合上述三种方式，我们可以看出，要找到一种方式完全地胜过另一种方式，是非常不易的。其实，从长期的角度看，只要6个月甚至12个月里有过一次大的断崖式下跌，某个月买沽的保险费支出就会转为净收入，“零成本”的保险不必去强求，更不用在牛市里去强求“零成本”，只需在上有顶、下有底的震荡月份去调整单领口或是多领口，这就足矣。

41. 同样的牛市价差，不同的隐波，不同的选择

这些年来，板块和个股之间的分化越发明显，结构性行情成为贯穿全年的主旋律。在多数时间行业轮动，在指数中长期收益跑赢无风险利率的背景下，很多人关注到了期权里的一些组合，而牛市价差就是其中的一种。

在期权交易员之间，为了表述方便，往往喜欢把 100 看成平值，95 看成实 1 档，105 看成虚 1 档，于是牛市价差就可以表示为“XXX－YYY”的组合，比如“100－105 牛市价差”就表示买入平值认购＋卖出虚 1 档认购，“95－100”就表示买入实 1 档认购＋卖出平值认购，“95－110”就表示为买入实 1 档认购＋卖出虚 2 档认购。有了这个简单的表述，大家平时交流起来就会方便很多。

从上述我们可以看出，牛市价差这个组合涉及“一买一卖”，核心要点在于八个字“买低卖高，数量相同”。然而，这样一个看似简单的组合，十个人使用下来可能会导致十种不同的结果。在这篇文章里，我们就来说说其中的一个实操问题：牛市价差的间距到底相差几档好？

通常而言，对于一组牛市价差，它的行权价间距拉得越开，进攻性越强，防守性越弱；反之，它的行权价间距缩得越小，进攻性越弱，防守性越强。在上行过程中，“95－110”的牛市价差能比“100－110”赚得更多，“100－110”能比“100－105”赚得更多，但盈亏是同源的，若是行情出现下跌，则同样张数的“95－110”也会比“100－110”浮亏得更多一些，“100－110”也比“100－105”亏得更多。那么，实盘里到底是长期使用“95－110”好，还是长期使用“100－110”好？这个问题的答案不是固定的。有经验的交易者不会定死是相差两档，还是相差三档。究竟拉开几档好，很大程度上取决于在建仓的时候，交易者想保留多大的方向性敞口，以及当时期权的隐含波动率水平。

下面假设标的价格为 4.000 元，从 15％的隐波开始，以 5％作为间距，一直到 35％的隐波。用经典的 B－S 公式做一个测算模拟，来看看在不同隐含波动率水平下，平值、虚 1 档～虚 3 档这四份认购期权(距离到期都是还剩一个月)的价格大致会等于多少(如表 41－1 所示)。

表 41 - 1　距离到期一个月，不同隐含波动率水平下的虚值认购期权的 Delta

波动率\行权价	4.0	4.1	4.2	4.3
15%	53.14%	31.02%	14.55%	5.45%
20%	52.86%	35.98%	21.79%	11.71%
25%	52.80%	39.19%	27.08%	17.39%
30%	52.86%	41.47%	31.01%	22.09%
35%	52.98%	43.20%	34.04%	25.91%

数据模拟：力的期权工作室。

可以发现：当波动率水平处于 15%的时候（比如 2020 年 1 月份），一对“100 - 110”牛市价差的 Delta 等于（53.14%－14.55%），在 40%左右；当波动率水平处于 25%的时候（比如 2020 年 4 月份、2020 年 8 月份），一对“100 - 110”牛市价差的 Delta 等于（52.80%－27.08%），在 25%左右；而当波动率水平处于 35%的时候（比如 2020 年 3 月中旬、2020 年 7 月初），一对“100 - 110”牛市价差的 Delta 就变成了（52.98%－34.04%），只有 18%左右了。这说明，同样相差两档间距，随着期权的隐含波动率不断上升，“100 - 110”组合的 Delta 不断下降。

Delta 是什么？对于初学者而言，不妨先把 Delta 理解成方向维度的“主营收入”，Delta 的绝对值越大，意味着整个持仓的方向性敞口就越大。所以，上面的表格告诉我们这样一个道理：市场的波动率水平越高，要保留相同方向性收益，就需要把一买与一卖的行权价间距拉开；反过来，市场的波动率越低，要保留相同的方向性收益，就需要把一买与一卖的行权价间距缩小。

用上面的测算再举一个例子：假如一个投资者希望保留 30%左右的方向性敞口，那么当期权的隐含波动率处于 15%的时候，其可以拉开一档行权价，而当市场隐含波动率处于 30%的时候，其可以考虑拉开两档行权价。换言之，在 Delta 这个维度上，低波动率环境中的“100 - 110”类似于高波动率环境中的“100 - 120”。

事实上，做交易的时间越久，有时候就越能理解《笑傲江湖》中的“无招胜有招”，在实盘交易中，一百个人或许有一百种选择方式，尽管有的时候有不少方式能赚钱，但总会存在一种方式在当下是最为合理的方式。市场永远在变化，但不变的是对规律的认知。在“结构牛”的大环境下，一个小小的“牛市价差”，用得好和用不好，赚的钱也会慢慢拉开差距。在本书里，在每一次执笔时，我所希望的就是能把期权价格背后的规律逐步展现出来，希望能在贴近规律的前提下，找到最合理的那个操作，做出最合理的那个选择。

42. 牛市价差，永远是“买平卖虚”吗

在本书《同样的牛差，不同的隐波，不同的选择》一文里，我们提到了一个“上封顶、下有底”的组合——牛市价差，它是“慢牛”行情里的“无脑”利器，也是难得自带止盈止损的组合。但在过去和一些朋友的交流中，我有一个发现，就是在建仓牛市价差的时候，绝大部分交易者喜欢用“买平卖虚”的方式来建仓，或是“买平值＋卖虚 2 档认购”，或是“买平值认购＋卖虚 3 档认购”。从长期看，这样的一个“习惯”对不对呢？让我用数据说话，仔细对比一下。

现在我们来观察两对牛市价差组合，一个是“90－100”的牛市价差组合（买实 2 档认购＋卖平值认购），另一个是“100－110”的牛市价差组合（买平值认购＋卖虚 2 档认购），这两个组合都拉开了两档间距，两个组合的 Delta 敞口（方向性敞口）也基本上不相上下。那么对于这两个组合，你会选择哪一个呢？

回想一下我们建立牛市价差的一大初心，“买开一份＋卖开一份”，谁都希望净权利金成本能够尽量低，如果能买得便宜些，或卖得贵一些，这一定是我们乐意看到的。于是，你会发现，在不同的隐含波动率水平下，一对牛市价差的净权利金成本是各不相同的。

这里，与上文一样，我同样假设标的价格等于 4.0 元，然后从 15％的波动率水平开始，以 5％作为间距，一直模拟到 35％的波动率。现在来看看在不同隐含波动率水平下，实 2 档、平值和虚 2 档这三份认购期权（距离到期都是还剩一个月）的价格大致会等于多少（如表 42－1 所示）。

表 42－1　距离到期一个月，不同隐含波动率水平下实 2 档、平值、虚 2 档认购期权价格

波动率 \ 行权价（元）	3.8	4.0	4.2
15％	0.217 8	0.073 6	0.012 6
20％	0.230 3	0.096 4	0.027 8
25％	0.245 9	0.119 2	0.045 8

续 表

行权价(元) / 波动率	3.8	4.0	4.2
30%	0.263 6	0.142 0	0.065 5
35%	0.282 4	0.164 8	0.086 2

数据模拟：力的期权工作室。

从上表里，大家发现了什么？可以看到：

当波动率水平处于15%的时候（比如2020年1月份），一对“90－100”牛市价差的净权利金成本需要1 443元，而一对“100－110”牛市价差的成本却只要609元；当波动率水平处于25%的时候（比如2020年4月份），一对“90－100”牛市价差的净权利金成本下降到了1 267元，而一对“100－110”牛市价差的成本则提高到了734元；当波动率水平处于35%的时候（比如2020年7月初），一对“90－100”牛市价差的净权利金成本进一步下降到了1 175元，而一对“100－110”牛市价差的成本则进一步提高到了787元。

于是，我们找到了这么一个规律：期权市场的隐含波动率越高，“90－100”牛市价差的建仓成本会越来越低，可期盼的潜在收益就越大；反之，当期权市场的隐含波动率越低时，“100－110”牛市价差的建仓成本会越来越低，可期盼的潜在收益就越大。因此，当波动率处于历史的低位区，即15%～20%的区间时，我的第一反应是建立“买平卖虚”的牛市价差，甚至“买轻虚、卖更虚”；而当波动率处于历史高位区，也就是30%以上的水平时，我会更倾向于向下移仓到“90－100”这样的组合，因为这个时候，“100－110”这个组合已不再是一个“明智”的选择（如图42－1所示）。

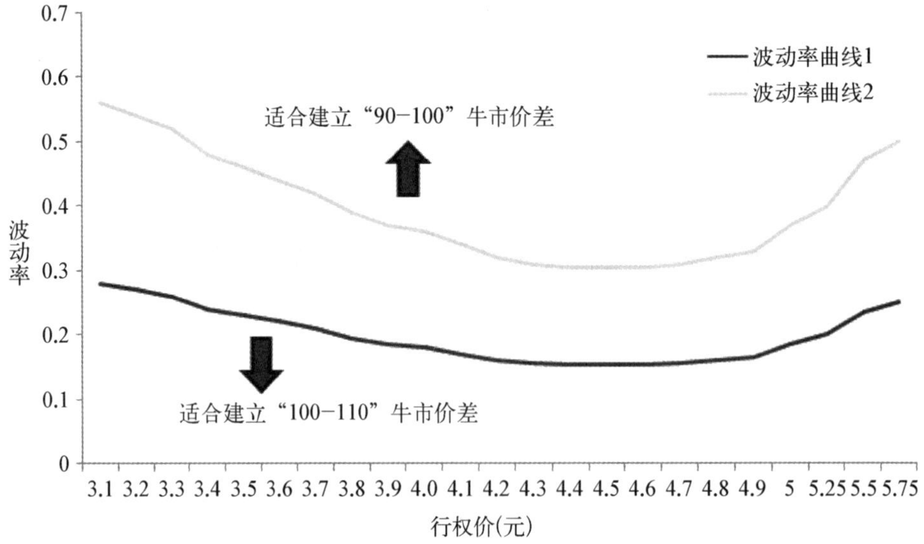

图42－1 牛市价差组合选择的示意图

其实，说到这里，有些经验丰富的朋友可能看出什么么了！事实上，从本质上来说，这些差异的背后都是一个指标在“作怪”，它就是 Vega（期权价格对升波、降波的敏感度）。当波动率处于历史低位的时候（实值、平值、虚值认购的隐波往往都很低），由于平值期权的 Vega 值是最大的，它的价格对波动率上升是最为敏感的，因此，此时在“100－110”组合中买入平值期权，未来更有可能获得一个升波的潜在收益；反过来，当波动率处于历史高位的时候（实值、平值、虚值认购的隐波都很高），可以抓住平值期权对降波最敏感的这一特性，此时在“90－100”组合中卖出平值期权，未来更有可能获得降波的潜在收益。

还记得在 2020 年沪深 300 上市一周年时，我做过这样一个回测：从 2019 年 12 月 23 日开始回溯，假设每个月以 30％的仓位持有牛市价差组合（实 1 档权利仓＋虚 2 档义务仓）到期，然后在下一交易日滚动买入新的实 1 档认购，卖出新的虚 2 档认购。这里，我用同样的逻辑测了一下 30％仓位的“100－110”组合，于是得到如图 42－2 所示的一根净值曲线。

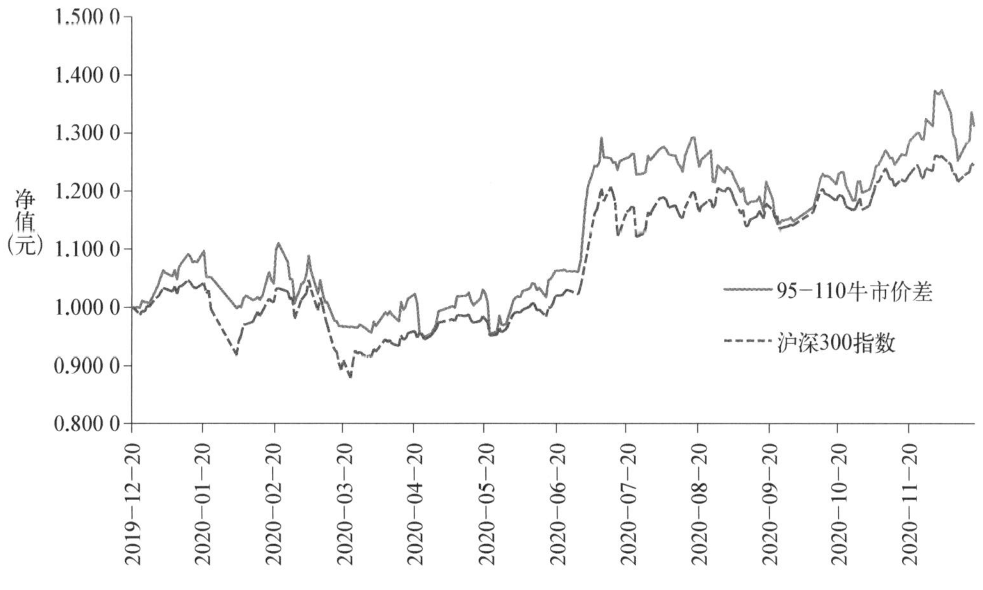

数据来源：Wind。由力的期权工作室整理而成。

图 42－2　2019 年 12 月 23 日至 2020 年 12 月 18 日期间牛市价差组合净值走势

2019 年 12 月 23 日到 2020 年 12 月 18 日期间，在结构性行情的背景下，30％仓位的 100－110 牛市价差组合取得了 19.21％的年度收益率，而由于期权的非线性，牛市价差组合也能把最大回撤从指数本身的 16.08％削弱到 9.79％，使得收益回撤比稳稳跑赢指数本身。

然而，在上述“无脑”操作的回测里，其实我们可以按照“波动率水平”的高低，做进一步的优化。假如我加上这样一个条件：在每月换仓的交易日，波动率低于历史中位数时，我就采用“100 - 110”的牛市价差；反之，在每月换仓的交易日，波动率高于历史中位数时，我就采用“90 - 100”的牛市价差。在这样一个小小的调整下，最后的结果是，同样的仓位、同样的换仓日，一年下来能够增强 5 个点以上，我想这就是“波动率”长期累积的力量吧。

43. 比率价差，一个不能持“本本主义”的期权组合

这个市场上有不少期权交易者，他们的实盘往往会经历一个重大的转变，就是一开始只喜欢做单腿买方或者单腿卖方，直至他们遇到一轮持续降波，或遇到一次“黑天鹅”的暴击后，终于，他们开始求助“有买有卖”。那么，哪些组合算是有买有卖呢？从“本本主义”的角度来说，牛市价差、熊市价差、比率认购、比率认沽都属于“有买有卖”的族类。今天，我们就来说说其中被误解最深的一个“族类”——比率价差。

何谓（正向）比率价差？它可以分为（正向）比率认购与（正向）比率认沽。以比率认购为例，当我们买入了 m 份认购，卖出了 n 份更虚值的认购，买的数量 m 小于卖的数量 n，这样的组合就构成了比率认购组合。举个特殊的例子，我们可以以 1∶2 为例，假设买入 1 手平值认购，卖出 2 手同月虚值认购，于是在传统软件中，它在到期时的损益图往往如图 43－1 所示。

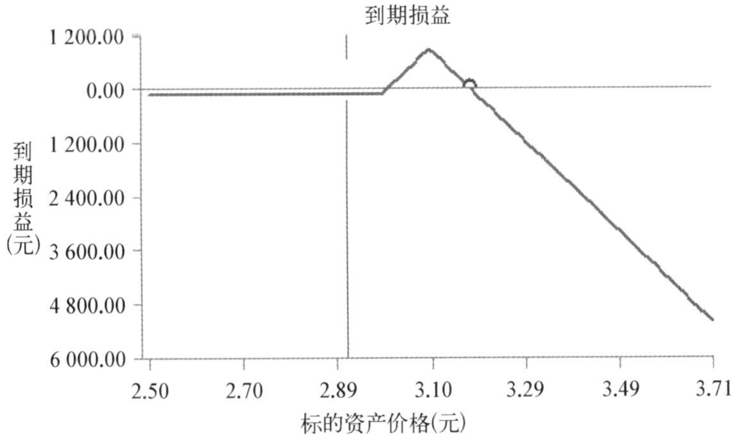

数据来源：Wind。

图 43－1　比率认购 1∶2 组合到期日盈亏曲线

这张图让你产生什么感觉？我想，上面这张图曾经让无数初学者觉得，比率认购组合的“初心”是为了赚取上图中那个“尖尖的三角”的最大收益，只要标的能够恰好涨到那个“尖尖的三角”位置，正向比率认购 1∶2 的收益就会达到最大！可是，在实盘里，这个“尖尖的三角”实在是太可遇而不可求了。第一，标的恰好到达这个“尖尖的三

角”本来就是很小的概率；第二，除了临近到期的时候，或是波动率极低的情况以外，在其他时候，标的价格往往还没有涨到那个“尖尖的三角”的位置，就会“出师未捷身先死”，整个组合的收益已经转为浮亏。

这是为什么呢？这是因为，只要不是临近到期，（正向）比率认购 1∶2 的损益图就并不是像图 43－1 那样“有棱有角”的，而是类似于下图里深色的曲线那样（见图 43－2）。

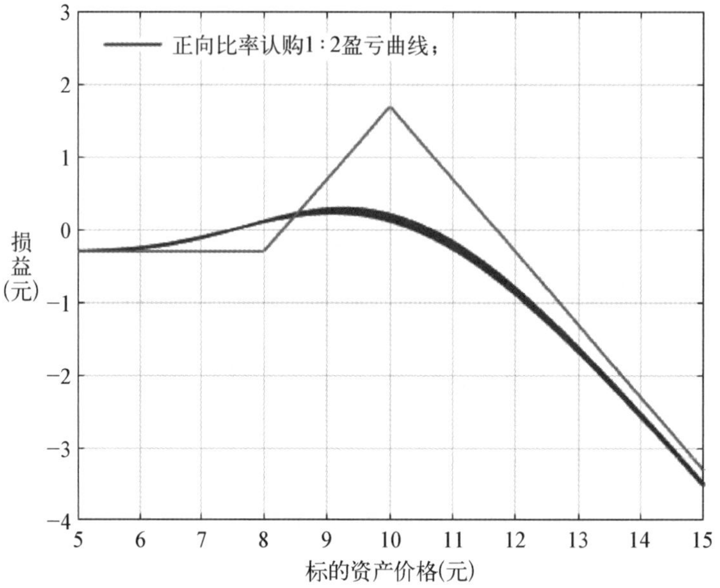

数据模拟：力的期权工作室。

图 43－2 比率认购 1∶2 组合到期前盈亏曲线

Delta	最新	代码	购<行权价>沽↑
0.9998	0.8319	10002300	2.550
0.9995	0.7785	10002301	2.600
0.9989	0.7329	10002302	2.650
0.9976	0.6728	10002303	2.700
0.9953	0.6375	10002269	2.750
0.9912	0.5803	10002231	2.800
0.9844	0.5276	10002232	2.850
0.9737	0.4775	10002233	2.900
0.9579	0.4299	10002234	2.950
0.9355	0.3845	10002235	3.000
0.8666	0.2908	10002236	3.100
0.7631	0.2065	10002237	3.200
0.6309	0.1367	10002238	3.300
0.4854	0.0847	10002239	3.400
0.3458	0.0500	10002641	3.500
0.2277	0.0288	10002657	3.600
0.1386	0.0166	10002681	3.700
0.0781	0.0099	10002682	3.800
0.0409	0.0064	10002683	3.900

数据来源：汇点期权交易软件。

图 43－3 某日上证 50ETF 9 月认购期权行情

比如，我在某个交易日盘中构建了“C3700－C3800”这对正向比率认购 1∶2 的组合，那么刚建仓的那个时刻，整个组合的 Delta＝(0.138 6×1－0.078 1×2)×10 000＝－176（见图 43－3），几乎是中性的，然而一旦标的出现了 1%～2%的涨幅，还没等标的涨到 3.800 元，整个组合的 Delta 就变成了负值，这个时候，为了盈利，我们希望标的能够是横盘的，而不再快速上涨下去。

因此，我们可以得出这样的结论：对于（正向）比率认购 1∶2，标的价格在还没有上涨到那个“尖尖的三角”的位置时，整个组合就已经开始转为浮亏，并且距离到期的时间越久，整个组合防范暴涨风险的能力就会越弱；反过来，对于（正向)比率认沽 1∶2，标的价格在还没有下跌到那个“尖尖的三角”的位置时，整个组合的收益就已经开始转为浮亏，并且距离到期的时间越久，整个组合防范暴跌风险的能力就会越弱。

说到这里，你可能明白了比率价差组合真正的“建仓初心”了！其实在实盘里，我建立这个组合并不是指望能赚到那个“尖尖的三角”的意外收益，更是不会冒着高 Gamma 风险去持有到期，而是把它作为裸卖认购(或认沽)期权的一种替代操作，希望能在一定数量买方头寸的保护下，赚取后市波动率快速下降的钱。因此，构建“比率认购”的最好时机，是在上方出现压力信号，同时隐波处于相对高位时；反过来，构建“比率认沽”的最好时机，是在下方出现支撑信号，同时隐波处于相对高位时。

至于比率价差组合中买与卖的数量配比，我们更是不能持“本本主义”地认为一定是 1∶2，而是可以参考 Delta 中性的建仓原则。下面，我们就举一个使用比率认沽做空波动率的实例，它就发生在 2020 年 3 月断崖式下跌的后期。

2020 年 3 月 19 日的收盘前，50ETF 标的价格位于 2.564 元附近，对应的 50 指数拉出缩量长下影，当时 P2450@4 隐波与 P2500@4 隐波的比值显著地处于历史的极端区域，如果我们在这一天收盘前卖出 40 张 P2450@4 并买入 30 张 P2500@4，那么整个波动率套利的过程如下表(表 43－1)所示。

表 43－1　案例中期权合约与标的相关交易数据

日　期	P2500@4	P2450@4	P2500@4 Delta	P2450@4 Delta
2020 年 3 月 19 日	0.088 0	0.069 5	−0.352 8	−0.264 2
2020 年 3 月 20 日	0.057 3	0.042 0	0.253 4	−0.180 0
2020 年 3 月 23 日	0.087 1	0.069 0	−0.371 2	−0.277 9
2020 年 3 月 24 日	0.051 3	0.039 1	−0.245 0	−0.171 5
2020 年 3 月 25 日	0.038 1	0.028 9	−0.163 8	−0.108 0
2020 年 3 月 26 日	0.038 3	0.028 8		

数据来源：Wind。由力的期权工作室整理而成。

2020 年 3 月 19 日收盘前，通过卖出 40 张 P2450@4 并买入 30 张 P2500@4(合约单位：10 000)，构建了 10 对比率认沽 3∶4 组合，正好可以把持仓的 Delta 控制在 0 附近。为此，在不计算交易成本的情况下，我们在开仓时的净收入相当于 1 400 元(−880×30＋695×40)。

过了一周后，在 2020 年 3 月 26 日收盘前，每张 P2500@4 的单价下降到了 0.038 3

元，每张 P2450@4 的单价也同步下降到了 0.028 8 元，此时，若是我们将这对比率认沽组合进行平仓，那么最终的收入就等于 1 370 元（－880×30＋695×40＋383×30－288×40）。在这笔操作的过程中，由于标的价格没有发生太大的变化，因此我们可以认为这部分收入基本上就是隐波下降带来的收入。

此外，我们还可以进行这样的总结，（正向）比率认购组合在震荡的环境里表现比较稳定，只是在标的上涨过快的行情下会显得过犹不及，发生大幅回撤，这就意味着在真正的实盘里，我们不能“无脑”地始终持有比率认购，而是需要设定一个条件，一旦进入“夏天”，我们就需要把多余数量的卖购平掉，或是反向移仓到卖出认沽，用这样的方式及时地避开暴涨带来的“黑天鹅”风险。

44. 双买期权，你会一起离场，还是分腿离场

在期权的策略库里，有一种重要的组合，叫作双买组合。所谓双买组合，就是一种既买一些认购又买一些认沽的期权组合，希望标的大幅波动或是波动率能够快速上升来获得盈利。那么，在构建完双买组合以后，我到底应该一起平仓，还是断腿平仓（先平掉一腿，再视情况平掉另一腿）呢？

这个问题非常实际！在实盘里，我往往不需要得出一个“孰优孰劣”“非黑即白”的结论，而是应该去寻找一种介于两者之间的操作模式，在市场的大幅摇摆中一步一步地平完所有的双买头寸，这种一步一步的调仓方式被冠以一个听上去高大上的名词，叫作“Gamma Scalping”（俗称“刮头皮”策略）。

大家不用害怕这个名词。从字面解释，Scalping 的英文意思是“倒买倒卖”，Gamma Scalping 就是在波动这个维度上做投机性的操作。类似地，过去我们从事的期货多空方向博弈其实就可以称为一种 Delta Scalping。那什么叫作赚 Gamma 的钱？就是希望标的价格能相对于当前的位置偏离得尽量大一些，用中学数学的概念来说，就是希望标的在未来的“位移”能尽量大一些，而用更通俗的语言来说，就是跳空是它的朋友，盘整是它的敌人。

那在期权交易里，什么样的策略是做多“位移”？希望标的价格暴涨还是暴跌呢？那就是双买期权，即同时买入认购与认沽期权，这就是 Gamma Scalping 策略的基本底仓。

说到这里，你就可以得出 Gamma Scalping 策略的两个要点：第一，它的初始仓位就是认购权利仓＋认沽权利仓（注意两者的数量未必一样）；第二，它的初始持仓 Delta 要尽量中性，盈亏暂时免疫于方向这个维度，主要赚取的是 Gamma 的钱（Gamma 这个希腊字母的特征，可以参考图 44－1）。

在 Gamma Scalping 策略的实施操作中，有一个模板化的三“步”曲：

第一步：该策略起源于双买组合，但绝不同于机械的双买组合。什么是机械的双买组合？比如同时买入相等数量 C3000 和 P2950，然后设定一个止盈止损点，达到止盈止损点后立刻两边同时平仓，其初始建仓时也未必遵循严格的 Delta 中性。但 Gamma Scalping 策略的操作可就进化了一步，它从开仓到平仓的过程，Delta 中性是第一准则，或者说免疫于方向是 Gamma Scalping 策略的第一要务。为了这一点，当

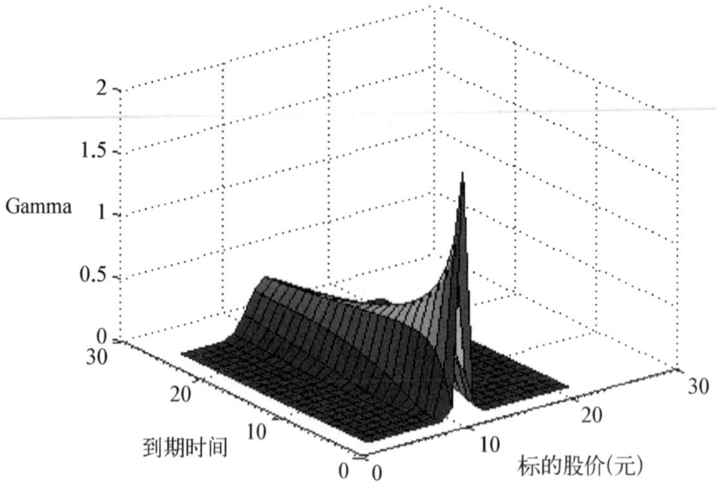

图 44-1 期权 Gamma 三维曲面图

开仓时 100 张 C3000 与 100 张 P2950 无法做到 Delta 中性时，我们就可以只买 90 张 C3000，并买入 100 张 P2950，以此确保 Delta 中性。

第二步：后续操作是把 Gamma Scalping 策略的灵活性淋漓尽致地体现出来，我们把这个过程称为“调仓”。一类调仓是选定一个固定时间，比如我们可以以每天收盘作为调仓时点，如果标的暴涨了，那么势必买认购的盈利更大，持仓 Delta 已经偏正，于是我平仓一些盈利的 C3000，目的是把收盘时持仓 Delta 再次调整为 0；还有另一种调仓是按照空间来调仓，比如当标的价格上涨 2%或下跌 2%时，我们要把双买的 Delta 调整成 0，同样，要完成这一点，我们可以平掉一些盈利头寸(这样相当于减仓兑现)。

第三步：为整个双买持仓设置一个终极的止盈止损点，即当整个持仓盈利/亏损达到自己设定的 a%(比如 10%～20%)时全部平仓，然后找下一次极致低波的好机会。

那么在实操的过程中，我们会碰到哪些风险点呢？对于一个期权合约，最基本的风险指标是四个——Delta、Gamma、Vega 和 Theta(详见本书《趣谈爱琴海边的希腊字母》一文)。Gamma Scalping 策略的本质是要确保 Delta 中性，去赚 Gamma 的钱，它的持仓结构是“买入 M 份认购＋买入 N 份认沽”，既然是这样的持仓结构，那么它害怕的事情就是时间的流逝(Theta)和隐含波动率的下降(Vega)。

先来看第一个风险——Theta 风险，它专门指时间每一天流逝对盈亏的影响，要避开这个风险，最好的方法就是对临近到期的期权避而远之，双买时别选择太临近到期的期权，这样 Theta 就不会侵蚀你的收益。

然后是第二个风险——Vega 风险，对于 Gamma Scalping 策略而言，它主要就是指怎样对冲隐含波动率下降的风险。一方面，从事前防守的角度，要不受降波的风险，我们肯定不能买在隐波太高的位置，根据过去市场波动率的分布，在隐波低位的时候使用 Gamma Scalping 策略，大大提高胜率和降波的干扰。另一方面，从事后防守的角度，我们一旦某日察觉降波的征兆时，也可以立刻卖开一些远月的认购与认沽，在确保 Delta 还在 0 附近的前提下，再把整个持仓的 Vega 降一降。

随着越来越多的交易者接触期权，大家越发明白了期权工具的多维性。相比期货，期权交易核心中的核心是可以赚取方向这个维度以外的钱，不过这个钱的赚法有着精细与粗糙之分。实际上，希腊字母就是从相对粗糙的期权交易走向精细交易的一个阶梯。如果教得好，讲得清楚，对于散户而言，这些指标并不是“空中楼阁”，也是可以理解的，先为自己设定一个小目标，一步一个脚印，一步一个阶梯，从知道是什么，到了解怎么用，从了解 Delta 和 Gamma 开始，到慢慢学会防范 Vega 和 Theta 风险，当这些操作过程融入“血液”时，你的操作就会变得更加精细，你的资产命运也就慢慢掌控到了你自己的手中。

45. 黄金期权在实盘中的“三宜与一忌”

2019 年 12 月 20 日，黄金期权在上海期货交易所正式挂牌上市。黄金是一类非常独特的，兼具商品属性与金融属性的品种。对于大部分投资者而言，目前市面上可以交易的黄金类工具，主要是银行端的纸黄金、基金端的黄金 ETF，以及期货端的黄金期货。而黄金期权的推出让玩“黄金”的朋友们增添了更多有效、实用的新玩法！

从实盘运用的角度去看，黄金期权对产业客户、个人客户、机构客户有着以下的“三宜与一忌”：

(1) 产业客户的灵活套保

在实盘交易中，最需要利用黄金期权套保功能的就属产业客户了。目前，我国黄金企业已经具备进入全球前 15 名的能力。2018 年，山东黄金以 47.7 吨矿产金产量在全球黄金矿山企业中位居第 12 位，中国黄金以 40.4 吨矿产金产量位居第 14 位，紫金矿业则以 37.0 吨矿产金产量排名第 17 位。在这些大型黄金企业开采挖掘的同时，好的套保模式已经变得十分亟须。

相比期货套保，期权套保灵活太多！期货套保的核心是以失去大量上端收益的代价来尽可能防范下行风险，而期权套保的核心则是防范大幅下行风险的同时保留部分上行收益。在实盘操作中，黄金企业可以以黄金期权的“买沽＋卖购”领口套保作为更多精细的替代。

期权套保精细在哪？精细在黄金企业可以在领口套保中，根据自身对资产趋势的大致判断，调整买认沽与卖认购两个期权的行权价格间距，金价牛市里放大行权价格间距，金价熊市里缩小行权价格间距，以此实现套保比率的调整。

期权套保灵活在哪？灵活在期权套保自带调整机制，买入一份虚值 1 档甚至虚值程度更深的认沽期权通常能防范灾难性的下行风险：当黄金资产发生下跌时，所买入的认沽期权会变得越来越实值，Delta 绝对值会变大，套保能力随之变强；反之，当黄金资产发生大涨时，所买入的认沽期权会变得越来越虚值，套保能力随之变弱——这正是许多产业客户需要的。

(2) 大类资产配置的替代品

大家可能听说过大类资产配置的概念。所谓大类资产，无非是指股票、债券、黄金、现金、房地产等资产。大类资产配置就好比我有 100 万元，20 万元买股票，10 万元买黄金，30 万元买债券，40 万元投资货币基金……于是，在不同的经济和通胀环境下，每个人对各类资产的趋势判断不同，认知不同，就会做出不同的决定，形成不同的配比。

那么，过去我们是怎样进行大类资产配置的呢？最不费脑筋的方法就是都买 ETF，配一点 50ETF，配一点国债 ETF，再配一点黄金 ETF。但这样操作的最大弊端就是资金使用效率较低，部分 ETF 也无法实现 T+0 当日回转交易。于是，在各类资产有了对应的期权后，可以怎么操作呢？就把期权当作一个现货的替代工具。比如我要买 20%仓位的黄金作为配置，那我直接去寻找流动性较好月份的黄金期权，用 20%的仓位作为期权面值，然后所需要花费的权利金就等于“期权面值/该期权的杠杆率”。对于一个实值期权，可能杠杆在 10 倍左右，于是我真正投入的本金只有 2%的仓位，剩余的 18%的仓位可以投资债券或者货币，这就是所谓的“替代”。

在实盘操作中，要完全等效于黄金资产的涨跌，最合理的替代应该是买入 Delta 绝对值为 100%的深度实值认购期权，它的时间价值占比最小，受到降波的影响也最小，但由于深度实值期权的流动性未必很好，因此我们可以综合考虑从流动性和时间价值两个维度选择合约，找出成交量相对较高，且时间价值占权利金比重相对较小的合约，然后控制好仓位买入。运用期权买方“三大”特性——以小博大、不会爆仓、T+0 可回转，大大提升了资产配置中的交易效率和资金使用效率。

(3) 重大事件前夕的波动率交易

我们都知道黄金资产是一类重要的避险工具，国际上千千万万的交易员在参与黄金交易，可以说它对事件的敏感性是各类资产里最高的。经贸谈判缓和会导致黄金突然地跳水，美联储意外“放鸽”可能导致黄金突然地拉升。它的走势与美元指数高度负相关，受到国际政治局势等重要事件的影响。

除了趋势交易，黄金也可以用来做波动率交易，而要实现波动率交易，只有靠期权来实现！英国脱欧公投，美国总统大选决出，G20 峰会中美首脑碰面，很多次的美联储议息会议，还有一些关税原定增加日等事件发生前，我们很难猜出英国是脱欧还是不脱欧，美联储是“鹰派”还是“鸽派”，“特不靠谱”是加税还是不加税，我们只能判断黄金的价格大概率不是大涨就是大跌，幅度可能会有 2%以上。这时，也就是在重大事件发生的前几日，我们需要立刻想到期权组合中的“双买策略”，即利用黄金期权做波动率交易的最简模式。

举个实际的例子，还记得早在 2016 年 11 月 8 日美国总统大选当日的资产表现吗？

我们来看看那时发生了什么。当时，希拉里“邮件门”后，美国市场似乎已经逐渐将特朗普的绝地大反击“消化”(Price in)，就在FBI介入希拉里事件的附近几日，素有美国市场恐慌指数之称的CBOE VIX指数已经从13.02扶摇直上到22.51，十天内涨幅72.88%，民调的数据也让本来落后的特朗普后起直追，大选前夕，两人的民意支持率几乎是对半开。当时市场主流的判断是如果希拉里当选，那么希拉里的政策与奥巴马政府同属一党，政策延续性相对较好，市场的预期会稍许平稳；而如果特朗普当选，他的激进言论就会给美国经济、贸易甚至世界经济带来诸多的不确定性，市场的避险情绪因他而升，政治风险外溢效应更显著。

基于这是一个难得的重大不确定事件，当时我选择了我认为最合适的期权策略，那就是双买购沽，只是当时国内还没有黄金期权，只能用50期权替代操作。当时的平值认购是C2350@11，入场价格211元，当时的平值认沽是P2350@11，入场价格375元。最后在中午11:30附近，美国总统大选的整个事件接近“靴子落地”，平仓认购和认沽期权的出场价格分别为138元和596元，半天内每手的绝对盈利就是148元。

(4) 需要回避“频繁无保护裸卖期权”的操作

平时实盘操作中需要特别注意的是，与股票指数不尽相同，黄金是对各种事件的敏感性最高的资产之一，再加上有夜盘的存在，因此裸卖黄金看涨或者看跌期权是非常不可取的。我们知道，卖方最大的敌人就是跳空，突如其来的快速拉升或是跳水都会加大裸卖头寸的浮亏速度。如果交易者真的在一段时间内想通过做空波动率赚些收益，就必须遵守一套非常严格的移仓体系，或者使用“有买有卖”的方法代替裸卖期权，比如买1份加卖2份或是买2份加卖3份这样组合。毕竟，有了一些买方的头寸，就为隔夜跳空的风险留出了一定的缓冲区域。

46. 双卖期权最致命的四大误区

在期权交易策略中，有一类策略看似貌不惊人，却特别容易让人“上瘾”，它并不是单腿买购，而是双卖策略。顾名思义，双卖策略是指两侧卖出期权，既卖出认购期权，又卖出认沽期权，相当于卖出了两份保险，倘若到期前并未发生“小概率”事件，往往就意味着获得了双份“保险费”的收入。

在过去与投资者的交流中，我发现有很大比例的人曾经得益于双卖策略，但这里面大部分人曾陷入过“赢小赔大”的怪圈。**为什么那么多人曾用双卖的方式赚过钱，但最终又毁于一旦呢？其实有一个很大的原因是对双卖这种模式的认知偏差**。在交易里，所谓认知决定行为，进而决定盈亏，正是因为许多投资者对双卖存在这样那样的认知偏差，才会导致没有赚钱，反而赔了大钱。

那么，对于双卖期权，它最“致命”的四大认知误区究竟在哪里？

第一个误区：认为双卖互相之间能够抵消。

对于双卖组合，有一些投资者仅仅只从方向的角度去理解，认为卖沽是看涨的，卖购是看跌的，这样，两腿之间就实现了方向维度的“完美”对冲，然而，这个观念是有严重问题的。举个最极端的例子，当市场暴涨5%以上(如2020年7月6日)，相对于前一天(2020年7月3日)，卖出C3400@8的单张亏损达到了2 036元，非常巨大，而此时卖出P3000@8的单张浮盈却只有95元，两者加总起来出现了巨大的浮亏！

如果用希腊字母的语言来刻画，就能把双卖的本质揭示得更清楚：在一对双卖组合中，尽管卖购与卖沽在Delta的符号上是相反的，但与期货不同，它们的Delta不是一成不变的，当标的大幅高开高走时，由于Gamma的存在，卖购的Delta会越来越接近－100%，卖沽的Delta则会越来越接近0，两者合成的Delta就接近－100%，亏起来的速度就类似于一份期货空头了。

通常而言，双卖组合的两腿之间若能盈亏相抵，互相起到对冲作用，则要满足两个苛刻的条件：一是标的价格的波动必须位于一个小幅的范围内，二是隐含波动率没有出现明显的上升。如果今天标的大涨(或大跌)了2%以上，那么双卖组合中卖购(卖沽)亏的就可能会比卖沽(卖购)赢的多，导致最终组合还是浮亏；如果标的价格在

1%的范围内小幅盘整，但今天期权市场整体升波了几个点，那么双卖组合的两腿也会照样出现两头浮亏的情况。对于这两种情况，双卖组合的两腿之间是无法实现盈亏相抵的。

第二个误区：任何情况都可以双卖。

有不少刚入市的投资者在了解了所谓的“躺赚策略”后，就开启了一个月又一个月的“无脑”双卖模式，觉得只要某一腿或两腿卖得足够虚，就能躲过当月的大涨或大跌。可事实是这样吗？

- 2015 年某一天，从千股涨停到千股跌停，再到千股涨停，仅仅花了一天。
- 2016 年开市的第一天，A 股直接被打到“熔断”，沪深 300 大跌超过 7%。
- 2017 年 5 月下旬，上证 50 的波动率在触及历史最低值 8 附近后突然暴力飙升。
- 2018 年 2 月 7 日到 2 月 9 日，出现三根大阴线，累计跌幅超过 10%。
- 2019 年 2 月 25 日，50ETF 单日大涨 7%以上，C2800@2 单日上涨 192 倍。
- 2020 年 2 月 3 日，A 股创下史上最大低开，所有指数开盘大跌 8%。
- 2020 年 7 月 6 日，50ETF“后浪推前浪”，单日大涨 8.80%，相对 50 指数溢价 2%。

Nothing is impossible!（一切皆有可能！）这就是市场的尾部风险。因此，双卖前我们一定要仔细看一看盘面，动一动头脑，从标的价格和波动率两个维度为自己设置双卖的重要警示线或者禁止线。

(1) 从标的价格的维度，传统的布林线就是一套不错的控制双卖仓位的系统。传统的布林线是用 14～21 天均线作为中轨，在中轨的基础上加减 2 倍标准差，得到上轨和下轨。根据正态分布的知识，我们可以知道传统布林线的上下轨之间的概率为 95%，也就是说，标的一旦“出轨”，就相当于发生了 5%的小概率事件，所以传统的布林线可以作为双卖操作的禁止线，类似足球场上的红牌，即突破上轨后禁止自己卖购，突破下轨后禁止自己卖沽。

当然，除了禁止线以外，我们还可以为自己设置两条重要的警示线，那就是改造后的布林线：设计上依然可以取 14～21 天的均线作为中轨，在中轨的基础上加减 1 倍标准差，以此作为改造后的上轨和下轨。一旦突破新的上轨或下轨，就开始考虑减仓某一边的卖方头寸。

(2) 从波动率的维度，我们也可以根据波动率指数的历史数据分布，把 15 以下的区域设置为双卖的禁止区域，也就是当波动率指数下跌到 15 以下的区域时，我们就没有必要为了赚一些微薄的利润而整天担心了。

第三个误区：不断补仓浮亏的卖方头寸。

当我们建立完双卖头寸后，可能会巧遇一根长阳线或是长阴线，于是，卖购或者卖沽头寸就会出现一定程度的浮亏。**这个时候，我们需要急着补仓浮亏的那一腿，去抬高平均的成交价格吗？我的经验是不盲目，需要根据当下行情和自己的仓位做出决定。**

以一根长阳线为例，如果当前标的价格已经处于多头排列，或者已经维持了几天价量齐升的现象，则上方的卖购只有减仓的份，没有再补仓的充分理由；反之，如果是上方还存在明显的压力线（比如某根长期均线、MA120、MA250），或者上方还存在前期密集成交区，那么在仓位不是很重的情况下，可以考虑移仓等处理方式，以期待后市达到压力位后出现滞涨而降波。

一般而言，每一次双卖的初始仓位我都不会超过30%。如果30%的仓位在当月合约上已经卖不出什么"好价钱"，那就移仓到次月甚至季月。这样的仓位设置就是为了给自己留出容错的空间：一旦某个方向上出现什么意外，我就能有充足的仓位进行同向或双向移仓，之后若是进一步越过了压力线，我则会立即转为减仓卖购，进入反向移仓的流程，以此方式处理处于浮亏的卖方头寸。

第四个误区：认为双卖不防守总能扛过去。

过去在和一些投资者交流时，他们会说起自己曾经扛过双卖的几次经历，似乎一次次成功"扛过"也让他们养成了一个"坏习惯"，觉得双卖不防守也能扛过去。那么，事实是不是这样呢？我们用期权B－S定价公式来为大家做一个压力测试，一测便知。

一般而言，30%仓位的双卖并不算是重仓，但从下面的表格（表46－1）中，我们可以发现，即便在30%的双卖仓位下，当市场发生类似2020年7月这种极端性的行情时，双卖完全会在几个交易日后出现爆仓。

表46－1　2020年6月19日—7月6日期间卖出C3200@7的保证金变化

日　期	单张期权的保证金（元）
2020年6月19日	2 378.6
2020年6月22日	2 379.2
2020年6月23日	2 383.0
2020年6月24日	2 407.4
2020年6月29日	2 367.6
2020年6月30日	2 384.8
2020年7月1日	2 864.5
2020年7月2日	3 945.5

续　表

日　　期	单张期权的保证金(元)
2020年7月3日	5 248.5
2020年7月6日	8 466.5 爆仓！

数据来源：Wind。

有一定实盘经验的朋友会发现，在市场出现持续性暴涨或断崖式下跌时，波动率从来不会闲着，几乎100%会发挥“神助攻”的作用。在Gamma和Vega双重维度的影响下，双卖组合就会因为某一腿期权的实时价格上升得太快，导致保证金占用一下子上升，从而拉高整个账户的风险度。这个时候，正确的做法是回到第二条里说的做法，在突破上轨或下轨的时候把双卖改为单卖(进行双向或反向移仓)，或者把已经亏损的义务仓移到远月虚值程度更深的期权，同时买入近月虚值期权，赶紧进行Delta中性对冲。

其实从某种意义上说，曾经成功扛过双卖的经历是一种特别容易产生误导的记忆。为了让自己的持仓“长治久安”，**有一句话特别值得我们每天去温习，那就是“止损永远是对的，哪怕这一次错了也是对的；死扛永远是错的，哪怕这一次对了也是错的”**。

47. 28天的“天道”，期权卖方的一大风控点

西方有黄道12宫，而中国却有28个星宿，从某种意义上说，28这个数是一种“天道”的体现。苏东坡曾在水调歌头中吟道：“人有悲欢离合，月有阴晴圆缺。”月复一月，月亮的圆缺循环往复准确地说是29.53天（靠近28天）。再从交易的角度来看，28个自然日，大约对应20～21个交易日，而21又是一个斐波那契数，它在波浪理论中被赋予了十分重要的意义。

在技术分析里，理查德·唐奇安（Richard Donchian）曾经发明了一个叫作“四周原则”的交易体系。它可以这样来表述：

- 如果某天收盘价涨过此前四个日历周的最高价，则平掉空头头寸，建立多头头寸；
- 如果某天收盘价跌破此前四个日历周的最低价，则平掉多头头寸，建立空头头寸。

这套体系从本质上看是一种趋势追踪的系统，也就是俗称的右侧交易系统。不过在期权交易里，由于波动率和时间两个变量的影响，有时会让一两天之间的交易结果千差万别，因此我们有必要把传统的“四周原则”进行一个小小的调整，把“四周”等价地转化为“28个自然日”，进而等价地转化为“20个交易日”。这样，我们将重新按照“日”这个级别来表述整套交易原则：

- 如果某日收盘价涨过此前20个交易日的最高价，则平掉空头头寸，建立多头头寸；
- 如果某日收盘价跌破此前20个交易日的最低价，则平掉多头头寸，建立空头头寸。

曾经我看到过一种说法：“一个适合现货或期货的交易系统，把多头换成买购就可以，把空头换成买沽就可以。”实际上这个说法是脱离实战的，因为买期权铁定与时间为敌，在绝大部分时间里又与“降波”为敌，一个适合线性工具的体系直接复制到买期权上，往往效果会变差，中途的连续回撤也会变得更大，所以更合适的说法是：牺牲一定的赔率，提高一定的胜率，把“多头”改为“卖沽（或正向比率认沽）”，把“空头”改为“卖购（或正向比率认购）”，这样长期回溯下来的体系才更容易让资产曲线往东北方向“前进”。

于是，我们可以把周化为日，运用“28天原则”做出这样的风控设计：

- 如果某日收盘价涨过此前20个交易日的最高价，则逐步减仓卖购，进行双向甚至反向移仓；

- 如果某日收盘价跌破此前 20 个交易日的最低价，则逐步减仓卖沽，进行双向甚至反向移仓。

这里，我把过去两年里比较重要的交易日列举出来（如表 47－1 所示），在这些交易日，“28 天原则”（20 个交易日）都曾经发出过多空转换的信号，我们可以结合标的指数在过去的 K 线图，对照看一看此后的卖沽或卖购有没有逃脱过一轮暴涨或暴跌。

表 47－1　2019—2020 年，“28 天原则”的信号切换日（上证 50）

日　期	信　号
2019 年 1 月 18 日	1
2019 年 5 月 6 日	－1
2019 年 6 月 11 日	1
2019 年 8 月 2 日	－1
2019 年 9 月 5 日	1
2019 年 11 月 22 日	－1
2019 年 12 月 13 日	1
2020 年 1 月 23 日	－1
2020 年 3 月 5 日	1
2020 年 3 月 13 日	－1
2020 年 4 月 17 日	1

数据来源：Wind。由力的期权工作室整理而成。

如果你曾经完整地经历了这两年（2019—2020 年）的市场，你一定会对其中的三个时点印象极为深刻！

先是 2019 年 2 月。2019 年 1 月 18 日，上证 50 指数的收盘价已经涨超此前 20 个交易日的最高价。如果运用“28 天原则”，我们就需要在这一天对卖购开始逐步减仓，至少要对那些近月高 Gamma 认购义务仓进行减仓，从希腊字母的思维来说，我们要把 Delta 从负调到 0 或正，同时降低负 Gamma 的暴露，而这些可以通过双向移仓（此处指平卖购，同时卖开下方认沽和上方 Gamma 值更小的认购）、反向移仓（此处指平卖购、卖开沽）、买入虚值认购等操作来实现。

此后发生了什么呢？经历过的人都知道！2019 年 2 月 25 日，当日上证 50 指数大涨 7%以后，全部券商股涨停，C2800@2 合约当日大涨 192 倍！这一次突如其来的暴涨，让许多卖出认购的交易者当日穿了仓。而“28 天原则”的运用则帮助我们事先逃避了这一悲剧！

再是 2020 年 2 月 3 日的“千股跌停”！ 2020 年 1 月 23 日，这是猪年的最后一个交易日，却是一个绝对不能大意的交易日。当日上证 50 指数大跌 2.83%，沪深 300 指数大跌 3.10%，如果运用这个“28 天原则”，我们就需要在这一天对下方卖沽开始逐步减仓了，用希腊字母的语言来说，我们要把 Delta 从正调到 0 或负，同时降低负 Gamma 的暴露，同样，我们可以通过双向移仓（此处指平卖沽，同时卖开上方认购和下方 Gamma 值更小的认沽）、反向移仓（此处指平卖沽、卖开购）、买入虚值认沽等操作来实现。

此后的一天，受到春节期间“新冠”疫情恐慌的影响，各大指数开盘重挫 8%以上，这一次只要卖沽数量大于买沽，都很难有好果子吃，然而同样是“28 天原则”的运用，让我们在猪年的最后一天逃脱了这一次的“灾难”。

最后来看看 2020 年的 3 月中旬！ 2020 年 3 月中旬那两周可谓是“小楼昨夜又东风，××不堪回首月明中”！美股两周内四次熔断，我们见证了一次又一次的“活久见”。同样，如果运用“28 天原则”（见图 47－1 中的信号），我们就应该在 2020 年 3 月 13 日开始预警，3 月 13 日当天上证收盘价低于此前 20 个交易日的最低价，于是在操作上，应该逐步减仓卖沽，用双向移仓，甚至全部反向移仓来风控。如果确实按此原则执行，那么此后一周 9%以上的跌幅，我们就能全身而退。要知道在那个 3 月，海外的一只老牌做空波动率基金曾一度回撤 46%。在那个环境下，谁的风控动作越及时，对资产回撤的影响就越小，而谁的风控越是游离在原则之外，后果则越是不堪设想！

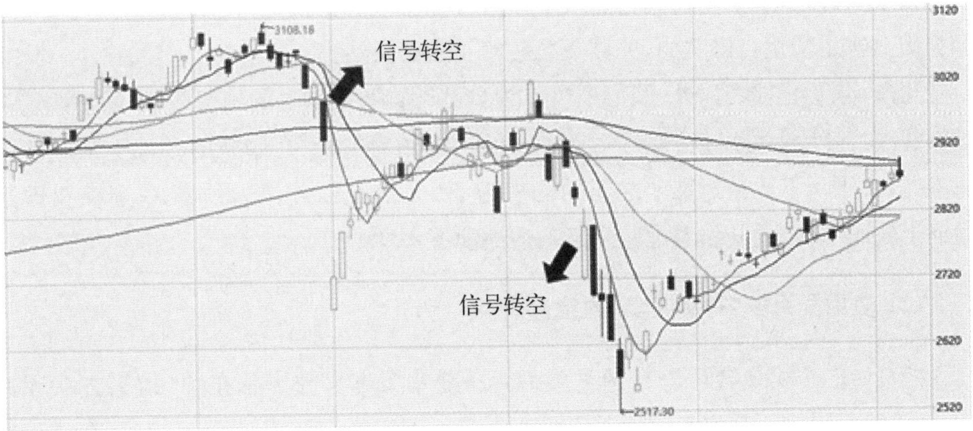

数据来源：Wind。

图 47－1　2020 年两次重要的风控信号示意图

月复一月的阴晴圆缺，日复一日的交易风控。做投资看似平凡，看似只是原则的反复运用，但做投资实际又很不平凡，它需要的是把原则融入交易者的“血液”，坚持践行。一个原则不厌其烦地运用几百遍，这反而是投资最值得尊敬之处。

48. 若想做空波动率，则应系上“安全带”

说起做空波动率这件事，它很有意思！刚开始做的人，没吃过亏，会十分上瘾，认为自己发现了一个天下难得的“躺赢”策略；而对于吃过大亏的人，则永远心有余悸，就像“一朝被蛇咬，十年怕井绳”。实际上，这两种心态都太极端，一个成熟的期权投资者，凡事应该想好预案，或是事先做好风控，克服这种极端心态，其交易才有可能做得久。

那么，对于想去尝试做空波动率的交易者，可以设计哪些做法，让自己系上“安全带”，以避免突如其来的暴涨暴跌呢？我想，有这么三种方式可以参考。

(1) 预先设定好止损线。

趋势线是右侧止损的最佳选择，在前面的文章里，我曾提到过用传统的和改造后的布林线去止损。所谓传统的布林线，就是用14～21天的均线作为中轨，在中轨的基础上加减两倍标准差，得到上轨和下轨。根据正态分布的知识，我们可以知道在传统布林线的上下轨之间的概率为95%，也就是说，标的一旦“出轨”，就相当于发生了5%的小概率事件，所以传统的布林线可以作为单侧卖方的止损线，类似足球场上的红牌，即突破上轨后禁止自己卖购，突破下轨后禁止自己卖沽。

当然，除了止损线以外，我们还可以为自己设置两条重要的预警线，那就是改造后的布林线：设计上可以依然取14～21天的均线作为中轨，在中轨的基础上加减1倍标准差，由于上下1倍标准差之间的概率为67%，因此以此作为预警，一旦突破改造后的上轨或下轨，就开始考虑减仓某一边的卖方头寸。

(2) 使用同月份“有买有卖”的组合。

同月份的买卖结合可以有两种类型：一种是买方头寸卡位在前（指买方头寸的Delta绝对值更大），类似牛市价差（比如，买C6000＋卖6250，数量1∶1）；还有一种是买方头寸卡位在后（指买方头寸的Delta绝对值更小），类似熊市价差（买C6500＋卖C6250，数量1∶1）。静态地看，这两种组合中的前者是先做多波动率的，而后者是先做空波动率的，所以如果我的目的是做空波动率，那我肯定需要选择让买方头寸卡位在后。

举个例子，卖出100张C6000@4，然后买入100张C6250@4，这样去做空波动率有一个好处，就是至少将风险从无限化为有限，相当于一家保险公司从“无限责任”变成“有限责任”，就算沪深 300 指数中途突然暴涨，至少心里不会瘆得慌，因为最大亏损事先是确定的。对于这个组合，它的防守盲区就在 6 000～6 250 这个区域，如果标的能在 6 000 下方刹住车，那么整个组合就依然能够获得最大收益。

(3) 择机使用“买近卖远”的组合。

近月期权的 Vega 整体上是低于远月的，买近月的成本通常也低于卖远月的收入，同样用“买近卖远”做空波动率，有时候我们会遇到两种选择。例如，“买 C6000@4＋卖 C6250@6，数量 1∶1”和“买 C6500@4＋卖 C6250@6，数量 2∶1”这两种组合，前者被称为等量卡位在前，后者被称为加倍卡位在后。

对比这两个组合，从共性的角度说，它们都是做空波动率的组合，也就是都希望远月期权能够降波。但从不同的角度说，前一个组合的买方头寸卡在前面，如果标的指数中途突然暴涨，C6000@4 的买方头寸会率先接近平值，由于平值期权的 Gamma 是最大的，因此这份期权升值的加速度就一下子出来了，这个时候它对 C6250@6 卖方头寸的保护会更早、更及时地展现出效果；而后一个组合的买方头寸则是卡在后面，当标的指数涨到 6 000 的时候，C6500@4 的价格变化还反应比较慢，C6250@6 的浮亏会先体现出来，只有当指数进一步上涨，涨到 6 250～6 500 的区域时，C6500@4 才会“如梦初醒”般地迅速升值，这个时候它对 C6250@6 卖方头寸的保护能力才会显现出来。

所以，一言以蔽之，“买 C6000@4＋卖 C6250@6，数量 1∶1”的保护效果表现在前，“买 C6500@4＋卖 C6250@6，数量 2∶1”的保护效果表现在后。

49. 专业机构是怎样做好卖方风控的

我们都知道，对于期权卖方，最大的风险就是"尾部风险"(Tail Risk)，为了让自己长存于市场，更安心地赚到一些降波和时间的钱，我们必须有一套严格执行的风控体系。在平时的操盘里，我们会控制卖方加仓的节奏，会在临近到期前几周进行"移仓换月"，也可能会用买入虚值期权"卡住"关键的支撑位(或压力位)，这所有的防守方式，在专业机构看来，均可一言以蔽之——必须控制负 Gamma 的敞口。

什么是 Gamma 敞口？对于初学者，我们先随便来截一个图看看。从下图(图 49 - 1)中可以发现，对于同一个月份的认购或者认沽，越是靠近平值的期权，它的 Gamma 就越大。例如，C5000 的 Gamma 达到 0.934 4，高于两侧相邻的认购。又如，P5000 的 Gamma 同样为 0.934 4，高于两侧相邻的认沽。

Gamma	Delta	最新	代码	购<行权价>沽↑	代码	最新	Delta	Gamma
0.4588	0.8869	0.4371	10003309	4.600	10003310	0.0251	-0.1131	0.4588
0.6073	0.8290	0.3478	10003301	4.700	10003302	0.0386	-0.1710	0.6073
0.7487	0.7568	0.2687	10003281	4.800	10003290	0.0581	-0.2432	0.7487
0.8632	0.6725	0.1969	10003282	4.900	10003291	0.0869	-0.3275	0.8632
0.9344	0.5804	0.1378	10003283	5.000	10003292	0.1278	-0.4196	0.9344
0.8853	0.3496	0.0475	10003284	5.250	10003293	0.2873	-0.6504	0.8853
0.6086	0.1715	0.0145	10003285	5.500	10003294	0.5023	-0.8285	0.6086
0.3167	0.0688	0.0055	10003286	5.750	10003295	0.7392	-0.9312	0.3167
0.1294	0.0228	0.0025	10003287	6.000	10003296	0.9860	-0.9772	0.1294
0.0428	0.0064	0.0018	10003288	6.250	10003297	1.2431	-0.9936	0.0428
0.0117	0.0015	0.0014	10003289	6.500	10003298	1.4925	-0.9985	0.0117

数据来源：汇点期权交易软件。

图 49 - 1　某日收盘，沪深 300ETF 当月期权的行情

一般来说，期权行情中显示的希腊字母都是站在买方的角度来显示的，所以对于卖出期权的一方而言，需要在所有的希腊字母前加上一个负号。于是，你就会发现，如果持有同样张数的认购(或认沽)义务仓，则卖出靠近平值期权的负 Gamma 值就会更大。

对于期权义务仓而言，负 Gamma 风险可以简单理解成"跳空"风险，负 Gamma 值越大，则意味着标的大涨大跌对它的伤害越大，它是期权卖方最需要重视和防守的风险，所以义务仓的负 Gamma 值一定不能搞得太大。那么，一个实实在在的问题就是：

怎样才算太大了？按照图 49－1 中的单合约，－0.934 4 算大吗？－0.885 3 算大吗？我们说，“大还是小”不是看单个合约的 Gamma 值，而是要结合总仓位和净头寸一起看。

现在，我们回过头来解释所谓的 Gamma 敞口。它可以理解为 Cash Gamma 与账户总资产的比值。它的计算步骤可以分为三步：

第一步：计算一份期权持仓的 Gamma 值，就是把它的 Gamma 值乘上持仓张数，再乘上合约单位(比如 10 000)。注意，在计算的时候，权利仓的 Gamma 值取正号，义务仓的 Gamma 值取负号。

第二步：计算这份期权持仓的 Cash Gamma 值，就是把持仓的 Gamma 值去乘以 0.01，再乘以标的价格的平方，所得到的结果就是这份期权持仓的 Cash Gamma 值(注：对于这里为什么要去乘以 0.01 不要太在意，它只是数学上对“数量级”的一种调整需要)。

第三步：把所有期权持仓的 Cash Gamma 值进行累加，相加的结果就可以视为整个期权账户的 Cash Gamma 值。

这里，我们举个易于理解的例子，依样画葫芦来模仿一遍(假设有三个持仓合约，概况如表 49－1 所示)。

表 49－1　三个持仓合约的概况(标的价格＝5.000 元)

持仓合约	持仓类型	Gamma 值	持仓张数
C5500@4	权利仓	＋0.60	100
C5750@6	义务仓	－0.35	60
C6000@6	义务仓	－0.30	100

按照上述三“步”曲，我们知道：

C5500@4 权利仓的 Cash Gamma ＝0.60×100×10 000×0.01×25
＝15(万元)

C5750@4 义务仓的 Cash Gamma ＝－0.35×60×10 000×0.01×25
＝－5.25(万元)

C6000@6 义务仓的 Cash Gamma ＝－0.30×100×10 000×0.01×25
＝－7.5(万元)

于是，这三个头寸总的 Cash Gamma 就等于 15 万元减去 5.25 万元，再减去 7.5 万元，就等于 2.25 万元了。

有了所有持仓总的 Cash Gamma 值，我们就能判断自己的净义务仓头寸算不算重了，以及自己的负 Gamma 敞口算不算重了，我们就把总持仓的 Cash Gamma 值去比上总资产，这个比例的大小就是敞口的大小。比如，某天收盘，我的 Cash Gamma 值为－10 万元，总资产有 100 万元，负 Gamma 的敞口就等于－10%，那么这个敞口就不算大，而如果我的 Cash Gamma 值为－10 万元，总资产却只有 20 万元，负 Gamma 的敞口达到了－50%，那么这个敞口就算得上比较大。

对于一家期权专业机构而言，保障客户资产安全，控制波动和回撤肯定是放在第一位的。如果一年 240 个交易日里，一个期权产品的负 Gamma 敞口动不动就突破－50%，那么整个产品对于尾部风险的抵御就算是比较“脆弱”的。大师 N. 塔雷伯(N. Taleb)曾经有一本经典的著作《反脆弱》，里面提到了各种关于“脆弱”和“反脆弱”的理解。实际上从某种角度来说，负 Gamma 敞口的大小就可以作为期权持仓“脆弱性”的一种度量。

要削弱负 Gamma，主要就是靠仓位控制，增加权利仓仓位，还有移到远月这几种方式。可以看出，如果整个期权账户里本身仓位是不高的，或者整体持仓结构属于“有买有卖”的，或者遵循一种原则，到期前将近月高 Gamma 的义务仓移到次月或者远月虚值期权，那么在这样的操作下，负 Gamma 敞口就不会显得很“过分”。

在实际的产品运作中，有些专业机构不仅仅会控制负 Gamma 敞口的大小，而且会用类似压力测试的方法去计算负 Gamma 的敞口。

这是什么意思呢？不难理解，在每天收盘以后，手里持有的义务仓都已经变成静止的状态，它的 Gamma 值也好，它的 Cash Gamma 值也罢，都只反映了截至收盘时的信息。然而，标的价格明天还是会动的，可能会因为隔夜突发什么消息而导致跳空，而一旦跳空，往往就伴随着升波。比如今天卖出的认沽还是虚 3 档的，尽管站在当前静态看，它的负 Gamma 敞口还不大，但如果明天低开 2%以上，这份认沽就会立刻变成虚 2 档，于是它的负 Gamma 值立刻变大，整个账户的负 Gamma 敞口也会动态地突破上限。所以，不少专业机构会在盘后，针对某个合约，在考虑了波动率变化后再计算一个负 Gamma 敞口，相当于把更坏的情况给考虑进去，体现在每一天的交易里，就会让防守变得更为“紧凑”和“仔细”。

当然，对于大部分个人而言，在可控风险的基础上追求收益还是第一位的，整个风控没必要像一些专业机构做得那么严谨。不过我觉得，机构这种围绕着“负 Gamma 敞口”的风控思想却是十分值得许多个人客户去了解和参考的，对于喜欢做空波动率的朋友，或是在加仓的节奏上，或是在需要买入对冲的时候，可以有一个标准化的尺度，让自己知道某个卖方合约是不是过度了，知道买入对冲的张数是不是差不多了。

50. 期货的日内策略能直接用于期权吗

对于日内交易而言，做期权与做期货最大的区别是什么？自然就是日内隐波升降的影响。日内降波是一个更大概率的事件，这告诫我们，平时我们在期货日内交易里用过的那些策略不能简单地移植到期权交易里。

举个例子，在期货日内策略里，有一个非常经典的“追趋势”策略，叫作双轨策略（Dual Thrust）。

我们简单地说下它的原理，所谓双轨策略，就是先计算一个叫作“带宽”的变量，它等于 $\mathrm{Max}(HH-LC, HC-LL)$，其中 HH 表示近 n 天每一天最高价的最大值，LL 表示近 n 天每一天最低价的最小值，HC 表示近 n 天每一天收盘价的最大值，LC 表示近 n 天每一天收盘价的最小值。

根据这个带宽，再确定每一天的上轨和下轨（如图 50－1 所示），上轨通常设置成“今天开盘价＋带宽×a”，下轨就设置成“今天开盘价＋带宽×b”（$a>b$）。然后，我们就可以根据这个上轨和下轨构造交易信号：

当盘中日内价格向上突破上轨时，平空转多；

当盘中日内价格向下突破下轨时，平多转空。

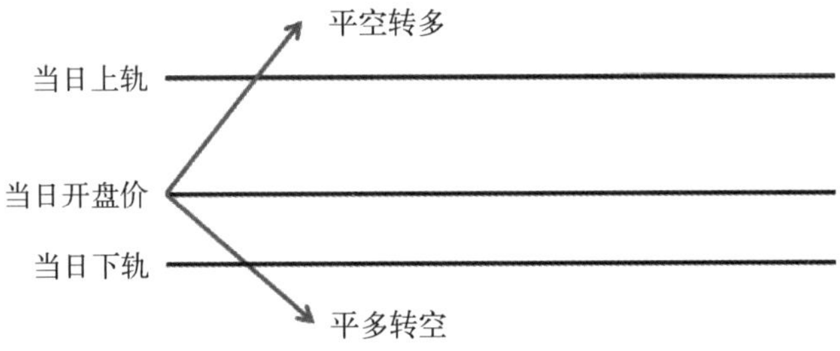

图 50－1　期货双轨策略示意图

这就是很多期货日内交易者经常使用的“双轨策略”。可以看出，这是一个追踪趋势、顺势而为的交易策略。然而，这样的一个“追趋势”策略，能够被我们简单地持“拿来主义”，移植到期权日内交易中去吗？我的回答是不能！绝不能用简单的“买认购”替代“平空转多”，也不能用简单的“买认沽”替代“平多转空”，因为期货交易只受“方向”这一个维度的影响，而期权交易还会受波动率的影响，买期权的天然胜率本来就低于买期货，所以若是想用期权去做些日内波段，我们就必须对这种日内策略进行合理的改造！

那么，接下来的问题是怎么改造？这就迫使我们再一次去想想期货的本质，期货是一个只与方向有关的工具，它的Delta等于100%而Vega等于0(两个重点)，因此在用期权去替代的时候，也要尽量贴近这两个重点去改造。这里来说说我会进行的两种改造。

(1)“买购＋卖沽”，然后分腿离场。

在期权交易里，“买购”加上“卖沽”这样的持仓组合有个专门的名称，叫作“合成多头”，顾名思义，它的一切特性和期货很相似，然而，它却比实际的期货多头更为灵活。灵活在哪里？灵活在可以分腿离场。比如盘中日内放出了“做多”的信号，那么我可以先建立“买购＋卖沽”的头寸，由于历史上日内降波的概率更大，降波对买购不利，对卖沽有利，因此我在止盈止损时，可以给卖沽稍微多一些“容错”的空间，视情况先平仓买购，再平仓卖沽，两条腿的止盈止损点设置是会有所区别的。

当然，这里说的“买购＋卖沽”未必要理解成死板的“买平值购＋卖平值沽”，买购与卖沽的数量也未必是死板的“1∶1”，可以灵活地调整，只要“买购＋卖沽”持仓的总Delta能够比较大而总的Vega能够比较小，这个大原则把握好就可以了。

(2)用实值期权进行替代。

我们知道，实值期权的Delta绝对值更大，Vega值更小，因此这样做同样是为了增加Delta、降低Vega(降低隐波对期权价格的影响)。确定了用实值期权替代后，下一个问题来了：是买还是卖呢？比如，当日内交易信号是做多时，我们是买实值认购，还是卖实值认沽呢？关于这一点，我往往会根据日线级别的价、量信号来做出决定。

举个例子，如果标的价格处于价升量增的突破途中，价格创了近n天的最高，量能也放到了近n天的最大，那么这种环境里，日内升波的概率要大于降波。于是，在这些交易日里，如果我想做一些日内波段，那么当信号放“多”时，我会考虑用买实值认购期权的方式来操作；而当信号放“空”时，我则会考虑用买实值认沽期权的方式来操作。

反过来，如果标的价格处于缩量的箱体震荡途中，上有压力线，下有支撑线，那么这种环境里，日内降波的概率要大于升波。于是，在这些交易日里，如果我想做一些日内波段，那么当信号放“多”时，我会考虑用卖实值沽的方式来操作，而当信号放“空”时，我会考虑用卖实值购的方式来操作。这种改造的思想，相当于是在尊重一个波动率大格局的前提下，选择正Vega＋高Delta，或是负Vega＋高Delta，这与许多单纯地买购替代期货多头、买沽替代期货空头是截然不同的！

事实上，日内策略未必是不留隔夜仓的策略，而是用日内指标确定开平仓信号的策略。我们知道，期权比期货更为“立体”，所以简单地持“拿来主义”使用期货交易策略，这样的替代是很扯淡的，了解这一点很重要，这能让我们避开很多误区。

Charming Option on Your Future

实盘篇

51. 二十多倍合约的背后，冷静的计划胜于一切

（本文作于2020年2月3日）

今天，果然如之前所料，各大指数以大幅低开开启了一天的盘面。沪指低开8.73%，上证50低开8.75%，沪深300低开9.09%，前期最为强势的创业板指回调幅度同样巨大，低开8.23%，盘中超3 000只个股跌停，上一次的这种“奇观”恐怕还要追溯到2016年1月那时的“熔断”大跌！

当日，最虚值的认沽期权“50ETF沽2月2750”当日上涨1 751.85%，“沪300ETF沽2月3600”当日上涨2 849.09%，这些数据若是宣传不当，则很容易让不知情者以为当日有什么“发财”的机会，自己不知道而已！然而，稍有期权交易经历的朋友就会知道，这么巨大的涨幅是可遇而不可求的，除非你在节前已经敏锐地布局了这两个合约，相当于单边裸空，否则这个涨幅就与你没有多大关系，因为它是今天的收盘价与昨天的收盘价之比。如果按今天开盘买入，你的收益最多是从开盘价开始，到盘中最低点结束，在今天低开那么多的情况下，你的收益也就远没有那么多了。

我想对于大部分人，今天开盘再去大仓位追涨买入认沽，于情于理都是难以做出决断的。于情，早盘认沽期权相对昨天收盘已经大幅上涨，万一指数有个反抽就很容易立刻亏损；于理，憋了10天的行情加上节间“新冠”疫情事件的影响，很容易导致开盘出现乱局，之前卖认沽的交易者想买平，供求关系的暂时失衡也会导致认沽隐波明显上升，相当于买认沽支付了一笔“情绪”的溢价，买贵了！所以，不建议一下子重仓买认沽，实在要买也最好是用作套保，给开盘跌停卖不掉的股票做保护，在开盘一小时内按相等时间间隔（TWAP）的方式分批去买。

事已至此，今天的盘面也已经收盘了，面对一天下跌了8%的指数，我们下一步可以有些什么计划呢？

处在当下，冷静胜于一切！回到期权交易，可以思考两个问题：一个是何时抄底，另一个是怎样赚一些大概率的钱。对于第一个问题，冷静地想一下今天大跌的原因，这一方面是长假外盘下跌导致的情绪释放，但另一方面，外盘A50大跌，在很大程度上还是出于对一季度经济数据和企业一季报的担忧。我相信这种担忧会随着“新冠”疫情的缓和而逐步缓解，但不会一蹴而就，大概率要等到一季报或业绩预告披露后。

从短期看，许多公募等机构资金今天的赎回至少要到明天才知道要卖多少股票，所以要说今天是不是个底部，那只能去猜，是要“噱头”而已。

相对于猜底，我更倾向于用历史统计给予一些信仰。回顾历史，即便是2016年1月的熔断，指数也在下跌18%左右后企稳，而现在已经累计下跌12%～13%，因此后面几天内，冷静的抄底方式不是集中火力，而应该是用“定投”式的思维控制仓位一步步买入。那么步步买入只能用ETF吗？想想期权吧！它会变得更省钱！在期权交易里，对现货多头最佳的替代就是卖出深度实值认沽或是买入深度实值认购，前者还能赚一些时间价值，但保证金高，而后者也可以赚一些时间价值，但不用保证金。

有朋友会问：可不可以目前用卖轻度虚值认沽变相抄底？我想说的是，从收益风险比的角度来说，当前已经下跌这么多，用卖出轻度虚值认沽变相抄底的性价比不如卖出深度实值的认沽，这是因为卖深度实值认沽的Delta已经接近1，且Gamma接近0，就相当于一个ETF多头，而卖轻度虚值认沽的Delta只有30%左右，Gamma却很大，一旦再跌，浮亏的加速度反而加快，如果反弹呢，则它赚的绝对金额反而少。这就是今天复盘的第一点。

今天复盘的第二点，那就是现在相对胜率最高的操作方法是什么了。我们已经知道，在做空期货后，一旦标的上涨就是输。但是卖认购则不同，卖出认购期权只要后市涨不过某个点就可以盈利，它适合的市场行情可以是大跌、小跌，也可以是横盘一段时间。今天一天8%的下跌，导致很多深度虚值认购的隐波出现了大幅上升，我称这种现象为“波动率的两翼齐飞”，即虚值认沽、认购同时大幅升波。从历史上看，这种现象往往难以持续，所以趁深度虚值认购被“错误”定价的时候，卖出开仓，赶紧咬一口“肉”，其短期胜率也可能比其他三种单腿操作更高。

从体系的角度说，在入场后，我们可以设置一个善始善终的全流程，从空间或时间的角度设置善后点。比如标的如果在两周内回补了大部分缺口则平仓卖购离场，或者当权利金收入消耗掉80%时则平仓离场。在卖出认购时，我们可以先确定一个心中很难逾越的压力线，高于压力线的行权价都可以被视为在合约选择的范围内，如果筛选出了多个合约，就可以等张数或是等金额卖出开仓。

……

面对相对乱局，在隐含波动率被短期拉高的时刻，冷静胜于一切！面对每一次浮亏或实亏，最大的忌讳就是想赶紧把钱赚回来，越着急往往越容易做错！致敬今天实际操盘的我们，我们今天每一分钟的实盘经历都胜于一切纸上谈兵。实盘经历了惊心动魄的一天，然后下午三点开始提起笔杆，闭上眼睛，我由衷地感到今天的经历是一次极好的磨砺！积极一些，冷静思考下一步，我们会做得更好！

52. 史诗级的一周，买保险还有什么舍不得

（本文作于 2020 年 3 月 10 日）

这一周的市场，堪称史诗级的大涨大跌（如图 52－1 所示）！

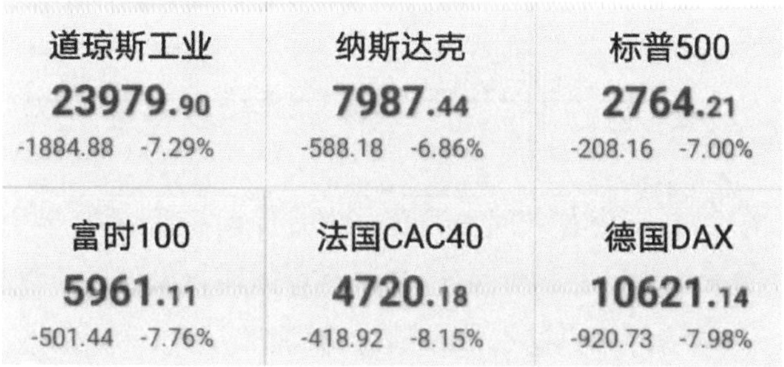

数据来源：Wind。

图 52－1　2020 年 3 月 10 日晚间欧美主要股指行情

周一的油价暴跌，创下了 1991 年海湾战争以来的第二大单日跌幅。

周一的美股熔断，触发了美股史上第二次熔断机制。

两周内的标普 500 四度跌幅超过 4％。

两周内道指有五天涨跌幅度超过或接近千点。

这只“黑天鹅”有点大，有点肥，在没有看到它完全消失在天际前，或许，我们真的需要好好重视期权保险这件事了。

几乎每一本教科书上都会有“期权保险策略”这一章，许多投资者也都知道期权保险策略的基本结构就是“持有现货”加上“买认沽期权”。不过，在每个月的实际操作中，却很少有人会长期使用保险策略来给自己的头寸上保险，这是为什么呢？我想最大的原因或许就是担心保险费贵，心里没底，下不了手。

一张认沽期权的保险费究竟贵不贵，我们用 B－S 期权定价公式做一个简易的测算：

当隐波处于 20％这样一个水平时，一张虚 1 档认沽的权利金大约就在 430 元，一张虚 2 档认沽的权利金在 270 元左右，一张虚 3 档认沽的权利金大约在 160 元。如果你持有 100 万元的股票市值，对应 50ETF 的标的是 3.000 元，那么你需要买入 100 万元/3.000/10 000＝33 张认沽期权，对应的保险费相对这 100 万元的占比就分别为 1.4％、

0.9%和0.5%。当然，隐含波动率越高，这个保险费占比就越高；反之，隐含波动率越低，这个保险费的占比就越低，像2019年四季度隐波长期处于15%以下水平时，买入当月虚值1档认沽的保险费占比也会下降到0.9%左右的水平(如表52-1所示)。

表52-1　距离到期一个月，不同隐波水平下轻度虚值认沽权利金价格

隐波水平	虚1档(元)	虚2档(元)	虚3档(元)
15%	274	140	64
20%	431	269	157
25%	594	413	274
30%	758	564	406

数据测算：力的期权工作室。

看到这些数据后，一定会有人问：假设一个月保险费上亏掉1个点，那一年下来若全部亏掉，岂不是要亏掉12个点，那还有谁愿意用期权做保险？先别着急！在真正进行实盘操作时，这笔账并不是这么简单地计算的！

从逻辑上来说，当你在月初买入一定数量的认沽期权后，只有到期日标的位于认沽行权价的上方时，认沽价值才会归零，所以买完认沽期权后一个月的标的走势决定了这份保险费到底会不会全部归零。如果我们粗略地把市场环境分为牛市、熊市和震荡市，那你就会发现：

在牛市环境里，大盘指数或许在一个月内就可能上涨超过10%(如2015年4月、2015年5月、2016年11月、2017年5月、2018年1月、2019年2月等)，尽管这个月买认沽的价值最终会归0，但在这样的环境里，那1%左右的保险费单月支出，你还会特别在意吗？我想应该就不会了，因为持有的标的或股票涨太多了。

那么在熊市环境里呢？在熊市环境里，买认沽的保险费非但不会亏完，反而会出现爆发式的加速升值。如果在一个年度里遇到一次月线级别的大阴线(如2015年6月、2015年8月、2016年1月、2018年2月、2018年6月、2018年12月、2019年5月等)，那么那个月的认沽权利金就会大幅上涨，最终覆盖掉之前好几个月买认沽的保险费支出。这个道理与你长期买虚1档认购来博取上涨收益，最终会发现这就是一个低胜率高赔率的结果。

在震荡环境里，买认沽保险费的损耗是一件概率相对大的事情，但我们绝不是任其损耗，而是可以用一种称为“买沽+卖购”的领口套保来降低当月的净保险费支出。从下面这张表(表52-2)的简单测算中，你可以大致有这么一个概念，距离到期一个月，当隐波处于20%的水平时，卖出虚值2-3档认购期权的权利金大约会有200～

300元，几乎可以抵消掉买虚1档认沽的一半保险费支出，抵消掉买虚2档认沽的全部保险费支出。在实盘操作中，我们可以从技术面的角度，比如前期的多重顶，设定一根压力线，只要这根压力线没有被带量突破，我们就可以用震荡市的思维，卖开上方虚值认购以降低当月保险成本，直至压力线被突破。

表52-2　距离到期一个月，不同隐波水平下轻度虚值认购权利金价格

隐波水平	虚1档(元)	虚2档(元)	虚3档(元)
15%	308	165	80
20%	465	299	184
25%	624	446	309
30%	785	598	446

数据测算：力的期权工作室。

通过上面的分类，我们得出了这么几个结论：

(1) 在牛市环境里(上方暂时无压力、价量配合非常好)，尽管买认沽的权利金会归零，但现货端的收益一定会大幅超过当月保险费的支出。

(2) 在熊市环境里(标的下穿所有均线，且下穿前期重要支撑线)，买虚值认沽的这份“灾难保险”会生效，如果当月的下跌是断崖式的，那么这一次保险的赔率就会非常高，一下子覆盖掉之前数月的保险费支出。

(3) 在震荡环境里(上方有一根明显压力线、下方有一根明显支撑线)，尽管买认沽的权利金存在归零的风险，但这些月份我们也绝不闲着，卖虚值认购尽量抵消一些成本，甚至在到期前视情况再多卖一些认购以进一步抵消成本，同时等待下一波趋势来临时，现货端的收益能覆盖掉过去几个月的保险成本。

实际上，用期权保险，也是一种实践出来的真知。这次的“天灾”让我们不得不开始重视对冲保险的必要性。但愿这里的测算与回顾能帮助你消除买保险的心理屏障，在下一个“黑天鹅”袭来前，你保护好了自己。

53. 月满则亏，水满则溢
——历次波动率崩塌的全过程

（本文作于 2020 年 3 月 18 日）

波动率——一个期权交易里无法绕开的名词！在这“活久见”的两个月里，当我们都把目光聚焦在美股、黄金、原油这些资产的价格时，波动率这个“调皮”的“顽童”正在书写着属于它的历史。

- 上周四，美股史上第三次熔断之日，CBOE VIX 指数冲到了 75.47；
- 本周一，美股史上第四次熔断之日，CBOE VIX 指数更是飙到了 82.69，超越 2008 年 10 月 27 日的 80.06，创下了收盘历史最高；
- 而在国内，波动率在周二盘中，当月最虚值的那些认购、认沽期权的隐波已经高达 70%以上，这样的现象自期权上市以来仅在 2015 年市场“大牛”与“大熊”切换之际才发生过。

“月满则亏，水满则溢”，当一个变量处于“登峰造极”之时，也就可能面临着回归中值的崩塌。相比昨天的收盘，今天绝大部分合约的隐波下降了 5～10 个点（如表 53－1 和表 53－2 所示）。

表 53－1　2020 年 3 月 17 日至 18 日沪市 300ETF 四月认购期权合约隐波对比

4 月认购	3 月 17 日隐波	3 月 18 日隐波
C3700	44.91%	31.18%
C3800	44.32%	32.78%
C3900	45.67%	35.38%
C4000	47.18%	38.09%
C4100	50.47%	42.29%
C4200	53.61%	45.02%
C4300	55.37%	48.54%

续 表

4 月认购	3 月 17 日隐波	3 月 18 日隐波
C4400	59.94%	56.45%
C4500	64.99%	59.18%
C4600	69.85%	62.50%

数据整理：力的期权工作室。

表 53－2　2020 年 3 月 17 日至 18 日沪市 300ETF 四月认沽期权合约隐波对比

4 月认沽	3 月 17 日隐波	3 月 18 日隐波
P3300	55.11%	48.98%
P3400	50.71%	44.36%
P3500	48.22%	42.42%
P3600	46.57%	41.86%

数据整理：力的期权工作室。

波动率是会“眨眼”、会“说话”的，它的“一颦一笑”都给这个市场透露着另一个维度的讯息。在国内期权市场里，你会观察到这么一个现象：当市场恐慌下跌时，不仅波动率指数会迅速上升，而且往往伴随着波动率曲线的“两翼齐飞”，也就是深度虚值认购、认沽隐波同时明显升高；而当情绪有所企稳时，不仅波动率指数会出现回落，而且会伴随着波动率曲线的“两翼走平”。

期权价格的变化主要取决于方向、波动率和时间。对于 2020 年 4 月及以后的合约，时间这个维度的影响暂时可以不考虑，而如果后市在方向的维度迈入箱体震荡的话，那么之前这么高的隐波就成了影响价格的最大因素。今天上午，各大指数曾一度拉升上涨，但虚值认购纷纷以绿盘告终，这就是典型的“方向收益抵不过降波损失”。

基于现在的局势，几乎可以这么说，影响未来短期波动率升降的最大变量就是“新冠”疫情对海外的进一步影响。

试想一下：如果昨晚外盘再次出现意外情况，隔夜美股再度熔断大跌，导致 A 股技术面再度破位，那么波动率势必再度飙升；反过来，如果外盘逐渐企稳站上 5 日均线，A 股就很有可能在以上方多根均线为压力、以下方恐慌底为支撑的箱体内开始震荡。所以，接下去就算再大跌，波动率还会再起来，而如果指数只是和今天上午一样反抽性地上涨，那么基于当前过高的隐波，买方也很有可能继续面临方向猜对但依然亏钱的情况。

纵观过去五年的历史，上证 50 期权的波动率指数曾经出现多次高峰值，之后也发生过多次快速崩塌。下面就让我们以史为鉴，来回顾一下幅度最大的五次崩塌的全过程。

第一次：2015 年 6 月 15 日—7 月 31 日

2015 年 6 月初，沪深两市正处于极度亢奋的状态，“两融”余额超过了两万亿元，杠杆资金一波接力另一波。但沪指在刚过 5 000 点之后，于 6 月 18 日下穿了久违的 60 日线开启断崖式下跌，当时的波动率指数先是在当年 6 月 29 日达到了 60.09 的局部最高点（这一天，上证 50 在跌破半年线后继续破位下探造成了恐慌），在此后的 6 月 30 日，上证 50 阳包阴重新站上半年线，波动率指数回落了 5 个点。但此后上证 50 指数再次下穿半年线，并在三天内再创新低，于是波动率指数在 7 月 6 日重新回到 60.09，二次摸顶，直至 7 月 9 日，上证综指一根大阳线重新站上 MA5，同时上证 50 的 MA5 重新拐头向上，波动率指数才出现了 10 个点左右的下降。在 7 月 9 日后的两周内，波动率指数的最大降幅达到 50%，这波平静一直持续到 2015 年 8 月的第二轮“大跌”（如图 53 - 1 所示）。

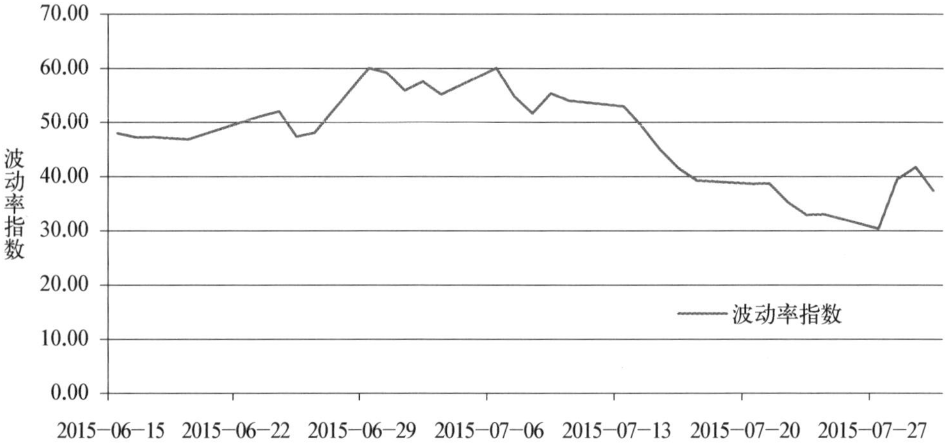

数据来源：Wind。由力的期权工作室整理而成。

图 53 - 1　2015 年 6 月 15 日—7 月 31 日上证 50 波动率指数走势

第二次：2015 年 8 月 17 日—9 月 30 日

2015 年 8 月中旬，人民币汇改事件突然影响人民币兑美元汇率的走势，这一事件的冲击导致人民币兑美元汇率大幅贬值，市场进入第二轮剧烈抛售。从当年 8 月 17 日到 8 月 26 日，上证 50 指数 7 天内 6 根阴线，三次大幅跳空，4 根大阴线，波指也一路从 40.06 飙升到了 63.33。此后的五个交易日，尽管上证 50 拉出几根大阳线，但波动率指数依然维持在 60 以上的高位，直到 9 月 7 日以后，MA5 上穿了 MA10，短期均线级别暂现企稳信号，波动率指数再发生明显下降，到了当年 9 月 30 日，波动率指数下降到了 30.65，一个月内的降幅大约为 50%(如图 53－2 所示)。

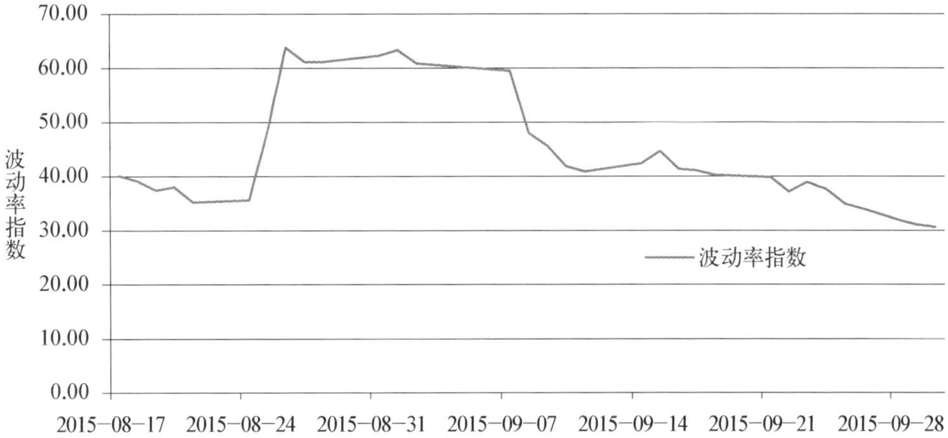

数据来源：Wind。由力的期权工作室整理而成。

图 53－2　2015 年 8 月 17 日—9 月 30 日上证 50 波动率指数走势

第三次：2018 年 1 月 15 日—3 月 9 日

2018 年初，当时大家都在沉浸在年初 19 连阳(50 指数)的喜悦之中，同样也出现了爆款基金。当年 1 月 15 日，上证 50 波动率指数还只有 15 左右的水平，即使到了 2 月 1 日，也还处在 16.79 的点位。然而，美联储加息步伐的加快和美股上涨过快的泡沫开始迅速传导到 A 股，外围市场风险外溢导致 2018 年 2 月 7 日当天早盘从房地产股、银行股、券商股的跳水开始蔓延至全市场，2 月 7 日到 2 月 9 日那三天，波动率指数从 24.06 上升到 25.67，最终达到 33.06 的局部高位，这一天同样是拉出了一根超长下影线。此后的一个月内，上证 50 曾经在 2 月 28 日再次低开低走考验半年线的支撑，波动率指数也再度回升至 30 附近，但随着标的价格逐渐站稳当时的关键支撑线——半年线，同时均线开始趋于粘合，波指在一个月后下降到了 19.31，相对于 2 月 9 日的局部高点下降了 42%左右(如图 53－3 所示)。

第四次：2019 年 1 月 18 日—3 月 29 日

2019 年 1 月初，在经历了 1 月 4 日的全面降准后，市场元气开始逐步恢复，以北上资金为首的外资也开始每日持续净流入，在当年 1 月 20 日以前，由于上证 50 指数上方有着 60 日线、120 日线以及年线等多根均线的压制，起初市场交易者也认为这一波反弹可能到此为止，上有顶，下有底，波指持续下降，在 1 月 25 日一度跌到 15.55。然而，这一切就在春节以后，在内外资无缝衔接和政策“暖风”频吹下发生了快速的变化，2 月起，降波模式宣告结束，每日的波动率都比前一日高那么一些，到了 2 月 25

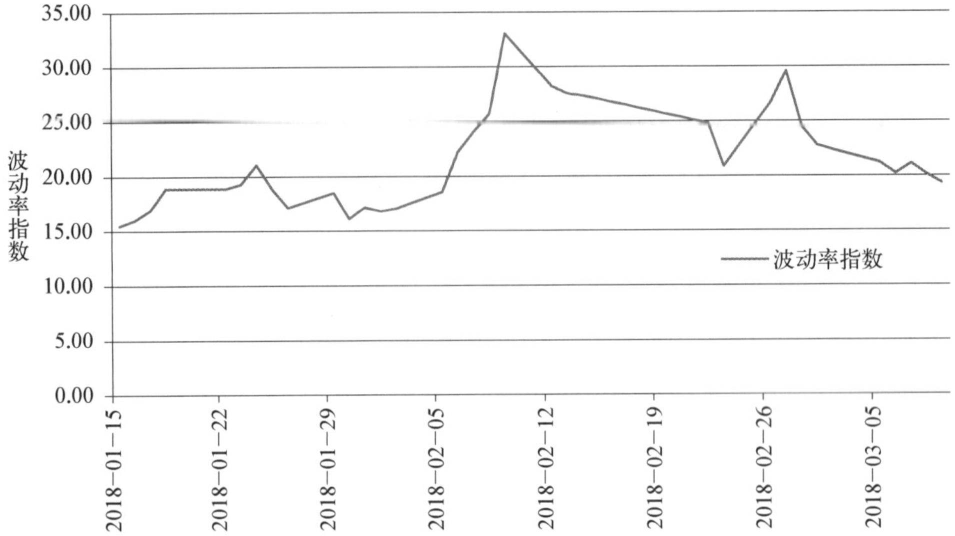

数据来源：Wind。由力的期权工作室整理而成。

图 53－3　2018 年 1 月 15 日—3 月 9 日上证 50 波动率指数走势

日，事态发展到了极致，当日 50 指数 7%的大阳线直接拉爆波动率指数，当天的波动率指数飙升到了 45 左右。此后的一个月内，由于市场亢奋情绪上涨，每当指数再次出现大阳线时，波动率指数都会再度飙升一次。在这期间的 3 月 4 日那一次尤其令人记忆犹新，直至 3 月末，上证 50 的波动率指数才稳定在 25～30 的范围，相对 2 月 25 日的局部高点下降了 30%～45%(如图 53－4 所示)。

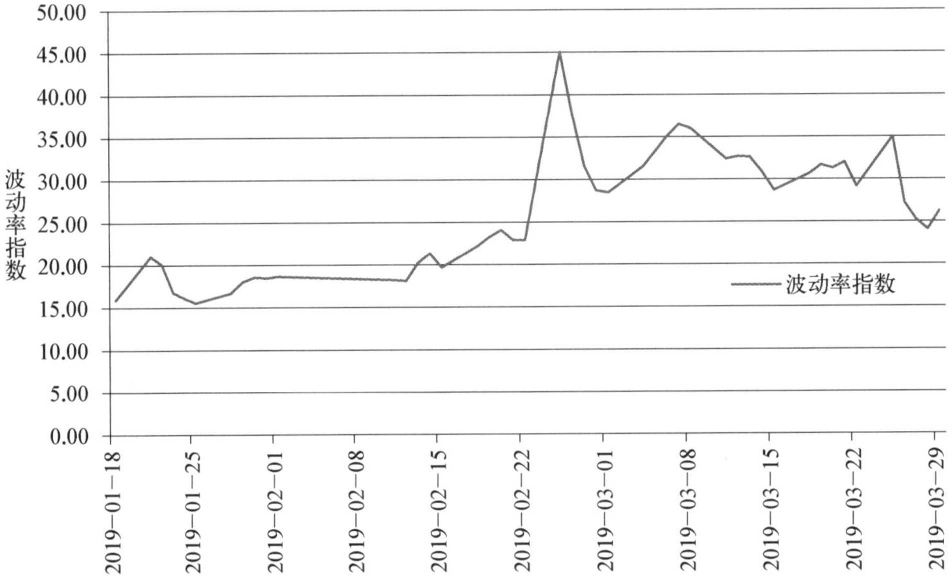

数据来源：Wind。由力的期权工作室整理而成。

图 53－4　2019 年 1 月 18 日—3 月 29 日上证 50 波动率指数走势

第五次：2020 年 1 月 13 日—3 月 17 日

第五次就是 2020 年的 1—3 月，受春节期间“新冠”疫情超预期的影响，2 月 3 日当天指数统统低开 8%以上，这一天上证 50 的波动率指数从节前的 17 左右飙升到 40 附近。由于当时的外盘处于相对稳定的状态，加之各大公募基金纷纷采用自购份额的方式变相“救市”，国内货币宽松的预期加强，指数止跌回升，MA5 于 2 月 10 日再度拐头向上，而这一天以后的两周内，波指最低下探到 16 以下，相对于 2 月 3 日的局部高点下降了 60%。这一轮的平静直至外盘破位大跌而结束(如图 53－5 所示)。

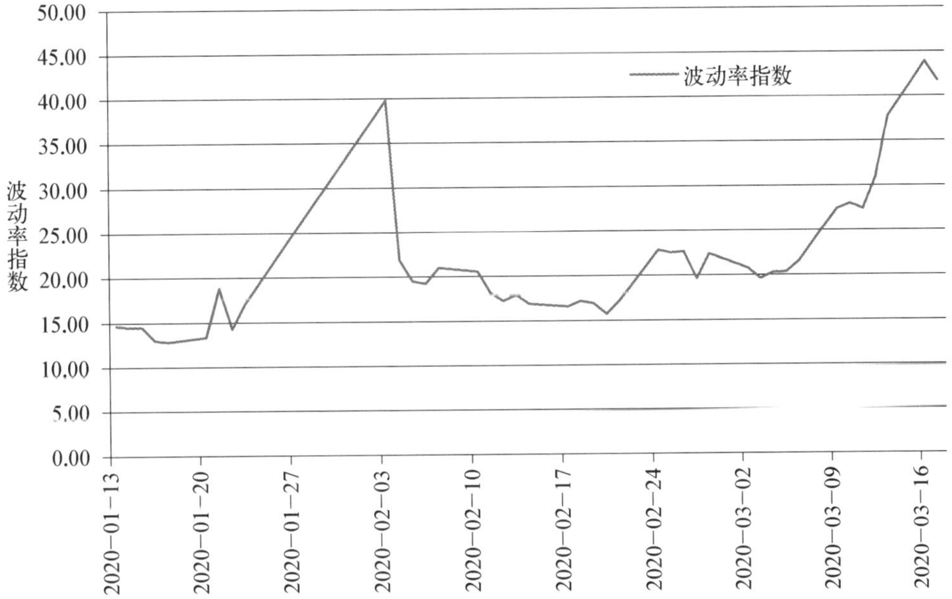

数据来源：Wind。由力的期权工作室整理而成。

图 53－5　2020 年 1 月 13 日—3 月 17 日上证 50 波动率指数走势

在当前的乱局下，我们需要密切关注标的何时能够真正地站上短期均线，更保守地说，需要观察短期均线何时能够真正地拐头向上，在这一天没有到来前，缩短义务仓平均的持仓时间，在某一天盘中大幅降波的时候适度减持义务仓，会是一种更为理智的选择。这样的做法既降低义务仓的隔夜风险，也为后续升波时的“上膛”节省了宝贵的“子弹”。

54. 波动率的“两翼齐飞”
——这个月真正的“捡钱”机会

（本文作于 2020 年 3 月 24 日）

最近的一个月，什么价格都变得诡异了！油比水便宜了，白银不值钱了，就连逆回购利率都低到了离谱的水平。近一周，国内的 GC001、R001 这些资产的利率一下子下降到 2%以下，银行等存款类机构的 DR007 也创下 0.79%的历史新低。面对无风险利率的急速下降，许多机构靠每天做逆回购赚来的钱，连管理费、托管费都覆盖不了，许多个人投资者也不知道多余的现金应该往哪个资产里放了。

好在，对于期权市场的交易者，这还不算是“绝人之路”！正当大家都把目光放在每天是不是要“抄底”之时，在 3 月期权临近到期前的一周，因为波动率的“两翼齐飞”（虚值认沽、认购同时升波），期权市场倒是送出了十分珍贵的“红包”机会。

在期权交易里，有一种特殊的策略，俗称“捡烟蒂”策略，是指在临近到期时，卖出那些我们认为几乎“送钱”的当月期权。

什么样的期权算是几乎“送钱”的合约呢？从最保守的角度看，与欧美股市一天可以下跌 20%不同，国内股票市场是有涨跌停制度的，50ETF 和 300ETF 每日最多涨 10%，最多跌 10%，于是按照前一天的收盘价去计算，我们就能确定三个期权标的 ETF 在本周三（3 月份 ETF 期权到期日）的最高价 H 和最低价 L 究竟是多少。因此，在不考虑行权交割风险的情况下，卖出 H 以上行权价的认购，或是 L 以下行权价的认沽，就可以被视为几乎“送钱”的合约了。

以本周一的收盘价计算，你会发现即便三个期权标的（50ETF、沪市 300ETF、深市 300ETF）在此后两天内天天涨停，它们的涨停价分别只有 3 089 元、4 266 元、4 345 元，这意味着在本周一的收盘后，50ETF 期权的 C3100、C3149、C3200、C3247、C3300、C3345、C3400、C3444 和 C3500，沪市 300ETF 期权的 C4300、C4400、C4500、C4600，深市 300ETF 期权的 C4400、C4500、C4600、C4700，都可以被列为满足条件的合约（如表 54－1 所示）。

说到这里，你可能会产生这么两个问题：

（1）谁都知道上面的这些合约不可能在到期时变成实值，那还会有买家去买吗？

（2）卖出这些合约所赚的钱是不是连手续费都不够覆盖呢？

表 54-1　按当周周一计算，两天后三个期权标的 ETF 的最高价与最低价　单位：元

期权标的	3 月 23 日收盘价	连续两天涨停	连续两天跌停
50ETF	2.553	3.089	2.068
沪市 300ETF	3.526	4.266	2.856
深市 300ETF	3.591	4.345	2.909

数据来源：Wind。由力的期权工作室整理而成。

对于第一个问题，我们以 3 月最虚值的 C3500 合约为例，就会发现它们在今天和昨天的 8 个小时里依然有着不少的交易量！如果在这两天里，以 3 元成交到了这些认购合约，那么三天内的期间收益率将达到 1.5‰，对应年化收益率大约 18%，远远超过了当前不忍直视的无风险利率。

这是为什么呢？怎么会还有买家去买入这些极度虚值的认购期权呢？这里，我们可以从两个角度来解释。

第一，近来市场非常动荡，而越是动荡的市场，随着波动率指数的升高，波动率曲线越会呈现“两翼齐飞”的现象。期权市场上有一类重要的参与者——做市商，他们在每天报价前都需要调整波动率曲面。在动荡的市场环境中，他们可能会把波动率曲面调整得更为陡峭，这可以成为两侧期权价格暂时下不来的一个原因。

第二，有一些个人投资者或机构投资者之前很早就预期诸如 C3500、C4600 这些合约是安全的，因而在一两周前波动率高企的时候就卖出开仓这些合约，而当他们发现次月或远月的权利金更厚、机会更好时，就会考虑买入平仓这些快到期的极度虚值期权，移仓到次月合约，于是这些个人或机构也成了这些合约潜在的买家。

至于第二个问题，我们还得真心感谢沪深交易所 ETF 期权上的制度红利。国内 ETF 期权市场暂不对卖出开仓收取手续费，如果在最后的几天卖出了一份期权合约，最终没有被行权，那么这份合约在整个持仓过程中的手续费就相当于 0。所以，在这个制度没有变化的情况下，卖出这些合约的收入是不会受交易手续费的影响的。

当然，选择卖出上述合约，可以说是从最为保守的角度去卖。你是不是会这么想：如果我提前几天（比如上周的周三、周四、周五）卖出这些合约，那我岂不是会赚得更多？是的！你一定会比这两天赚得更多，不过提前到上周去做，这个“捡烟蒂”操作的性质就从“无风险套利”变为“统计套利”了。

我们来做一个非常有趣的统计，在到期前一天至前五天，50ETF 的涨跌幅的极端值究竟在何处。于是我们得到了图 54-1～图 54-5 五张图。

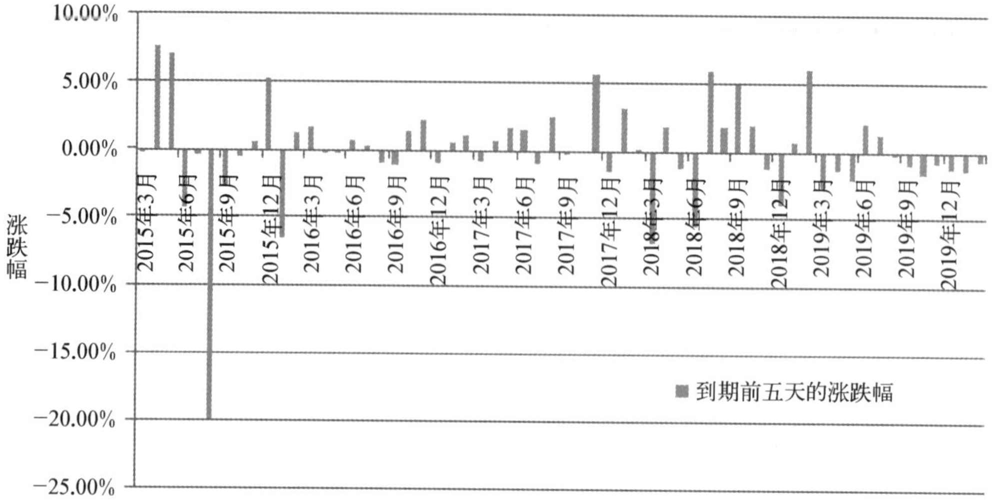

数据来源：Wind。由力的期权工作室整理而成。

图 54-1　50ETF 在当月合约到期前五天内的涨跌幅

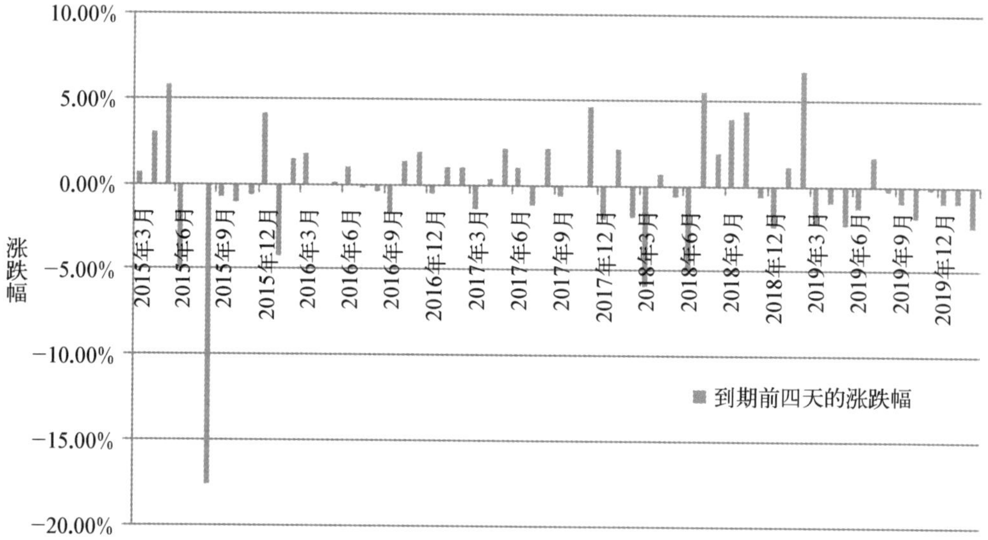

数据来源：Wind。由力的期权工作室整理而成。

图 54-2　50ETF 在当月合约到期前四天内的涨跌幅

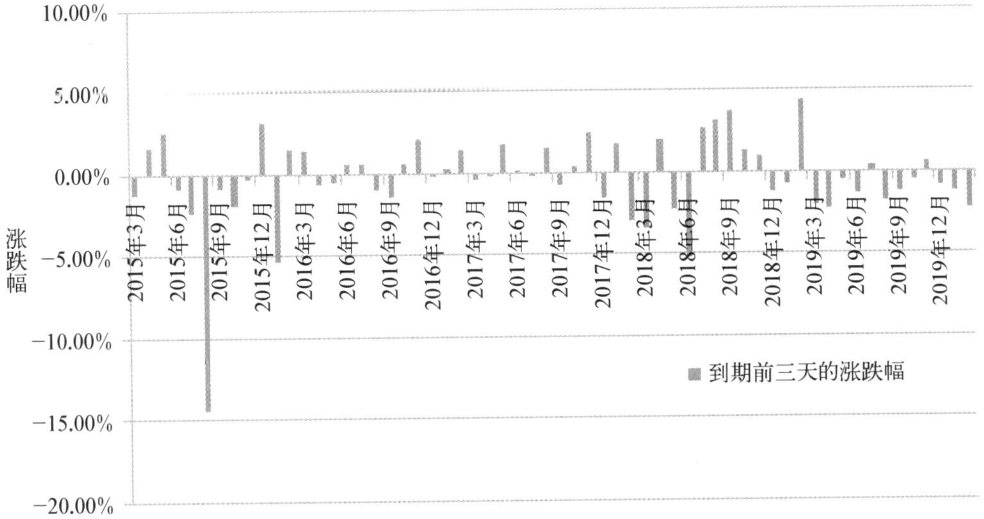

数据来源：Wind。由力的期权工作室整理而成。

图 54-3 50ETF 在当月合约到期前三天内的涨跌幅

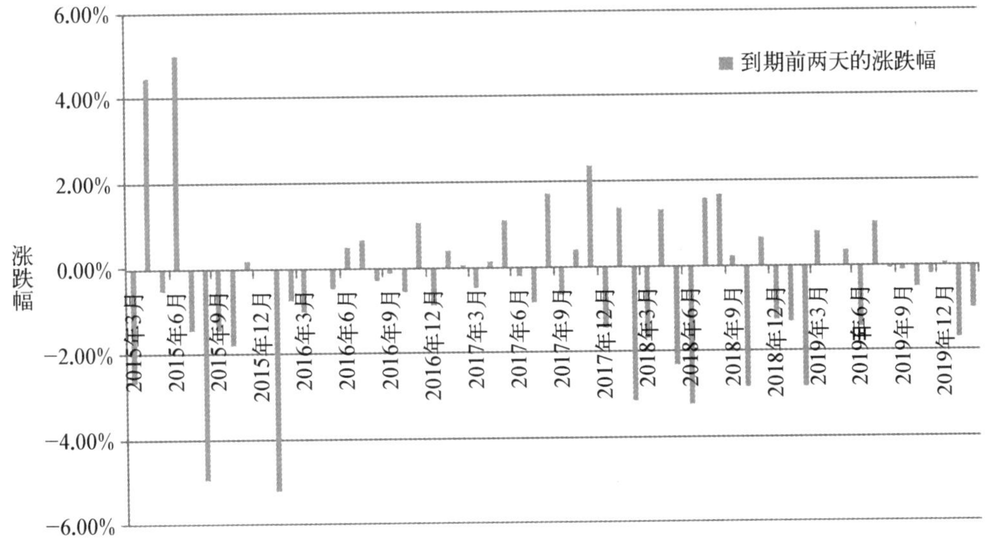

数据来源：Wind。由力的期权工作室整理而成。

图 54-4 50ETF 在当月合约到期前两天内的涨跌幅

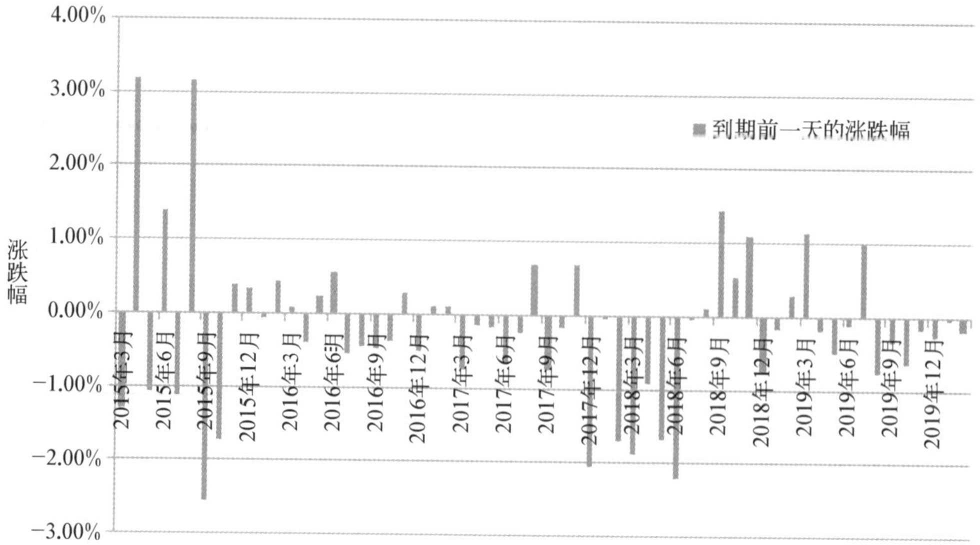

数据来源：Wind。由力的期权工作室整理而成。

图 54－5　50ETF 在当月合约到期前一天内的涨跌幅

从上面的五张图中，我们会发现：当月合约到期前五天内，累计涨幅超过 5%的概率高达 10%，累计跌幅超过 5%的概率也有 6.67%；当月合约到期前四天内，这两个概率分别降到了 5%和 3.33%；当月合约到期前三天内，这两个概率分别变成了 0%和 5%；当月合约到期前两天内，这两个概率分别变成了 1.67%和 1.67%；而到了到期日最后一天，截至目前还没有出现过当日涨跌幅超过±5%的情形，却出现过两次涨幅超过 3%、三次跌幅超过 2%的情形。

最后，我们对"捡烟蒂"策略再做一些进一步的思考。如果不尊重趋势，盲目卖出虚 3 档～虚 5 档认购、认沽，会有风险吗？答案是有！在过去五年的 A 股市场里，到期前一周发生了很多次±5%以上的大涨大跌。如果说远的，那就在 2015 年的 8 月 26 日，当时上证 50 在 8 月期权到期日前五天内大跌 19.82%，到期日前三天大跌 14.42%，直接击穿下方 10 档行权价；如果说近的，那就在去年的 2 月 25 日那天，上证 50ETF 从前一日收盘的 2.618 元直接蹿升到 2.816 元！C2800 的 2 月期权当日涨了 192 倍，从开盘的 3 元直接蹦到收盘的 581 元。这几次"捡烟蒂"不仅烧到了手，而且容易引火上身，造成毁灭性的打击。所以，我们必须尊重趋势，在标的价格站在所有均线上方时，不碰深度虚值认购期权；在标的价格站在所有均线下方时，不碰深度虚值认沽期权，尽量让"捡烟蒂"策略不再烫到自己的手。

55. 时隔三个月，远月实值认购重回溢价，重仓卖购需警惕

（本文作于 2020 年 6 月 22 日）

上周末最大的消息面当属上证综指的重新修订了。根据上交所的公告，从今年 7 月 22 日起，上交所将按照全新的编制方法，无缝连接地按新方法发布上证综指。从公告内容看，大部分新股会在一年后再被纳入上证综指，科技股的占比也将逐步提升，只是按总市值，这个加权方式没有发生改变。

张三有张三的解读，李四有李四的理解，周末的这个消息多多少少点燃了市场在开盘后的情绪。这不！今天 9:30 开始，券商板块一路走高，成为所有主题行业中的急先锋，光大证券涨停，中国银河和招商证券也一度上涨超过 7%……

伴随着开盘情绪的高亢，细心的朋友一定会发现，今天的期权盘面，有一个指标正悄悄地从“量变”转为了“质变”！

让我们来看看今天中午收盘时的盘面（如图 55 - 1 所示）：对于 50ETF 期权，C2550@12、C2600@12 的时间价值已经分别变成了 169 元和 278 元，而 C2550@9、C2600@9 这些深度实值认购期权的时间价值则分别转为了 7 元和 90 元；对于 300ETF 期权，C3500@12 的时间价值已经转为 8 元，而 C3600@9 的时间价值已经转为 188 元。

指标 风险 信息 合约选择: 50ETF ▼ 2020年12月 (184

时间价值	内在价值	最新	代码	购<行权价>沽↑
0.0169	0.3870	0.4039	10002513	2.550
0.0278	0.3370	0.3648	10002477	2.600
0.0389	0.2870	0.3259	10002478	2.650
0.0515	0.2370	0.2885	10002479	2.700
0.0667	0.1870	0.2537	10002480	2.750

数据来源：汇点期权交易软件。

图 55 - 1　当日部分远月深度实值认购行情

也许不知情的朋友会觉得“时间价值为正”很正常。我想，如果你每天跟随这个市场，你就会知道，远月（深度）实值期权时间价值为负的现象已经维持了三个多月。

要知道，还在一周前，不论是 50ETF 期权还是 300ETF 期权，四个月份所有深度实

值认购期权的时间价值全部为负，而在一周后的今天，这个局面竟然出现了“质”的改变。

下面（如表55-1所示），我选了6个实值认购期权，让我们来看一下这6份期权在上周一收盘的时间价值和今天中午的时间价值发生了多大的改变。

表55-1 50ETF部分实值认购期权时间价值对比

认购合约	上周一收盘时间价值(元)	本周一中午时间价值(元)
C2500@9	−336	−9
C2550@9	−248	7
C2600@9	−158	90
C2650@9	−47	142
C2550@12	−206	169
C2600@12	−65	278

数据来源：Wind。由力的期权工作室整理而成。

可以看到，这些Delta在80%以上的深度实值认购，在一个星期内，仅靠时间价值，它们（每张）就赚了200～300元。不仅如此，在这一周内，50ETF期权的标的价格从2.847元涨到了今天中午的2.937元，这意味着这些认购在“内在价值”上还能赚到一笔方向维度的钱。这一周内，远月深度实值认购终于实现了久违的“内在”与“时间”的双赚！

从下面的三张图（图55-2～图55-4）里，你可以看到远月Delta超过98%的认购期权（C2400@9、C2450@9、C2500@9），时间价值正在逐步收敛于0；远月Delta在

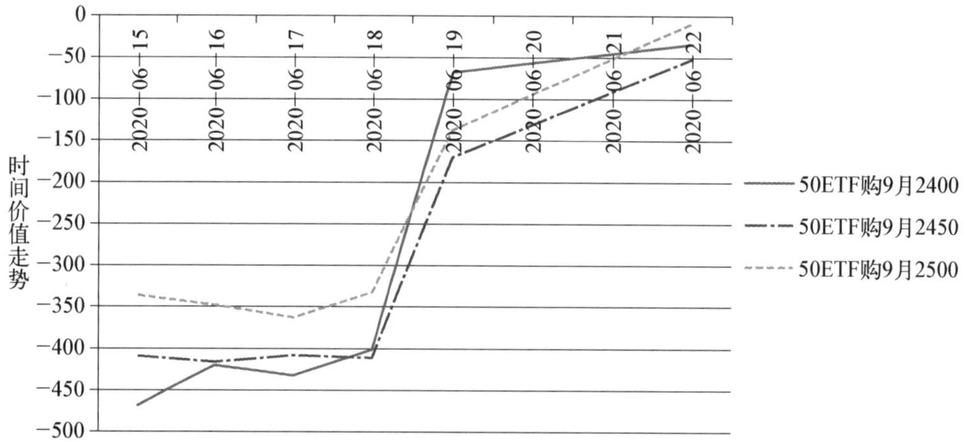

数据来源：Wind。由力的期权工作室整理而成。

图55-2 一周内，“50ETF购9月2400、2450、2500”的时间价值走势

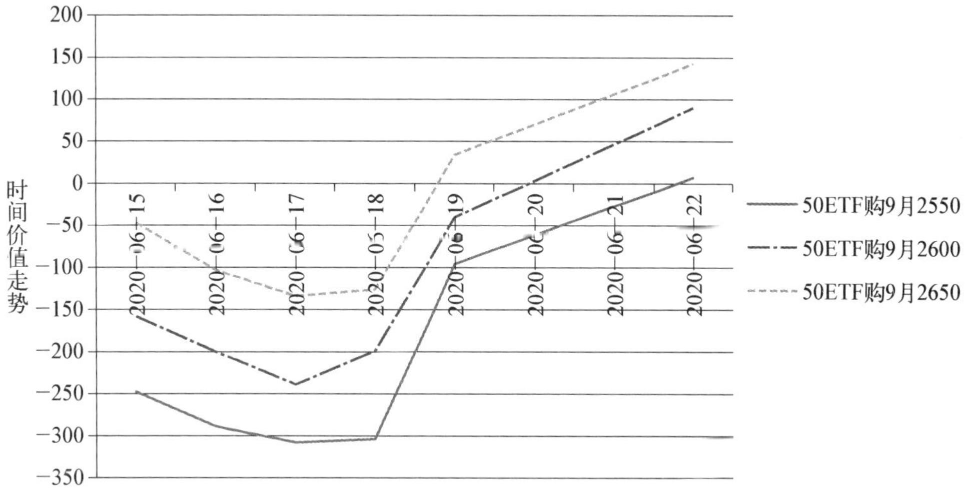

数据来源：Wind。由力的期权工作室整理而成。

图 55-3 一周内，"50ETF 购 9 月 2550、2600、2650"的时间价值走势

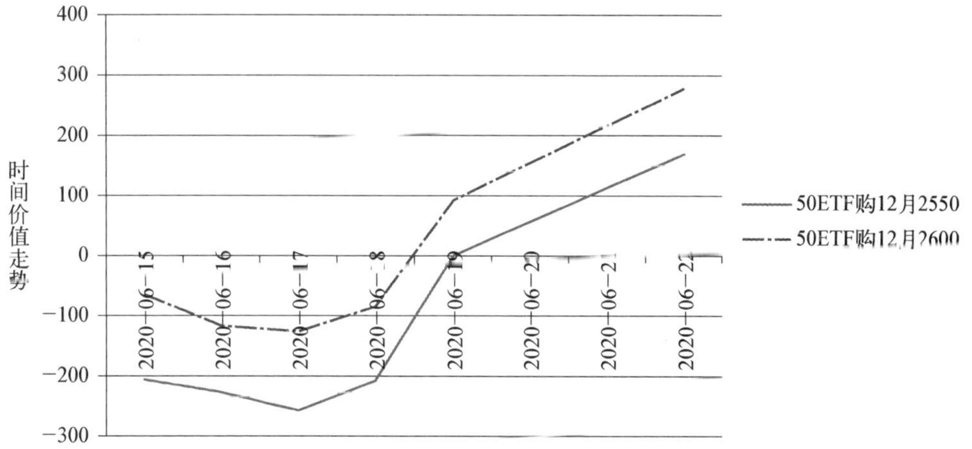

数据来源：Wind。由力的期权工作室整理而成。

图 55-4 一周内，"50ETF 购 12 月 2550、2600"的时间价值走势

90%～98%的认购期权(C2550@9、C2600@9、C2650@9、C2550@12、C2600@12)已经从原来的折价状态转为溢价的状态。

回顾过去五年多的历史，可以将深度实值认购期权的时间价值分为四个阶段：

第一阶段，近月时间价值率先由正转负。近月实值认购的卖平势力开始变大(或卖平止盈止损，或移仓到其他行权价认购期权)，远月认购的持有者尚未觉得中长期的趋势被破坏，对于近月深度实值的合约，除了做市商因为有"肩上"的义务必须进行双边挂单外，买方的势力开始变小。

第二阶段：时间价值转负，由近月波及远月。由于市场行情的进一步下跌，中期的技术面走坏(比如年线拐头向下、半年线下穿了年线、月线级别结束多头排列等)，远月深度实值认购的卖平势力也开始变大，原本把远月深度实值当作指数多头的持有者开始动摇。

第三阶段：远月深度实值期权的价格甚至会相对近月出现倒挂，也就是远月折价得更厉害。这往往发生在前一次断崖式下跌后的企稳阶段。在企稳阶段，标的或震荡上行，或箱体盘整，当均线再度粘合并露出变盘迹象，而期权市场的交易者又觉得会向下变盘时，此时远月深度实值的卖平势力会再次增加，有些交易者会宁愿移仓到近月深度实值认购以等待时间价值的收敛，也不想承受远月深度实值合约的进一步折价了。

第四阶段：市场有反转迹象，时间价值逐步由负转正。此时，近月和远月的深度实值期权的折价已经非常厉害。特别过分的“折价”就意味着建仓这些合约的性价比开始提升，如果此时的市场上有突发的利好政策或事件催化，或是两市量能萎缩到一个极致的水平，那么这些期权的时间价值就可能会一步步由负转正。

今天，远月时间价值发生了“由负到正的转变”，这让我不由自主地想到了 2019 年初。当时两市的情绪面触及冰点，2019 年 1 月 4 日，央行宣布全面降准，上证综指在触及了 2 440 点(这个点位事后被大部分券商视为“牛 1 浪”的起点)后随即开启反弹，从当年 1 月到 2 月，先是远月实值认购从折价转为溢价，消除了近月与远月深度实值认购的价格倒挂，再到所有月份的实值认购全部转为溢价，最终在 2 月 25 日爆发了一根 7%的大阳线。

处在当下，结合“远月时间价值转正”，并从顺应趋势的角度看，在当前的期权操作中，最应该小心的操作便是重仓裸卖认购。

一方面，从日线级别方向的维度看，上周五，上证 50 和沪深 300 指数的价格已经站上了所有均线，并且沪深 300 指数已经暂时进入了多头排列的状态。一般来说，我们在做期权卖方时会顺大势、逆一些小势，但有些原则就像是铁律，不会轻易打破(因为我深知，这种铁律十次里只要起到一次作用，那就能拯救净值于水火之中)。其中一条便是，当标的位于所有均线下方时，我们要谨慎卖认沽，以防趋势进一步下行；当标的位于所有均线上方时，我们要谨慎卖认购，以防进一步向上突破。

另一方面，从波动率的维度看，放眼当下的期权盘面，从 7 月、9 月到 12 月，绝大部分虚值认购期权的隐波低于 18%，有些 12 月的虚值认购隐波甚至连 16%都不到，这样的隐波绝对不算是高位，甚至离历史的中位数还有不小的差距。隐波越是没起来，就越需要沉得住气，而不是重仓卖出。从过去的经验看，一旦发生价、量齐升，升波对虚值期权造成的伤害并不亚于方向看错所造成的伤害！

具体操作时，50%仓位以上裸卖认购已可以算作“重仓”，它几乎顶不住一次疯狂的“价波齐升”；此外，裸卖是一切潜在大亏的根源，或有的防守总是不会铸成大错的！

当标的暂且位于所有均线之上，同时隐波还没大幅上升前，用“买近月 300 购”去防一下“卖远月 50 购”，或是反向移仓到“卖远月 300 沽”，再用“买近月 50 沽”去防守，哪怕是买一些深度虚值的近月认购去防一下轻度虚值的“卖购”，暂时性把持仓转为熊市认购价差，也比在隐波没升起来前的重仓裸卖要合理得多！

56. 3 000 点和 1 万亿元，虚值认购终于爆发！下一步，我们需要思考的又是什么

（本文作于 2020 年 7 月 2 日）

俗话说得好："一根阳线改变情绪，两根阳线改变观念，三根阳线改变信仰。"这两天，市场风格突然发生巨变，前期涨幅较大的板块纷纷滞胀，低估值的权重股则完美接力。昨天，大盘时隔五个多月再次站上 3 000 点。今天，两市量能时隔三个多月再次突破 1 万亿元（如图 56－1 所示）。从徘徊不定到改变观念，A 股仅仅花了两天，让人又一次嗅到了所谓"牛市"的气味。

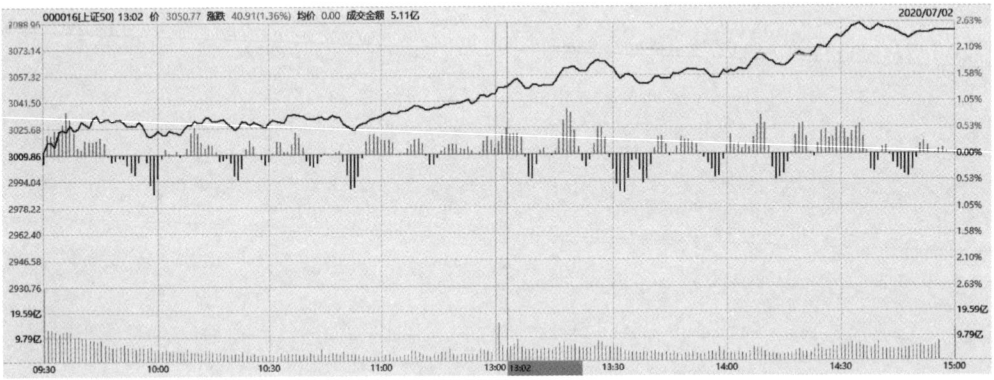

数据来源：Wind。

图 56－1 当日上证 50 日内分时走势

在期权人的眼里，今天的盘面里，除了各月份虚值认购价格全部翻倍外，还看到了波动率久违的"两翼齐飞"（深度虚值认购、认沽隐波同时飙升），还有 12 月实值认购的时间价值进一步变"厚"，以及平值认沽认购隐波差的大幅缩小（目前下降到了 3%左右）。这些指标的变化和两市量能一样，同步反映了当前市场亢奋的情绪（如图 56－2 所示）。

看盘只是一个方面，更重要的是，处在当下，对于做期权交易的朋友们，又需要思考些什么？"持仓决定脑袋"，什么样的持仓决定了你下一步的行动。

第一种持仓：已经持有买购

两天前，就在市场上许多分析师还在猜顶的时候，6 月 30 日下午 2 点，上证 50 指

涨幅%	涨跌	最新	购<行权价>沽↑	最新	涨跌	涨幅%
18.50	0.0790	0.5060	2.600	0.0019	0.0006	46.15
20.85	0.0786	0.4556	2.650	0.0022	0.0002	10.00
23.85	0.0780	0.4050	2.700	0.0028	0.0002	7.69
28.66	0.0794	0.3564	2.750	0.0032	-0.0005	-13.51
34.80	0.0790	0.3060	2.800	0.0048	-0.0005	-9.43
45.88	0.0812	0.2582	2.850	0.0060	-0.0022	-26.83
63.30	0.0814	0.2100	2.900	0.0091	-0.0054	-37.24
85.03	0.0761	0.1656	2.950	0.0139	-0.0119	-46.12
119.86	0.0682	0.1251	3.000	0.0237	-0.0193	-44.88
233.33	0.0420	0.0600	3.100	0.0579	-0.0446	-43.51
383.33	0.0207	0.0261	3.200	0.1230	-0.0683	-35.70
504.55	0.0111	0.0133	3.300	0.2100	-0.0776	-26.98
1800.00	0.0072	0.0076	N 3.400 N	0.3022	-0.0746	-19.80

数据来源：汇点期权交易软件。

图 56－2　上证 50ETF 期权 7 月合约收盘行情

数在 60 min 级别已经悄悄地形成了全均线的多头排列。假如你在几天前已经根据强势信号布局了买购的头寸，那么恭喜你，这一次布局完美成功了！这一次多头排列是近三个月以来最强的一次，权利金翻倍的速度也是最快的一次。

然而，做买方绝不是想象的这么容易，手中有没有持仓，心态是大不一样的。今天盘中，已经持有买购的朋友或许依然处于"喜忧参半"的状态中，"喜"是因为幸福来得太突然，"忧"是因为生怕走得不及时，然后浮盈被快速吞噬。如果你持这样的心态，那么最平衡的方式就是考虑先平仓一半左右的仓位以确保这一次买购的交易是不亏钱的，然后留一半仓位顺应趋势，直至某一天下穿 MA5，再止盈出局。这样做的好处在于平衡了买方的胜率与赔率，先以牺牲一半仓位的赔率换来这一次交易的胜率，再逼着自己真正拿住剩下的那一半仓位，让这部分仓位的利润"奔跑"。

第二种持仓：依然裸卖认购

就在刚过去的 6 月 22 日，我警示了当下重仓裸卖认购的危险性。今年 2 月以后，远月深度实值认购的时间价值就一直处于负值的状态。而如今，绝大部分深度实值认购的时间价值已经转为正值，最早出现这一现象的那天正是在一周半前的 6 月 22 日。如果那一天，你还没有引起重视，那么基于昨天的一根放量光头阳线，重仓裸卖认购一定不是一个妥当的行为了。

如果你已经裸卖了不少认购，那么还有没有挽回的方法？从现在的隐波水平来看，还是有的！那就是"买近月，移远月"的方式，操作上，把原来近月的卖购平掉，等张数移仓到远月虚值认购，降低负 Gamma 的风险敞口——这样还不够(遇到持续暴涨还是扛不住)，我们需要再加入近月认购权利仓作为"潜在暴涨"的保险，比如买入等张数当月那些相对便宜的认购作为防守头寸。当我们把买购与卖购的数量调整成相等数后，即便 50 指数再现单日暴涨 7%的“壮举”，你的损失也会从无限变成有限，那时候的你可能就不至于“六神无主、手心出汗”了；反过来，如果标的扭头回踩均线导致降波，那么远月认购义务仓带来的收益也很有可能超过近月认购权利仓带来的亏损。

第三种持仓：持有一堆大金融个股

这两天金融股的补涨，看似意外，其实也没有很超乎预料，毕竟今年最差的板块就是大金融和一些周期股了，任何一个板块的补涨就像一阵风吹到了它一样，只会迟到，但从不会缺席。在底部横盘磨底的时间越长，补涨时的爆发性就越强。这一波大金融个股的补涨，起于端午节前的券商股，再到昨天的银行股、保险股。当这些权重股爆发时，你会怎样套保锁定一些收益呢？有人会说用领口期权（买沽＋卖购）。那么具体可以怎么做呢？

实盘里，领口套保绝对是一门不折不扣的艺术，只有做过了，才能慢慢把握好节奏。对于今天的价和量，更灵活的领口套保可以分批、分腿进行。比如我根据目前持有的股票市值，反推出我需要买入 100 张认沽、卖出 100 张认购，于是，我可以先买入 100 张当月虚值认沽，先锁住一部分下行风险，先让下限变为可控，而上端的卖购呢？我并不着急把 100 张认购义务仓一下子都开好，而是可以先卖开 1/3～1/2 的数量，剩下 1/2～2/3 的卖购仓位等到有明确的放量滞涨信号，或是收盘下穿 MA5 的那一天再加上。我曾经在 2019 年 3 月下旬时使用过类似的方法，目的就是避免与当前的亢奋情绪下所形成的市场强趋势对着干。

第四种持仓：踏空的交易者

对于这一波“完美”踏空的交易者，重仓单腿买购已然不是最为合理的方式。今天一些虚值认购的隐波上升了 4%，这意味着盘中追涨单腿买购，不仅在方向上买贵了，而且支付了 4 个点的波动率溢价。仔细看看今天收盘时的 50ETF，它的价格已经到了 3.103 元，相对于中期均线的偏离程度已经处于历史极值区域，这意味着万一后面几天标的横盘，等待均线上移，那么这 4 个点的波动率溢价就可能会“付诸东流”。

在这个时候，即便想入场布局，价差组合也会比单腿买购更为合理。比如牛市认购价差（买开较低行权价认购＋卖开同月较高行权价认购），或是反向比率价差（买开 2 份虚值 1 档认购＋卖开 1 份平值认购）等，具体采用哪一种，取决于个人的风险偏好，以及想暴露的 Delta 敞口大小。当然，有耐心的朋友完全可以考虑等待均线上移后，再视那时的情况决定是否布局。

说期权交易有意思，那是因为在一根大阳线的背后，我们不仅是去看热闹，而是可以有很多事情值得做，比如权利仓有权利仓的走法，义务仓有义务仓的防法。随着我们对期权价格变化规律越发熟悉，随着我们的交易体系越发成熟，很多做法在盘中就会逐步形成一种条件反射。对于当前的走势，应顺势而为，该用的“善后”手法用上去，这样我们的心里才会踏实。还是那句话，不轻易猜底，也不轻易猜顶，顶和底永远不是靠猜出来的，而是靠走出来的。

57. 会买的是徒弟，会卖的是师傅——权利仓的离场

（本文作于 2020 年 7 月 9 日）

这一周的大盘，几乎每天都有爆点！

- 上周三，两市时隔三个半月重回 3 000 点；
- 上周四，两市成交额重回 1 万亿元；
- 本周一，上证综指单日大涨 5.71%，两市量能突破 1.5 万亿元；
- 本周二，两市放出“天量”1.7 万亿元；
- 本周三，券商板块不惧盘中洗盘，再创本轮新高，两融余额快速突破 1.3 万亿元（如图 57 1 所示）。

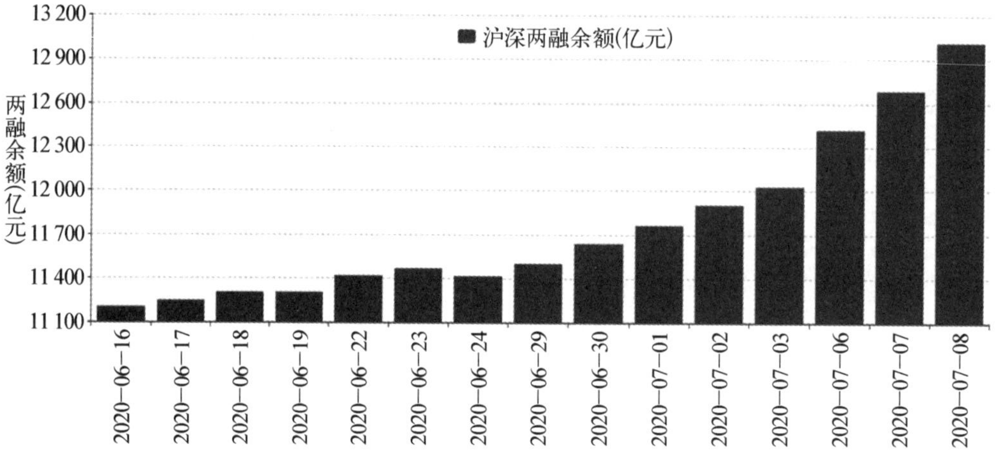

数据来源：Wind。

图 57 - 1　近 15 个交易日，沪深两市两融余额走势

目前融资余额占流通市值比最高的十只股票如表 57 - 1 所示。

且不论“天量见天价”的股谚，面对如此快速的上涨，指数价格严重脱离均线，这本身是一定存在短期洗盘的需求的，2014 年 12 月 9 日是这样，2015 年 3 月 24 日也是这样。

在一波快速拉升中，资金性质决定了它短期的洗盘力度，在每天的成交额中，两融交易金额占总成交金额的比重就是一个非常值得参考的指标。本周一，这个比重已经

表 57-1 目前融资余额占流通市值比最高的十只股票

序号	证券代码	证券简称	最新融资余额(万元)	↓占流通市值比(%)
1	600100.SH	同方股份	299 061.97	12.04
2	601108.SH	财通证券	321 526.28	9.59
3	601099.SH	太平洋	263 481.78	7.86
4	002405.SZ	四维图新	282 312.56	7.37
5	000988.SZ	华工科技	191 648.69	7.20
6	002797.SZ	第一创业	266 964.85	6.92
7	002714.SZ	牧原股份	1 433 998.60	6.90
8	300088.SZ	长信科技	197 561.08	6.67
9	002074.SZ	国轩高科	222 179.46	6.65
10	601377.SH	兴业证券	361 516.99	6.58

数据来源：Wind。

突破了 12%，这是什么概念呢？要知道在 2015 年 3—5 月的“疯牛”期间，这个比例为 18%～20%，而在 2019 年 2—3 月的小牛市里，这个比例最高也没有超过 12%。由于融资利息的存在以及“维持担保比例”这一“紧箍咒”，两融资金几乎不会成为长久性的价值投资资金，因此，一般而言，这个比重越是上升得快，也就意味着我们越是需要淡定，不能盲目着急。

股市里流传着这么一句话：“会买的是徒弟，会卖的是师傅。”这句话的背后，其实是反映了买对一只股票，曾经赚过钱并不稀奇，毕竟拉长时间看，一阵风总会把所有板块都吹过一遍，但要是想守住战果，真正长期赚到钱就一定需要有一套合理的离场之道。股票交易如此，那么对于期权交易呢？我们知道买入一份权利仓后，除了方向，我们还需要提防明枪暗箭的侵扰（所谓“明枪”，是指“时间流逝”；所谓“暗箭”，是指“或有降波”），因此对于期权买方，合理的离场方式对于守住阶段性战果来说就更为重要。

那么这一轮暴涨以来，各位手持权利仓的朋友都是怎么个“走法”呢？从我自己的例子来说，我倾向的“走法”是左侧与右侧结合的“走法”。

在一波上行趋势中，所谓“左侧离场”，就是标的价格连一根均线都没有跌破，就开始减仓认购权利仓；所谓“右侧离场”，就是当标的价格跌穿某根均线时，减仓认购权利仓。假如你把权利仓全部左侧离场，或者右侧离场，有什么不妥吗？不是不妥，而是你的心态会变得不好。如果在左侧快速地走掉了全部权利仓，那这一次就白布局了，大头都没有赚到；而如果一直憋着，在上行趋势里，权利仓一张也不走，我想这对于绝大部分人，根本是做不到的。所以为了心态上的平衡，也作为一种胜率与赔率的平衡，我们在一波强趋势里，可以左侧离场一部分，剩余部分等待标的下穿某根短期均线再走完。

这一轮的暴涨，不论你是在 6 月 19 日强势信号发出的第一天入场，还是在上周的某一天入场，在这期间的权利金肯定都有过翻倍的机会，有的甚至翻了几倍。从最为“安全”也最为简单的角度来说，当权利金翻倍时，我可以考虑先走掉一半，这样至少就确保了本次买方交易是以“保本、不亏钱”告终的。比如我以 400 元左右在上周四盘中买入了 100 张 C3200@8 认购期权，那么当它到上周五盘中已经涨到 800 元的时候，平仓 50 张，就意味着整个操作至少是保本的了。当然，从更灵活的角度来说，在上面的例子里，你也可以在权利金第一次翻倍（达到 800 元）时，平仓一半仓位（平仓 50 张），在权利金第二次翻倍（达到 1 600 元）时，再平仓一半仓位（平仓 25 张），然后把剩下的 1/4 仓位留到最后，直到趋势结束时再行平仓。

除了按照权利金上涨的幅度进行分批左侧离场操作外，“隐波上升到历史 90%分位数以上”也是一个非常值得参考的左侧离场信号。在期权交易里，我们永远需要记住的是，我们并不只是在交易方向这个维度，即便是最简单的单腿买认购，它也是做多方向（Long Delta）、做多波动率（Long Vega），同时做空时间（Short Theta）的。当某一天市场情绪过于激动，导致标的出现极大涨幅时，几乎可以肯定的是，隐波一定处于历史的极高区域，2015 年 5 月末是如此，2019 年 2 月 25 日也是如此。那么在这周一，上证 50 的波动率指数最高接近 40，这周二开盘半小时内，上证 50 的波动率指数更是飙到 50 以上，远远超过它在历史上的 90%分位数（37.28，详见表 57－2），这说明当时绝大部分的认购期权的价格包含了一个巨大的波动率溢价，一旦市场停一停，只要券商股跳一跳水，银行股歇一歇脚，这部分溢价就会迅速回落。所以这周一的尾盘和这周二的开盘，正是依靠“波动率溢价”进行部分左侧离场的绝好机会！

表 57－2　截至 2020 年 7 月，上证 50 波动率指数历史分位数

分 位 数	具 体 数 值
90%分位数	37.28
80%分位数	31.21
70%分位数	27.16
60%分位数	23.92

续　表

分 位 数	具 体 数 值
50%分位数	21.09
40%分位数	19.09
30%分位数	16.92
20%分位数	15.06
10%分位数	12.78

数据来源：Wind。由力的期权工作室整理而成。

在趋势行情里，猜顶部就像是“搏出位”，它的偶然性要远远大于必然性，更多只是一种“夺人眼球”的呼喊。在一波强趋势里，左侧离场一部分仓位，留一部分仓位等待右侧信号离场，就成为一种相对平衡的模式。左侧离场是为了提高本次交易的胜率，右侧离场则是为了放大本次交易的赔率，这两者结合的方式，从这个意义上来说，是一种平衡胜率与赔率的离场方式。

作为机构盘，我们一般的做法是兑现一部分并保留一部分，而对于保留的那一部分，则视情况再会锁定一部分。所谓锁定权利仓的浮盈，可以用卖出认购的方式去锁定：当你卖出更高行权价的认购时，相当于是用牛市价差或正向比率认购的方式去锁定；当你卖出一半数量较低行权价的认购时，相当于是用反向比率价差1∶2的方式去锁定。只是相比前者，在“量”“价”齐升的趋势里，后者的性价比会更胜一筹。

在这一轮的暴涨里，赚了钱不忘形，有了盈利也不得意。贴近期权价格变化规律做事情，合理的分批离场既是为了守住阶段性的战果，也是为了下一次更好的布局，我想，这一周能带给我们的心态上的历练应该就是这些吧！

58. 一场欢喜一场空！盘中那600%的“末日轮”，我们到底可以从中学到什么

（本文作于2020年7月22日）

最近的A股可谓大开大合，自进入7月以来，除了7月1日，两市成交额全部超过1万亿元，近16个交易日的上证综指，竟然有11个交易日的涨跌幅是超过±1%的，这种现象并不多见。今天是重要的一天，运行了30年的上证综指进入2.0版本，科创板运行也正式满一周年。恰逢今天是沪深交易所7月期权的到期日，借着指数在盘中的一股“东风”，7月平值附近的认购期权也一度出现了600%以上的涨幅！

通常来说，在期权的到期日，由于标的价格的大涨大跌，一张原来虚值的当月期权变成实值状态，这样的现象可以称为“末日轮”。做任何交易，其实我们得先知道赚的是什么维度的钱，对于“末日轮”这种操作，它所赚取的主要收入是来自一个叫作Gamma的风险指标。

在过去的绿茵场上，有一名球员我特别欣赏，人帅不说，关键还是一个绝版的机会主义者，他就是因扎吉，又称“一个在越位线上跳舞的男人”。到期日赚Gamma的钱也是一样的模式，期权的行权价就像是一条越位线。以认购为例，如果标的价格高于行权价，那就好比这次反越位获得了成功，这份期权就会暂时进入实值区域，期权价格也就会从一个很便宜的价格出现明显的涨幅；而反过来，如果标的价格低于行权价，那就好比这次反越位最后以失败告终，这份期权就会重回虚值区域，期权价格也就会出现迅速回落。今天的C3400@7认购合约，就淋漓尽致地展现了这些特点（如图58－1所示）。

选择长期做交易，并不是有了今天，没了明天，今天撞个大运，明天丢了西瓜。即便是“末日轮”这样的偶然现象，也非常值得我们去总结一些深层次的东西。

首先，“末日轮”的胜率很低，具体有多低呢？我们来看看过去六十多个月上证50和沪深300在“当月期权到期日”的涨跌幅情况：对于上证50指数，过去64个到期日里有47个到期日的涨跌幅在±1%以内；对于沪深300指数，过去64个到期日里有50个到期日的涨跌幅在±1%以内，而到期日涨跌幅位于±2%开外的次数分别只有4次（如表58－1所示）。

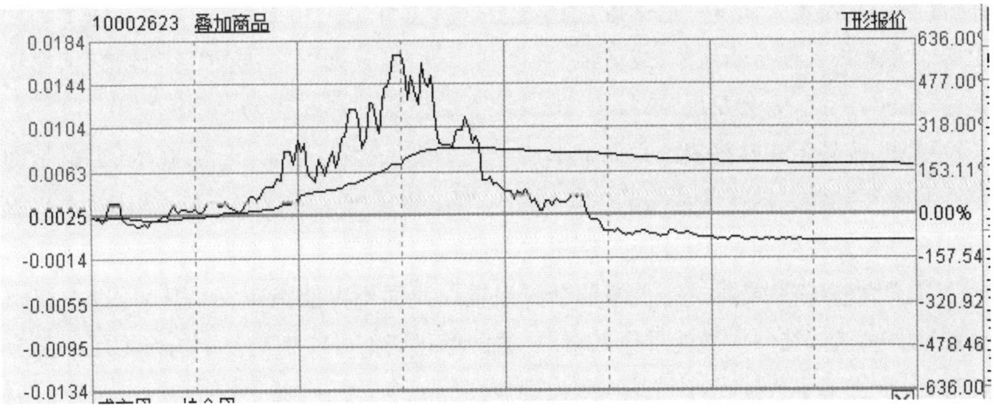

数据来源：Wind。

图 58－1　2020 年 7 月 22 日 C3400@7 期权合约的日内分时走势

表 58－1　上证 50、沪深 300 在当月期权到期日涨跌幅分布情况

涨　跌　幅	上证 50	沪深 300
[3%，+∞)	0	0
(2%,3%]	2	2
(1%,2%]	5	4
(−1%,1%]	47	50
(−2%,−1%]	8	6
(−3%,−2%]	2	2
(−∞,−3%]	0	0

数据来源：Wind。由力的期权工作室整理而成。

实际上，如果用期权的价格去更精确地计算，把过去六十多个月以来，每个到期日的虚 1 档认购、认沽的涨跌幅找出来做个统计，就会发现，假设只是看到期日的涨跌幅，那么持有虚 1 档认购的胜率仅有 3%左右，而持有虚 1 档认沽的胜率仅有 5%左右。

一般情况下，低胜率会对应高赔率。如果我们把“盈利时的平均收益率/亏损时的平均亏损率”看成盈亏比，那么过去六十多个月下来，买虚 1 档认购和买虚 1 档认沽的盈亏比又是多少呢？同样是只看到期日的情况，买虚 1 档认购和买虚 1 档认沽分别约为 4 和 13。

首先，对于任何一种模式的交易，长期是不是值得去做，取决于它的“胜率×盈亏比”能不能尽量大！从这一点来说，根据过去六十多个月的历史来看，如果在每个到期日等金额地买入虚 1 档认购（或认沽）持有到收盘，则长期下来，这种“末日轮”依然还是亏钱的。因此，你会发现“末日轮”赚钱绝不像想象的那么容易，要想在“末日轮”上长期赚钱，就必须在胜率或盈亏比上下功夫——要么提高入场信号的胜率（也就是确定当月要不要做买购或者买沽的“末日轮”），要么设置一个宽幅的止盈点（也就是止盈点的幅度要设置得非常大，才能长期扭亏为盈）。

其次，“末日轮”必须进行严格的仓位设置。我们不可能指望一个从来没做过“末日轮”的交易者，某一次做就重仓做对了，这就像我们不可能指望一个风格稳定的基金经理，上个月买了科技股，这个月换到了金融股，下个月又换到了周期股，是一样的道理！正因为某次“末日轮”的成功一定是很多次失败所换来的，所以每一次“末日轮”的仓位都必须是一个很小的比例。从一个亘古不变的道理来说，胜率与仓位永远是成正相关关系的，一个胜率很小的模式，一旦仓位较大，那么亏完后，本金就会出现骤减，你就会让自己一下子处于很被动的局面，即便是“复利效应”，短期也几乎救不了你。所以“末日轮”更适合的仓位模式就是把这个月盈利的部分，拿出最多 $a\%$（比如 1/10）去博取一个小概率事件，这样长期下来才不会“遍体鳞伤”。

最后，我们可以思考一下有没有办法实现“零成本”的“末日轮”。其实，如果你比较深入地了解了国内期权的规则，仔细推敲一下还是有一些办法的。其中之一就是在最后一两天卖出深度虚值、几乎已经不可能行权的认沽或认购，把这部分收入拿出来买几份虚 1 档的认购。

举个例子，昨天 50ETF 的收盘价为 3.329 元，即便今天跌停，它的最低收盘价也只是 2.996 元，这意味着今天 2.950 元以下行权价的认沽都可以作为卖出开仓的对象，它们都属于今天的无风险合约。目前沪深交易所卖出开仓不收手续费（相当于一个制度红利），这意味着只要今天开盘，以 0.000 1 元的价格挂单得足够早，我们依然有可能以每张 1 元的价格成交，并最终赚到这每张 1 元的权利金。左图（图 58－2）是 P2650～P2950 这些当月认沽期权在今天的成交量。我自己也是拿出一部分闲置资金，分开挂单，成交了一部分 P2600、P2650、P2700 等，以此收入作为当月虚 1 档认购的买入成本。

总量	购<行权价>沽↑	总量
277	2.600	486
132	2.650	41
352	2.700	453
816	2.750	393
1003	2.800	251
1955	2.850	415
3171	2.900	475
3962	2.950	1231
4510	3.000	3264
8536	3.100	4344
37988	3.200	17701
246321	3.300	122423
242831	3.400	167636
35858	3.500	16565
3058	3.600	2740
239	3.700	640
181	3.800	495
150	3.900	170

数据来源：Wind。

图 58－2　今天 50ETF、300ETF“无风险”认沽期权全天成交量

借着今天盘中的惊心动魄，我们好好地

聊了一下“末日轮”背后的点点滴滴。关于到期日的一些策略，绝不是说鼓励每一个交易者去采用这种策略，但至少，交易中的每一个现象都是值得我们去仔细推敲、仔细思考的，从仓位、胜率、赔率、收入-成本等多个角度深入地了解一个事物的本质，对我们自己一定会是一种提高。

59. 持股还是持币过节？对期权交易者，这其实并不重要

（本文作于2020年9月25日）

每年有两个长假，一个是春节长假，另一个是“十一”长假。每一次长假来临前，十有八九的报告会争论是“持股过节”还是“持币过节”。关于这个问题的答案，其实大可不必过于纠结：一方面，它的偶然性大于必然性，节间任何意外的消息面都会改变节前的猜想与判断；另一方面，它的象征性大于实质性，一波中长期的走势不会因为短期的事件冲击而受到本质影响。

对于期权交易而言，相比持股过节还是持币过节，有一点反倒更值得大家注意，那就是对双卖头寸的事前处理——如何合理地降低负Gamma的风险敞口。所谓“期权买方就怕行情不来，而期权卖方就怕行情乱来”，读史以知今，看一看曾经的两次遭遇（2020年2月、2018年10月），我们就会知道在长假前后，持有双卖过节的赔率有多低，风险有多大。

一次是今年的春节长假。2020年1月23日，武汉宣布“封城”，三大指数时隔一个月跌破MA20。节前若是仍然持有一部分裸卖认沽的头寸，节后则会直接遭遇A股历史上8%的最大低开。当天，最虚值的认沽期权“50ETF股2月2750”上涨1 751.85%，“沪300ETF沽2月3600”上涨2 848.09%，仅仅30%仓位的双卖持仓将在当日开盘后不久面临爆仓。

另一次是2018年的“十一”长假。长假期间，美联储年内第三次加息伴随着美债收益率的飙升（当时已超过3.2%），纳斯达克指数一周累计下跌3.21%，恒生指数累计下跌4.38%，直接导致节后第一天的A股大幅低开2%，并最终收盘下跌4%以上。

为什么历史上很多长假容易成为双卖期权的梦魇？

一方面，长假期间，国内与外盘的交易日相差五天，外盘本身就可能累计一定的涨幅或跌幅，如果这个累计涨跌幅比较大，就有可能造成节后首日的高开或低开，这是一个相对比较“天然”的缺口。

另一方面，长假期间的消息面一般难以平静。例如，2015年的“十一”长假，存在第四季度货币政策或将加码的预期，美联储在当年第四季度启动加息的预期；2018年的“十一”长假，则存在中美经贸谈判前景预期、美联储加息路径加快预期、美债收益率

倒挂的影响预期等。从 2018 年开始，劳动节、端午节、国庆节，甚至建军节，“某普”都曾经掀起过一波风浪，这些事件都会成为高开与低开的诱因。

仔细回顾历史上过去十年的节后涨跌，我们可以发现，对于沪深 300 指数，从节前最后一天收盘到节后第一天开盘，10 年内出现过 4 次跳空幅度超过 1%，最大向上跳空发生在 2015 年，节后开盘高开 3.81%，最大向下跳空发生在 2018 年，节后开盘低开 2.25%；从节前最后一天收盘到节后第一天的收盘，10 年里有 8 年的涨跌幅在±1%以上，最大跌幅发生在 2018 年，当年节后首日下跌 4.30%，最大涨幅发生在 2015 年，当年节后首日上涨 2.92%（如图 59 - 1 所示）。

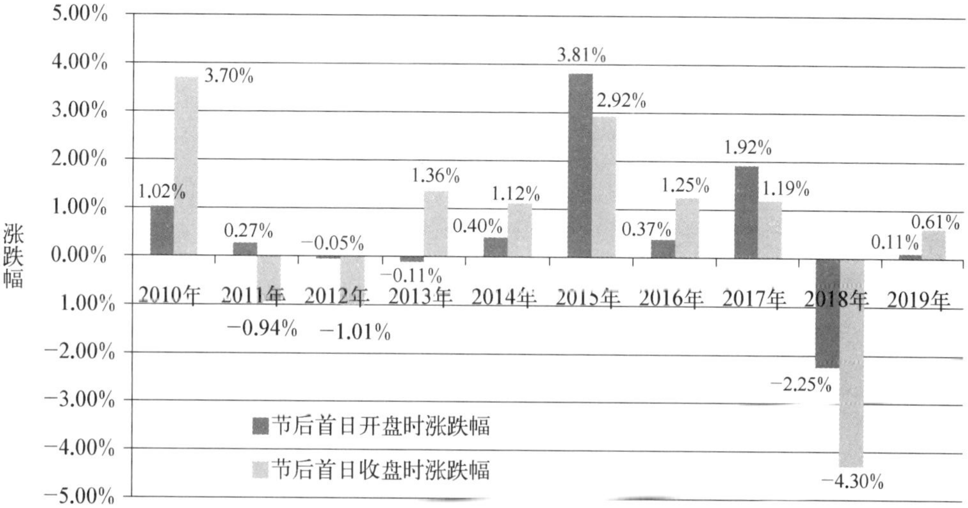

数据来源：Wind。由力的期权工作室整理而成。

图 59 - 1　过去十年节前到节后，沪深 300 指数涨跌幅表现

当前，美股的巴菲特指数（最新总市值/最新一期 GDP）已经高达 170%（处于 21 世纪最高水准），距离美国大选之日也只剩一个多月。面对未来的这个长假，出于对双卖持仓的风险敬畏，应该持有一种“宁可信其有，不可信其无”的交易态度，但愿能够平安，但必须做好预防。

那么，怎样做好双卖持仓的风险预防呢？我觉得值得参考的方式有这样三种：

第一种就是先平为敬。在节前把双卖持仓先干干脆脆地平仓，彻底消除负 Gamma 的风险敞口，等过了这个“十一”长假后，再结合长假期间的消息面偏多还是偏空，以及短期与长期均线的位置关系，视情况重新卖开回去。从 Theta 的角度说，“十一”长假处于 10 月份的开头，即便是 10 月合约，其 Theta 值也不算太大。以目前虚 3 档的认沽为例，它的 Theta 绝对值大约只有 0.241 0，如果节后开盘标的与隐波都近似不动，那么我们在 Theta 的维度上也仅仅少赚 46 元（0.241 0×10 000×7/365），这一部分收入完全可以在节后通过卖出远月更虚值的期权，在后续降波的时光里去弥补。

第二种就是买近移远。举个简单的例子，假如你在节前持有的双卖持仓是“卖出P3000@10＋卖出C3800@10”，那么所谓“买近移远”的转换就意味着：把P3000@10义务仓移仓到12月更虚值认沽(比如P2900@12)，把C3800@10义务仓移仓到12月更虚值认购(比如C3900@12)，然后买入等张数10月虚值认沽与虚值认购(比如P3000@10与C3800@10)。对于这里的两份权利仓P3000@10与C3800@10，我们的目的不是靠它们带来收益，而是仅仅为了防止类似今年2月3日那种“黑天鹅”的发生。因此，为了控制防守成本，这样的两份权利仓不需要选择太靠近平值的合约，与持有的义务仓相距一档行权价即可。

第三种是由卖转买。换言之，就是把双卖平仓换成双买布局，这种选择适合相对激进一些、强烈预期会有意外事件发生的朋友。当然，每一个选择都有它值得注意的地方。根据当前隐含波动率所处的历史水平，持有双买过节能够控制好总成本，纯粹作为长假期间意外事件的一种博弈。

到了节后第一天，无非会出现两种情况。第一种情况是节后开盘跳空幅度较大且伴随着明显升波，那我们就完全可以以“快进快出”的方式，把所有的双买持仓都平掉，兑现收益；第二种情况是节后开盘的跳空幅度仅仅在±1%以内，那我们就需要对当日日内四小时的降波有所防范，一种相对“柔和”的操作方式就是在开盘先平仓一半双买，然后对于剩余一半的双买仓位，通过加仓相等数量的次月双卖，把持仓的希腊值调整成正Gamma同时负Vega的状态。这样做的好处是继续保留标的进一步走高或是走低的Gamma收益，同时降低日内潜在降波的Vega风险，属于一种攻中带防的操作手法。

悠长假期即将来临，有的时候，长假前的防守或许比进攻更为重要！

60.“一酱功成万股哭”！今年的长假，你会买“黑天鹅保险”吗

（本文作于2021年2月3日）

这几天的行情，越来越有了过节的味道——大盘缩量，一九分化，“一酱功成万股哭”！一边是贵州茅台再创历史新高，突破29 000亿元市值，另一边则是两市863∶3 219的极端涨跌比例。从年初到昨天收盘，市场上所有个股的涨跌幅中位数已经下降至－9.53%，超过40%的个股价位已经跌破2019年1月沪指2 440点那时的低点，难怪有朋友调侃说道：“做到现在，果然还是酱香科技最硬气！”

马上就要春节了！三大指数MA20拐头向下，券商指数跌至年线，这一年的长假，你是否会考虑了解一下“黑天鹅保险”呢？那就先来看看历年春节长假前后大盘的涨跌情况吧。

稍作统计可以发现，在过去的十年里（2011—2020年），从节前收盘到节后收盘，沪深300指数有七次下跌、三次上涨，其中有五个年份的跌幅超过－1%，有两个年份的涨幅超过1%，最大跌幅就发生在去年，开盘直接低开9.09%，收跌于－7.88%；对比之下，另一个指数创业板指则表现更好，有六次上涨、四次下跌，除了去年受“新冠”疫情冲击外，最大跌幅没有超过－1%，其中有四个年份的涨幅超过了1%（如图60－1和图60－2所示）。

鼠年的春节长假（2020年1月24日至2020年2月2日）的行情，真的不堪回首！2020年1月23日，武汉宣布封城，三大指数时隔一个月放量跌破MA20趋势线，一个超级“黑天鹅”在这个长假里不知不觉地酝酿着。所谓持仓决定“脑袋”，我记得在去年的长假里，持有买沽和持有卖沽的朋友，真的是“冰火两重天”。在那个长假里，持有买沽过节的朋友时不时地留言：多休市了一天，时间价值会不会少掉一天？而持有卖沽过节的朋友呢，则一直会询问：节后可能低开多少？自己手里的持仓有没有危险，会不会爆仓？

经历了去年的春节长假，我想很多朋友至少深刻地认识到了一点，那就是宁可空仓，也不要重仓双卖头寸过节。非常坦诚地说，有了这个认识，其实就是期权交易实操中一个重大的进步！

对于防守“黑天鹅”这件事，我觉得正确的“姿势”不是重仓买沽，也不是重仓双买，而是用低廉可控、可承受的成本防一次可能的“灾难”。防守“黑天鹅”这件事是一件长

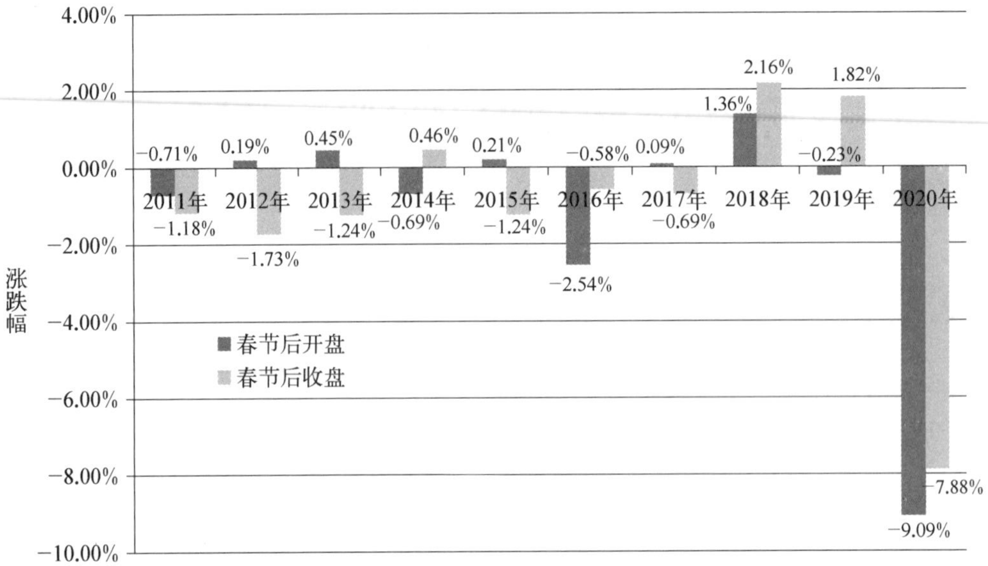

数据来源：Wind。由力的期权工作室整理而成。

图 60－1　最近十年春节前后沪深 300 指数的涨跌幅

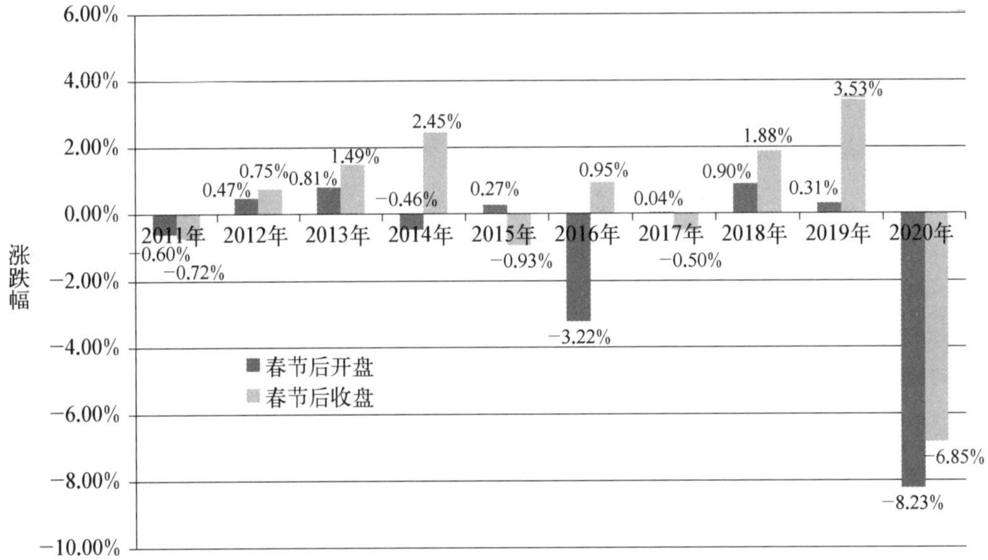

数据来源：Wind。由力的期权工作室整理而成。

图 60－2　最近十年春节前后创业板指的涨跌幅

期结果导向而不是短期结果导向的事，某一次防错了并不奇怪，但几年里只要对一次就可以管很多年。下面这张图（图 60－3）就是去年春节前虚 3 档的认沽期权 P3600，从节前的 55 元暴涨至节后的 1 699 元，长假前后仅仅一个交易日上涨 30 倍，单次收益几乎覆盖了过去 6 年里所有节假日的防守成本，这就是典型的“低胜率高赔率”布局。

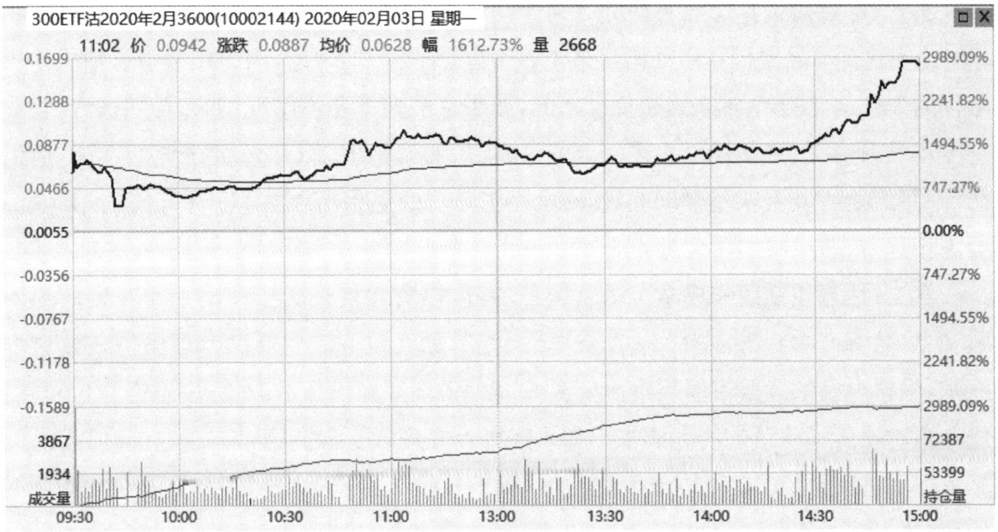

数据来源：Wind。

图 60－3　2020 年 2 月 3 日“300ETF 沽 2 月 P3600”合约分时走势

在实操过程中，仅仅知道上面这些可能还不够，我们还需要知道什么样的持仓结构可以防住真正的“黑天鹅”。有人说“只要把 Gamma 调成正数就可以了”，或是“持有正 Gamma 敞口过节就可以了”，其实这些话是不准确的。这是因为 Gamma 这个指标是会动态变化的，买入 10 张 P5000 并卖出 20 张 P4800，站在当下看，整个持仓的 Gamma 是正的；但如果市场大跌或大幅低开，这个组合的 Gamma 就会立刻变成负数，这个时候，所多出来的那 10 张卖沽就会显示出“无限亏损”的魔鬼一面，总持仓的风险裸露就变成一个无限的状态了。因此，从最严格的角度讲，要能够完全防住“黑天鹅”，就需要遵循两个“一致”：买卖数量一致和期现面值一致。

所谓买卖数量一致，是指权利仓与义务仓的数量是一致的。在期权组合里，不论是同月组合，还是跨月组合，不论是买低卖高，还是买高卖低，只要买与卖的数量一致，整个组合的风险就一定从无限化为了有限，如果持有的权利仓与义务仓的行权价间距能够进一步接近，那么整个防守效果就会做得更扎实。因此，对于节前的 10 对双卖，要想防住去年 2 月 3 日那种级别的大跌，只有在节前加仓 10 对双买或买沽，才能确保不会大亏。

所谓期现面值一致，是指买认沽的面值要与现货的市值一致。过去我们提过，一张期权的面值可以简单地被认为等于“标的价格×合约单位”。比如沪深 300ETF 在 5.500 元左右，那么一张 300ETF 期权的面值就看成 5.5 万元[5.500×10 000(合约单位)]，这意味着如果手里持有 55 万元市值的股票，那就要买入 10 张 300ETF 期权，才能实现期现面值的一致。

当我们了解了防守“黑天鹅”的本质以后，就可以在实操中加入这些原则：

第一，尽量用近月虚值去防守。对于防守“黑天鹅”这件事，用近而不用远，这是出于什么考虑呢？若是用通俗的语言来说，就是出于赔率的考虑，因为用虚值认沽去防灾难性的大跌，这件事情本来就是低胜率的，如果它的赔率还不够高，那么长期来看，它就会变得没有意义；用期权里文艺一点的语言说，那就是出于 Gamma 维度的考虑，所谓防守“黑天鹅”，其实就是要防负 Gamma，在一定的虚值范围内，近月合约的 Gamma 会高于远月，所以我们需要的正是 Gamma 这个指标更大一些的合约。

第二，适当控制防守成本。举个例子，有位投资者仅仅希望拿出一个季度的逆回购利息（总资产的 0.5%左右）去防守“黑天鹅”，那么他可以先遵循期现面值一致这个原则，根据自己的股票市值反推出要买入多少张近月虚值认沽，然后用总资产 0.5%的成本去对比所买认沽的实际成本。如果经计算发现，想买的认沽期权实在有些超出预算成本了，就可以卖出上方比较虚值的认购期权抵一抵成本，于是，整个防守的持仓结构变成“买沽＋卖购”的结构。

第三，如果没有出现“黑天鹅”，则可以提前平仓。由于对“黑天鹅”的防守往往是基于一些事件驱动或是日历效应来布局的，因此，如果节间没有发生什么意外事件，外盘也没有累计多大的涨幅和跌幅，那么次日开盘就可以尽快平仓兑现，这样的话，买认沽的“保险费”拿回多少是多少，最终也不至于让所买期权的价值真的沦为零。同样，对于“买沽＋卖购”这样的持仓结构，如果节后没有意外反而降波，那么这对组合也可以一起“摘掉”。

说到最后，让我们再来想一想平时买保险的初心吧。当一个人为一套房子买保险，他是希望房子着火吗？并不是！当一个人为自己的爱车买保险，他是希望爱车擦伤受损吗？同样不是！那我们平时为什么要买保险？是因为我们害怕可能的灾难风险，是想让自己的总体风险可控，而这恰恰就是我们每年防守“黑天鹅”的那一份初心！

61. 什么是“扶墙走”策略？下一步的看点与思路

（本文作于 2021 年 3 月 1 日）

今年的一月，“一酱功成万骨枯”！

今年的二月，“茅台鲸落万物生”！

如今到了三月，下一步，又有哪些看点值得我们关注呢？

第一个看点自然就是即将召开的“两会”。一个截止到目前的规律：“两会”前指数上行的概率更大，大约 60%；而“两会”期间指数下行的概率更大。经过去年迫不得已的“流动性宽松”后，今年“两会”关于货币政策的表述，逐字逐句的异同，值得关注。

第二个看点就是部分优质公司会在 3 月份进行年报披露，届时的“业绩”能否配得上目前下杀过的估值，同样值得关注。

第三个看点就是上证 50 能否打破月线五连阳的“魔咒”。不知你发现没有，从去年 11 月到今年 2 月，上证 50 和沪深 300 已经不知不觉地走出了月线级别的四连阳。事实上，我们可以做这样一个统计，自 2009 年 8 月至今，在这 12 年的历史里，上证 50 指数还从未在月线级别创出五连阳。2009 年 9 月到 12 月是月线四连阳，2014 年 9 月到 12 月又是月线四连阳，2017 年 5 月到 8 月也是月线四连阳，2019 年 1 月到 4 月还是月线四连阳。

作为上海市场上最大的 50 只权重股，样本更替过多次，但始终未打破这样的“魔咒”。从目前看，在经历了过去两个月的加速上行后，上证 50 和沪深 300 在月线级别的乖离率已经放到了一个较大的位置，价量的背离也已经很明显，要打破月线五连阳的“魔咒”，难度恐怕很大！

在量化投资里，有一种策略叫作“相似性匹配策略”（Similarity Matching），简言之，就是把过去历史长河中的各种“蜡烛图”排列组合记录下来，然后用最近的 K 线组合去匹配历史，找出与过去相似性最高的前 n 组 K 线组合，然后分析出历史上相似 K 线组合以后一段时间的胜率和平均涨跌幅。粗略地说，这种相似性的匹配可以用肉眼完成；更严谨点，则应该事先定义好相似性规则，然后用程序去完成。

那么，从最近的 K 线组合里，又可以找出哪些比较匹配的历史呢？比较像的有 2016 年 11 月、2017 年 11 月、2018 年 1 月和 2020 年 7 月，它们都属于前期指数加速后，高位放量大阴线暂时结束趋势的格局。通常而言，在这样的 K 线组合下，一些有经验的期权老手会先以震荡格局来对待这个市场，用一种俗称为“扶墙走”的卖方策略来回做收益，直至震荡上沿或下沿被突破。

这里说的“扶墙走”策略是什么意思呢？非常形象地说，如果我们被限制在“两堵墙”之间来回走动，那么当我们走到左侧墙壁返回的时候，自然就会扶一下，然后扭头往右侧墙壁去走；反过来，当我们走到右侧墙壁返回的时候，也会自然地扶一下，然后扭头往左侧墙壁去走。

所以，若是把这种比喻运用到平时交易里，就相当于找到了一根压力线和一根支撑线，当指数接近压力线的时候做空，当指数接近支撑线的时候做多，这就是“扶墙走”策略。进一步用到期权交易里，就可以设计成下跌至支撑线附近时卖沽，上涨到压力线附近时卖购，这相当于我们在前文里提到的“顺大势、逆小势”。

在这里，关于期权版的“扶墙走”策略，我想再分享一些实践经验。

首先，这种“扶墙走”策略必须满足一个大条件，那就是判断当前的格局是一个震荡的格局。从趋势转为震荡，往往是一个缩量的过程，也是一个容易降波（对卖方有利）的过程，一旦两市重新出现放量往某一侧突破，那就需要切换策略。

其次，上方和下方的“两堵墙”怎么取（指压力线和支撑线怎么取）？这取决于每次所处环境的技术面指标，基于当前的技术面信息，从相对保守的角度说，上方的压力线可以关注今年 2 月 22 日开盘价附近的点位，而下方的支撑线则可以关注 MA120，或是从去年 10 月至今 1/3 阻速线所处的点位（对于沪深 300 来说，目前 1/3 阻速线的点位大约在 5 000 点附近）。

再次，“扶墙走”的持仓结构是可以很灵活的。比较常见的做法有两种：一是控制仓位卖期权，二是干脆用价差期权代替裸卖期权。

对于前者而言，更柔和的做法是在下跌过程中逐步卖沽，在上涨过程中逐步卖购。这里靠什么来做事前风控？靠的就是仓位控制，比如把风险度（占用保证金/账户总资产）控制在 30%以下，或是把负 Gamma 敞口控制到总资产的 30%以下。

对于后者而言，可以在下跌的过程中建立牛市认沽价差（比如卖出虚 3 档认沽、买入虚 4 档认沽，1∶1），在上涨的过程中建立熊市认购价差（比如卖出虚 3 档认购，买入虚 4 档认购，1∶1）。这里又是靠什么来做事前风控呢？靠的就是事先买了更虚值的期权做“灾难”对冲，把裸卖的无限风险彻底化为有限。

最后，设置止盈止损点。这一点很容易，可以参考以下两种方法：

第一种就是按照权利金涨跌的幅度。由于卖期权的长期胜率会高于 50%，甚至达到 70%以上，因此，止盈点幅度可以适当小于止损点幅度，比如权利金消耗掉 2/3 时止盈，权利金翻倍时止损。但这种设置不能过度，比如权利金消耗 20%就止盈，却在权利金上涨 200%时再止损，这样就过度了，过度了就错了。

第二种就是按照标的价格回头的幅度。假如沪深 300 碰到下方支撑线后，又累计上涨了 2%～3%，那也可以考虑分批止盈。

从历史的经验来看，在一个指数从趋势重新转为震荡的初期，做买方做得不好很容易被两边“打脸”，如果能在降波途中，借助方向上的下跌去卖认沽，就往往会比“无脑”卖沽卖得更贵，成交价则更为合意。其实期权做得久了，你就会发现，拉长时间看，某一轮卖方所赚到的价差收入就应该作为下一轮买购（或买沽）布局的成本，这样的轮动才会真正形成一种“收入-成本”的互补模式，待某一年某些品种有趋势性机会的时候，赚到大钱！

62. 五月防变盘，需要“小舍得”

（本文作于 2021 年 5 月 5 日）

这个“五一”假期，外围市场出现了一定程度的动荡，标普 500 和纳斯达克指数分别累计下跌−1.11%和−3.19%，中国香港恒生指数累计下跌 2.55%，VIX 指数一度上摸 120 天均线，累计上涨了 10.62%（如表 62－1 所示）。

表 62－1　几大指数在“五一”假期期间的涨跌幅

序号	证券代码	证 券 简 称	区间涨跌幅 [区间首日]2021年4月30日 [区间尾日]最新收盘日 [单位]%
1	SPX.GI	标普 500 指数	−1.111 5
2	IXIC.GI	纳斯达克指数	−3.188 7
3	DJI.GI	道琼斯工业指数	0.213 4
4	VIX.GI	CBOE 波动率	10.619 0
5	GDAXI.GI	德国 DAX	−1.964 6
6	FCHI.GI	法国 CAC40	−0.806 3
7	FTSE.GI	英国富时 100	−0.550 3
8	HSI.HI	中国香港恒生指数	−2.546 2
9	TWII.TW	中国台湾加权指数	−3.602 7

数据来源：Wind。

在刚刚过去的四月里，国内上证 50、沪深 300 的波动率指数从 19～20 略微下降了 1 个点左右。连续六年的四月份，最终都以“降波”告终。然而，随着美股指数的斜率逐步走平，VIX 重新从底部回升，沪深 300 等指数的均线逐渐粘合。此时，对于卖方头寸有所盈利的交易者，懂得用一些“小舍得”防守一下，便是交易上的一种“攻守之道”。

运动是绝对的，静止则是相对的。一个事物不可能绝对静止，在交易世界里也是如此。所谓“久盘会变盘”，如果把窄幅震荡比作相对的静止，那么均线的粘合则可能是下一轮均线发散运动的前兆。

从道理上讲，简单移动平均线是最近 N 日收盘价的平均值，5 日、10 日、20 日之类的短期均线会粘合到一块儿，说明最近 5 天、10 天、20 天的均价越来越近，越来越趋于一致，这就意味着短期标的指数的走势已经窄幅横盘震荡了一段时间。如果从均线群的角度看市场，每一年的行情实际上就是从均线粘合到均线之间的发散，再到粘合，再到发散的过程。

在我的印象中，(关于“均线粘合”)曾经比较成功的几次布局和防守在 2016 年 5 月、2017 年 4 月、2018 年 3 月、2018 年 11 月等。

2016 年 5 月，当时的窄幅震荡令人难以想象，上证 50 指数竟然在 15 个交易日里，仅仅位于 50 点的箱体内窄幅震荡。随着 MA5、MA10 和 MA20 三根均线趋于粘合，同时量能有所放大，最终，整个双买布局总算在 5 月最后一个交易日收获了成效。5 月 31 日那天，上证 50 大涨 3%以上，大金融板块选择了向上的变盘(如图 62－1 所示)。

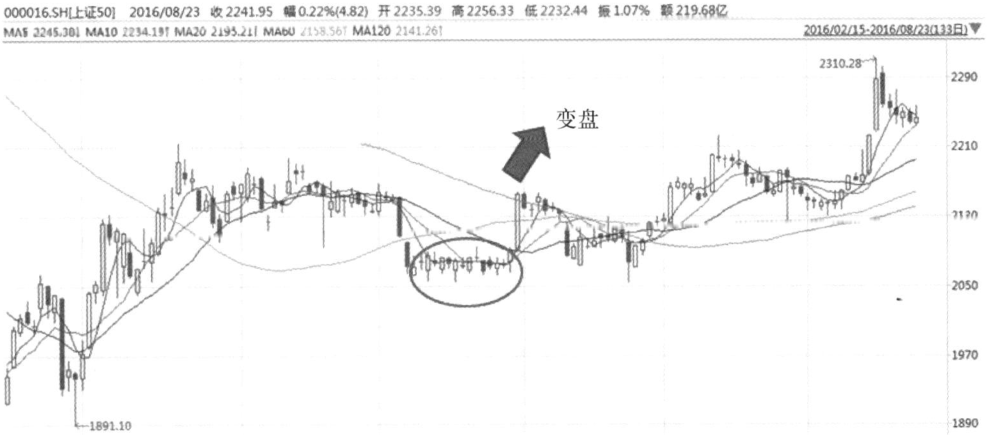

数据来源：Wind。

图 62－1　2016 年 5 月上证 50 的横盘与变盘

2017 年 4 月下旬，当时上证 50 的波指已经在历史上“叹为观止”，下降到了 10 附近，与此同时，除了年线以外的所有均线都一步步粘合到了一块。因此，基于“价”和“波”两个维度的安全边际，当时的局面对双卖策略已经几乎没有性价比可言，我们在降仓双卖的同时，分批用双买进行了防守。最终(在过了三个星期后)，5 月 25 日的“价波齐升”宣告双卖一夜回到了从前。

还有 2018 年 3 月，当时的上证 50 指数刚刚经历 2 月初的三根大阴线，正处于恢复“元气”的时段，各板块快速轮动，以中国平安为首的一些大白马都是纷纷“一日游”，表现在大盘指数上，也就形成了一字横盘的格局。到了 3 月中旬，MA5、MA10、MA20、MA120 四根均线紧密粘合，相互之间的最大距离已经小于 0.5%。最终，这一次的粘合被一个突发事件——“贸易摩擦”所打破，3 月 23 日当日，受到隔夜利空消息影响，上证 50 指数大幅低开接近 3%，当日认沽大幅升波（如图 62－2 所示）。

数据来源：Wind。

图 62－2　2018 年 3 月上证 50 指数的横盘与变盘

事实上，每一次的做多“位移”（Long Gamma），总是需要满足一些必要条件的。这些条件可以是某种事件驱动，比如某次美联储重要的议息会议，也可以是具备某种变盘潜质，比如隐波降到极致，如均线粘合得很紧密。我们设置这些信号的本质是什么？它们的本质就在于给予自己一个相对安全的边际，让过程中受到的“折磨”小一些。

从过去的多次操作经验来看，要在左侧布局 Gamma 的多头，也不是一件很容易的事情，因为布局完后未必次日就会变盘，也未必一周内就会变盘，假如隐波继续下降，那么可能会出现先“失血”，再“回血”的局面。所以，要让自己保持一个良好的心态，除了有些“小舍得”的态度以外，就是要尽可能控制好仓位。

从我自己的角度，我会用这样几种方式来调整自己的心态，同时控制每次“双买”的仓位：

第一种方式是拿前期卖方的盈利去博弈。过去，我们提到过“扶墙走”的策略，也提到了四月降波的概率极大。如果近两个月你是以卖方为底仓的，那么在过去的四月份获利 1%～2%是有可能的。此时，我们就遵循期权交易里“先收后押”的思路，把前期卖方盈利的一部分拿出来，比如 0.3%～0.5%，在均线紧密粘合的时候进行一次进攻或防守，这样的心态或许就会好很多，也更容易拿住头寸。

第二种方式与第一种类似，就是拿收益凭证的盈利去博弈。所谓“收益凭证”，主要是指券商等机构发行的收益互换或者场外期权。比如今年最为出圈的雪球期权，它本质上就是一种收益凭证，投资人在不大跌的环境下能够获得相对“诱人”的票息。回顾今年中证 500 指数的走势，可以发现，最近六个月份里，中证 500 的雪球四次发生了敲出(假设敲出价 100%)，假设月票息在 1.7%左右，我拿出其中的一个零头作为下一次双买的仓位，同样在心态上也会变得好很多。

第三种方式则是使用跨月份的组合。有的朋友会说，我四月份既没有在场内期权上做卖方，又没有涉及雪球，前期没有多少盈利怎么办？对于这种情况，则可以考虑“买近卖远”的组合，也就是双买近月，然后用双卖远月抵一抵波动率和时间的敞口，如果此后双卖远月的头寸出现了盈利，就可以提前平掉，从而变相降低双买近月的成本。

最后我们总结一下上述三种方式背后的目的：让自己的心态变得更好，让每次博弈(或防范)变盘的成本受到控制。有的朋友会说，仅仅拿出千分之几的成本够吗？其实足够！因为用期权做多“位移”，并不是在小打小闹，而是博弈(或防范)大的变盘。每一次市场经历大的变盘，买期权本身会自带杠杆性，此时千分之几的仓位就可能产生百分之几的盈利。然而，要等到这一天到来，就不能动辄重仓、满仓，因为从长期来看，只有把仓位、胜率、赔率三者的关系处理好，才会产生“时间的价值”。

63. 沪指又差“一口气”！用期权防守，是为了好好过个“中秋节”

（本文作于 2021 年 9 月 14 日）

今年的市场，“分化”成了一个几乎“永恒”的话题。8 月下旬至今，一面是周期股的“干拔起飞”，一面是沪深 300 的“反复来回”。感谢有期权，让一个没有勇气追赶周期股的“我”，却有着在期权里“刮头皮”的机会。时间走到了一年一度的中秋节，投资的窗口期也渐渐进入 9 月下旬，在这里我们就来说说怎样好好地过一个“中秋节”。

在过往的岁月里，9 月中下旬这段时间，是上涨居多还是下跌居多？我们用数据说话，先来看看历史长河里每个年份的涨跌幅吧。从 2005 年到 2020 年的 16 年间，上证综指在 9 月 15 日—30 日的表现为 6 胜 10 败，胜率仅为 37.5%；如果去掉 2008 年 9 月那波疯狂的反弹，其他 15 年的盈亏比仅仅只有 0.56，远远小于 1，上证综指曾经在 2005 年、2011 年、2012 年、2013 年四个年份里跌幅超过 3%，另有三个年份的跌幅也都在 1%～2%（如图 63 - 1 所示）。

数据来源：Wind。由力的期权工作室整理而成。

图 63 - 1　过去 16 年，上证综指在 9 月中下旬的涨跌幅

那么，对于上证 50 和沪深 300 两大蓝筹指数呢？结果同样不尽如人意！过去 16 年的 9 月 15 日—30 日期间，上证 50 指数 4 胜 12 败，胜率低到只有 25%，沪深 300 指数稍好一些，7 胜 9 败，胜率 43.75%，两个指数的盈亏比分别为 1.79 和 0.82；但如果去掉 2008 年那一年，盈亏比都会进一步下降到 0.92 和 0.42，这说明在 9 月中下旬的窗口期内，两个指数不仅是败多胜少，而且胜的平均收益率整体上及不上输的平均亏损率（如图 63－2 所示）。

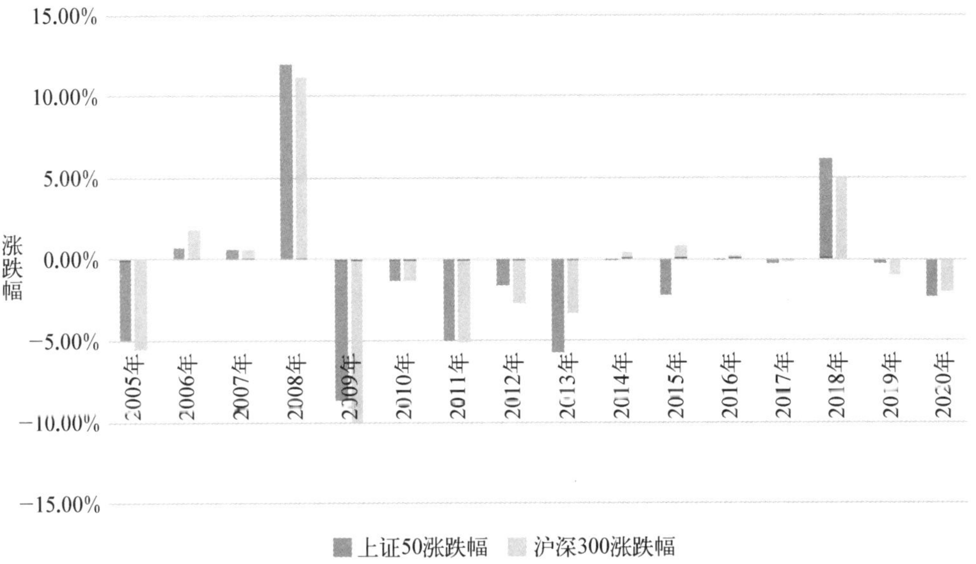

数据来源：Wind。由力的期权工作室整理而成。

图 63－2　上证 50、沪深 300 指数在 9 月中下旬的涨跌情况

最后，对于创业板指呢？创业板指在过去的十年里，在九月中下旬的表现为胜负对半，盈亏比勉强维持在 1 附近。从下图（图 63－3）中我们也看得出，这个数据主要是在 2015 年被拉上去的，从近四年的表现看，创业板指在 9 月中下旬的收益率分别为 −1.11%、2.47%、−1.81%、−1.22%。

统计规律的背后总有一些内在的共识，9 月中下旬这段时间处于长假前的关键窗口期。一方面，国庆节前由于季度末叠加商业银行长假期间的资金备付需求，资金面容易出现季节性紧张，而资金面的季节性收紧容易导致两市成交量的萎缩。另一方面，对于考核绝对收益的基金而言，为了避免长假期间的不确定性，可能会考虑锁定收益的操作。结合今年的情况，即周期股的连续上攻已经使得上证综指逼近了年内最高点，从 8 月 23 日至今的累计涨幅已经积累了大量的获利盘，如果一些以赚取绝对收益为目标的资金在 7—9 月这波周期行情中已有斩获，则这部分资金就成为潜在的获利抛压盘。

当然，分析归分析，做投资更重要的是把各种量化的信号落地成交易方案。那么，落实到当下的期权上，有哪些要点值得我们关注和思考呢？

数据来源：Wind。由力的期权工作室整理而成。

图 63-3　创业板指在 9 月中下旬的涨跌情况

第一，波动率是期权交易必看的要素。美国市场基本上已经在交易者心里印下了一种“思维定势”，上涨降波而暴跌几乎肯定升波；但国内的波动率涨跌变化比美国难以捉摸得多，它更多是基于一个箱体在进行升降的变化。如果标的价格上有均线压制，下有均线支撑，那么在接下来的一段时间几乎很难大幅升波；反过来，如果标的价格突破了前期的一个箱体，甚至是带量突破（不论上涨还是下跌），波动率则会短暂地上升。所以，观察当前均线之间的位置关系，短期均线全都位于标的下方，中长期均线全都位于标的上方，除非海外再掀波澜，如果让技术面自然地走下去，那么在接下去的均线收敛下，要指望短期再度升波，概率已经不大。

第二，上证 50 与沪深 300 指数从 8 月下旬至今，按照百分比来说，反弹高度已经超过了 7 月大跌波段的 50%。面对前期积累的较大涨幅和接下来的日历效应，对于手头有不少现货持仓的交易者，当下巧妙地加仓一些领口型的套保头寸，就属于一种守中带攻的对策。那么，具体操作时，应买入哪一个认沽，又应卖出哪一个认购呢？

对于买认沽，由于当前距离 9 月到期日只剩下两天，又由于 12 月认沽的 Vega 和当前的隐波均高于 10 月认沽，因此月份上的选择几乎没有争议，就是 10 月合约；由于目前的隐波还在 20%左右，处于一个历史中低偏下的区域，一旦标的冲高失败，仍可能再次降波，因此在买沽套保时，不用选择过于靠近平值的认沽，而是可以用类似 P3100 甚至 P3000 这样的合约来防守下一个潜在的“灾难风险”。

对于卖认购，基于上方半年线、年线的压力，以及 20%左右的隐波，用卖出 10 月 3400 以上认购期权去抵消买沽降波的风险，是一个不错的选择。当然，还有一个更灵活的方案，那就是干脆等待上证 50 指数上攻上方 MA120，在涨到 3 350 点左右后，再卖开上方的认购期权，这样权利金会卖得更贵，抵消保险成本的能力会更强。

第三，从历史上波动率指数的分布上，20%左右的隐波处于一个尴尬的位置。面对或有的压力，相比单纯的裸卖期权，正向比率认购价差是当下那么多组合里暂时具有一定的性价比的组合。在实际操作时，比率认购价差需要确定两个要素：一个是买与卖的比率，另一个就是两腿之间的行权价格相距几档。

原理上容易理解，买 m 份认购＋卖 n 份认购，m 越大则整个组合就越像权利仓，n 越大则整个组合就越像义务仓；买行权价 $X1$ 的认购＋卖行权价 $X2$ 的认购，$X1$ 与 $X2$ 间距越大则整个组合就越像权利仓，$X1$ 与 $X2$ 间距越小则整个组合就越像义务仓。在四月下旬的日历效应和上述的判断下，相距两档、1∶2 就可以暂时作为一种进攻中带有防守的组合。未来如果进一步降波，则可以提前平仓兑现；如果出乎意料地持续上攻，则启动或有防守措施，可以在上穿所有均线时，再把上方一部分卖出认购反向移仓到下方的卖出认沽，使得买购与卖购的比率调整为 2∶3 甚至 1∶1。

第四，将逆回购利息作为“末日头寸”的成本。9 月中下旬通常可以享受两次长假的利息，一次是中秋，一次是国庆。按照交易所最新的逆回购计息规则，如果我们在今年 9 月 16 日和 9 月 29 日分别操作了一次交易所逆回购，假设因为季末效应，以 3%以上的年化利率成交了 GC001 或者 R001，那么我们最终能拿到多少利息呢？

从 2017 年 5 月 22 日起，沪深交易所的调整主要修改了交易所债券质押式回购（俗称“逆回购”）计息规则，计息天数由回购期限的名义天数修改为资金实际占用天数。对于一般的周末前，投资者在周四所操作的逆回购，由于到期交收日是下一周周一，因此实际占款天数为 3 天（周五、周六、周日）。按照这个逻辑，投资者在 9 月 16 日操作的逆回购的实际占款天数将是 5 天（9 月 17 日—9 月 22 日），在 9 月 29 日操作的逆回购的实际占款天数将是 8 天（9 月 30 日—10 月 7 日），总共 13 天利息，这实在是一年里难得的无风险买卖！如果你的本金是 10 万元，成交的逆回购利率在 3%，那么这笔交易的利息收入就等于 106.8 元（10 万元×3%×13/365）。而这笔钱可以部分用于 9 月“末日头寸”的成本，如果某个虚 1 档认沽真的出现了 20 倍以上的涨幅，那么 106.8 元所产生的收益就在 2 000 元以上，相对于总资产的收益率就超过了 2%！

64. 每当期货“连崩”之时，或许只有期权还能“救命”

（本文作于 2021 年 10 月 27 日）

当一个资产封死在跌停价，卖也卖不掉的时候，还能怎么办？这样的事往往发生在商品期货供求严重失衡，或是某只个股突然“爆雷”的时候。

2019 年 5 月 13 日，棉花期货跌停。

2020 年 4 月 22 日，SC 原油期货跌停。

2021 年 5 月 10 日，铁矿石期货涨停。

2021 年 10 月 21 日，动力煤期货跌停……

同样，个股也会因为“爆雷”而遭遇连续崩塌式的跌停。前车之鉴：2017 年乐视网曾连续 11 个跌停，2020 年仁东控股曾连续 14 个跌停……

那么当期货跌停的时候，对应的期权会跟着跌停吗？一般不会！期权往往不触及涨停或跌停。比如 2021 年 10 月动力煤期货连续跌停的那三天，一张 ZC201 平值认沽期权每天仍然没有涨停，盘中可以买到。为什么会这样？拿出交易所期权的涨跌幅公式，一起算算就知道了。

与商品期货一样，每个商品期权也有自己的涨跌停价格。在国内，几乎所有商品期权的涨跌停价格公式都像是一个模子里刻出来的，交易所一般规定：期权的涨跌停幅度与对应标的期货的涨跌停幅度一致，都是 $a\%$。

这是什么意思？假如某个期货标的昨天结算价为 F，该期货的某个期权合约结算价为 X，那么这个期权合约的涨停价就是“$X+F\times a\%$”，跌停价就是“$\mathrm{Max}(X-F\times a\%$，最小报价单位)”。这里的跌停价多包含了一个最小报价单位（Tick Size），是因为期权价格不应该跌到 0 以下，如果计算出来的跌停价小于期权的最小报价单位，那么跌停价就是最小报价单位。

举个例子：某动力煤期货头一天的结算价是 1 500 元，所对应的某个虚值期权头一天的结算价为 20 元，而目前动力煤期货的涨跌停幅度设置在 4%，所以这份动力煤期权的涨停价为 80 元（20+1 500×4%），动力煤期权的跌停价就等于 0.1 元[Max(20－1 500×4%，0.1)]。

基于 80 元的涨停价和 0.1 元的跌停价，这份 20 元的期权合约要涨 300%才能涨停，这样，你一下子就会明白为什么期权要涨停没那么容易了。

相对来说，国内 ETF 期权的涨跌停更加难以触及，以 2020 年 2 月 3 日为例，尽管当天指数没有开盘就跌停，但沪指低开 8.73%，上证 50 低开 8.75%，沪深 300 低开 9.09%，仍然创下了 A 股有史以来单日最大跳空低开的记录。不过你可以发现，当天最虚值的认沽期权“50ETF 沽 2 月 2750”上涨了 1 751.85%，“沪 300ETF 沽 2 月 3600”上涨了 2 849.09%，那一天的所有认沽都没有触及涨停。

既然当期货跌停的时候，期权还不至于马上涨停或跌停，也就意味着此时的认沽期权还可以作为一个尚可交易且还具有潜在升值空间的工具。假如你还握有期货的多头头寸平不掉，那么为了防下一个跌停，或许只能求助于认沽期权了。

一般来说，对于流动性较好的期权（如目前国内的 ETF 期权），当市场出现极端行情时，什么是最重要的？通常是严防死守，使之不再出现进一步大的回撤，所以这个时候，一些交易者往往选择 Delta 绝对值（对冲比率）更大一些，同时 Vega 较小（受降波影响小）的实值期权，先锁定住回撤再说。然而在商品期权里，合约之间的流动性差异很大，大部分 Delta 绝对值比较大的实值期权已经严重缺乏流动性，于是按照“先买到为王”的原则，往往只能先选择流动性最好、靠近平值附近的期权作为买入的对象。

在商品期权里，期货与期权的合约单位通常设置一致，即“等面值”就相当于“等数量”，多 1 手动力煤期货，对应买入 1 手动力煤认沽期权，这种数量上的“1∶1”至少可以确保兜住了最大风险，风险不会再无限了。接下来的防守效果就要依靠标的期货在下一次跌停时，期权价格加速度效应的大爆发了（当一张期权由虚变实后，对冲比率就会从 50%以下自动抬升到 60%，甚至更多），假如在下一次跌停时，隐波能够进一步大幅飙升，完成“神助攻”，那么这张认沽期权就能在 Delta、Gamma 和 Vega 三个维度“齐心协力”了！

事实上，不仅仅是大宗商品，在历史上股市发生系统性风险的时候，融资客户也会遭遇千股跌停。如果这个时候挂跌停板当天卖不掉，连续数日一字跌停，融资盘就会很快爆仓，此时唯一的救命方法只能去找一个还有流动性，且还有大幅升值可能的资产——指数 ETF 期权。

我们以 2015 年 6 月股灾时期的实际数据为例，看一看当时单腿买沽的“救命”效果。

- 2015 年 6 月 15 日，假如投资者早盘还持有 10 万份 50ETF，到了 7 月 3 日收盘时的浮亏将达到 65 100 元；但如果他能在 6 月 15 日开盘以每份 0.168 5 元买入 10 张“50ETF 沽 7 月 3200”，那到 7 月 3 日时的浮亏将缩小到 17 760 元。
- 2015 年 6 月 19 日，假如投资者早盘持有了 10 万份 50ETF，到了 7 月 3 日收盘时的浮亏将达到 34 100 元；但如果他能在 6 月 19 日开盘以每份 0.156 0 元买入 10 张“50ETF 沽 7 月 2900”，那到 7 月 3 日时的浮亏仍可以降至 10 700 元。

而就在 2015 年 A 股大跌的 6 月，确实有一批客户有了这个保险的意识。根据交易所的一篇报告，共有 768 户持有认沽期权(共 4.16 万张)，面额约 12 亿元，该部分投资者通过前期构建保险策略，有效规避了当日因股价下跌而导致的 0.44 亿元损失。

65. 绝了！连续30天破“万亿”，300期权却只能“刮头皮”

（本文作于2021年8月30日）

今天，两市量能连续30个交易日突破万亿元……

放眼过去，即使在波澜壮阔的2015年，市场也未能完成如此“壮举”。2015年3月17日的那天，两市量能首次突破1万亿元，而在2015年3月30日—5月6日期间，市场量能连续26天超过万亿元。这波连续的“万亿”元也给上证综指带来了一波明显的涨幅。

时间过去了6年，直至今年7月21日到今天，两市量能连续30天突破1万亿元。这样的量能，放到过去肯定造就了一波大行情，而如今，上证综指的“箱体”却被做得这么久、这么实。

为什么？一个原因自然是A股的总盘子变得越来越大了，上市公司已经从两千多家增加到了四千多家，1万亿元能托起的市值比重变小了；另一个则是场内的资金结构已经与6年前有了天壤之别，6年前的1万亿元，杠杆资金托起了一片天，它的背后多数是散户的交易资金，而散户资金最大的特点就是这儿买一点，那儿买一点。然而自去年以来，公募和私募的发行规模不断刷出了历史新高，身边的很多个人逐渐用买基金代替了炒股，纯靠自己做交易的散户变少了，这就意味着资金更多地集中到了机构的手里。基金之间的炒股比拼，不管从“相对收益”比排名，还是从“绝对收益”控回撤的角度，都更容易导致各板块、各赛道长时间的分化。

今年年初，我们一同见证了“茅指数”占据了全市场20%以上的成交额，而当时的中证1000无人问津，悄无声息地往右下角阴跌；到了7月份，历史再次重演，新能源、光伏、半导体三大指数再度占据了全市场20%以上的成交额，而此时的金融地产指数就像年初的中证1000一样，已经默默往右下角下跌了3个月。所以，两市的量能看似是“充沛”的，但这种“充沛”已经与过去大不相同，是高度赛道化、结构化的。

一般来说，量能位于历史高位区，则意味着资金进出这个板块多，容易导致波动率也处在高位区；反之，量能位于历史低位区，则意味着并没有太多增量资金汇聚这个板块，对应的波动率也容易处在历史低位区。今年5月以后，当资金的“风”飘向了高景气成长后，沪深300整个板块并没有出现实质性的增量资金，这也是沪深300指数一直处在“低波”状态的一大原因。

“隐波”就像期权里的“PE”，低波的格局有利于提高买的性价比，高波的格局有利于提高卖的性价比。在这种“低波”的行情里，想必大家很容易联想到期权策略库里的一种组合——“双买”组合。所谓“双买”组合，就是一种既买一些认购又买一些认沽的期权组合，指望标的能够大幅波动或是隐波能够快速上升来获得盈利。

在平时操作双买的过程中，你会觉得是开仓难，还是平仓难？我想大家存在更多问题的一定是它的平仓离场！过去有不少读者曾经问：“双买组合构建完以后，我总是走不好，到底应该一起平仓，还是断腿平仓（先平掉一腿，再视情况平掉另一腿）呢？”

这个问题非常实际！答案取决于我们处在“趋势”里，还是处在“箱体”里。对于一波趋势持续行情（类似于 2018 年 1 月的 19 连阳、2020 年 3 月的一波空头排列、2020 年 7 月的一波多头排列），这种环境往往是一起平仓更好。但是对于像最近几个月“来回‘打脸’、反复折腾”的行情，分腿平仓的效果就会显得更好一些。所以，这个问题的答案取决于行情演绎的过程。

实际上，交易策略就像练武一样，有时候我并不需要得出一个“孰优孰劣”“非黑即白”的结论，而是要去寻找一种介于两者之间的“柔和”模式，在市场的左右摇摆中一步一步地平完所有的双买头寸，这种一步一步的调仓方式就是曾经提到过的“刮头皮”策略，它还被冠以一个听上去高大上的名词——“Gamma Scalping”。

什么是 Scalping？Scalping 在英文里的意思是“倒买倒卖”。这个动作并不陌生，我们都曾经在做股票或者期货交易里进行过“低买高卖”。比如，我买了 10 万元市值的一只股票，如果当天收盘前这只股票上涨了，导致它的市值超过了 10 万元，那我就卖出一些股票，让市值重新下降到 10 万元；反过来，如果当天收盘前这只股票下跌了，导致它的市值不到 10 万元，那我就补买一些股票，让市值重新回到 10 万元的水平。我们想想，这不就是一种“倒买倒卖”吗？永远在做低买高卖的操作，只不过这种“倒买倒卖”是一种 Delta 维度的 Scalping，因此我们可以称它为“Delta Scalping”。

那么“Gamma Scalping”呢？赚 Gamma 的钱是指赚标的“位移”变大的钱，所以它就是在“位移”这个维度上做一些“倒买倒卖”的操作。比如，买入认购＋买入认沽，哪一腿先出现盈利，我就先减仓兑现某一腿的期权。假如指数先出现明显的跌幅，认沽期权率先浮盈了，那就先减仓一部分认沽；如果后续市场又涨回去了，就再考虑择机减仓一些认购。

在“刮头皮”策略的具体操作中，我们又可以将其分为“精细版”和“简化版”两种。对于机构而言，我们往往会使用精细版的“刮头皮”策略，总的原则就是 Delta 中性。如果用三句话概括，我们可以粗略地做出以下总结：

首先，买入 m 张认购＋买入 n 张认沽，使得买购的 Delta 加上买沽的 Delta 约等于 0。

接着，每天选个时间点去观察 Delta 是否偏离中性太多，如果 Delta 偏离超过 $+a\%$，则平仓一些认购；如果 Delta 偏度低于 $-a\%$，则平仓一些认沽。

最后，当一天天所累积的盈利或亏损达到预设阈值时，把剩余头寸全部平掉，结束本次"战斗"。

我们可以看到，这个版本的"刮头皮"策略是基于每天 Delta 中性而设计的策略，好处是"鱼鳞"刮得很精细，只是对于个人投资者而言，每一天的操作必须参考 Delta 这个指标，理解上会稍微有些困难。于是，当个人实施"刮头皮"策略的时候，我们还可以参考股票里的"低买高卖"，设计另一个基于期权市值调整的简化版本：

首先，控制好双买的总成本，买入 n 张认购＋买入 n 张认沽，两者的成交价格差不多。以今天的收盘行情为例，P3000@9 和 C3300@9 可以作为一组配对，因为 P3000@9 的单价在 150 元附近，C3300@9 的价格在 170 元附近，这是为了让两者的持仓市值相差不多。

然后，视情况调整买购与买沽的市值。这一步的操作就是把"刮头皮"的灵活性淋漓尽致地体现出来，我们可以每天中午收盘前看一次盘，或者每天收盘前半小时看一次盘，假设我各买了 100 张认购和认沽，买购和买沽的成本价分别为 200 元，那就表示我在买购和买沽上的持仓市值各为 2 万元。

接下来，我们假设某一天认购的价格翻倍涨到了 400 元，同时认沽的价格跌到了 100 元，这个时候，认购的持仓市值就涨到了 4 万元，而认沽的持仓市值则跌到了 1 万元，为了拉平市值，我就需要平仓 75%仓位的认购，也就是兑现 75 张，对应落地了 1.5 万元的利润，于是手里的持仓就暂时变成"25 张买购＋100 张买沽"了。

那么，当持仓变成了"25 张认购＋100 张认沽"以后，下一步你可能会怎么做呢？在假设隐波并未大幅下降的前提下，如果标的指数进一步上攻，那么剩下的 25 张认购就会继续浮盈，这个时候，我们可以取个合适的时机，比如整体浮盈已经达到心里预期时，平仓剩余的认购与认沽；反过来，如果标的指数掉头往下，出现了类似阴包阳的情形，我们就可以在认沽价格回到成本价以上后，平仓一部分认沽，再次把认购与认沽的市值调平——这就是一种简化版的"刮头皮"策略。

每个策略都有相对偏好的环境，每个策略都有需要记录的细节。在"低波＋箱体"的格局里，在沪深 300 指数的"位移"暂时无法变得很大的时候，这种"刮头皮"的方法变成了期权人必学的一种技能。

66. 这么低的“波”，又在憋什么招呢

（本文作于 2021 年 11 月 26 日）

从今年 11 月初至今，除了与新能源沾边的部分行业，大部分行业几乎没有什么惯性，追涨杀跌极容易被套，“东边不亮西边亮”的局面也伴随着期权市场极致的降波。如果要用四个字来刻画本周期权市场的波动率走势，那就是“一路向‘南’”！

截至今天，沪深 300ETF 当月平值认购的隐波已经降到了 13.10%，当月平值认沽的隐波已经降到了 14.94%，双双低于 15%，4600 行权价以下的所有认购隐波都变成了“空值”，近三天的实际波动率都已经降到了 10%以下（如图 66－1 所示）。从历史上的沪深 300 波动率指数看，目前的水平已经进入了“极致”低波区域。

IV	Delta	行权价	最新价	涨跌幅	成交量	持仓量	IV
; 合约乘数 10000)						F 4.935	ATM IV
0.00%	0.9998	4.400	0.0016	6.67%	5621	4.2万	20.19%
0.00%	0.9976	4.500	0.0034	17.24%	4505	5.9万	19.26%
0.00%	0.9847	4.600	0.0066	26.92%	8477	8.4万	17.51%
12.62%	0.9361	4.700	0.0134	26.42%	2.4万	9.2万	16.30%
13.62%	0.8151	4.800	0.0290	27.75%	6.6万	6.7万	15.43%
13.10%	0.6117	4.900	0.0595	25.53%	17万	10万	14.94%
13.51%	0.3756	5.000	0.1118	22.19%	19万	11万	15.01%
15.19%	0.0385	5.250	0.3191	12.28%	1.5万	2.3万	18.29%
18.56%	0.0008	5.500	0.5672	8.47%	746	5156	25.14%
23.11%	-	5.750	0.8100	4.92%	238	2665	31.97%

数据来源：Wind。

图 66－1　当日收盘，沪深 300ETF 当月期权行情

“波”的本质是数学里的标准差，它在一长段时间里会降，但不会一直降，到了一定的程度，偶然中就会体现必然。**这里，让我们回顾一下，历史上那些很长的降波通道后都发生了什么**。

2016 年 3 月开始，上证 50 期权进入了史上最长的一次降波通道，最低曾经一度降到了 8 左右，这样的降波让当时一些期权交易员认为“50 波指没有最低，只有更低”。然而在经历了 15 个月的降波通道后，2017 年 5 月 25 日那天的大阳线宣告了降波模式的结束。随后的一个月，由于 MSCI 宣布首次纳入 A 股因子等事件的催化，波动率出现了一轮快速的上升（如图 66－2 所示）。

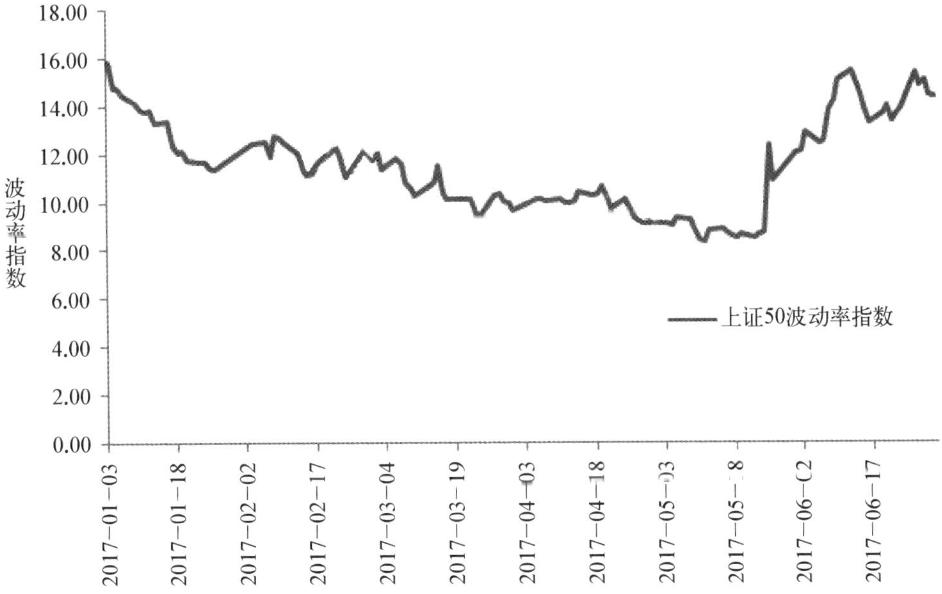

数据来源：Wind。由力的期权工作室整理而成。

图 66－2　2017 年 1 月至 6 月上证 50 波动率指数的走势

2019 年 1 月初，在经历了 1 月 4 日的全面降准后，市场元气开始逐步恢复，以北上资金为首的外资也开始持续每日净流入。在 1 月 20 日以前，由于上证 50 指数上方有着 60 日线、120 日线以及年线等多根均线的压制，起初市场交易者也认为这一波反弹可能到此为止，上有顶下有底，于是波动率指数持续下降，一度跌破 15。然而，一切变化就在春节以后，内外资无缝衔接，政策暖风频吹，2 月起，降波模式宣告结束，每日的波动率总归比前一日高那么一些。到了 2 月 25 日，事态发展到了极致，当日上证 50 指数 7％的大阳线直接拉爆波动率指数，做空波动率一夜回到“解放前”，做多波动率一夜变成暴富人(如图 66－3 所示)。

然后来看一下 2020 年 1 月末到 2 月初的情况。在去年 1 月份，上证 50 和沪深 300 期权都处于一轮“忘乎所以”的降波中，波动率指数再一次降到了 15 以下，当时最边上的 2 月认沽期权“50ETF 沽 2 月 2800”在 1 月初时已经只剩 32 元的时间价值，到了 1 月 14 日只有 20 元的剩余价值，可是后来呢？2020 年 1 月 23 日“武汉封城”，“新冠”疫情的不确定性迅速在整个市场得到反应，“50ETF 沽 2 月 2800”合约先是在 1 月 23 日收盘涨到了 158 元。再是在同年 2 月 3 日，遇到史上最大低开日，一下子暴涨至 1 950 元，单张卖沽的浮亏在几天内就达到了 1 918 元(如图 66－4 所示)。

最后再来看下 2020 年 6 月中旬的情况。2020 年 6 月中旬以前，期权市场也是出现了接近 3 个月的降波。当时，7 月份最虚值的认购期权“50ETF 购 7 月 3200”的时间价值只剩下 25 元，到了 6 月 29 日那天收盘，它还没有出现明显的异动，剩下 18 元，可是进入了 7 月以后呢？“50ETF 购 7 月 3200”这份合约先是在 7 月 3 日暴涨到了

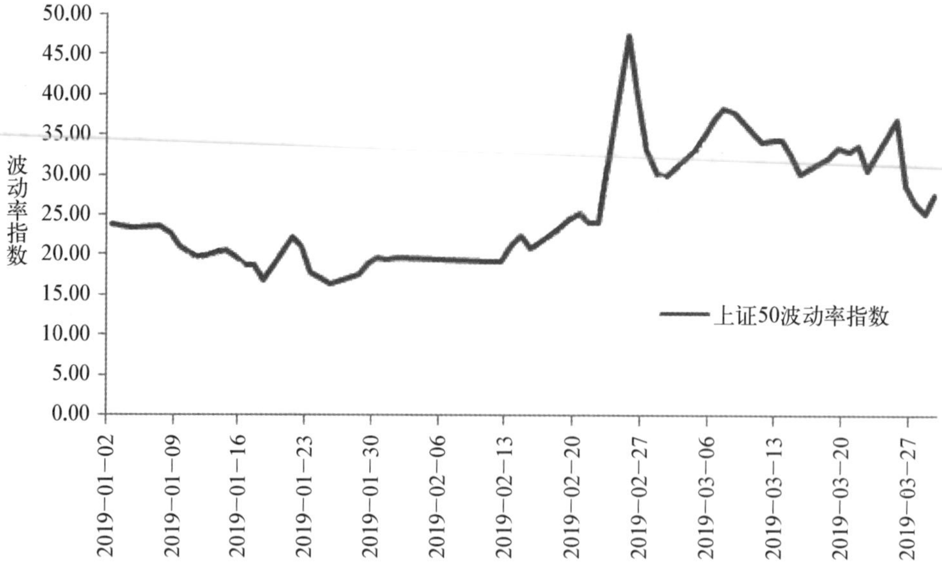

数据来源：Wind。由力的期权工作室整理而成。

图 66－3　2019 年 1 月至 3 月上证 50 波动率指数的走势

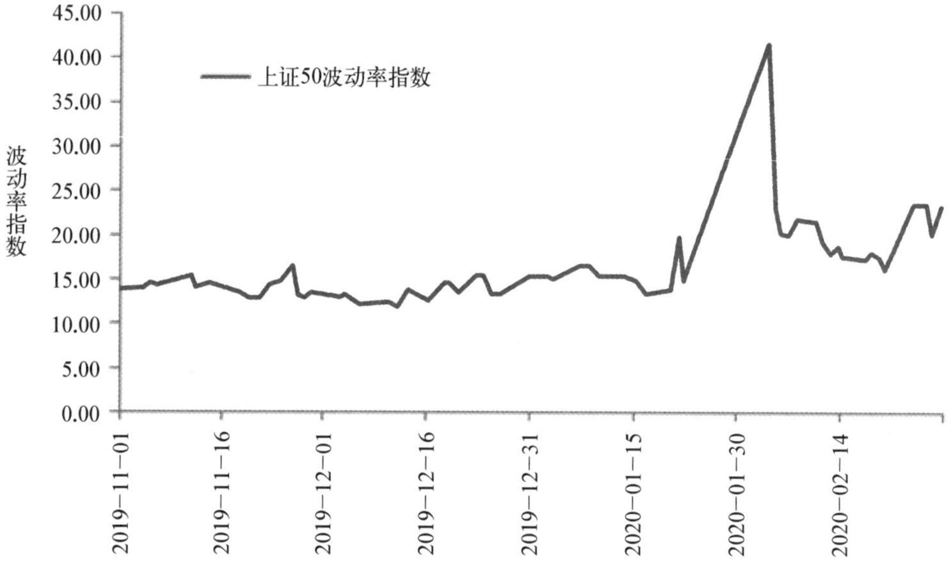

数据来源：Wind。由力的期权工作室整理而成。

图 66－4　2019 年 11 月至 2020 年 2 月上证 50 波动率指数的走势

598 元，7 月 6 日那天更是一路上涨到了 3 263 元，相对于 6 月 29 日的收盘，单张卖购的浮亏比当年 2 月 3 日有过之而无不及，达到了 3 245 元(如图 66－5 所示)。

目前恰逢年末，我一下子就联想到了 2019 年 10—12 月的降波期，那时每天的买方头寸都在“失血”(Bleeding)。确实，每一次进入降波通道的后期，从操作的角度来说，都是非常不易的！因为每一天的波动率都在下降，如果前一天买了认购或是认沽，

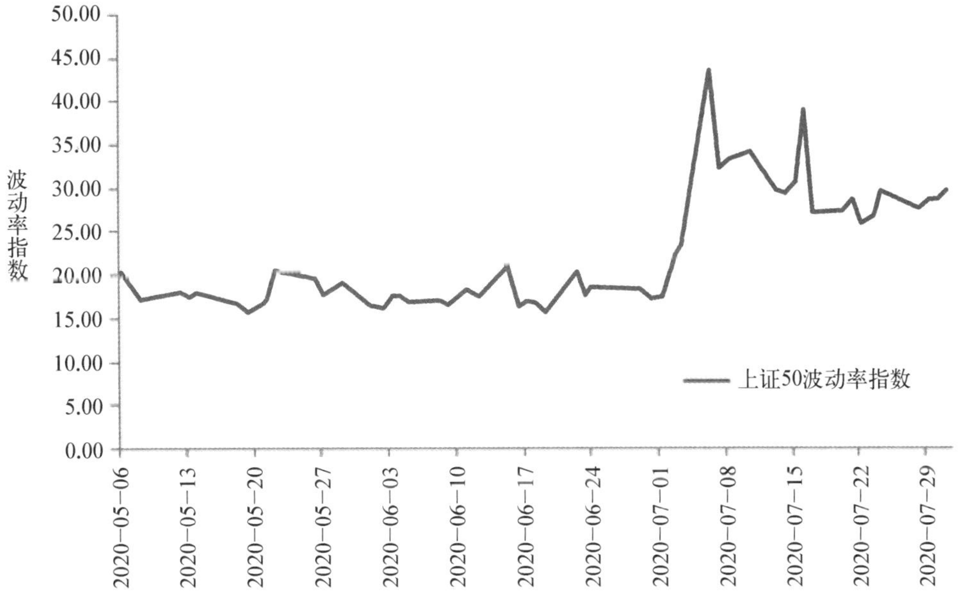

数据来源：Wind。由力的期权工作室整理而成。

图 66－5　2020 年 5 月至 7 月上证 50 波动率指数的走势

第二天方向看反了，则基本上会遭受方向与波动率的双杀；如果双买期权（买一份认购、一份认沽）把方向的维度 Delta 中性掉呢，那么第二天的降波就是一次铁亏；然而，如果在 15％的波动率水平再去重仓做空波动率卖出期权呢，那样的利润空间也是非常微薄的。

在交易里，原则是第一位的，是最重要的。既然波动率水平已经处于低位，那么单纯地双卖期权等做空波动率的风险就会集聚，而真正能让交易者安然度过波动率突然由降转升的操作也只有逐步变为有买、有卖的持仓。

由于目前每天几乎还在降波，明天也有可能继续降波，买方的建仓速度过快是不可取的。我们通常不可能准确地猜出波动率飙升的那一天具体是哪一天，但我们可以用一种相对匀速的方式，把做空波动率的持仓逐步转向。

如果你觉得波动率处于历史低位，并坚信在跨年行情里会有大的变化，已经持有了类似于双买期权这样的头寸，**那么，要让每天资产不受到降波太多的影响，就要了解以下两点：**

一是做多 Gamma 的持仓不宜选择太远月的期权（如次年 3 月的期权），因为次年 3 月平值附近期权的 Vega 很大（大于 12 月和次年 1 月的期权）。Vega 是衡量波动率变化 1％、期权价格变化多少的风险指标。Vega 过大的合约受到降波的影响会更大。既然明天还有可能继续降波，那就不宜选择 Vega 过大的合约。

二是视情况，日内进行 Vega 对冲。如果我们当前的持仓是 12 月做多 Gamma 的持仓，那么我们大概率是为了博弈下个月各种政策面和外围市场的大消息，然而最近的日日降波会让这样的持仓天天受到一定的损害。如果实在受不了这样的损害，则在日内卖开虚值 1 档或其他远月期权；若当天日内 4 个小时一路降波，则这一卖方头寸的浮盈已经降低了部分的双买成本，那就当作一个日内价差先行平仓，继续保留原来的那对双买，看看此后的一周内还会不会有大的变盘……

67. “宁王”大跌7%，这根“大阴线”让我想到了很多

（本文作于2021年12月24日）

今天，今年全市场最牛的电新龙头“宁德时代”大跌7%+，这根大阴线让创业板指大跌了2.27%，让电力设备与新能源板块重挫了4.24%……然而另一侧，贵州茅台大涨3.49%，中国中免大涨3.59%……继12月7日至12月8日之后，“宁德时代”与“贵州茅台”的反转进一步得以确认（如图67-1所示）。

数据来源：Wind。

图67-1　当日宁德时代分时走势

对于宁德时代的大跌，想必不同的操盘手一定会持有不同的视角，那么从量化、做期权的角度来看，你的第一反应会是什么呢？

(1) 上证50与沪深300的相关度降低，对冲头寸要平衡

今天，我们试想这么一个问题：同样有100万元的股票市值，你是会用上证50期权保险，还是用沪深300期权保险？答案在很大程度上取决于你的手里有没有宁德时

代这类股票。在给手里的股票做保险的时候，每一位期权投资经理第一会考虑的就是持股组合与对冲标的的相关系数。

如果是几年前，上证 50 与沪深 300 的相关度还比较高。但在最近的一两年，随着金融地产在沪深 300 里的权重下降，两者的相关系数已经出现了下降。而就在今年 12 月，沪深 300 完成了最新的一次成分股调整，宁德时代被正式纳入沪深 300 指数，所占权重近 4%，这意味着新能源在 300 指数里的占比进一步提高(如图 67－2 所示)。

证券代码	证券名称	中证行业分类	上市地	权重(%)
600519	贵州茅台	主要消费	上海证券交易所	5.99
300750	宁德时代	工业	深圳证券交易所	3.92
600036	招商银行	金融	上海证券交易所	2.80
601318	中国平安	金融	上海证券交易所	2.45
000858	五粮液	主要消费	深圳证券交易所	2.07
000333	美的集团	可选消费	深圳证券交易所	1.58
601012	隆基股份	工业	上海证券交易所	1.56
300059	东方财富	金融	深圳证券交易所	1.39
601166	兴业银行	金融	上海证券交易所	1.26
002594	比亚迪	可选消费	深圳证券交易所	1.14

数据来源：中证指数公司网站。

图 67－2　沪深 300 最新前十大权重股

经过最新一轮成分股调整后，上证 50 与沪深 300 的相关度进一步降低。这就要求在对冲的时候，需要结合持仓进行细分。针对金融地产的股票市值，我对应 50ETF 期权去保险；针对新能源等其他股票市值，我对应 300ETF 期权去保险。在具体保险的时候，并不是一张 50ETF 认沽换成一张 300ETF 认沽，而是按等面值的原理，30 张 50ETF 认沽大约对应 20 张 300ETF 认沽，对冲头寸需要平衡好，以增强整体的保险效果。

(2) 近期量化的日子估计不好过，沪深 300 的超额业绩难做

今年每天的量能看似“沸腾”，但风格的运行则过于极端，“旱”“涝”泾渭分明，量化基金要产生持续的超额收益(也就是跑赢指数)，往往需要和新能源高景气赛道扯上关系，暴露较大的风格敞口，用量化的术语来讲，就叫作“超配”。例如，一个板块在指数

里的权重有 10%，那就需要买配置超过 10%权重的仓位，这样的结果就是，涨的时候能跑赢指数，跌的时候就会跑输指数。所以当宁德时代出现第一根大阴线的时候，一只沪深 300 量化增强基金就很难“左右逢源”，要今天表现好，那就很可能在过去几周表现不好，因为只有提前低配了新能源，把部分仓位切换到了低估值、低价位的资产，才会减少本周净值的回撤。此外，如果一只量化基金已经建立了股指期货空头对冲头寸，那么最近沪深 300 期指大幅的升水又会对期指空头增加一个不太有利的因素。

(3) 未来沪深 300 指数更加平衡，波动率指数或时常低于上证 50

今年 11 月，我们看到了 MSCI50 的诞生，它被视为一种“宁”与“茅”的平衡。而如今，在宁德时代被纳入沪深 300 指数以后，我们自己的 300 指数也在一定程度上实现了“宁”与“茅”的再平衡。这样的平衡会如何影响期权的波动率指数呢？

过去我们说过多次，波动率指数反映的是标的走势斜率的预期，如果标的重新进入箱体，对应的期权大概率就会发生降波；反之，如果标的走势开始变陡，那么期权大概率就会开始升波。试想一下：以如今的结构性行情为例，是“茅台”与“宁德”都大涨或都大跌的交易日多，还是两者分化的交易日多？大概率是后者，这就意味着指数内部的两大权重股很可能会“打架”，这样的“打架”容易降低指数发生共振大涨和大跌的预期，进而降低了升波的预期。

实际上，在今年 8 月份以来的绝大部分交易日里，上证 50 的波动率指数已开始逐步高于沪深 300 指数，而随着未来 300 指数的内部结构更加平衡，这个现象也会越来越不足为奇。

(4) 极致低波后的博弈，关注波动率的“两翼齐飞”

从期权人的角度，接下来在极致的低波后，我们又会观察什么呢？——波动率曲线何时能“两翼齐飞”。

波动率曲线，是指所有同月虚值期权隐波的连线，当认沽明显升波时，曲线的左侧会变得陡峭；反之，当认购明显升波时，曲线的右侧会变得陡峭。从 8 月至今的大部分时间里，你会发现，当指数接近箱体上沿时，虚值认购开始逐步降波，而当指数下探接近下沿时，虚值认沽又转为降波，波动率曲线始终未能与价格形成共振，形态上始终未能“两翼齐飞”。所以处在当下，认购的隐波能否持续上升，波动率曲线能否“从平变陡”，就成了期权交易者下一个关注的要点。

68. 极易“回撤”的时期，你扛得住吗

（本文作于 2022 年 1 月 11 日）

对于今年的市场，你有什么感受？

- 几大指数连续下跌，但与 2016 年初的急跌不同，每天都是碎步下跌，板块之间猛烈地调结构，Beta 的机会没有，但负 Alpha 的机会有一大堆；
- 当出现负 Alpha 的时候，有些中性产品可能会为了赚钱，冒险暴露 Beta 敞口，这就可能遭到 Beta 与 Alpha 的双杀；
- 市场的“审美”切到了 10 元以下、低 PB 的票，那些过去几年关注度大的、成交额高的“浓眉大眼”轮番下跌，而且是“温水煮青蛙”式的下跌；
- 在上证 50、沪深 300 下跌的几个交易日，认沽期权本身一点也不“激动”，哪怕是上周四盘中 50ETF 跌破 3.200 元，平值 P3200@1 最高也只涨到 615 元。不得不说，这和过去平值附近动辄千元的认沽相去甚远……

近一年，导致平值认沽一点也不“激动”的原因是什么？我想这背后，既有宏观的影响，也有微观结构的影响。

从宏观的角度来说，与往年相比，近一年里缺乏特别“超预期”的风险事件。没错，美联储的加息节奏是一个不安定因素。只是与 2018 年美联储年内四次实质性加息相比，目前市场还没完全把这种不安定因素反映在价格中。对于海外宏观流动性，去年唯一一次冲击来自 3 月初十年美债收益率的快速上行，而确确实实，那段时间也对应着近一年上证 50 和沪深 300 波动率指数的最高点位，此后的波动率指数再未创出新高。这也反映了期权市场资金对宏观流动性的担忧暂时没有超过去年 3 月的那个时候。

从微观的角度来说，T0 交易资金增加了较多的日内买卖盘。近一年，你早已不奇怪天天万亿元的成交量，但在这些“天量”的背后，波动率指数却是持续走低。由于波动率指数更多体现一种“隔日突破”的预期，那就说明背后一定存在着不少的 T0 交易资金。

这些 T0 资金大概来自哪里？至少有两类来源：第一类是以股票 T0 为主策略的私募基金。在市场上，有不少私募产品就是做股票 T0 的，用价、量等趋势类指标做着日内的高卖低买，以追求一根低回撤的净值曲线。第二类则是雪球发行人的对冲盘。

过去的文章里我们已经说过，雪球的发行人是券商或者期货风险管理子公司。他们和买家并不是在对赌，而是每天控制着方向敞口，进行着 Delta 的对冲。这种 Delta 对冲是怎么做的？就是手里先握有一些正股的底仓，然后每天在日内进行低吸高抛的操作，用低吸高抛的利润来弥补潜在的票息支出。去年有券商估算过，存续雪球产品的名义本金可能有 1 000 亿～2 000 亿元，那背后的对冲盘都是潜在的日内资金。

那么放眼未来，什么样的因素才会改变当前的格局呢？

一个是“有没有隔日的实质性增量资金”。这几个月，我们反复看到了证券市场上量很大但波很低，同步到期权市场上，你会发现过去半年里，在期权成交量发生异动的交易日，持仓量都没有发生太大的异动。通常，期权的成交量更能反映短期的交易活跃度，而持仓量更能反映一个中期的行为。以去年 9 月 1 日两市成交 1.7 万亿元为例，那天上证 50 期权的成交量较上日增加了 52%，而持仓量竟然只上升了 0.54%，这说明了什么？说明这只是短线资金进出换手的一种“热闹”。

另一个则是“有没有宏观事件的冲击影响”。2018 年，美联储每一次的议息会议都会牵动全市场的心，因为当时已经进入加息周期，每一次发言的态度都会影响此后的加息路径，而这种不定期的影响也让当时的波动率指数进入了不定期脉冲走高的格局。今年要注意的同样是市场对美联储态度边际变化的反应，所以做空波动率往往是阶段性的，要捕捉风险释放后的交易日分批做，同时也要带保护地去做。

如今各大指数之间是严重分化的，对于期权的两个标的上证 50 与沪深 300，至少还处在一个暂有“支撑”的格局，它们的波动率指数会与标的价格本身密切相关：若是上涨重回震荡中枢，则容易降波；反之，若是下跌，重新逼近去年 7 月末低点，则容易升波。在这种“温水煮青蛙”的环境里，我们应该小心什么？那就是“无脑”地双卖，在每个月的月初，双卖主要赚的是降波的钱，直到最后赚的才是时间流逝的钱，所以在这样低波的环境里，每个月滚动双卖真的很像“温水煮青蛙”，感觉很舒适，却不知道致命的危险迟早会来临。

当然，我一直是持这个观点：任何一次卖方交易，一定都要做好该有的保护。在实盘里，可以采取以下三项保护措施：

第一，设置事前防守头寸。目前认沽的隐波处于“近低远高”，比如卖出 3 月认沽并买入 1 月认沽，前者作为进攻头寸，后者作为事前防守头寸。当防守头寸和进攻头寸数量相等时，即便遇到去年 2 月 3 日那样的“黑天鹅”，整个持仓也不会出现风险无限的情况。

第二，设置或有防守条件。比如在上面第一点的基础上，再考虑增加买沽的或有防守。例如，当价、波开始共振时，方向上突破了近 n 个交易日的高点（低点），则立刻启动或有防守，在原有的价差组合上，再加入一些买沽，让整个保护变得更为扎实。

第三，设置提前止盈点。“顺大势、逆小势”的卖出开仓法是一种典型的基于箱体震荡的做法，它的目标并不是为了耗掉最后一分权利金。从近一个月的盘面上，我们也看到了，12 月中旬卖出认沽，如果没有在两周内及时止盈，那么在今年年初连续大跌的形势下，就会让认沽价格大幅上升，相当于坐了一次直升“电梯”。所以我们可以设置“权利金耗掉一半以上就提前止盈”，等待下一次机会。在箱体震荡的行情中，这样做的累计收益不一定会亚于日内买方操作的结果。

69. 周一又吃"大面"！卖方的风控线，你会设在哪

（本文作于2022年4月11日）

今天，本轮下跌行情的抗跌支柱（房地产）——保利倒下了……

今天，沪深300大跌4.5%以上，恒生指数大跌6%以上……

今天，沪深300波指创下了年内最大涨幅，近一年里已经好久没有这么升波了……

2022年3月份以来，美联储加息在即，地缘局势冲击，上海、深圳多地"新冠"疫情超预期，中概股恶化发酵，MLF降息落空……一个个理由交织在一起，你会不会用"脚"投票？

之前我们曾经提到过，对于每次连续的下跌，除了宏观上的问题，一定有微观结构上的"负"反馈，因为盘是资金实实在在地"砸"出来的，这其中有一部分对于未来悲观的资金，也一定有一部分需要"保命"和"非卖不可"的资金。上周有些人曾担心国内雪球产品带来的抛盘。可实际上雪球只有多少名义本金（去年曾有券商估算，2 000亿元左右），而去年新发的公募产品、私募产品却有多少资金（上万亿元），更值得担心的是什么，一目了然。

今年年初至今，公募和私募基金的募集都空前"遇冷"，没有了充足的新增"子弹"，那么存量资金的风险偏好就变得非常重要了。对于一个预期没那么好的市场，第一波主力资金抛出，然后接力的资金动力不足，加上一系列超预期利空事件的袭扰，又会有第二波主力资金抛出，当指数连续下挫，跌破大部分新发基金的成本线后，随之而来的一个问题就是：公募要追求相对收益，各基金需要比较排名，而私募则要追求绝对收益，两者都想保产品，不想触及预警线，于是当大家普遍都跌破了自己的成本线后，指数的反弹冲高就给予了减仓的机会。

今天，在某个网站上看到了这样一则消息，"根据私募排排网最新数据获悉，截至3月中旬，共有2 067只私募基金自成立以来的收益率已跌破预警线，其中，涉及21家百亿元级私募的183只产品"（如图69－1所示）。对于私募产品而言，所谓"预警线"，就是指强行减仓线。有些产品被迫减仓一半甚至更多。什么时候能加仓到之前的水平，就要看什么时候这些产品的净值能重新回到预警线以上。所以，别听谁说企稳了，也别看谁高开了，对于当前的市场，极致的缩量才是最必要的。

07:33 【2067只私募基金跌破预警线 涉及21家百亿元级私募183只产品】随着A股市场的持续回调，证券类私募基金收益亦影响较大。近日，记者根据私募排排网最新数据获悉，截至3月中旬，2067只私募基金自成立以来的收益率已跌破预警线，其中，涉及21家百亿元级私募的183只产品。中睿合银研究总监杨于直向记者表示，虽然证券类私募旗下相关产品收益率走低，但也要看到，在当前估值水平下，市场投资价值已凸显，证券类私募大概率会维持合理的多头仓位。（证券日报）

图片来源：证券日报。

图 69－1　相关网站的报道

还记得上周五下午大盘因券商股的急速拉升而出现反攻之势吗？然而这一次，期权的“波”再一次走在了前面，上周五期权市场的资金对下午的那波拉升似乎并不买账，各月份平值认沽的“波”再次出现倒挂（近高远低），而且这种“倒挂”在本周一开盘后变得越来越显著。

今天一天，“300ETF 沽 3 月 4000”和“300ETF 沽 3 月 4100”最高分别上涨了 332％和 256％，这样的涨幅产生了多大的保护能力呢？简单计算一下，对于 100 万元的股票市值，哪怕是仅仅持有 0.5％左右的买沽仓位，那么在今天收盘的时候，能够对冲将近 1.7％。若是从上周五收盘就开始累计，那么这份 Gamma 最大的保险合约的升值幅度已经达到了 1 086％。

从这张分时图（图 69－2）里大家都能明白，双卖的交易者今天会是个什么状况……

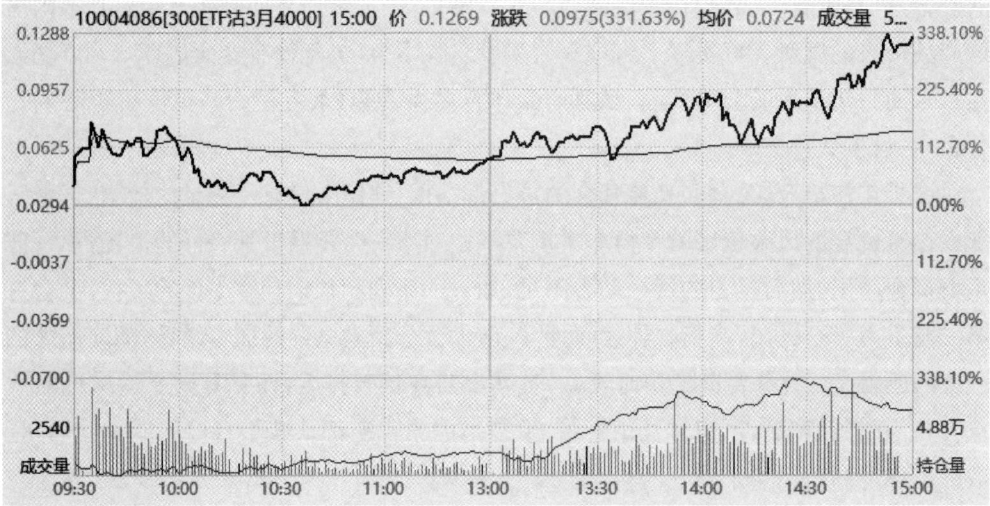

数据来源：Wind。

图 69－2　今天，一张“300ETF 沽 3 月 4000”的分时走势

然而，有了买沽的保险，今天盘中股票端的浮亏多多少少会有所抵消，于是盘中的问题就变成了已经大幅上涨的认沽是不是要兑现的问题。关于这个问题，其实在实盘里并非“是”与“不是”的回答，每一次买沽的离场不可能走在最高点，我们所追求的是用移仓的方式把前一份认沽兑现落地，同时用一份更便宜一些的认沽继续防范进一步的下行风险。

我们一起回顾一下，对于买沽这件事，一般有两种变相加仓的方式，具体如下：

（1）**等金额向下移仓**：平仓原来的认沽权利仓，把兑现的金额买入下方更虚值的认沽期权。比如，原来持有 100 张 P4000，平仓这个合约，等金额移仓买入 n 张 P3900。

（2）**等张数向上移仓**：平仓原来的认沽权利仓，追加一部分资金，买入相等张数上方行权价的认沽期权。比如，原来持有 100 张 P4000，平仓这个合约，移仓买入 100 张 P4100。

反过来，买沽也有两种变相减仓的方式，具体如下：

（1）**等金额向上移仓**：平仓原来的认沽权利仓，把兑现的金额买入上方行权价的认沽期权。比如，原来持有 100 张 P4000，平仓这个合约，等金额移仓买入 n 张 P4100。

（2）**等张数向下移仓**：平仓原来的认沽权利仓，买入相等张数下方更虚值的认沽期权。比如，原来持有 100 张 P4000，平仓这个合约，移仓买入 100 张 P3900。

在实盘里，这些动作都可以统称为期权的“移仓”。至于具体是选择变相加仓，还是变相减仓，取决于两大因素：一是你对当前箱体的信仰，若觉得当前低点还会破，则变相加仓；反之则变相减仓。二是你的资金属性，如果你操作的是个人自营盘，那今天盘中抵消了 8‰的浮亏，你已经很满意了，进一步的回撤是可以容忍的，那就可以考虑变相减仓；但如果你操作的是机构盘，甚至是一个资管盘，那为了削弱进一步的浮亏，让最大回撤控制在一个范围内，你就不会抱有侥幸心理，可能就会在盘中进行变相加仓。

当然，在盘中大跌的途中，除了等张数与等金额以外，还有别的移仓方式，比如把某个认沽的盈利部分用来买更虚值的认沽。比如，今天下午 2 点左右，300ETF 标的价格已经跌破了 4.100 元，“300ETF 沽 3 月 4100”平值认沽相对于昨天收盘价早已翻倍，Gamma 加速度效应也开始显现。复盘一下当时价格，这个时候兑现 100 张认沽，可以相对头一天赚取 8 万元左右的收益。与此同时，“300ETF 沽 3 月 3900”的价格差不多涨到了 500 元左右，这个时候若是用其中的 6 万元买入更虚值的认沽，则相当于买入大约 120 张“300ETF 沽 3 月 3900”——这也可以算是一种灵活的移仓。

做期权久了你会发现，在整个防守过程中，期权体现了哪些好处。最重要的好处就是对冲比率自动增加！对于期指对冲，按照目前股指期货的点位，国内一手沪深 300 期指面值在 120 万元左右，减掉一手期指就意味着真的暴露了 120 万元的市值敞口，减掉两手期指就意味着真的暴露了 240 万元的市值敞口——这就要求在大跌的过程中撤掉期指的时机非常准确，如果撤早了，那后续就失去了进一步的保护；然而买沽保险则不同，当我们使用向下移仓等方式的时候，我们其实继续为下一个灾难做好了防备。实盘里可别小看这一个“防备”，它对心态的影响是会大不相同的。

做了五年多的期权保险，我真的想说，用买沽来防守这件事，与开车太像了，不同的路况就好比不同的指数格局、不同的波动率水平。其实，任何一种交易策略都有它的优势和劣势，不可能存在一个办法一定100%地好于另一个办法。如果存在，那么另一个办法也就不是“办法”，早已被市场淘汰了。对交易而言，实盘里最重要的不是想破头脑去找一个“万能”的策略，而是不断地了解背后真正的规律，用柔和的方式追求合理性，尽量发挥某一种模式的优势并避开某一种模式的劣势。

70. “3 000 点”失守，超 4 600 家下跌！这一天，有买沽是真的好……

（本文作于 2022 年 4 月 25 日）

新的一个周一，又是一个“黑色”星期一……

隔夜美股的大跌和宁德时代一季报的延迟披露，让我们有一种不妙的“预感”。果然，今天上证综指直接大幅低开，沪深 300 波动率指数一下子高开 3 个点，触发升波异动，开盘不久后，两市涨跌家数一度达到了 265∶4 450，上证综指数次考验 3 000 点的整数关口。

然而，这才是个开始。到了午盘，市场情绪继续恶化，盘中跌破 3 000 点以后，一路直奔 2 950 点。最终截至收盘时，沪指收在了 2 928 点，661 只股票跌停，两市超 1 800 只股票下跌超过 9%，两市涨跌家数之比达到了惊人的 148∶4 603（如图 70－1 所示）！

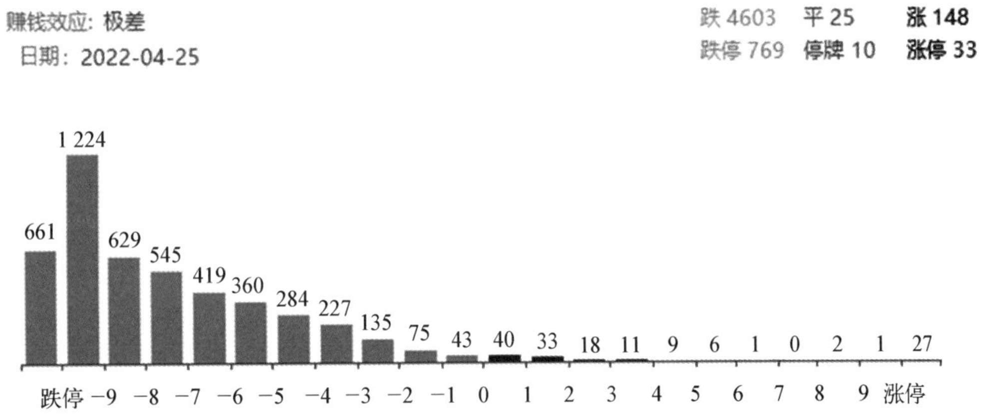

数据来源：Wind。

图 70－1 当天收盘，两市涨跌家数对比

波动率方面，今天的升波幅度堪比 3 月 15 日那一天，沪深 300 波动率指数一天上涨 5 个点，所有月份、所有行权价期权都大幅升波，近月平值认沽隐波高达 35%，远月也升高到了接近 30%（如图 70－2 所示）。

最近一个多月，有两个指标走出了陡峭的趋势，一个是离岸人民币汇率，另一个是 10 年美国国债收益率。

^ 202204	3.600	3.700	3.800	3.900	4.000	4.100	4.200	4.300	4.400	4.500
买价 Call	40.46	45.14	40.46	35.36	37.21	37.32	44.39	55.02	58.02	66.05
卖价 Call	43.94	45.89	40.61	35.46	37.41	38.03	45.58	56.21	60.45	70.84
买价 Put	43.67	44.66	40.54	35.19	37.27	44.15	64.65	70.42	-	103.45
卖价 Put	44.08	51.69	40.61	35.28	39.00	44.89	70.99	72.75	-	114.24
^ 202205	3.600	3.700	3.800	3.900	4.000	4.100	4.200	4.300	4.400	4.500
买价 Call	34.46	33.02	31.92	29.93	30.00	29.29	29.03	29.15	30.20	30.99
卖价 Call	34.75	33.25	32.13	29.98	30.06	29.36	29.35	29.22	30.29	31.26
买价 Put	35.40	33.83	32.03	30.57	29.27	29.14	29.44	29.25	38.16	39.41
卖价 Put	35.54	33.96	32.15	30.76	29.70	30.11	29.48	30.21	39.17	40.78
^ 202206	3.600	3.700	3.800	3.900	4.000	4.100	4.200	4.300	4.400	4.500
买价 Call	30.54	29.48	29.10	29.01	28.68	28.27	27.99	27.77	27.77	27.85
卖价 Call	30.62	29.99	29.46	29.18	28.75	28.33	28.04	27.79	27.80	27.94
买价 Put	30.30	29.92	29.28	29.25	28.46	27.95	28.03	27.56	27.62	27.32
卖价 Put	30.41	29.96	29.36	29.27	28.85	28.87	29.28	29.82	30.39	27.42

数据来源：Wind。

图 70－2　当天收盘，沪深 300 各月份期权隐波结构

对于前者，当前“新冠”疫情的影响和美元的走强，促使离岸人民币汇率在 4 月份贬值 2.5％以上。可别小看这个陡峭速度，从历史上看，离岸人民币在一个月周期内贬值 3％以上，大多伴随着股票指数的一次下探，比较典型的例子有 2015 年 8 月、2016 年 1 月、2018 年 6 月、2019 年 5 月、2019 年 8 月。所以处在当下，除了看“价”“量”“波”以外，汇率在高位的滞涨或回落也是大盘企稳的一个重要因子。

对于后者，美股市场已经处于定价加息 75 个基点的预期，10 年美债收益率在一个月内的走势斜率太陡，以至于本周站上了一根非常关键的趋势线——20 年均线。一般来说，一个主要经济体的股票指数是很难下穿 20 年均线的，而它的国债收益率则很难站上 20 年均线，持续站在这个趋势线上方，就会对风险资产的整体估值产生压制。

这一波的破位，买认沽与卖认沽的感受真可谓“一个天堂，一个地狱”。在每一次破位前，标的指数往往会下穿所有均线，也几乎都会下穿布林线(Boll)下轨，今年 3 月 7 日是这样，2020 年 3 月美股四次熔断的时候也是如此。对于有较多卖沽头寸的交易者，就可以将这些信号的触发视为控制卖方仓位，甚至暂时平仓的风控线。

在期权交易里，卖方采取的是一种典型的高胜率、低赔率的策略，你要享受它的胜率，就要有相应的措施提高它的赔率，而我们设置风控线，就是为了这一点！ 在实际善后卖沽的时候，你可以直截了当地先平掉，然后等市场进一步缩量、自然找到支撑位以后再开回去，也可以加上近月相对虚值一些的买沽，与卖沽配成等张数，以暂时削平无限的下行风险。采用这些措施，就是为了在今天救资产于水火之中！

相反，今天屡次的破位，让我们真正地感受到了“持股＋买沽”模式是真的好！为了举例简单，我们就看一下“300ETF 沽 6 月 4825”这张认沽期权(因为年初 300ETF 在 5.000 左右)，这是一份轻度虚值认沽，是我们实际保险时会考虑的合约(如图 70－3 所示)。

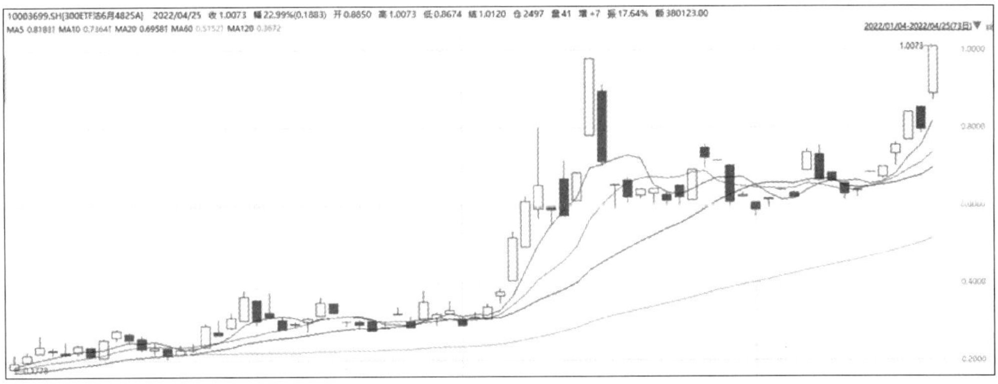

图片来源：Wind。

图 70－3　今年以来，“300ETF 沽 6 月 4825”日线走势

截至今天，这份认沽涨到了多少呢？——从 1 700 元左右的成本价涨到了今天收盘的 10 073 元，整整 8 300 元/张的收入。这是什么意思？如果按照等面值 1∶1 的保险法，100 万元市值的股票可对应 20～25 张买沽，所以这份买沽带来了 16 万～21 万元的收入，减少了 16%～21%的回撤，这对于你手中那些已经令你“无语”的股票多头，是多么重要！

完全可以这么说，在发生“灾难”的时候，持有买沽是真正防风险的办法，它才是真正意义上的风险对冲！ 这个时候仅仅靠板块之间的轮动和平衡，即便动作再快，也是很难防住灾难性回撤的——**这是因为在微观结构恶化的时候，市场往往会遭遇“流动性危机”，不管一只股票的基本面有多好，不管一个赛道的长期景气度如何，都会被资金暂时弃筹，这是资金逐利性、避险性的一种本能**。

最后，由于近一周中证 500 再度跌破 6 000 点，有市场人士认为大部分中证 500 雪球的敲入值在 6 000 点附近，会导致雪球背后对冲盘的砸盘。这里我们可以简单解释一下这个猜测为什么经不起太仔细的推敲。

首先，每一家券商发行雪球的时点总会有所不同，而发行时点不同就会导致每个雪球的敲入价也不尽相同（敲入价＝期初价×a%）。有机构根据去年 500 雪球发行的节奏和中证 500 的日线走势，发现有许多雪球已经在去年 7—9 月份逐步敲出，而并非集中在一个点附近。况且去年 8 月以后，我们看到了监管层也对雪球进行了整顿，合理安排了产品的排期，这都是为了避免各种雪球在同一时期、同一点位集中敲入。

其次，把雪球的“敲入价”视为一种非黑即白的“天堂-地狱线”，这是缺乏实战视角的。尽管理论上，似乎跌破敲入价的瞬间会导致雪球的 Delta 迅速变小，但实际上，不同的发行人（券商）在实际减仓正股的时候，往往在一个价格范围里进行，也就是引入所谓的“敲入平滑机制”，甚至会加入主观的判断，来避免短时间内大量的减仓，所以这种因接近敲入价导致的减仓不太会是一件一瞬间的事情。

最后，去年指数类雪球发行最集中的标的是中证 500，但相比其他几个中小指数，最近中证 500 的跌幅没有什么异常，并不是只有中证 500 指数大跌、其他指数小跌，而是纷纷破位的齐跌。这说明齐跌的主要因素是诸如短期人民币贬值过快等系统性的因素。

事实上，猜疑雪球的抛压是有点“本末倒置”的。相比雪球发行人的潜在卖压，私募预警线、止损线的问题才更加值得注意。之前根据财联社的一篇报道：“截至 3 月末，有 2 500 多只私募的净值重新回到 0.8 以上，当时不少私募的压力得到了缓解。”然而，**4 月中旬以来的再度破位，大概率使得这些私募盘的净值依然在预警线附近岌岌可危，这种反复止损盘所带来的卖压，实际上要明显超过雪球……**

71. 中证 1000 期权上市“满月”了！中证 1000 与沪深 300 的期权配对，你会玩吗

（本文作于 2022 年 8 月 19 日）

今天，又是值得纪念的一天！中证 1000 股指期货和期权上市满一个月啦！这一个月里，中证 1000 期指的升贴水如何呢？中证 1000 期权的波动率如何呢？中证 1000 期权的成交量又如何呢？我们先来整理一组数据（如图 71－1 至图 71－4 所示），一起回顾一下吧。

从下面的两张图（图 71－1 和图 71－2）中，我们可以看到，经过一个月的“磨合”，中证 1000 期指的年化贴水率已经较上市首日收窄不少，近月与次月的贴水率之差基本保持了稳定，中证 1000 与沪深 300 的期权波动率指数比值基本上位于 1.1～1.2 的区间，与两者历史波动率的比值出入不大，仅有 8 月 2 日和 8 月 3 日两个交易日低于 1.1（当时沪深 300 跌得更多，升波幅度更大）。

我们再来看看中证 1000 期权的成交情况。近一个月里，中证 1000 期权的总成交量从 2.28 万张逐步上升到了 6.87 万张。其中，认购期权总成交量从 1.14 万张上升到

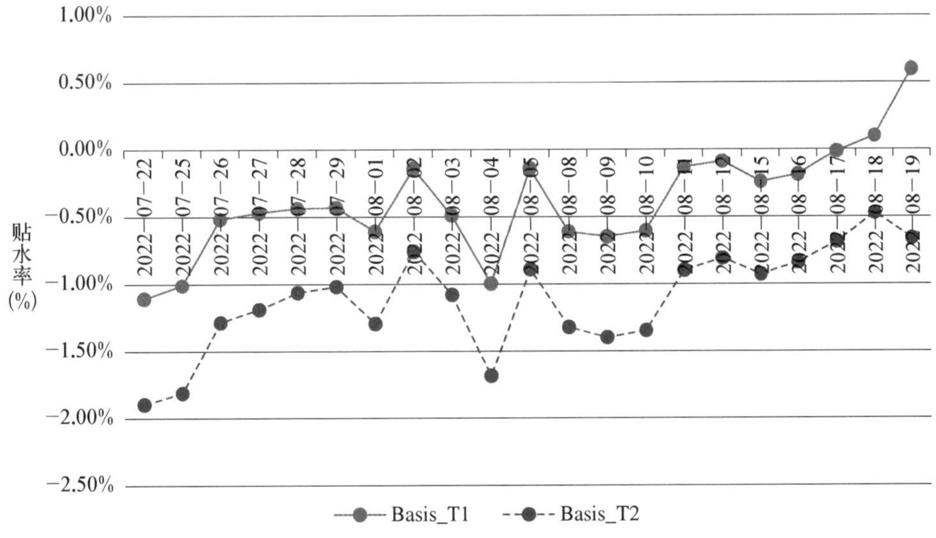

数据来源：Wind。由力的期权工作室整理而成。

图 71－1　近一个月，中证 1000 当月与次月期指贴水率情况

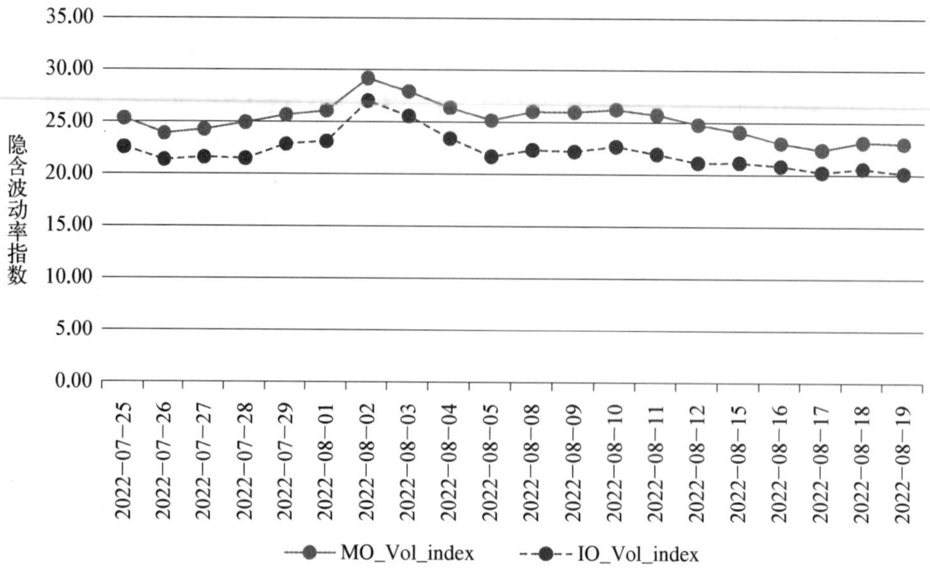

数据来源：Wind。由力的期权工作室整理而成。

图 71－2　近一个月，中证 1000 期权与沪深 300 期权的波指走势

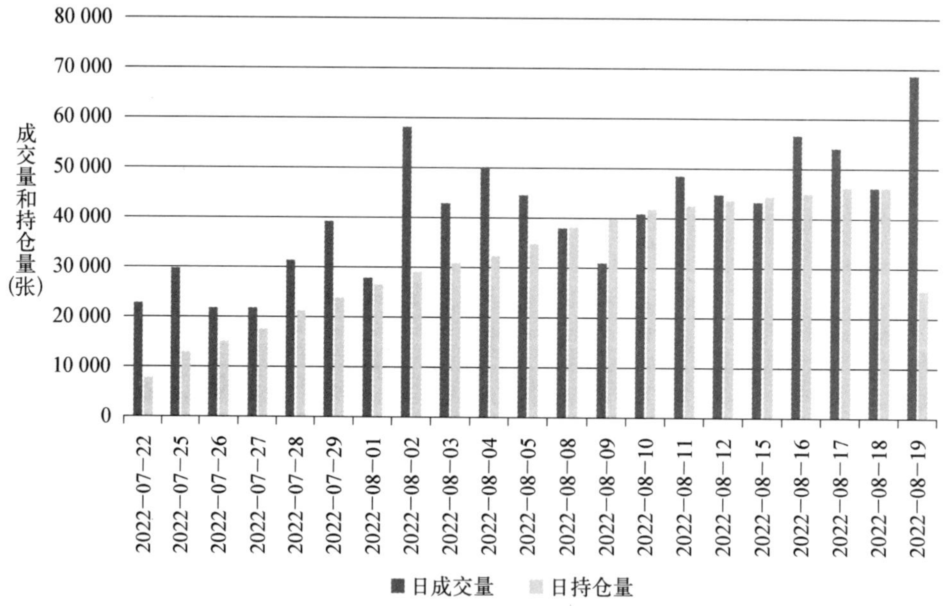

数据来源：Wind。由力的期权工作室整理而成。

图 71－3　近一个月，中证 1000 期权每日总成交量和总持仓量的走势

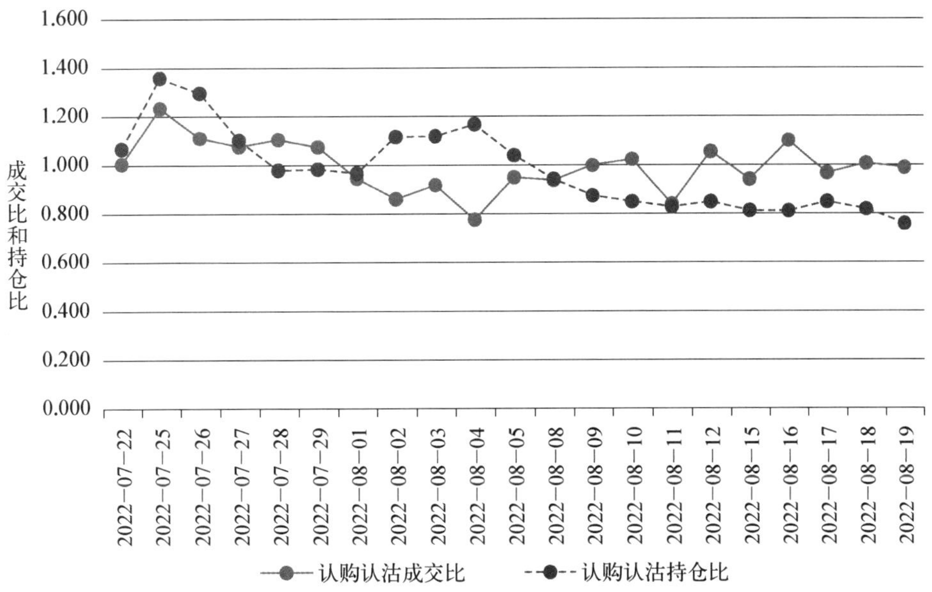

数据来源：Wind。由力的期权工作室整理而成。

图 71－4　近一个月，中证 1000 期权每日认购认沽成交比、持仓比走势

了 3.42 万张；认沽期权总成交量上升幅度差不多，也从 1.14 万张上升到了 3.46 万张；全市场总持仓量则从 7 638 张上升到了 2.55 万张。至于很多人关心的“认购认沽成交比”和“认购认沽持仓比”，前者在大多数交易日位于 0.8～1.2，在 8 月 4 日那一天出现了低于 0.8 的情况——这说明那一天认购期权成交量“过冷”，而作为一个反转性指标，此后中证 1000 指数再次上攻；而后者则呈现下降的态势，上市第一周都在 1 以上，目前已经降至 0.8 以下，认购的持仓量逐步下滑。

当前，关于中证 1000 与上证 50、沪深 300 之间的分化程度，我们已经在前文中多次提过，那么从历史上看，代表小盘成长的中证 1000 与代表大盘价值的上证 50 之间的“剪刀差”何时会出现回归呢？今天，我们再来做一个统计，从滚动 30 天的涨跌幅“剪刀差”来看，我们可以把“极致分化日”定义为两者“剪刀差”高于历史 95％分位数的第一个交易日，“风格回归日”定义为上证 50 滚动 30 天涨跌幅重新跑赢中证 1000 的第一个交易日，按照这两个定义去回溯，就会发现，自 2016 年至今，一共出现过 6 次“极致分化到回归”的路径（如表 71－1 所示）。

表 71－1　自 2016 年至今，极致分化日到风格回归日的时长统计

极致分化日	风格回归日	所经历的交易日天数
2016 年 4 月 18 日	2016 年 5 月 9 日	14
2018 年 3 月 22 日	2018 年 5 月 14 日	33

续　表

极致分化日	风格回归日	所经历的交易日天数
2019 年 3 月 11 日	2019 年 4 月 19 日	28
2020 年 2 月 18 日	2020 年 3 月 31 日	30
2021 年 3 月 26 日	2021 年 5 月 26 日	39
2021 年 7 月 7 日	2021 年 9 月 27 日	56

数据来源：Wind。由力的期权工作室整理而成。

其中，2016 年 4 月 18 日—2016 年 5 月 9 日期间仅仅经历了 14 个交易日，为期三周；2018 年 3 月 22 日—2018 年 5 月 14 日、2019 年 3 月 11 日—2019 年 4 月 19 日、2020 年 2 月 18 日—2020 年 3 月 31 日这三个波段分别经历了 33 个、28 个以及 30 个交易日，差不多为六周（一个半月左右）；而 2021 年 3 月 26 日—2021 年 5 月 26 日和 2021 年 7 月 7 日—2021 年 9 月 27 日这两个波段所用的时长就变得更长，分别需要 39 个和 56 个交易日（差不多为两到三个月）。从整体来看，平均用时 33 个交易日，对应 6～7 周的时间，本次中证 1000 与上证 50 的“极致分化日”定义在 2022 年 6 月 10 日，至今用时 50 个交易日，因此从这个角度看，资金短期采用“高低切”进行的防御概率越来越大。

目前市场上有了 50ETF 期权，也有了 300ETF 和 300 指数期权（IO），之后又有了中证 1000 指数期权（MO）。如果你要利用这些期权做一些大小盘轮动，做一些配对型的交易，那要了解些什么呢？

今天，我们就以中金所的两大品种（IO 和 MO）为例。假如以“多 300 空 1000”作为例子，那么接下来的一个问题：我是用“买 300 购＋卖 1000 购”还是“卖 300 沽＋买 1000 沽”去布局呢？我们依然可以从“价”和“波”两个维度去看。

从“波”的维度看，任何两个期权品种的隐波之间都有一个比例范围，比如中证 1000 与沪深 300 的历史波动率比值就常年在 1.1～1.4 的范围徘徊，那么从最朴素的角度说，当两者的隐波比值接近甚至上穿上沿时，可相对地认为中证 1000 的隐波偏高了，更适合“卖”，反过来，当两者的隐波比值接近甚至下穿下沿时，可相对地认为沪深 300 的隐波偏高了，它更适合“卖”。

当然，“价”的维度也可以辅助我们做出决定。举个例子，如果当下 300 指数刚刚进入底部起势的状态，或者处于前期有一个数重顶被带量突破，对于这种情况，“300 期权”那一端就可以考虑用买虚值购来做多，然后用一个更虚值近月或次月 1000 认购去配对；但如果 300 指数目前还只是一个有支撑的状态，下方的中长期均线不断上移，短期还处于一个降波的通道之中，那么对于这种情况，“300 期权”那一端就可以考虑用卖虚值沽来做多，然后用另一个虚值的近月 300 认沽去配对。

大家会发现，当我们把一个理念落实到实盘里，就像自己开车一样，总还是会碰到各种各样的问题。这其中的一个问题：对于 300 的那个买购和 1000 的那个卖购，要虚值到什么程度才比较合适？正好借着这个问题，我们来认识一个指标，它叫作 Cash Delta。

过去，如果我们只是交易 50 期权，或只是交易 300 期权，那么所有持仓的 Delta 自然可以等于“每个合约的 Delta×该合约持仓量×合约乘数”；但是如果我的持仓里既有 50 期权，又有 300 期权，甚至还有 1000 期权呢，那这一堆持仓的 Delta 就不能按上面的公式简单相加了，因为不同的期权品种，它们的标的点位是不一样的。

所以，对于实盘里的跨品种期权持仓，我们一般会用 Cash Delta 来表示一堆持仓关于方向这个维度的敏感度，它是一个跨品种交易里交易者必知的指标！这里，我们来举一个实际的例子，我想你一看就应该能够明白了。假如我现在买开了 2 手“IO2209 - C - 4200”，卖开了 1 手“MO2209 - C - 7500”，那么这一组组合（如表 71 - 2 所示）的 Cash Delta 怎么算呢？

表 71－2　案例中两个合约的相关信息

期权品种	沪深 300 指数期权	中证 1000 指数期权
标的价格	4 200（元）	7 350（元）
期权合约	IO2209　C　4200	MO2209　C　7500
合约乘数	100	100
持仓属性	权利仓	义务仓
数　量	2 手	1 手
Delta	45%	30%

数据来源：Wind。由力的期权工作室整理而成。

从上面这张表格（表 71 - 2）里，我们能轻而易举地算出这对组合持仓的 Cash Delta，它就是用每个期权合约的 Delta（权利仓的前面是正号，义务仓的前面是负号），乘以对应持仓量，乘以标的面值（标的价格×合约乘数），然后简单加总。所以，在表 71 - 2 的案例里，“买 2 手 300 认购＋卖 1 手 1000 认购”的 Cash Delta 就等于 45%×100×2×4 200－30%×100×1×7 350，即 157 500。

这个“157 500”的单位是“元”，它去和什么东西比较呢？往往是与交易者自己的总资产去比较。比如，你在期权账户里只有 20 万元出头的资产，那么这个“157 500

元”就已经占到账户总资产的75%左右，这表明从仓位的角度说，这一组配对组合已经不算轻仓了。如果我把表71－2里的300认购权利仓换成C4300@9，那么Cash Delta就会缩小为73 500元，大约只占账户总资产的35%了。于是，在实盘里，当我买开300购并卖开1000购的时候，到底取什么虚值的合约好？这本质上在很大程度上取决于你想让Cash Delta占总资产多少比例，这个比例调得越大，沪深300上涨过程中所保留的进攻性就越大……

72. 时隔一个半月，沪深 300 指数第一次站上这根关键“趋势线”

（本文作于 2022 年 11 月 4 日）

今天，沪指收出了一根关键的阳线，这表明自今年 11 月以来，仅通过四个交易日（截至今日）就已经反包 10 月份的全部跌幅！细心的朋友应该已经发现，今天的大幅上涨，也让沪深 300 指数时隔一个半月重新站上了关键的 20 日均线……

这一周，从更仔细的角度看，你有没有发现以下四个方面发生了变化？

第一，时隔一个半月，沪深 300 指数第一次相对明显地站上了 MA20。回顾日线级别的走势，从 2022 年 9 月 14 日至今，沪深 300 指数一直被 MA20 牢牢压制，尽管这期间上摸过 MA20，但一直未能有效地上穿。在趋势交易里，有一个信号特别值得注意，就是一根中期均线很久没有上穿/下穿，而当某一天放量上穿/下穿，那么这一天的意义就很大。比如，2018 年 2 月初，沪指时隔一个月以后跌破 MA20，当时导致的结果就是 2018 年 1 月的高点形成了局部顶。又如，2020 年 1 月末，沪指再次时隔一个月以上跌破 MA20，随后 2020 年 1 月的高点也形成了局部顶。所以这一次是反过来了，今天这根阳线的意义也就在于此。

第二，交易拥挤度开始从赛道股转向消费者服务。从各行业的交易拥挤度看，近几周发生了很大程度的变化。这里，我们仍然从四个角度对各行业热度进行了统计，分别是“月度成交额相对于近 6 个月的乖离率”“月度成交额/两市成交额”“月度成交额/自由流通市值”“月度换手率”（详见图 72－1）。

从这四个指标的回测中，我们可以得出如下四个结论：

（1）从“月度成交额相对于近 6 个月的乖离率”的角度来看，拥挤度整体较低，相对排名靠前的行业为计算机与医药。

（2）从“月度成交额/两市成交额”的角度来看，拥挤度高于 90%分位数的行业为机械、医药。

（3）从“月度成交额/自由流通市值”的角度来看，拥挤度整体也不高，相对排名靠前的行业为消费者服务、医药、石油石化。

（4）从“月度换手率”的角度来看，拥挤度高于 95%分位数的行业为消费者服务，其他相对排名靠前的行业为石油石化、医药和计算机。

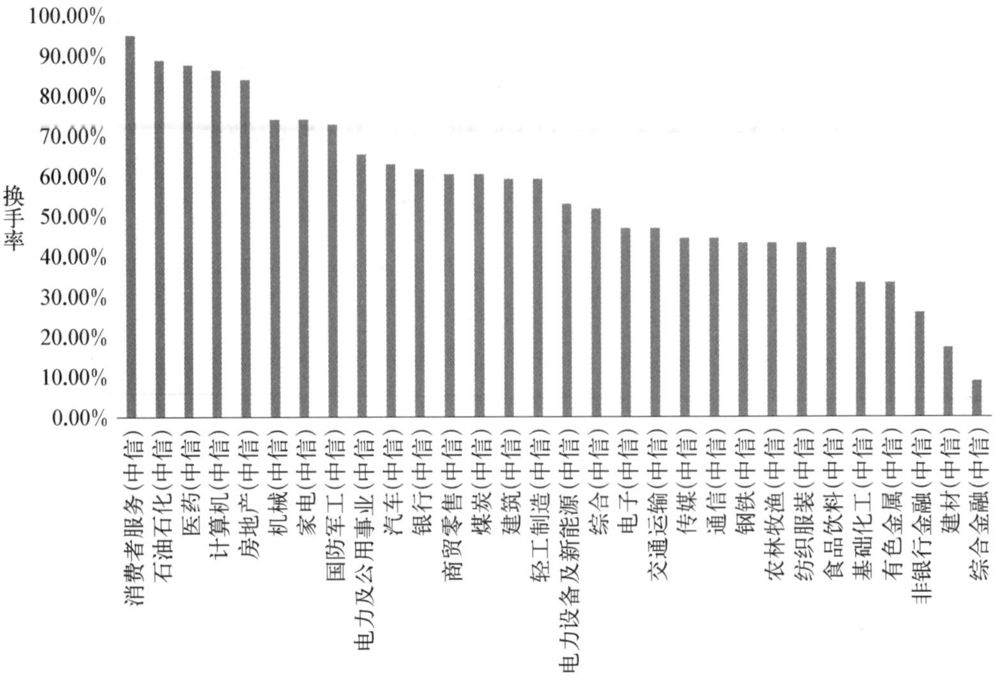

数据来源：Wind。

图 72－1　近一个月，各行业股本换手率的排序

这说明什么呢？在消费者服务行业里，含有餐饮、旅游等多个细分行业，所以近几周的资金在博弈什么？大家心里应该有一本自己的账。

第三，目前主力期指重新转为升水。在期指交易里，升水表示“期指价格高于指数价格”，反之就称为贴水。在分红季以外的时期，期指的升贴水主要受供求关系的影响。比如，当投机仓空头情绪浓厚，套保盘需求加大时，就比较容易贴水；而当投机仓多头情绪浓厚，或者前期套保盘买平势力增大的时候，就比较容易升水。

从历史上看，类似升贴水这样的指标，“从负到正”的初期转变比后续持续为“正”更加具有意义。比如去年 11 月中旬，上证 50 四个月份的期指全部从贴水转为升水，包括当时最远的季月(6 月)也是。此后半个月内，金融地产板块曾经爆发过一次，上证 50 指数也从 3 180 点一路冲高到了 3 420 点。而这两周里，天天盯着基差的朋友一定也看到了，上周五沪深 300 四个月份的期指还都处于贴水的状态，而到了今天，11 月、12 月和明年 3 月的期指都已转为升水，做多期指在短短的一周内产生了 0.5% 以上的 Alpha 收益。

第四，波动率在本周暂时消除了“近高远低”的状态。我们曾经说过，平时看期权市场的隐波，不仅要会看软件上的波动率指数，而且要会看各月份平值认沽隐波孰高孰低(期限结构)。这和债券里是短端还是长端的利率高具有异曲同工之妙，我们可以将其视为一种反映情绪的指标。

在市场担忧或者恐慌的时候,近月认沽的杠杆更大,Gamma更大,很容易出现近月认沽的买盘力量也更大。于是近月认沽隐波大涨,而远月认沽隐波小涨,这就导致了波动率呈现“近高远低”的结构。比如,今年3月上旬、4月下旬,甚至在上周五下午恒生科技指数大跌5%的时候,认沽端隐波也是“近高远低”的状态。然而在本周二以后,这种结构悄然发生了质变,已经恢复到了平时震荡行情里的常态——“近低远高”或者“近远持平”。这种格局表示,期权市场的资金对短期破位这件事的担忧已经逐步解除,更愿意把不确定性反映(Price in)到远月端的认沽上去。

同样,我们可以再观察一下海外的“波”。从外围衍生品市场来看,本周美联储议息会议如期加息75bp,鲍威尔较“鹰”的措辞也是导致当天美国三大股指发生大跌的原因。然而这一次的大跌,并未引起美国衍生品市场的恐慌情绪,标普500 VIX指数仅仅小幅上涨了0.19%,仍然位于年初至今的中位数下方,Skew“黑天鹅”指数更是回落到了年底最低的111(年内最高到过150以上)。这基本说明对于美股衍生品交易者,大家已经把未来12月继续加息对市场的影响定位为“灰犀牛”,而不再认为是“黑天鹅”(如图72-2所示)。

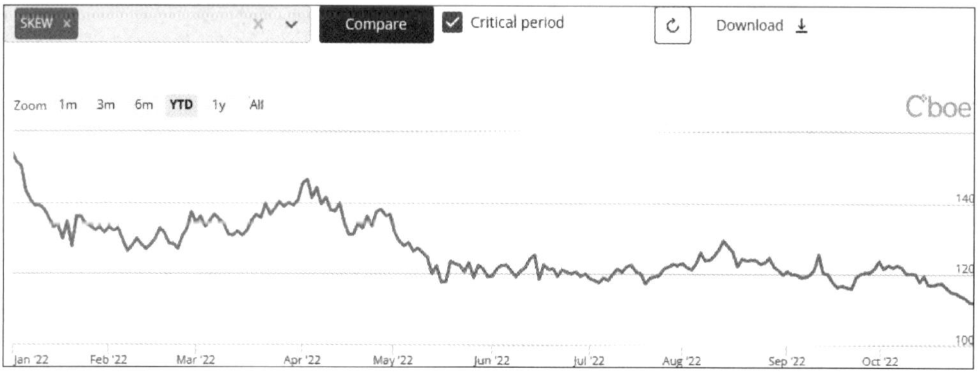

数据来源:CBOE官网。

图72-2 2022年初至今,CBOE Skew“黑天鹅”指数走势

市场如人生,牛市总能掩盖问题,熊市总能暴露问题!这一阳,把大盘的点位暂时撑在了关键的趋势线上,这确实是“好”的迹象。不过,与此同时,我们也看到了今天的盘面仍然属于“价波背离”:在沪深300指数大涨3%以上的同时,近月虚值认购小幅降波,虚值认沽反而有所升波,上方还有不少均线需要一根一根地修复,超跌导致的反弹也需要时间的蓄力才能走得更持久……

73. 逼到“喉咙口”的一天！这一切，都是从“近高远低”开始的

（本文作于2023年1月16日）

今天，大盘进入了“逼空”上涨的模式！“茅台”指数向上加速，券商点燃了情绪，上证50和沪深300期权开盘后同步开启了升波模式……

这一切更像应该发生在节后的第一周，可是在北向资金的带领下，今年提前一周到来了！

今天，仅仅一个上午，北向资金已经净流入100亿元。过去我们说过，从历史数据来看，与北向净流入关联度最高的变量是离岸人民币汇率，所以自今年年初至今，汇率的持续升值是北向资金持续加持的最大理由，在汇率一路升值的迫使下，北向资金的净流入提前踩起了油门。

这样的净流入的节奏，让我联想到了2019年的1月份……

当时的1月份，在央行全面降准以后，北向资金开启为期一个月的持续净流入，整个1月份净流入606亿元（当时两市日均量能仅为3 500亿元左右）。而那个月份，内资（不论是公募机构，还是“两融”资金）都还没有什么动静，直到春节过后市场确认节间不存在“黑天鹅”以后，内资开始接力，最终大盘上行的斜率开始变陡。今年元旦后的两周市场情况与此也有些相似，内外资出现背离，北向资金两周的流入超过了去年全年的一半。

那么，这一次大盘价值风格的加速，最早的“苗头”可以追溯到什么时候呢？我认为可以追溯到1月份的第一周，上证50期权的隐波进入“近高远低”状态。

在1月第一周，若从近端隐波的角度进行排序，上证50＞沪深300＞中证500＞中证1000，上证50的近端隐波高出了5个点以上，且成为唯一一个出现“近高远低”结构的指数，这表示市场短期的关注点或仍在具有强宏观属性的大盘价值股，资金对大盘价值的追逐度或达到近期最大；而从远端隐波的角度进行排序，上证50＞沪深300＝中证1000＞中证500，且中证1000的近端隐波创出了近半年来的新低，这表示目前期权市场的资金仍然把赛道股的趋势性机会定价到了远月，并非近月（如图73－1所示）。

近端隐波的“抬头”往往可以视为一种警示性信号（去年是对于卖沽，这一次是对于卖购），可是，在这一路逼空的过程中，若有些朋友还是忍不住双卖了，或者顶着趋势重仓卖购了，那他们最大的问题就在于：很难下决心去“善后”。

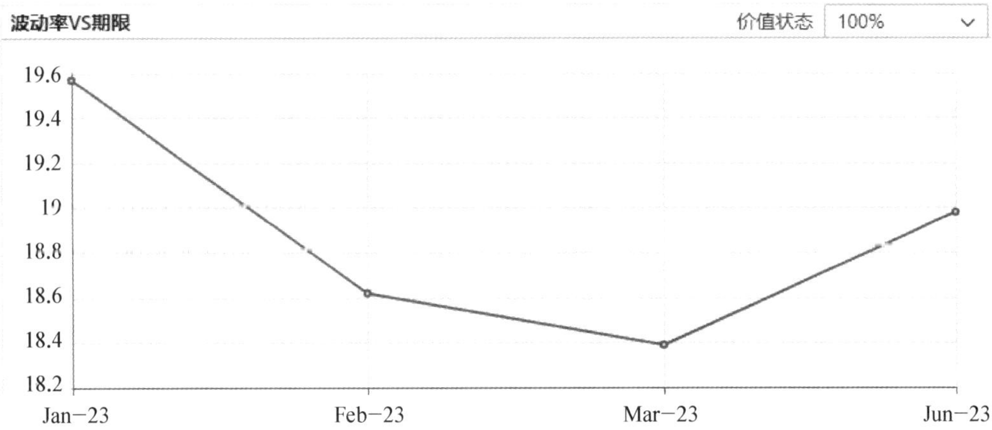

数据来源：Wind。

图 73－1　2023 年 1 月 6 日收盘，上证 50ETF 期权各月份平值隐波结构

为什么？因为实亏了，因为用卖方收租的信仰被打破了，因为不知道后面该怎么办了。所以，正好借着今天的行情，我想再重提一下过去提及的要点，或许能够帮助你突破卖方善后的心理障碍。

第一，先平，以后往往有机会再开的！

当我们遇到了"价""量""波"齐升，或是遇到了涨过/跌破所有均线时，往往意味着该"认怂"的时候就要"认怂"了。这个时候，对于卖期权的朋友来说，先别想那么多，记住平仓以后还可以再开的。所谓"君子报仇，十年不晚"，先把顶着趋势的那份卖沽（或者卖购）平掉，这样一来可以解除保证金账户或有的"爆仓"风险，二来有助于自己冷静下来思考下一步的计划。

从过去无数次历史经验来看，先平后开的人能少亏很大一个波段。远的先不说，就说说 2020 年的几次卖方"灾难"行情：2020 年 1 月 23 日，沪深 300 放量破位跌破前期关键趋势线，先平仓卖沽，然后等一周缩量企稳后加仓卖沽；2020 年 3 月 12 日，沪深 300 跌破所有均线，先平仓卖沽，然后等到四月初缩量企稳后加仓卖沽；2020 年 7 月 2 日，两市价量齐升（3 000 点＋1 万亿元），标的价格位于所有均线上方，先平仓卖购，然后在 7 月 15 日收盘跌破 MA5 时加仓卖购。这样做的好处是能够避开情绪最疯狂的一个波段，让卖沽（或者卖购）的头寸免受"爆仓"的遭遇，同时在后续企稳的初期赚取降波的收益，以此作为一定的补偿。

第二，先减一半换买，仍然保留着希望。

一直喜欢做卖方的朋友可能会存在这样一种心理，就是卖方是先收钱的，买方是要花成本的，由于不希望花费较大的成本，因此他们会在关键时候下不了决心做一些对冲。对于下不了全部决心的朋友可以怎么办？那就先下一半决心！

以今天的行情为例，沪深 300 的开盘点位在 4 080 点左右。假如手上持有了 100 张 C4135 的认购义务仓，那么其中的一个选择就是先平仓 50 张义务仓，然后拿出少量的成本买入 50 张 C4200@1，用相对便宜的认购期权去防一下或有的“灾难”，使整个持仓的结构变成“50 张 C4200 的权利仓＋50 张 C4153 的义务仓”。这对持仓本质上是一组熊市认购价差，它的关键是把原来的无限风险转化成了有限风险。大家可千万别小看这一点，在发生“灾难”的时候，你的持仓究竟是有限风险还是无限风险，这是一件“差之毫厘，谬以千里”的事情。

先减一半义务仓，换成一半权利仓，这样做仍然保留着赚取部分 C4153 权利金的希望，却先杜绝了无限亏损的风险，这样至少要比持有 C4153 的裸卖头寸，去经历类似 2020 年 7 月 6 日那天 7%的大涨，要好得多吧！

74. 节后“超级到期日”，是会翻倍，还是归零

（本文作于2023年1月29日）

节前最后几天，伴随着各大指数的持续逼空，大家应该会发现一个现象，那就是明明只剩最后一个交易日就要到期了，但1月平值附近的“肉”怎么也掉不完。

比如“50ETF购1月2810”还有426元、“50ETF购1月2850”还有188元，又如“300ETF购1月4135”还有553元，“300ETF购1月4200”还有206元，等等。

这是为什么？很简单！因为一个变量——“隐波”在作怪。我们一起来看一下Wind显示的数据，1月还剩1天到期的上证50平值隐波高达24.26，而次月平值隐波连20都不到，同样，1月还剩1天到期的沪深300平值隐波也有23.73，而次月平值隐波连19都不到……

为什么节前最后一天，当月与次月的隐波相差这么大？就是因为这次1月到期日的特殊性，中途恰好隔了一个春节长假。9天的“空白”啊！这9天会造成期权市场资金无限的联想，毕竟过去很多长假过后的第一天高开/低开2%不是什么稀奇的事情，于是资金愿意付出更大的溢价来博弈最后一天的大幅高开或低开。

对于期权“价格”和“隐波”的关系，我们过去提过，我认为最好的理解方式就是参考股票价格和市盈率的关系，也就是把“隐波”理解成期权的“市盈率”（期权的“估值”），当大家觉得到期前还有“无限波动的可能”，标的价格还有很大概率会加大波动，或者会上蹿下跳的，隐波就会被推高，最直观的表现就是期权价格降不下去，时间流逝的效应体现得很不明显。

通过这个1月份，我们可以了解一个规律，就是在假设标的价格不怎么动的情况下，如果隐波一直被推高，那么期权的时间价值就掉得慢，甚至要在最后一刻才全部掉完。所以，过去有些教科书上说，“平值期权的时间价值往往在到期前一周左右加速衰减”，这句话是不严谨的，只能说在隐波水平相对稳定不变的情况下，可以这么认为，但若“隐波”不断升高，那么这个加速衰减的时刻就逼近到期日。

那么，问题来了：节前最后一天的“隐波”把节后的高开/低开定价到什么地步呢？我们就以300ETF为例，节前最后一天收盘时，300ETF价格落在4.181元，C4200@1收在206元，买开C4200@1的一方将支付206元的期权费去博弈节后最后一天的波动，如果节后第一天收盘，300ETF没有涨过4.220元，那么C4200@1的价格将最终收敛

于内在价值200元，这意味着买开的一方最终没有赢钱。因此不难理解，这个0.93%(4.220/4.181−1)的波动幅度就是买C4200@1一方博弈的最小波幅。

于是，这张期权在节后第一天大致会有三种情况：

(1) 若节后第一天大幅高开随后低走，那么C4200@1的价格可能短暂超过206元，然后由于最后4个小时的高Theta效应(时间流逝效应)，再未回过206元以上；

(2) 若节后第一天的高开幅度不及预期，那么C4200@1的价格在整个一天内都未必有机会再高于206元；

(3) 只有节后第一天大幅高开且高走，C4200@1的价格才能节节攀升，节前买开的一方才能真正吃到预期中的“赔率”。

回过头看这次春节期间的行情，应该说与过去几年相比，消息面平静了很多，只是A50受到港股周四、周五高开高走的影响，累计涨幅达2%～3%，但这并不意味着节后就一马平川了。2021年那个牛年的春节也是一样，节前茅台涨到2 600元，北向资金大幅流入，长假期间港股累计大涨，但节后第一天，A股和港股高开后双双见顶。还有2017年的“十一”长假，那个长假里香港市场内银股、内房股大幅上涨，而节后第一天上证50高开2%以后日内一路回补缺口。

我们可以做这样一个推演，如果真的高开高走，导致虚值认购纷纷翻倍，估计又要出现不少“末日行情”之类博眼球的文章了。但实际上，我们不可能去重仓追逐那张从0∶2到3∶2的“彩票”，而是会去了解哪些事可以做，哪些事不能做。对于节前这样的隐波，并不适合重仓裸买过多当月期权，而是可以考虑以一种“先收后押”的思维，把1月的盈利(不论是来自股票操作的，还是卖沽的)拿出一部分做一些博弈；同样，对于卖期权的一方，面对这样高居不下的隐波，也绝不适合顶着趋势大量卖购，就为了赌最后一口“肉”，而是可以以买远卖近等方式(比如日历组合)有保护地进行布局。

……

那么，今年春节前收盘时的隐波(如图74-1所示)表达了什么含义呢?

从图74-1中，我们可以感受到三点：

第一，由于今年1月期权的到期日在节后第一天，隔了9个自然日，因此，期权市场的资金“疯狂”定价在“末日轮”(期权临近到期时的行情博弈)效应，买方的势力过强导致了近月期权过度的溢价，所以目前真实的波动率圆锥曲线应该看2月、3月和6月。

第二，节前最后一天，沪深300期权2月、3月、6月平值隐波转为了“近低远高”，这反映了经过1月大盘价值的持续上行后，期权市场对后续的空间预期有限，沪深300指数或在冲高后转为短期震荡的状态。

第三，近一周，上证50与中证1000近端的隐波已经开始缩小距离，上证50与中

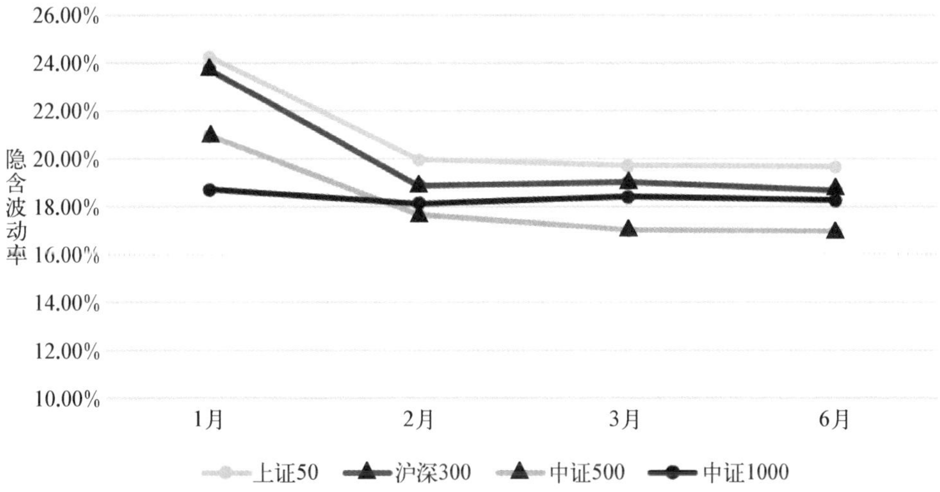

数据来源：Wind。由力的期权工作室整理而成。

图 74－1　节前收盘，上证 50、沪深 300、中证 500、中证 1000 各月份期权隐波

证 1000 近端（这里指 2 月）隐波差从上周的 5 个点以上缩小到了 2 个点以内，中证 500 和中证 1000 短端隐波开始有所“抬头”，中证 500 隐波呈现出微弱的“近高远低”，这隐含着上证 50 进入短期加速的波段，中小盘风格开始出现“蠢蠢欲动”的苗头。

后续，我们可以继续观察各指数期权隐波的近远月结构。当上证 50 远端隐波开始下降且逐渐低于其他指数时，就预示着此轮大盘价值的风格或进入尾声阶段，而当各个期限上证 50 指数的隐波全面低于其他指数时，新的风格切换或将随之开启……

75. 历史上卖方的“暴击”,你知道往往在哪个月吗

（本文作于 2023 年 2 月 1 日）

新春的长假过去了,从日历上来看,时间即将迈入一个非常特别的月份——2 月份!

你知道历史上的 2 月份往往呈现哪些特点吗？从历史上看,可以总结为三点：估值驱动、容易升波、成长优于价值。

年初至今,上证 50 指数上涨了 5.77%,沪深 300 指数上涨了 5.24%,相比之下,中证 500 和中证 1000 分别只上涨了 3.29%和 3.76%,Wind 双创和 Wind 全 A 分别上涨了 4.63%和 4.17%,市场呈现了明显的“大盘强、小盘弱”“价值强、成长弱”“消费强、赛道弱”的特点。而“喝酒吃药”行情重现则与北向资金的持续加持有着很大关系。

为什么今年 1 月份的北向资金加持这么“凶”？关于这一点,在前文《逼到“喉咙口”的一天！这一切,都是从“近高远低”开始的》中说过,最大的因素就是年初至今汇率的持续升值。那么,之后几个月的北向资金,会不会就这么一路加下去呢？用数据说话,我们用一组历史数据做一个对比。

从 2019 年 2 月两市成交额时隔四年突破 1 万亿元后,两市的成交额基本上就在 6 000 亿元到 1.4 万亿元,在这样的日均成交额范围内,可以发现北向资金月度净流入额的 95%(两倍标准差)分位数为 696 亿元,过去 4 年里只有两个月的单月净流入额超过了这个数。除此之外,还有一个数据,就是 2018 年至今,每年北向资金的净流入额分别为 2 942 亿元(2018 年)、3 517 亿元(2019 年)、2 083 亿元(2020 年)、4 321 亿元(2021 年)以及 900 亿元(2022 年)。而本月至今,北向资金的净流入额已经达到 640.15 亿元。因此,若按照正常分布来看待本月的净流入额,并且此后的汇率水平维持在当前平台震荡,则北向资金净流入的速度大概率会边际递减……而一旦北向资金的加持边际递减,内资开始接力,那么市场的风格就很难一直集中在大盘价值了。

回顾历史上的 2 月份,有三组数据特别“亮眼”：

一是中证 500 在 2 月份的胜率竟然高达 88.24%,过去 18 年里,只有在 2016 年(−2.17%)和 2018 年(−2.68%)以下跌告终,其余年份均以正收益告终;

二是创业板在 2 月份的胜率同样高达 81.82%,从 2011 年到 2022 年的 12 年间,

只有在2014年（−4.08%）和2016年（−5.71%）以下跌告终，其余年份都以上涨告终；

三是中证500、中证1000相对于沪深300的胜率高达94%，过去18年仅1年跑输，这说明，从月初到月尾，2月份更像是一个“赢大赔小”的月份，成长更容易跑赢价值，符合“躁动时期”炒作主题的特征。

当然，除了指数涨跌、大小盘风格的维度外，2月份另一大特点就是容易升波。回顾过去六年的时光（2017—2022年），2月份升波的历史概率等于83.33%（其中2017—2021年连续五年升波），成为所有12个月份中升波历史概率最高的月份。对于2018—2021年这四年的时光，2月份几乎成为所有卖方心里最“魔咒”的月份。2018年、2019年、2020年、2021年，从卖沽到卖购，从卖购再到卖沽，连续四年的2月份都让重仓双卖的朋友了解了什么叫作“赢小赔大”的痛……

这里我们简单回顾一下过去几个风险案例：

(1) 2018年

四年前的2月初，当时大家还沉浸在2018年初上证50“十九连阳”的喜悦之中，然而1月末美联储的那次议息会议悄悄改变了一切，FOMC加息步伐突然加快，以至于美股上涨过快的泡沫开始迅速传导到A股，外围市场风险外溢导致2018年2月7日当天早盘从房地产股、银行股、券商股的跳水开始蔓延至全市场。

2018年2月7日当天的虚4档认沽期权，开盘时只有9元的单价，但随着指数突然跳水破位与波动率的上升，当日收盘时该合约已经涨到61元，2月8日的收盘继续涨到161元，2月9日盘中最高更是涨到1 290元，在这期间每张义务仓的最大亏损达到1 281元。假设有交易者之前认为安全，以50%的保证金占用仓位卖出这份认沽期权，那么到了2月9日上午大约10:00，整个资金账户将再也扛不住，最终“爆仓”！

(2) 2019年

三年前的2月末，受到金融端供给侧结构性改革消息面的影响，以及中证报头条“股市是核心竞争力”说法的情绪提振，2月25日当天两市成交10 405.80亿元，创下了2015年11月以来的量能新高，近300只股票涨停，超过3 500只个股飘红，券商股连续两日全线涨停。

2019年2月25日当天的虚4档认购期权，开盘时只有3元的单价，但随着指数的暴涨与波动率的上升，当日收盘时该合约已经涨到581元，当日涨幅19 366%，每张义务仓在收盘时的亏损达到578元。假设有交易者开盘时认为安全，以60%的保证金占用仓位卖出这份认购期权，那么到了当天下午14:25，整个资金账户将再也扛不住，最终“爆仓”！

（3）2020 年

历史总会惊人地相似。2019 年四季度的降波潮让双卖的交易者一路连赚了将近半年，然而这样的连胜纪录，在 2020 年春节长假"新冠"疫情的影响下，于 2020 年 2 月 3 日戛然而止，这一天各大指数全部大幅低开超过 8%，收盘超过 3 000 只个股跌停。

这一天，期权合约"300ETF 沽 2 月 3600"从前一天收盘的 55 元直接暴涨到 1 622 元，当日上涨 2 849.09%；而另一个期权合约——"50ETF 沽 2 月 2800"，则从前一天收盘的 158 元直接暴涨到 1 950 元，当日上涨 1 134.18%。当你看到这个"恐怖"涨幅，你就能想象在这背后当天裸卖认沽的交易者一定是一朝回到了"解放前"。

（4）2021 年

牛年最大的玩笑是什么？就是理想很丰满，现实很骨感。一整年下来，牛年第一个交易日竟然成为沪深 300 在牛年里的最高点。还记得 2021 年 2 月 18 日那天吗？沪深 300 和上证 50 两个指数都呈现高开低走的态势，高位放量收阴，沪深 300 放量至 5 075 亿元，相对过去两周均值高出了 31.68%，上证 50 放量至 1 414 亿元，相对过去两周均值高出了 39.72%，这并不是一个好的现象。好在相比之前三年的急涨急跌，去年 2 月倒没有出现过于猛烈的升波，然而"温水煮青蛙"式的下跌也让一张超过 300 元的虚值认沽一步一步地涨到 3 000 元以上。

……

正所谓，在每一天的实盘中，买方就怕行情不来而卖方就怕行情乱来，买方要防时间风险而卖方要防灾难风险！对于过去 2 月份的这些"灾难"，看似是一种巧合，但背后所反映的共性是在一季度基本面数据空窗下，资金容易打满预期、年初资金容易回流等情况。所以，对于 2 月份，如果我们没有办法做到时刻盯盘，那么义务仓就别持太多，适度用权利仓防守，并且在某个期权品种的隐波再次出现"近高远低"的时候，提高警觉，加以防备（减卖加买），这些原则才是应该写入我们交易体系的！

Charming Option on Your Future

事 件 篇

76. 德银大规模裁员的背后，可别再让衍生品“背锅”了

（本文作于 2019 年 7 月 10 日）

这几天，一家知名的国际投行又爆出了惊人大新闻。创立于 1870 年的德意志银行(Deutsche Bank，以下简称“德银”)在上周末宣布重大重组计划，将大规模削减投资银行业务，拟退出全球股票交易，且预计在全球范围裁员约 1.8 万人。据相关数据的统计，这一拟裁员的绝对数量几乎占到了整个德银总人数的 20%。

这原本是一则关于重大重组的计划，但由于它是德银，是一家国际知名投行，因此许多报道“无脑”地联想到了 2008 年雷曼兄弟的倒闭。俗话说，“好事不出门，坏事传千里”，2008 年的雷曼兄弟真是给投行兄弟们开了个坏头，此后，只要一说到投行的裁员也好，重组也好，亏损也好，第一想到的就是衍生品惹的祸。

从德银的官方宣称来看，“削减投行业务”“退出股票交易”，这些词怎么也和衍生品业务扯不上什么关系。从下面这张德银的季度 K 线图(图 76-1)中，我们可以很早就发现，德银的没落过程已经不是一天两天了。它的股价从 2010 年后几乎没有像模

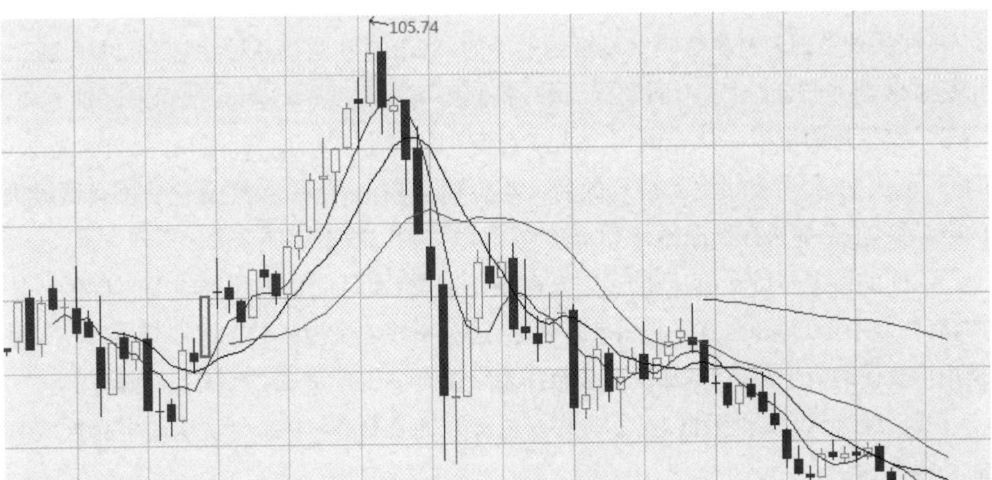

数据来源：Wind。

图 76-1　德意志银行季度 K 线图

像样地振作过，这在有效的欧洲股市中是反映了其业绩问题的。

德银确实是幸运的，因为它躲过了 2008 年的金融危机，活了下来；但它又是不幸的，因为近十几年来，随着“大摩小摩”、高盛等投行元气的恢复，它们不断开拓新业务，而德银这个老牌投行却经常吃到大的监管罚单，连续多年其业绩处于持续亏损状态，直到 2018 年才实现了正盈利。我们知道，在今年 3 月，市场上曾经传出德银要合并德国商业银行的传闻，但是最终的失败结果也侧面反映了德银的没落。

记得曾经在 2015 年和几位老同事在法兰克福拜访过德银，其中一位业务主管用“nicht so gut”(不太好)来形容这几年的业务发展——这是德国人的坦诚，也是近几年的无奈。还记得 2017 年第一季度，德银曾经被指控协助洗钱吗？还记得最近惠誉调降了德银的评级吗？如果说这些知名投行里，谁先会主动“断腕”，我可能会联想到德银。

那么，话说回来，德银的这次主动“断腕”，是不是如一些报道说的“和衍生品风控失误有关”呢？看到一篇报告提供了这样一些数据，其中对比了 2008 年莱曼兄弟与德银，称莱曼兄弟倒闭前持有的衍生品名义价值约为 350 000 亿美元，而德银持有的衍生品名义价值为 498 306.8 亿美元，其衍生品名义价值分别是其总资本的 26.28 倍和 78.72 倍。看起来，好像现在德银的衍生品持仓名义本金是一个具有摧毁性力量的“核武器”，比 2008 年时期莱曼兄弟的持仓名义本金还要高。

然而，风险敞口真的如数据所示吗？做衍生品的人都明白一个道理，衍生品不像股票现货，对于股票而言，n 个股票的市值相加就是你的敞口，但是衍生品的风险敞口不能按名义本金进行简单的相加。以期权的交易为例，如果你有 1 000 张买认购的持仓，又有 2 000 张买认沽的持仓，你的风险敞口能说是 1 000 张买认购的名义本金加上 2 000 张买认沽的名义本金吗？显然是不能的，对于同一期权品种，我们可以用 Delta 指标来区别方向；而对于不同期权品种，我们更可以用 Cash Delta 指标来区别方向。由于一家投行的衍生品持仓既可分为多与空，又包括期货、期权(场内、场外)、互换、CDS 等，因此，把所有衍生品持仓的名义本金简单相加，结果当然是一个核武器级别的数量级，但是如果按照净额计算，它的实际敞口则一般不会那么大。

不同的衍生品持仓，它们的多空方向是不同的，而且它们的用途也是不同的。比如，有些是用来套保的，有些是用来套利的，还有一些才是用来做方向性交易的。如果是用作套保的衍生品持仓，那我们甚至需要结合有多少现货、期货来计算风险敞口。

我们继续从《21 世纪报》找了一些权威官方的资料，从中你会发现衍生品这次真的又“背黑锅”了！

据《21 世纪报》报道：“德银称，与美国公认会计原则(US GAAP)不同，国际财务报告准则(IFRS)并不采用主净额结算协议(Master Netting Agreements)，即允许拥有多个衍生品合约的双方以净值结算，而非单笔结算，因此资产负债表中的衍生工具资产规模远大于净额。参照美国同业所使用的主净额结算协议，且依循 IFRS 准则，以净额口径计量，德意志银行的衍生工具交易本金实为 210 亿欧元。不仅如此，德银还在积极对冲持有衍生工具的交易敞口，以进一步降低实际经济风险。”

所以，相对于德银的净资本数量，210 亿欧元这个数量级就符合我们的衍生品常识了。其实，衍生品并不是一个“坏孩子”，相反，它只是一个有个性的“孩子”，它能保护权益资产的无限下行风险，能在“固收安全垫”的基础上增强或有收益，可以促进标的本身的流动性，更能助我们贯彻长期价值投资的理念。

77. 历次美联储紧急降息后，股指和波指会刷新“三观”吗

（本文作于 2020 年 3 月 4 日）

昨夜睡前，美联储突然宣布紧急降息 50 个基点，这一非常规的做法引起了美股、黄金、离岸人民币等一系列资产的异动。于是，市场开启了各种浮想联翩的模式。

一觉醒来，所谓“直升机撒钱”的利好被浇了一盆冰水。隔夜美股三大股指全部收跌，这也使得今天的 A 股似乎谨慎了不少，两市结束了连续十日的万亿量能。

回顾过去二十多年里，美联储曾经七次紧急降息（也就是在两次议息会议间宣布降息），这七次紧急降息基本上分布在 2001 年、2007 年和 2008 年，对应的主要“黑天鹅”便是互联网泡沫破裂、“9・11”恐怖袭击、“次贷”危机和雷曼兄弟倒闭等事件（如表 77 - 1 所示）。

表 77 - 1　过去二十多年里联邦市场公开委员会(FOMC)历次紧急降息

日　期	事件冲击	降息幅度
1998 年 10 月 15 日	俄罗斯主权债务违约	降息 25 个基点至 5.00%
2001 年 1 月 3 日	互联网泡沫破灭	降息 50 个基点至 6.00%
2001 年 4 月 18 日	经济持续下滑	降息 50 个基点至 4.50%
2001 年 9 月 17 日	“9・11”恐怖袭击	降息 50 个基点至 3.00%
2007 年 8 月 17 日	次贷危机	降低贴现利率 50 个基点至 5.75%
2008 年 1 月 22 日	次贷危机	降息 75 个基点至 3.50%
2008 年 10 月 8 日	雷曼兄弟倒闭	降息 50 个基点至 1.50%

从表 77 - 1 里，你会发现每一次紧急降息都是应对大危机并且变相承认处于经济衰退的行动。本次的紧急降息是第一次因为瘟疫而降，而且是历次降息中空间最窄的一次，相比 2008 年席卷全球的“次贷”危机，本次降息后联邦基金利率区间已经到了

1.00%～1.25%。按照鲍威尔今年 2 月的说法，如果美联储坚持不实行负利率，那势必就会加大对其他量化宽松工具的使用。

就隔夜美股的表现来看，市场用脚投票，似乎依旧不买账，VIX 指数继续上涨 10.17%，在 30 以上的高危区域徘徊。那么，美股在此后的一段时间会不会再创新低？VIX 波动率指数会不会再创新高呢？现在我们以史为鉴，来看看历次美联储紧急降息后，下跌的惯性会持续多久（详见表 77－2 至表 77－5）。

表 77－2　历次美联储紧急降息后的一段时间内，标普 500 指数最大回撤幅度

标普 500 指数	一周内	两周内	一个月内	三个月内	六个月内
1998 年 10 月 15 日	0.00%	0.00%	0.00%	0.00%	0.00%
2000 年 1 月 4 日	0.00%	0.00%	－2.81%	－4.72%	－4.72%
2001 年 4 月 18 日	－2.32%	－2.32%	－2.32%	－4.68%	－22.00%
2001 年 9 月 17 日	－7.02%	－7.02%	－7.02%	－7.02%	－7.02%
2007 年 8 月 17 日	－0.03%	－0.94%	－0.94%	－0.94%	－9.37%
2008 年 1 月 22 日	0.00%	0.00%	0.00%	－2.83%	－7.29%
2008 年 10 月 8 日	－8.70%	－8.95%	－13.81%	－23.61%	－31.31%

数据来源：Wind。由力的期权工作室整理而成。

表 77－3　历次美联储紧急降息后的一段时间内，道琼斯指数最大回撤幅度

道琼斯指数	一周内	两周内	一个月内	三个月内	六个月内
1998 年 10 月 15 日	0.00%	0.00%	0.00%	0.00%	0.00%
2000 年 1 月 4 日	0.00%	0.00%	－2.36%	－10.93%	－10.93%
2001 年 4 月 18 日	－1.52%	－1.52%	－1.52%	－4.15%	－22.42%
2001 年 9 月 17 日	－7.68%	－7.68%	－7.68%	－7.68%	－7.68%
2007 年 8 月 17 日	0.00%	－0.28%	－0.28%	－0.70%	－8.47%
2008 年 1 月 22 日	0.00%	0.00%	0.00%	－1.93%	－8.43%
2008 年 10 月 8 日	－8.72%	－8.72%	－11.69%	－18.43%	－29.28%

数据来源：Wind。由力的期权工作室整理而成。

表 77－4　历次美联储紧急降息后的一段时间内，纳斯达克指数最大回撤幅度

纳斯达克指数	一周内	两周内	一个月内	三个月内	六个月内
1998 年 10 月 15 日	0.00%	0.00%	0.00%	0.00%	0.00%
2000 年 1 月 4 日	−4.47%	−4.47%	−4.47%	−4.47%	−18.89%
2001 年 4 月 18 日	−3.02%	−3.02%	−3.02%	−5.61%	−31.56%
2001 年 9 月 17 日	−9.90%	−9.90%	−9.90%	−9.90%	−9.90%
2007 年 8 月 17 日	0.00%	−0.18%	−0.18%	−0.18%	−8.49%
2008 年 1 月 22 日	0.00%	0.00%	0.00%	−5.36%	−5.36%
2008 年 10 月 8 日	−6.44%	−7.16%	−13.47%	−24.38%	−27.10%

数据来源：Wind。由力的期权工作室整理而成。

表 77－5　历次美联储紧急降息后的一段时间内，VIX 波动率指数最大上升幅度

VIX 指数	一周内	两周内	一个月内	三个月内	六个月内
1998 年 10 月 15 日	4.44%	4.44%	4.44%	4.44%	4.44%
2000 年 1 月 4 日	0.00%	0.00%	0.00%	0.00%	23.99%
2001 年 4 月 18 日	18.07%	18.07%	18.07%	18.07%	81.27%
2001 年 9 月 17 日	4.74%	4.74%	4.74%	4.74%	4.74%
2007 年 8 月 17 日	0.00%	0.00%	0.00%	3.67%	3.67%
2008 年 1 月 22 日	0.00%	0.00%	0.00%	3.97%	3.97%
2008 年 10 月 8 日	21.59%	22.25%	39.16%	40.55%	40.55%

数据来源：Wind。由力的期权工作室整理而成。

从上面的四张表格(表 77－2 至表 77－4)看，除了 1998 年俄罗斯主权债务危机那次以外，其他六次紧急降息后，美国三大指数都曾经在后续的六个月里再创阶段性新低。在过去的七次紧急降息后的半年内，美国三大指数有六次出现继续下探至阶段新低。以标普 500 指数为例，最大的那次跌幅发生在 2008 年 10 月 8 日之后的半年内，曾经最大回撤达到 31.31%；次大的那次跌幅发生在 2001 年 4 月 18 日之后的半年内，曾经最大回撤达到 22.00%(如图 77－1 所示)。与之相对的是，素有“恐慌指数”之称的 VIX 指数，在紧急降息后，最大的那次涨幅发生在 2008 年 10 月 8 日之后的半年内，当时的最大阶段性涨幅曾达到 40.55%；次大的那次涨幅发生在 2001 年 4 月 18 日之后的半年内，当时的最大阶段性涨幅曾达到 81.27%（如图 77－2 所示）。

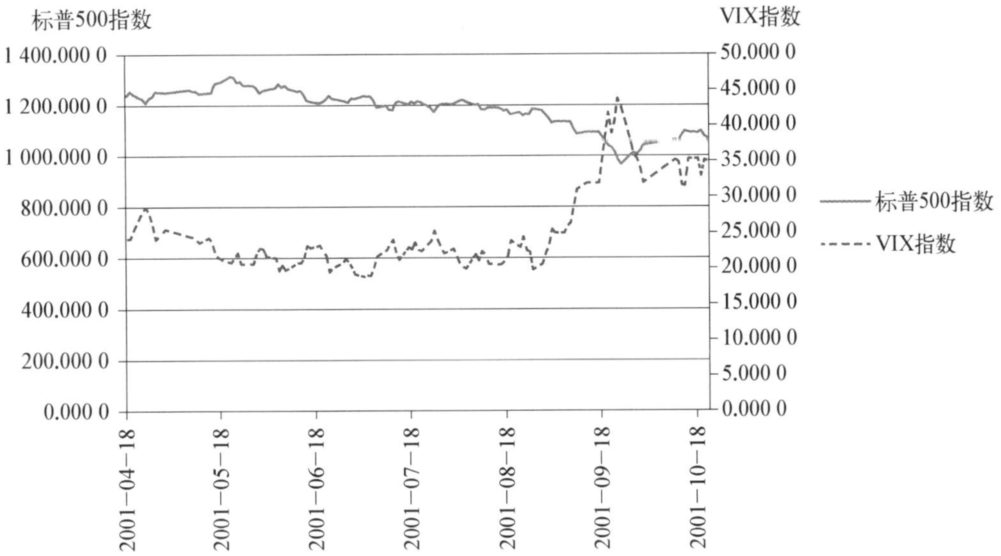

数据来源：Wind。由力的期权工作室整理而成。

图 77－1　2001 年 4 月 18 日之后六个月，标普 500 指数与 VIX 指数的走势

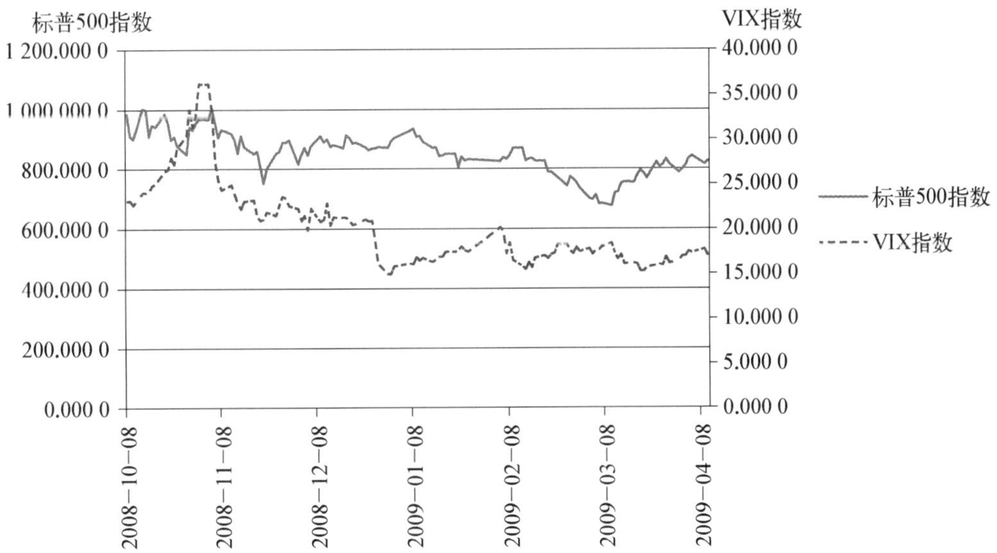

数据来源：Wind。由力的期权工作室整理而成。

图 77－2　2008 年 10 月 8 日之后六个月，标普 500 指数与 VIX 指数的走势

回溯这七次紧急降息的背景，你会发现：

(1) 1998 年那一次紧急降息的前后，一共有三次降息，这一降息时点也恰逢亚洲金融危机的退潮，于是市场迅速反弹，美联储也在次年 6 月的议息会议上重启加息。

(2) 在2001年的三次紧急降息中，“9·11”事件只是一个偶发性因素，而泡沫泛滥后的破灭才是经济衰退的内因。所谓“外因好除，内因难治”，正是因为20世纪90年代积累的这些内因，才引起了紧急降息后半年内的惯性下跌。

(3) 2007—2008年的那三次紧急降息，再次揭示了美国经济债台高筑的内因，债务经济的矛盾严重激化后，市场信心也并非能一时半会儿得到恢复。

因此，如果美国三大指数的变动是因为内部经济结构出现了严重的问题，那么第一次重启紧急降息往往只是一个拖延时间的方法；而如果某一周的大跌是突发事件所致，那么经济数据、指数涨跌也会随着突发事件的消失而逐步恢复。从逆向思维的角度来想，如果后续“新冠”疫情能够得到控制，这个突发因素的影响就会逐步被淡化，那么短期美股的下跌反而变成了一种机会。

再观A股，2月4日已经形成了2 685点的恐慌底，历史上的恐慌底有哪些？2015年8月的2 820点算一个，2016年1月的2 638点也算一个。如果以现有的信息去看，2 685点的底部仍然具有一定的基本面因素作为支撑，用最简单的方法计算，2019年全年名义GDP的累计同比大约为10%，以上一个恐慌低2 440点乘以(1+10%)，所得到的点位恰好在2 684点，所以后续即便再有下探，整个二次探底的点位大概率不会偏离太多。

落实到期权应对上，针对三种人群，我们可以得出三种对策：

(1) 对于持有一定股票仓位(尤其是重仓300成分股)的朋友，择机买沽是一种“成本”与“收益”的平衡。比如以30 min级别的MA250为例，平时以股票多头为底仓，一旦出现标的指数跌破关键趋势线的时刻，就加上买入认沽头寸做或有防守，这样的防守既不会让你觉得成本很高，也能防住像2020年2月3日那样的“灾难”风险。

(2) 对于喜欢做义务仓的朋友，事前仓位控制是万万不能轻视的。目前的权利金较去年四季度要高出不少，用相等的张数去卖期权，所得的收入已经高于去年第四季度。比如，设定a%(比如30%)的义务仓仓位上限，切莫贪图一些所谓的“低风险”收益，而快速加大远月义务仓头寸的仓位，因为远月期权的Vega更大，一旦后市升波，它亏损的绝对金额更大。

(3) 对于喜欢做权利仓的朋友，价差策略依然好于单腿买购。目前50ETF认购期权的隐波普遍在18%～20%，300ETF认购期权的隐波普遍在20%～25%，这个波动率的位置从历史上看不高也不低，上方3.100(50ETF)和4.200(300ETF)是一个数重顶。如果再次上攻时不是一气呵成，就会浪费一定的时间价值，所以以自己心里过不了的那个位置作为行权价，卖出这份认购期权，多多少少是对单腿买购的一种风险的抵消。

78. 在乱套的资产里，VIX 指数正在悄悄逼近历史最高

（本文作于 2020 年 3 月 14 日）

“活久见”这三个字可谓栩栩如生地描述了活得久了什么事情都能见到。近两周外围市场的表现让所有人瞠目结舌，十一国的股市接连熔断。美股一周内两次熔断，以自由落体式的下跌带崩全球股市，这让我忽然想起高中数学课上“$\tan 90^{\circ}=\infty$”这个公式！

在原油、黄金、比特币等各类资产的价格乱套的同时，有一个指数正以火箭式的速度悄悄逼近历史的最高位 89.53——它就是美国芝加哥期权交易所波动率指数（VIX 指数），也就是我们平时常称的“恐慌指数”（如图 78－1 和图 78－2 所示）。

名称	现价	涨跌	涨跌幅
道琼斯工业指数	20188.52	-2997.10	-12.93%
纳斯达克指数	6904.59	-970.29	-12.32%
标普500	2386.13	-324.09	-11.98%
罗素3000指数	1371.97	-192.74	-12.32%
CBOE波动率	82.69	24.86	42.99%

数据来源：Wind。

图 78－1　2020 年 3 月 14 日当天收盘，美股各大指数行情

本周一晚间，CBOE VIX 指数收盘位于 82.69，当日晚上大涨 42.99%。如果从三周前的低位 13.38 开始计算，这几周它已经累计上涨了 618.01%。期权初学者看到这些信息后，难免会问：“这个指数的背后是什么资产，它为什么会如此暴涨，未来它会出现暴跌吗?”在此我想针对这些问题，聊聊我的看法。

VIX 是 Volatility Index 的缩写，这就意味着 VIX 指数是来自一种叫作波动率（Volatility）的变量。关于资产波动率的理解，最直观的方式可以从观察图 78－3 开始。

这是 A 股票和 B 股票一年间的走势曲线。找一个炒过股票的散户随便一问哪只股票的波动率大，我想 99.99%的人会说 A 股票的波动率更大。为什么呢？原因：波动率衡量的是资产价格偏离平均值的程度，也就是上述 A 股票和 B 股票的股价一年内的平均值都是 100 美元，但 A 股票偏离平均值的程度大，所以我们会说 A 股票的波

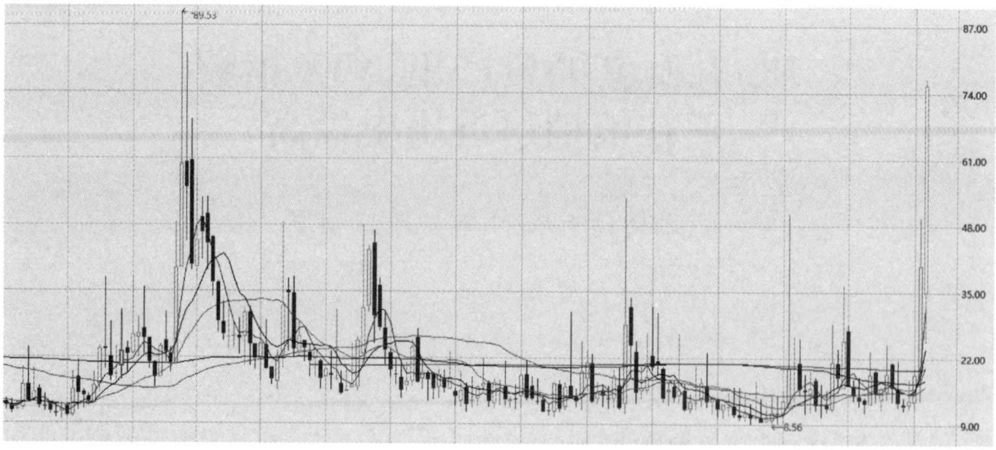

数据来源：Wind。

图 78－2　历史上，VIX 指数月线级别走势

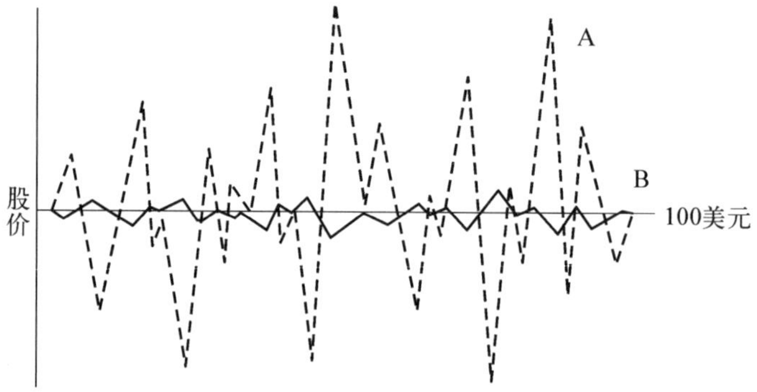

图 78－3　资产波动率大小的示意图

动率更大。

在图 78－3 里，你看到的是股价的过往表现，用过往一段时间的股价涨跌幅的年化标准差计算出来的结果是历史波动率。然而，历史并不代表未来，过往一个月的波动率是 20%，未来一个月的波动率完全可能因为不确定性而飙升到 40%。所以，期权交易者在平时交易报价时，会把未来的波动率估计值体现（Price in）在期权价格里，因此我们会说，隐含波动率是期权价格反推出来的波动率，它反映了当下期权市场交易者对未来一段时间内波动率的预期值。

如果大家对未来波动率的预期都很高的话，期权（作为保险工具）的价格就会变得比较贵，反之就会变得比较便宜。于是，我们也可以把隐含波动率理解成市场对期权合约的估值（类似于股票的市盈率），即隐含波动率越高，期权价格就越高。

那么，知道了隐含波动率后，波动率指数又是什么呢？简言之，波动率指数可以理解成一系列隐含波动率加工后的数值。

我们知道，一个期权标的会对应很多个期权合约，不同的行权价、不同的到期月份、认购与认沽，会有几十甚至上百个合约；而隐含波动率是针对每个合约而言的，也就是说，每个期权合约都对应着一个隐含波动率，于是100个期权合约就会对应100个隐含波动率。把这 100 个隐含波动率糅合成一个值，让这个值反映全市场对未来 30 天标的波动率的预期值，这个光荣的使命就由“波动率指数”来完成了（如图 78－4 所示）。

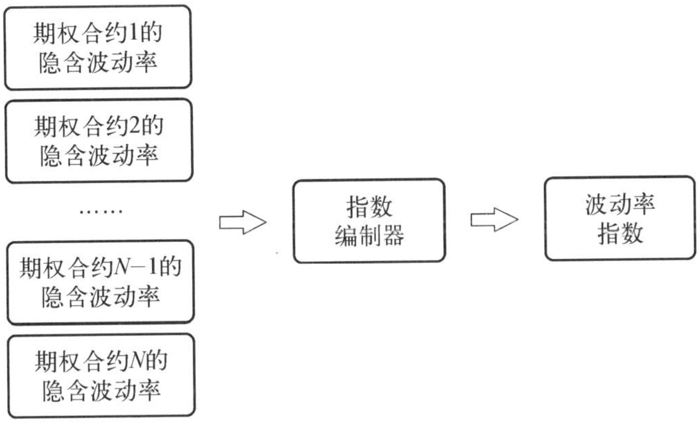

图 78－4　波动率指数的编制示意图

波动率指数起源于美国市场。1993 年，有期权交易“开山鼻祖”之称的芝加哥期权交易所（CBOE）首次推出了波动率指数，用来反映全市场对标普 100 指数未来 30 天波动率的预期值；到 2003 年，芝加哥期权交易所与高盛合作将波动率指数升级为第二代，标的也从标普 100 改为了标普 500，用来反映全市场对标普 500 指数未来 30 天波动率的预期值，代码是 VIX，以前的第一代波动率指数的代码就改名为 VXO。

从 1993 年到现在，VIX 的走势经历过数次从低位到高位的“飙升”！

- 1995 年 12 月—1999 年 12 月，VIX 指数有两段处于明显的上升区间：一个是 1997 的亚洲金融危机，另一个则是 1998 年长期资本管理公司破产。
- 2001 年 7 月—2002 年 6 月，VIX 指数有一段处于明显的上升区间，它就发生在令人不寒而栗的美国“9・11”恐怖袭击事件的当月。
- 2008 年 5 月—2009 年 4 月，VIX 指数也有一段处于明显的上升区间，达到了史上最高的 89.53！在此期间又发生了什么呢？你可能已经知道了，那就是臭名昭著的 2008 年“次贷”危机，雷曼兄弟破产！
- 最后，就是 2020 年 3 月份，由“新冠”疫情扩散与油价暴跌导致的“黑天鹅”！

从过去的历史中，你可以得出这样的结论：当市场出现“黑天鹅”事件时，所有的交易者都会陷入恐慌，对未来风险（波动率）的预期会达到一个高值，于是 VIX 指数便扶摇而上。所以说，波动率指数又被称为“恐慌指数”，是市场“黑天鹅”事件的预警器，只是拉长时间看，它和市盈率这个变量一样，具有中值回归的特性和“尖峰圆底”的特征。

事实上，波动率指数与价格指数这两个变量看似穿梭于我们每一天的交易中，但它们的属性却是完全不同的。如果把价格说成人的左脑，那么波动率就是人的右脑；如果把价格说成男人的性格，那么波动率就好比女人的性格。

价格是有趋势的，它是这样一个变量，做多时高了还可能更高，做空时低了还可能更低。当一波趋势真正来临时，“创新高”这样的词就会反复出现在耳边，而此时最好的择时策略就是跟随趋势，然后用简单的均线、MACD或是布林线中轨作为右侧趋势的止损点。如果我们长期投资于一个指数或是一只股票，真要赚到大钱，肯定不是靠每天频繁进场、出场，而是拿住它，耐心持股等待右侧大趋势的来临，因此，可以这么说，做多和做空价格所赚到的大钱是来源于趋势的。

然而，波动率呢？它是这样一个变量，达到历史较高分位数时，或许它短期还会再上升，但空间已经不会特别大了，一旦市场情绪得到平抑，就会立刻掉头向下寻找长期中值回归的那个平衡点；反过来，当它达到历史较低分位数时，它往往会按捺不住寂寞，在之后的市场里为大家演绎一场意外的“升波”秀。

79. 单月巨亏的意外背后，我们应该如何看待一根净值曲线

（本文作于 2020 年 4 月 5 日）

最近，在彭博上有一则新闻，在过去这个不堪回首的 3 月里，海外市场上一些做空波动率基金大幅亏损，有基金一个月的时间里几乎抹去了过去二十年的累计收益。如果说 2018 年的 11 月，J.Cordier 在天然气“暴涨”途中的“爆仓”巨亏只是个案，那么在 2020 年的 3 月里，国内外许多以做空波动率为策略的基金则是成片地倒在巨大回撤的面前(如图 79－1 所示)。

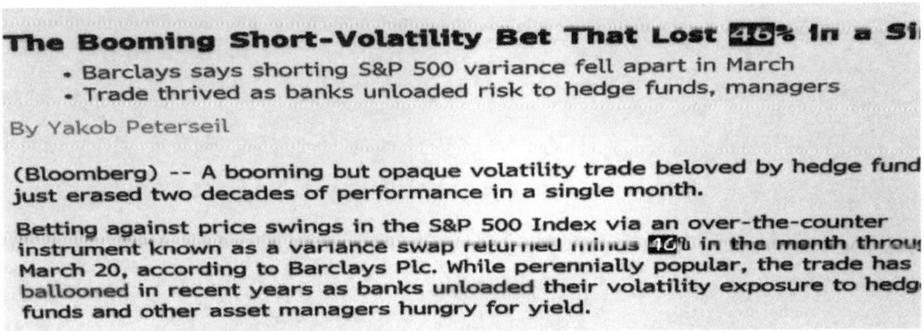
The Booming Short-Volatility Bet That Lost 46% in a Si

- Barclays says shorting S&P 500 variance fell apart in March
- Trade thrived as banks unloaded risk to hedge funds, managers

By Yakob Peterseil

(Bloomberg) -- A booming but opaque volatility trade beloved by hedge fund just erased two decades of performance in a single month.

Betting against price swings in the S&P 500 Index via an over-the-counter instrument known as a variance swap returned minus 46% in the month throu March 20, according to Barclays Plc. While perennially popular, the trade has ballooned in recent years as banks unloaded their volatility exposure to hedg funds and other asset managers hungry for yield.

图片来源：彭博(Bloomberg)。

图 79－1　国外做空波动率基金大幅亏损的新闻报道

每个人都会遇到想投资的时候，也都会遇到选择什么投资的时候。市场上有着形形色色的理财产品，别说个人，即使是机构在选产品时，也很难静下心来听取基金经理对策略的理解，理解他们在关键交易日处理问题时的苦心。经过这个 3 月，面对国内外成片亏损的基金，我们真的很需要了解怎样的一根净值曲线才是长期健康的！

(1) 怎样的资管产品才是健康的

管理别人的钱和管理自己的钱，看似都是做投资，但可以说是“天壤之别”。相比管理自己的钱，一个资管产品，公司盯着你看，客户盯着你看，托管机构盯着你看，你自己也会盯着净值看，这个压力是“四重”的。不仅如此，一个私募类的资管产品还会有预警线和止损线，这意味着有的时候能够“弹性形变”的净值或许就会变成“范性形

变”；而管理自己的钱，就是要求在合理的仓位控制下，别把“子弹”用得太快，有一定的资金能够补足，最终能扛住很多危机。所以，对于一个资管产品而言，要判断它值不值得长期投资，是不是一个健康长久的体系，我认为有三大要点是必须事先检查的。

一是它的策略信号有没有被过度优化。在回测一个策略时，我通常不会加入过多的输入参数，参数越少说明这个策略越纯粹，它在什么市场上表现好、表现不好会更加一目了然。我看到有些策略在回测时加了不下 10 个参数，这样的策略即便回测的效果良好，也很难确保往未来看会持续有效。从数学上来说，输入的参数越多，策略失效的概率就越大，10 个参数合起来的失效概率从长期来看就可想而知了。

二是它能不能对一切“黑天鹅”事件免疫。注意，这里说的是一切“黑天鹅”事件，因为对于一个资管产品而言，一次“黑天鹅”事件导致的巨幅回撤，就意味着其生命的终结。在管理产品时，我通常会这样判断自己，如果这个策略让我整日惴惴不安、惶惶恐恐，那即便短期能赚到一些钱，我也会认为这是很难长久的。尽管 2020 年 3 月的“黑天鹅”是一个突发因素，但人在长期从事投资时，很难不遇到“黑天鹅”，战争是“黑天鹅”，疫情是“黑天鹅”，恐怖事件也是“黑天鹅”。偶然中蕴含着必然，如果一个策略体系没有对“黑天鹅”的防守能力，那就只能用自己的钱去做，而不能用资管的钱去做。

三是长期下来，它的长期收益期望必须大于 0。一个产品的长期收益期望等于“胜率×盈利时平均幅度+(1−胜率)×亏损时平均幅度”，这个看似平淡无奇的公式却揭示了交易的本质。从 2015 年某一天之内能够从千股跌停到千股涨停，再到千股跌停，我就非常清楚一件事，如果一个期权产品，永远只做卖方，不懂得有买有卖，那它的长期收益期望就有极大概率会小于 0。这样的产品或许运气好，能躲掉一两次“黑天鹅”，但一定躲不过 1987 年那个“黑色星期一”，一定躲不过 1929 年大萧条时期的连续下挫。

(2)“黑天鹅”交易日的表现

在过去的无数次路演里，我发现几乎很少有资方会问我在“黑天鹅”交易日的表现，而通常问的是这“三件套”：“收益多少？回撤多少？收益回撤比多少？”如果只是需要了解这些，其实我们直接把路演材料传过去即可，而我是多么希望别人在投资我时，能先了解我在处理“黑天鹅”时的心情和方式啊！

当我看到一根期权产品曲线时，通过曲线的形状，我基本上可以看出每个月它的 Gamma 敞口是正还是负。通常而言，做期权买方（正 Gamma）的净值曲线，虽然平时不太好看，或是一路走平，或是来来回回，但只要这位基金经理坚持做下去，“玫瑰总有绽放的那一刻”，它总属于低胜率、高赔率的曲线；而做期权卖方（负 Gamma）的净值曲线，虽然平时胜率很高，一步一步看似很稳，但如果遇到一个“黑天鹅”事件，一旦仓位较重，或者兜底止损做得不及时，就可能面临一个十分难看的回撤。

从这个角度看，一个期权资管产品要想有长期的生命力，我认为负 Gamma 的敞口绝对不能太大(我这里说的是资管盘，并不是管理自己的钱)，这也是为什么在这本书的很多篇文章里，我曾经“无数次”提过在期权交易里“有买有卖”是多么重要。可以这么说，不论你的事后防守有多精巧，只要事先的负 Gamma 敞口超过一定的数量，美伊打仗也好，疫情扩散也罢，只要出现一次千股跌停，之前的收益就会立马打回原形。所以，如果我投资一个期权类的资管产品，除了看一下那些客观的、量化的收益风险比指标以外，一个产品在运作期间有没有经历过“黑天鹅”，在“黑天鹅”交易日有怎样的操作，操作思路是什么，有没有先把多余的义务仓平掉，这些内容才是我最在意的。

曾经听过一个这样的说法，“期权卖方的回撤都会随着降波和时间涨回来的”，这句话对个人自营资金而言或许可以，然而对于资管产品，则完全不是这样的。这就好比开车，管理自己的钱就是开自己的座驾，这条路堵住了，想换条路开就换条路开；但资管盘就好像是在外开专车，随便换条路，可能会受到乘客的质疑，耽误了乘客的时间，多花了乘客的金钱，别人就要投诉了。所以说，**观察一个人在遭遇“黑天鹅”压力前后的操作与逻辑，是对一个人心理素质的认知**。

(3) 对于一个期权产品，我们真正应该关注的是什么

每个基金经理都想“穿越牛熊”，你也很可能听说过，“期货、期权可以穿越牛熊”。然而，经历过实盘的你立刻就会知道，“穿越牛熊”谈何容易。我会说期权可以在“牛”和“熊”的行情中提供赚钱的机会，但我从不会轻易说一个工具能带你“穿越牛熊”。**因为要“穿越牛熊”，这不是一个工具所能带来的，而是一套体系、一套原则带来的**。回头看，我们当然能在每一个波段都寻找到一种最为契合的期权策略，2019 年一季度买购，2019 年四季度卖沽，2020 年一季度买沽，但这样的描述只是一种看图说话，并不能告诉你我是如何实现每个季度之间的“买卖”转换的。所以，要全面地评价一根业绩曲线，就需要了解它背后基本的逻辑体系。而所谓的逻辑体系，主要就是了解它的入场逻辑、仓位逻辑、合约选择逻辑，以及离场逻辑。

对于一个做“股票＋期权”的产品，需要了解的基本点大致有：它的现货端和期权端仓位分别是多少？在牛市、熊市、震荡市里，期权分别是怎么套保的？是一直用单腿买认沽套保的，还是一直用领口期权套保的，抑或是按某种规则轮动套保的？如果是按某种规则轮动套保的，那这个规则大概是什么指标，是均线理论，还是其他指标？等等。

对于一个做“固收＋期权”的产品，需要了解的基本点大致有：每个月是按什么规则决定买认购还是买认沽的？每个月拿出多少利息来买期权？如果上个月买期权买对了，下个月会拿出收益的一部分加仓买期权吗？如果这个月买期权买错了，是让剩余价值自然消亡，还是会有一个移仓换月的操作？等等。

对于一个做“波动率交易”的产品，需要了解的基本点大致有：每一天是按什么规则调整 Gamma 的正负的？是按什么规则判断波动率处于高位区、中位区，还是低位区的？卖方头寸的仓位会控制在什么范围内？过去几年里，有多少个交易日隔夜是正 Gamma 的敞口，有多少个交易日隔夜是负 Gamma 的敞口？遇到“黑天鹅”，又是怎么善后的？实际上，在过去的文章里，我们也曾介绍过卖期权的一根非常重要的风控线——在标的站在所有均线下方的那一刻，把买沽与卖沽的数量调整为 1∶1；在标的站在所有均线上方的那一刻，把买购与卖购的数量调整为 1∶1。如果一个资管产品真的能十年如一日地执行上述风控，那即便是 2020 年的 3 月，它也能避开这一轮灾难性的回撤！

投资这件事就是这样，从纸上谈兵到实盘操作是一个飞跃，从实盘操作到经历“黑天鹅”也是一个飞跃，而经历“黑天鹅”后处理不好和处理好了又是一个飞跃。对于一个资管产品，成功与失败，就在于它是不是以最小的代价建立了最有效的风控体系。从某种角度来说，我们平时投资一个产品就是认同某个原则或体系，于是这个产品就成为我们的一个投资标的。

80. 期权价格可以为负吗？面对负值的油价，芝商所究竟如何调整期权的结算价

（本文作于 2020 年 4 月 22 日）

本周一晚间，WTI 五月期货合约的价格一度暴跌至－40 美元/桶，这造就了期货史上价格为负的奇观。不过，这场奇观的演绎还没有结束，今天早间发布了一则新闻："受到国际油价暴跌等因素的影响，当地时间 4 月 21 日，芝加哥商品交易所（CME Group，以下简称芝商所）决定于 4 月 22 日开始允许报价为负的原油期权上市。"

看到这些消息，一个期权交易者关心的问题来了：标的价格为负，期权价格也会为负吗？究竟是期权价格为负还是行权价格为负？交易所又是用什么模型来对期权价格进行结算的呢？带着这些问题，我们可以在芝商所的官网上寻找到相关的信息。

最后查询到的结果：芝商所已经早有准备，在今年 4 月 8 日它就公告了一份关于结算价调整计划的文件，声称"对于任何月份的 WTI 原油期货，当它的结算单价低于 8 美元时，WTI 期货期权的结算价计算模型将从原来的模型切换到 Bachelier 模型"（如图 80－1 所示）。

看到这份公告的瞬间，我心中不由地感叹："期权定价百年的历史，绕了一圈，最终竟然绕回到了原点。"为什么这么说呢？

期权被誉为衍生品皇冠上的明珠，而期权定价又是无数聪明的数学家前仆后继钻研的领域。在目前的业内，不论是交易所，还是期权做市商，绝大部分机构最常用的期权定价公式是被誉为"集大成者"的布莱克-斯科尔斯-默顿公式（简称 BSM 公式，如下所示），它就像一个中央处理器一样，先把影响期权价格的五大因素（标的价格、行权价格、无风险利率、波动率、距离到期时间）输入进去，然后用一个公式输出对应的认购与认沽期权价格。

$$C(S,T)=SN(d_1)-Ke^{-rT}N(d_2)$$

不过，在这个美丽公式的背后却蕴含着众多约束和假设，而这些假设被后世的精英们不断地挑战、不断地优化。可讽刺的是，在那么多的假设前提里，有一条几乎被认

The purpose of this advisory is to assure CME clearing firms and end clients that if major energy prices continue to fall towards zero in the coming months, CME Clearing has a tested plan to support the possibility of a negative options underlying and enable markets to continue to function normally. That plan is as follows:

- If WTI Crude Oil futures prices settle, in any month, to a price between $8.00/bbl and $11.00/bbl, CME Clearing MAY switch its pricing and margining options models from the existing models to the Bachelier model, currently utilized in numerous spread options products where negative underlying prices and strike levels are a regular occurrence. If any WTI Crude Oil futures prices settle, in any month, to a level below $8.00/bbl, CME Clearing WILL move to the Bachelier model for all WTI Crude oil options contracts as well as all related crude oil options contracts effective the following trade date. CME Clearing will send out an advisory notice with one day notice before any implementation occurs with all appropriate details.

- Similarly, if RBOB Gasoline futures prices settle, in any month, to a price between $0.20/gal and $0.30/gal, CME Clearing MAY switch its pricing and margining options models from the existing models to the Bachelier model. If any RBOB Gasoline futures price settle, in any month, to a level below $0.20/gal, CME Clearing WILL move to the Bachelier model for all RBOB Gasoline options contracts as well as all related gasoline options contracts effective the following trade date. CME Clearing will send out an advisory notice with one day notice before any implementation occurs with all appropriate details.

- Similarly, if Heating Oil futures prices settle, in any month, to a price between $0.20/gal and $0.30/gal, CME Clearing MAY switch its pricing and margining options models from the existing models to the Bachelier model. If any Heating Oil futures price settle, in any month, to a level below $0.20/gal, CME Clearing WILL move to the Bachelier model for all Heating Oil options contracts as well as all related heating oil options contracts effective the following trade date. CME Clearing will send out an advisory notice with one day notice before any implementation occurs with all appropriate details.

图片来源：CME Group。

图 80－1　CME 关于结算价调整计划的一份公告

为是"万年靠谱"的假设，它便是"标的价格的分布服从对数正态分布"，其意为，标的价格可能的区间为 0 到正无穷大，标的价格不能为负。

那么，当标的价格为负时，BSM 公式究竟还能不能用？回答是不能用了！由于它触犯了模型假设的"天条"，不论你用 Excel 还是 Matlab，都会显示错误。

在 Matlab 环境里，输入负的标的价格会得到出错的反馈：

```
>> blsprice(－10,10,0,03,0.3,30/365)
错误使用 blscheck (line 34)
Underlying asset prices cannot be negative.


出错 blsprice (line 95)
blscheck (S, X, r, T, sig, q)
```

可是在这"活久见"的市场里，美油期货价格确实已经跌破过 0 值，这个时候，BSM 公式已然失效，期权报价怎么报？就在这个时候，从芝商所的公告中，我们惊讶地发现，一切回归到了原点！——芝商所允许在一定的条件下，把结算价模型修改成巴舍利耶(Bachelier)期权价格模型。

这是个什么样的模型？我想，对于学过金融数学的朋友，巴舍利耶是一个令人无限敬仰的名字！

若要真的追根溯源，或许金融数学的起源应该在1900年的巴黎，当时的开山鼻祖不是别人，正是法国数学家路易斯·巴舍利耶(Louis Bachelier)。他在1900年其一篇名为《投机理论》的博士论文中，首次用描述热循环的扩散方程来刻画股票市场的价格，并探索出了最早的期权价格公式，这就是巴舍利耶定价公式。

可惜的是，当时他的论文被所谓的权威们轻视了，他甚至都没找到一份像样的教职。直到50年后，他的论文才被美国经济学家保罗·萨缪尔森(Paul Samuelson)在图书馆里重新翻出并将他的定价公式广泛用于期权定价的领域。

巴舍利耶定价公式也是一个显性的公式，只是它背后的假设要比BSM模型更为宽泛，它假设"标的价格服从正态分布"，这就意味着它允许标的价格取负值，标的价格的取值可以位于负无穷大到正无穷大之间。

巴舍利耶定价公式如下：

$$C(S,\ T)=SN\left(\frac{S-K}{\sigma\sqrt{T}}\right)-KN\left(\frac{S-K}{\sigma\sqrt{T}}\right)+\sigma\sqrt{T}n\left(\frac{K-S}{\sigma\sqrt{T}}\right)$$

其中，n 是标准正态分布的密度函数。

20世纪50年代，萨缪尔森把"标的价格服从正态分布"修改为"标的价格服从对数正态分布"后，几乎没有任何人会怀疑这一点，都觉得这是一种飞跃性的优化。然而，当标的价格真的出现负数时，芝商所的选择让我们看到了一种"原始的回归"——用最早的巴舍利耶定价公式来计算结算价，这就是所谓的"一切回到原点"吧！

有一些报道称，美油期货价格为负，美油期权价格也会为负。这种说法是不是正确呢？模拟胜于雄辩！我们若用传统的巴舍利耶定价公式做个模拟，答案就会自然揭晓了！

假设标的价格为0，波动率(年化)为60(注意这个是价格的波动率，不是涨跌幅的波动率，所以设为60并不奇怪)，距离到期还剩一个月。于是针对不同的行权价，各认购期权所对应的巴舍利耶估算价格大致如表80－1所示。

从表80－1可以看出，不考虑超买、超卖等供求关系导致的偏差，即便用巴舍利耶定价公式对期权进行结算，期权的价格也不会出现负值，会出现负值的是标的价格，或是交易所加挂的行权价格。所以，所谓"允许报价为负的原油期权上市"，指的是行权价格为负，不是期权价格为负。

表 80-1　行权价格在—30～30 元的巴舍利耶估算价格　　单位：元

行权价	巴舍利耶估算价格	内在价值	时间价值
—30	30.282 3	30.000 0	0.282 3
—25	25.560 2	25.000 0	0.560 2
—20	21.041 3	20.000 0	1.041 3
—15	16.818 0	15.000 0	1.818 0
—10	12.990 4	10.000 0	2.990 4
—5	9.650 3	5.000 0	4.650 3
0	6.862 4	0.000 0	6.862 4
5	4.650 3	0.000 0	4.650 3
10	2.990 4	0.000 0	2.990 4
15	1.818 0	0.000 0	1.818 0
20	1.041 3	0.000 0	1.041 3
25	0.560 2	0.000 0	0.560 2
30	0.282 3	0.000 0	0.282 3

数据模拟：力的期权工作室。

当然，上面的估算只是按照最传统的巴舍利耶期权定价公式(1900 年)进行估算的，芝商所很有可能还会根据油价的历史数据适当调整美油价格分布函数的峰度，但无论如何，在当前的价格乱局下，芝商所求助于一百多年前的定价模型来渡过运行上的难关，这真的称得上是一种百年难遇的轮回了吧！

81. 整个华尔街，最怕散户乱拳“打倒”老师傅

（本文作于 2021 年 1 月 28 日）

2021 年，正当 A 股前所未有地加速机构化时，美股却玩起了过去我们“炒小炒差”的那套伎俩。最近两周，有一只叫作 GME（GameStop，游戏驿站）的美股走进了我们的视野。这只股票在短短的三周内大涨了超过 1 800%，仅仅 1 月 26 日就上涨了 92.71%，1 月 27 日继续大涨 133.13%，与美国三大股指的大跌形成了鲜明的对比（如图 81－1 所示）！

这是什么情况？这是一只华尔街大佬眼里典型的绩差股！2020 年第三季度 GME 的营业总收入同比下降 30.53%，营业利润同比下降 185.34%。然而就是这么一只小市值的绩差股，在美国一个叫作 WSB（华尔街赌场）的股票社区里被大量的散户抱团，“打倒”了一批以此为做空标的的华尔街基金机构（如图 81－2 所示）。

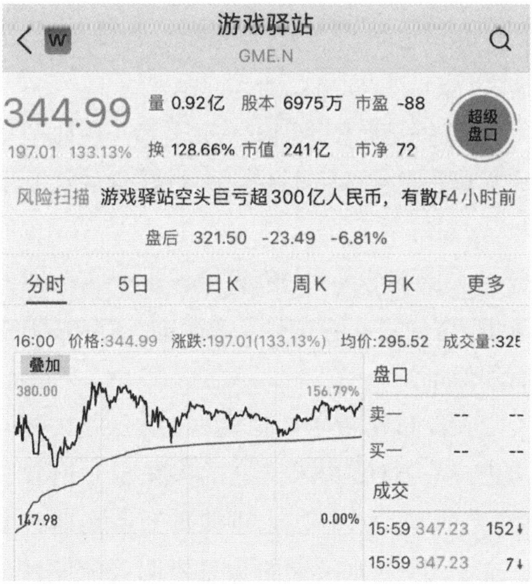

数据来源：Wind。

图 81－1　2021 年 1 月 27 日 GME 当日走势

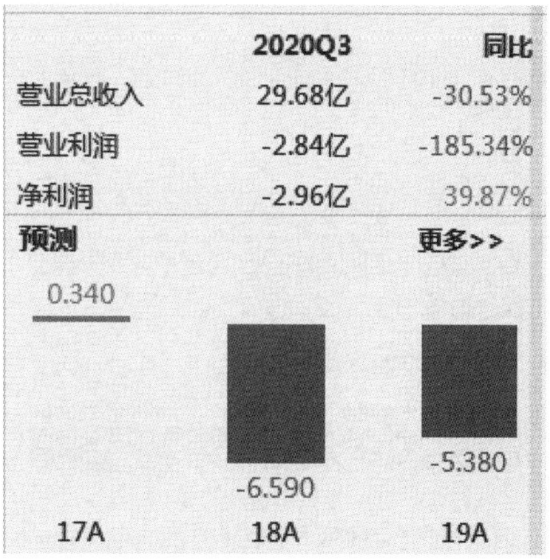

数据来源：Wind。

图 81－2　GME 在 2020 年第三季度的部分基本面数据

根据券商中国等媒体的报道，作为做空该股的机构之一——香橼，曾经公开讽刺散户们的炒作，并号称 GME 这只股票的价值只有 20 美元/股，这样的声明激怒了股票社区里的散户，而这几天的结果是机构空头们已经“血流成河”。

金融分析公司 S3 Partners 的数据显示，截至 2021 年 1 月 22 日（上周五），GME 被做空的数量达到 7 200 万股。如果 1 月 25 日未平仓的话，所有做空的投资者在盘中最高浮亏一度达 67.8 亿美元（约合人民币 440 亿元）（数据来源：券商中国）。

从目前的情况来看，GME 还只是其中一只被“爆炒”的股票，AMC 娱乐控股、黑莓、3B 家居等个股也在 WSB 的论坛被热烈讨论，更无语的是这些个股对应的认购期权也一样被散户们一天天地哄抬炒作，以至于在美股这么多行权价的期权盘面中，竟然会出现盘中没有虚值期权的情况。

好戏看到这里，各位已经有不少感慨吧！我想，从最近一系列美股及其衍生品的“爆炒”，至少可以带给我们这样的一些启示：

(1) 买期权的高溢价总有一天会消失

在美国“游资”的“抬轿”下，美国市场“妖股”频现，诸如 GME 的一系列小市值、绩差股（及其期权）短期出现了大幅的“爆炒”。从近日 GME 的期权报价来看，绝大部分期权的隐波已经高达 500%以上。在此之前，我记得还是在 2020 年负油价的时候，曾经在 WTI 期权上见过 1 000%以上的隐波，平时我们国内的上证 50 期权和沪深 300 期权几乎都没有见到过 100%以上的隐波（当然国内有涨跌幅的限制）。对于一张期权而言，隐波就好比它的“估值”（类比股票里的市盈率），期权价格越低、隐波越低，则它的彩票效应越明显；反之，当期权价格过高、隐波过高时，就变成泡沫效应了。

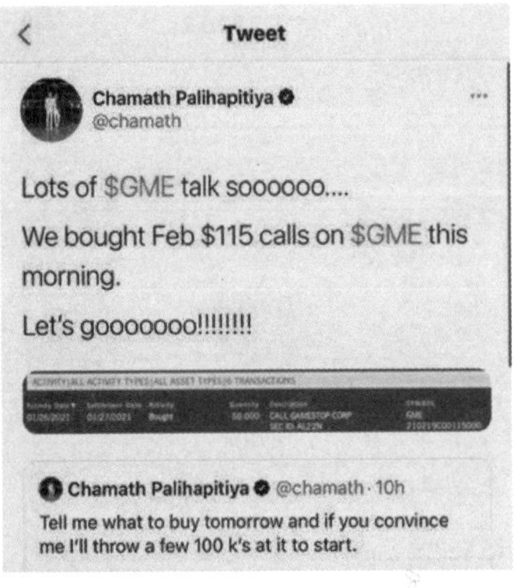

数据来源：网络。

图 81－3　买入 GMS 认购期权的截图

左边这张图（图 81－3）里，WSB 社区里有人声称已买入 2 月份 115 行权价的认购期权，这意味着到了 2 月中下旬，只要 GME 的股价低于 115 美元，它就是一张一文不值的废纸，百分之几百的隐波高溢价就会立刻被打回原形。

期权价格被不断买高，总是会存在两股势力。一方面，买入开仓的人完全是抱着一种“赌徒”心态，有些人可能也知道到期日会一文不值，但他追求的是只要明天能够涨 n 倍，只要有“接盘侠”能接住他的卖平单，他就完成短期的了结；另一方面，持有卖购的人完全是扛不住这种级别的上涨，所以必须用买入平仓的方式去了结手里的卖购头寸，从而释放保证金。几乎可以这么说，在期权市场里，做市商是双边流动性的重要防线，当做市商出现单边危机的时候，买卖盘的均衡就容易被打破，所以每一次极端暴涨暴跌下，虚值隐波快速上升都是由这两方面的因素共同导致的。

然而，过高的溢价终究是一只纸老虎！还记得 17 世纪的“郁金香之热”吗？当时整个荷兰国内出现了一股争相求购郁金香的热潮，导致郁金香的价格急速上升，在疯狂的情绪之下，很多人甚至卖家产投机。直到 1637 年，“郁金香泡沫”终于破灭，投机客们最终遭受了巨大的损失。

(2) 极端行情里，Delta 中性对冲是远远不够的

这次美国散户的“大抬轿”，不仅“干倒”了一些基金等机构投资者，如此快速的拉升和频繁的跳空也让期权做市商们极其难受。期权做市商是干什么的？他们是每个期权的流动性提供者，最传统的做法就是双边报价，以履行他们在交易所协议里的义务，每天定期或不定期地把持仓 Delta 敞口调整到 0 附近（也就是常说的中性）。目前最常见的四种 Delta 中性组合是：买入认购＋持有标的空头、买入认沽＋持有标的多头、卖出认购＋持有标的多头、卖出认沽＋持有标的空头。

每一个期权做市商都要履行双边报价义务，就不可避免地持有卖出认购的头寸，这样的话，他就往往需要被迫买入标的（建立标的多头）去把 Delta 重新对冲为 0。举个最简单的例子，我卖出了 10 手 Delta 在 0.4 的虚值认购，我就需要买入 400 股标的股票（假设合约乘数是 100）去对冲。

通常来说，期权做市商的对冲是一个动态的过程，如果一整天，标的一直在火箭般地上升，他们就会不断地进行动态对冲。要知道，为了这样的 Delta 对冲，做市商是要付出巨大代价的，姑且不说资金成本，一旦标的股价回头，跌一点则意味着所对冲的标的多头就亏了一点，所以每一次买入标的去对冲，都是一种潜在的“高买低卖”的成本。

事实上，对于一般不以做市为目的的个人、机构投资者，在这样的极端暴拉下，动态对冲的效果还不如干脆平仓了结，要么相差几档行权价赶紧以 1∶1 的数量买入认购，彻底把无限上行风险化成有限。从 2020 年美股四次熔断，还有国内 2 月 3 日低开 8%这几个交易日的经验来看，在极端行情里，仅仅保持暂时的 Delta 中性是远远不够的，只有把买卖的比例调成 1∶1，才能根本性、一次性地解决问题。

(3) 任何交易，趋势为王，没什么可说的

最近几年，几乎每年都有所谓美国的大佬倒在“华尔街”。2018 年 11 月，著名的华尔街基金经理、曾经的投资精英詹姆斯·科迪埃（James Cordier）在卖出天然气认购期权上就大栽跟头，含着眼泪给投资者录了一个道歉视频；2020 年 3 月，国外许多

以做空波动率为策略的基金成片地倒在了巨大回撤面前，有一个基金亏损了46%之多。回头看看，凡是事后给投资者写抱歉信的基金都是顶着、逆着趋势干的。基金可不像个人大户，可以不断打钱给自己的账户多次“续命”，基金的入金是随机的，有些基金还是封闭的，没有新增的入金。

在这本书里，我们提到了卖方的一些风控方法，其中有许多种方法是基于趋势线来设计的。在股票交易里，多头的损失是有限的，因为股票退市后总损失限于投资金额，是有限责任的。但股票空头交易，还有期权卖方交易，它的理论损失是可以无限的。开一个保险公司，不遵循风控原则，就相当于是一个无限责任公司，后果不堪设想。所以说，趋势为王，中值回归是中长期的，在短期情绪面前，谈基本面和理论价值，这是局外研究人的第一反应，而不是一个交易者应有的第一反应，交易者应有的第一反应就是想到止损、移仓、对冲这些风控“铁律”。

从我个人来说，我并不迷信“华尔街”三个字，从这几年国内市场来看，也有许多私募产品能够在去年那样的“灾难”下扛住2月、3月的回撤考验，一些基金近三年的收益回撤比都能够高于5；而反观美国，类似Citadel、Melvin、香橼、詹姆斯·科迪埃，也并没有躲过突如其来的“黑天鹅”。怪罪于市场的“黑天鹅”显然说不通，因为“黑天鹅”年年都会有，只是程度不同而已，作为基金机构，我们的努力方向是长久经营，并用某几种模式对抗“黑天鹅”。

(4) 回顾国内的交易与风控制度

看到了美国散户与机构被“血洗”后，我们再来回顾一下国内期权市场的交易与风控制度。诚然，一定会有很多朋友觉得美国的交易制度先进、灵活，但你会发现，国内在某些方面也已经尽其所能地去控制极端风险。

记得五六年前，在和芝加哥期权交易所一名工作人员交流的时候，他问我为什么你们这么重视风控制度（“Why do you pay too much attention to risk management?”）。在他看来，似乎美国的投资者都已明白如何理性地运用规则，而我们花了太多精力在风控上。但实际上，国内在经历了6年期权市场的运行后，没有因为极端行情发生过一次“大灾难”(Catastrophe)，不论是2016年年初的大跌，还是2018年2月的三根大阴线，抑或是2020年的“新冠”疫情，国内期权市场仍然运行平稳，市场规模却在稳步提升。

国内的“两融”和期权都实施了一定限额的限开仓制度。前两天还有一只500ETF基金(512500)由于融券余量已达到该证券上市可流通量的75%而被暂停该标的证券的融券卖出。这些都是为了防止流通中证券发生挤兑。除此之外，限购制度则是为了防止“小白型”的投资者大量买入深度虚值期权投机，然后从满仓到价值归零。而合格投资人分级是为了让不同风险偏好的投资者匹配不同风险级别的操作，比如一级投资者只能备兑开仓和买沽保险，二级投资者可以裸买期权，三级投资者才能裸卖期权。

当前的美股，一边是苹果、亚马逊的紧紧抱团，一边是散户游资的“炒小炒差”。这样的两极分化，不禁让人感叹，美国的“水”放得确实太多了，“新冠”疫情下的美国散户足够疯狂。根据彭博的统计数据，2021 年 1 月美股的平均成交量达到了 148 亿股。自 2021 年 1 月 15 日以来，低价、小市值的交易量一下子激增，罗素小市值指数的涨幅超过了标普 100 和标普 500 指数，散户正一步步向机构“宣战”！

82. 20 万份期权巨单！这一次，VIX 期权成了主角

（本文作于 2021 年 4 月 10 日）

2021 年 4 月 9 日那一天，我看到了一则令人震撼的报道，“周四上午，一名期权交易员在美国 VIX 期权市场进行了几笔大宗交易，总共购买了 20 万份 VIX 看涨期权，押注恐慌指数在今年 7 月份升至 40，据外媒的数据显示，这几乎是 VIX 看涨期权一整日的交易量”。

难得这一次，VIX 期权成了主角……

在美国市场，衍生品几乎应有尽有，只有想不到的，没有看不到的。除了我们传统理解的个股期权、股指期权、利率期权等传统标的外，美国的波动率衍生品种类也极为丰富。假如从时间上去追溯，国际上第一个波动率衍生品应该诞生在 2004 年。当时的芝加哥期权交易所在 2004 年 3 月推出了 VIX 期货，在两年后再推出了 VIX 期权。我记得在上交所筹备上证 50 期权上市的时候，从芝加哥期权交易所的一些资料里曾看到过 VIX 期权的交易量已经排进了全球期货、期权品种的前 15 名，这些不断涌现的市场需求其实就在一步步地巩固 VIX 衍生品的“江湖”地位。

与此同时，各种基金公司的 VIX ETP(Exchange Traded Product，你可以理解成一种广义的 ETF)也在“日长夜大”，比如，发得比较多、规模相对大的有 Barcleys、Proshares 这些公司，比较有名的是 iPath S&P500 VIX Short-term Futures ETN(VXX)。可以通俗、粗略地说，你买了 VIX 的某个 ETP，也就相当于以 1 倍、2 倍等的面值去做多波动率指数。

那么，VIX 期权又是什么呢？大家不必觉得复杂，其实，任何期权，无非就是把标的资产的盈亏图弯成(或者剪成)某种折线，相比传统的股指期权，无非就是它的标的变了。去芝加哥期权交易所官网(www.cboe.com)上仔细查阅，你也会找到相应的合约信息(如图 82－1、图 82－2 所示)。

VIX 看涨期权是看多波动率的，希望波动率在未来出现飙升；反之，VIX 看跌期权是看空波动率的，希望波动率在一段时间内一路下行。由于 VIX 期权本身是一份期权，因此它一定也有对应的隐波(你可以戏称它为“波的波”)。**VIX 期权的隐波有着其自己独特的两大特点：**

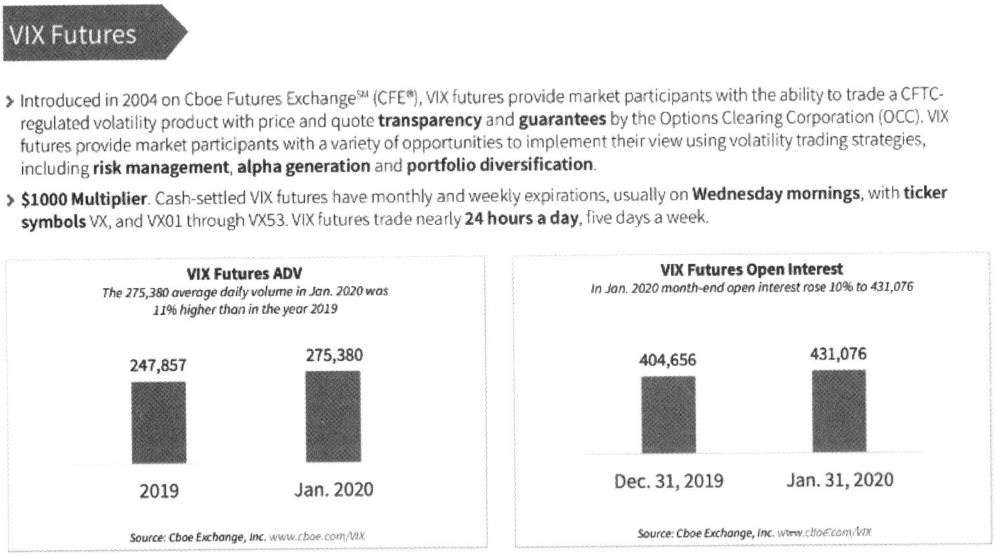

数据来源：CBOE。

图 82－1　CBOE VIX 期货合约介绍

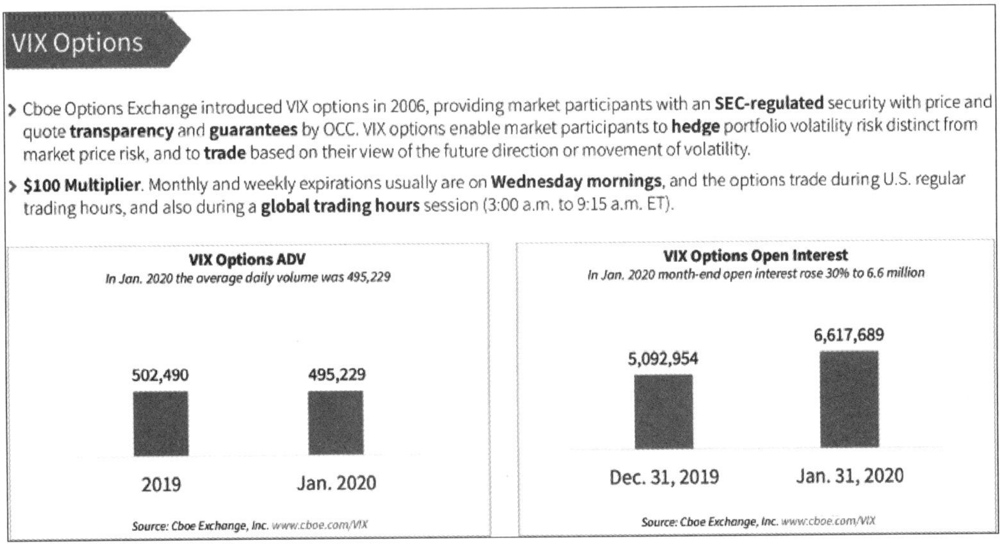

数据来源：CBOE。

图 82－2　CBOE VIX 期权合约介绍

一个特点是 VIX 期权的隐波往往要比普通股指期权的隐波高。交易过或是看过 VIX 期权行情的朋友应该知道，“VIX 期权的隐波高于 100％”并不是特别稀奇的事情，这是因为隐波本来表示的就是未来潜在“上蹿下跳”的程度，而恐慌指数从 10 以上几天内飙升到 30 以上，都是很常见的事情，“上蹿下跳”的程度高、标准差大，隐波自然就不会低。

另一个特点是 VIX 期权的波动率曲线与股指期权的不一样。在美国市场，普通股指期权的波动率曲线一般是“左高右低”的，左侧虚值认沽隐波更高，右侧虚值认购隐波更低。这和美国长期是一个“缓涨急跌”的大格局是分不开的，人们总是对突如其来的大跌有所恐惧，就会用备兑卖购等策略在“慢牛”市场中“增厚”收益。然而，VIX 期权的波动率曲线就很可能“左低右高”了，这是因为美国 VIX 指数与 SPX 标普 500 指数的负相关性很大，长期来看要达到－70％左右，这就使得 VIX 虚值看涨期权往往是在“黑天鹅”发生的时候才会暴涨，它的作用更像是股指期权里的买沽，变成了一种低胜率、高赔率的操作。

再看这一周，20 万份 VIX 看涨期权的买单，这么巨大的单日交易，显然是有人在变相下注美股的暴跌。事实上，VIX 期货也好，VIX 期权也罢，即便不是投机，它们也都是用来作为尾部风险对冲的难得工具。**在一些做衍生品的朋友圈里，对冲股指尾部风险常见的三种方式，可以是配置优秀的 CTA 基金(指望用某个商品的反向趋势抵消股指的风险)，择机配置 VIX 期货、期权，以及买入较为虚值的(股指)认沽。**

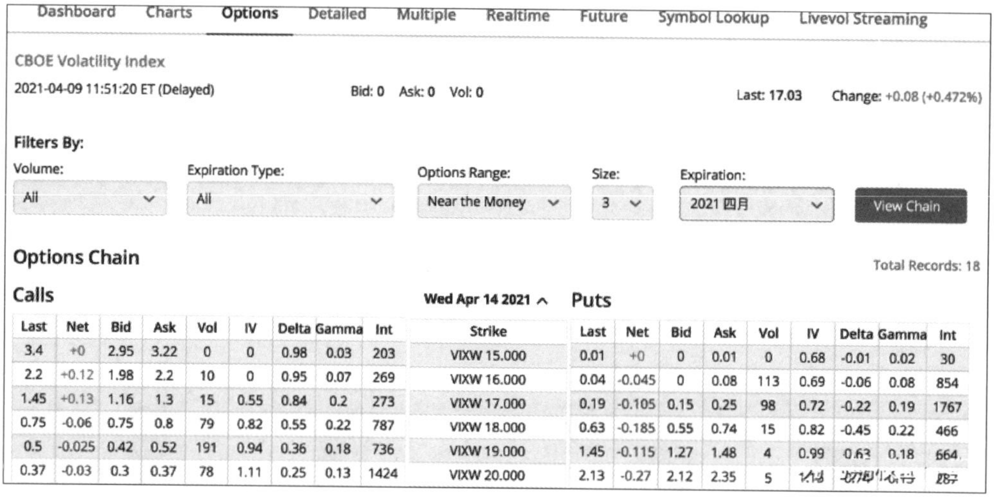

Last	Net	Bid	Ask	Vol	IV	Delta	Gamma	Int	Strike	Last	Net	Bid	Ask	Vol	IV	Delta	Gamma	Int
3.4	+0	2.95	3.22	0	0	0.98	0.03	203	VIXW 15.000	0.01	+0	0	0.01	0	0.68	-0.01	0.02	30
2.2	+0.12	1.98	2.2	10	0	0.95	0.07	269	VIXW 16.000	0.04	-0.045	0	0.08	113	0.69	-0.06	0.08	854
1.45	+0.13	1.16	1.3	15	0.55	0.84	0.2	273	VIXW 17.000	0.19	-0.105	0.15	0.25	98	0.72	-0.22	0.19	1767
0.75	-0.06	0.75	0.8	79	0.82	0.55	0.22	787	VIXW 18.000	0.63	-0.185	0.55	0.74	15	0.82	-0.45	0.22	466
0.5	-0.025	0.42	0.52	191	0.94	0.36	0.18	736	VIXW 19.000	1.45	-0.115	1.27	1.48	4	0.99	0.63	0.18	664
0.37	-0.03	0.3	0.37	78	1.11	0.25	0.13	1424	VIXW 20.000	2.13	-0.27	2.12	2.35	5	[illegible]	[illegible]	[illegible]	287

数据来源：CBOE。

图 82－3　CBOE VIX 期权报价盘面

关于对当前美股的担忧，其实这一个月内就有一篇文章曾经提过，现在的美国市场，不是怕经济不复苏，而是怕复苏过快带来的边际收紧。**而当前 VIX 市场上的担忧应该既与“担忧边际收紧”有关，也与“股市泡沫太大”有关。**

受到“新冠”疫情的影响，整个 2020 年，美国遭遇了第二次世界大战后最惨的负增长，美国的 GDP 总量在下滑，而总市值却在不断上升，这使得“巴菲特指标”(总市值/GDP)的分子变大而分母变小，并且分子与分母的“剪刀差”不断放大——**目前已经达到了 190％**，创下了 21 世纪以来的最高水平，早已经超过巴菲特和芒格心中 100％～

120%的警戒线。

所以当下的美股，只要往上涨一下，就是续创百年的历史新高，目前标普500指数的PB(平均市净率)已在4.2倍以上，相比三个多月前的3.7倍又上行了不少，整个指数过度依赖苹果(AAPL)、亚马逊(AMZN)、谷歌(GOOG)、微软(MSFT)和脸书(FB)这前五大权重的表现，不论是从绝对估值还是相对估值来说，都已经非常"贵"了！

假如我们把美债收益率和美股市盈率结合在一起看，用"全部美股市盈率的倒数"减去"十年美债收益率"，不难发现，美债收益率越高，同时美股"泡沫"吹得越大，这个指标就会越小。从相对简单的角度去计算，当十年美债收益率超过2%，而标普500指数还在40倍以上的市盈率，那美国的股债性价比就进入了10%分位的小概率区域，同样值得敬畏！

还是老话说得好，"月满则亏，水满则溢"，也难怪这巨量的期权大单，至于泡沫何时破灭，则留给时间去检验吧。

83. 单次加息 75 个基点！这一年的商品波动，你应对得好吗

（本文作于 2022 年 6 月 30 日）

2022 年的端午节之后，受美国通胀数据再超预期的影响，美联储 6 月份单次激进加息 75 个基点。这一次的“无奈”加息，让大家意识到美联储已不再像过去那样主动地进行预期管理，而只能被动地、以不惜衰退的代价来遏制当前的通胀。在这样的预期下，市场对于全球经济衰退的定价开始加速，大宗商品市场整体超预期下挫……

仅仅两个星期的时间，南华商品指数累计下跌超 11%，ICE 布油从顶部回落近 10%，铜价从 1 万美元回到了 8 000 美元附近！通常，做债的人喜欢从“国债收益率曲线”倒挂这件事来查看衰退的端倪，而做商品的人则会用“铜油比”这个指标观察未来的衰退。从当前数据来看，铜油比已经逼近 5 年低位，这表达了市场对全球经济衰退的担忧进一步加深(如图 83 - 1 所示)。

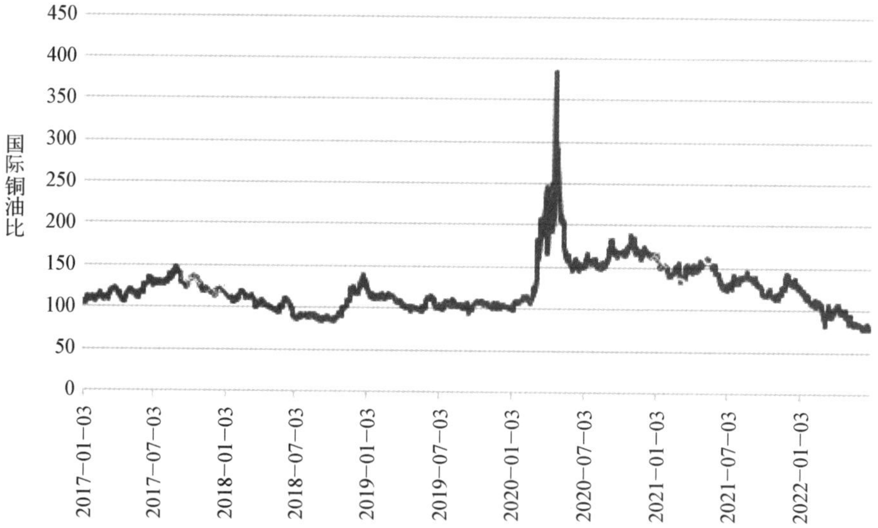

数据来源：Wind。

图 83 - 1　近五年里，国际铜油比走势

其实，每一次大宗商品的暴跌，既有宏观的因素，也有供需的因素，一些大宗商品正从之前的供应风险转向需求降速的风险。在这个缓涨转向快速下跌的过程中，素有

“危机 Alpha”之称的 CTA 基金也出现了罕见的大面积回撤，有基金一周的回撤几乎抹平了年内的涨幅。在最近的留言中，有读者希望聊一聊关于商品期权的一些交易原则，那借着今年上半年的尾巴，我们就来一起捋一捋。

对于大宗商品而言，它的周期性要比金融指数更强，它一旦产生趋势，其供求关系往往难以短暂质变，其趋势延续的时间往往也长于金融指数，所以，顺应均线、趋势线是做商品期货、期权最基本、最至简的原则。

在实盘里，当你观察到某个商品价格短期快速下行，快要跌到前期的支撑位时，你觉得已经有 99%的概率跌不破了，就打算大举开启裸卖认沽，这样的想法合适吗？从我的角度看，不合适！因为在商品期权里，逆势无保护地裸卖期权，是交易上的一个大忌！不论你多么确信下个月过不了某个点或是跌不破某个点，在“夏天”或“冬天”的格局里单腿裸卖均无异于“螳臂当车”，这样的例子太多了。

- 2009 年，外汇累计期权（Accumulator，谐音谑称“I kill you later”），本质上是在下方裸卖了多档虚值认沽期权，让中信泰富等众多客户在欧元、澳元意外大幅贬值的情况下“爆仓”，巨亏超过 150 亿港元。
- 2018 年 11 月，我们应该还记忆犹新，《期权出售完全指南》（*Option Selling*）一书的作者詹姆斯·科迪埃曾经裸卖 Nymex 天然气认购期权，可是他未曾想到天然气竟在一周内连续逼空，暴涨 40%以上，最终因其未及时止损而导致“爆仓”。
- 还有 2020 年 4 月份，WTI 五月原油期货的价格一度砸到负数，WTI 六月原油期权的隐波一度飙升到 1 700%以上，这又让那些隔夜裸卖认沽抄底的机构如何收场？

做长期交易，我们讲究的是“胜率”与“赔率”的平衡，讲究的是长期的期望收益能不能为正。如果你用期货逆势做多，它的 Delta 等于 100%，在“五五开”的涨跌概率下，那它的盈亏比至少还能维持在 1；可是若逆大势、无保护地卖出虚值认沽，则它的最大盈利只有 1 倍；若遇到超预期下跌，则其浮亏还可能是几倍，整个盈亏比就是小于 1 的。所以，在所有均线下方裸卖认沽，这笔生意并不划算。

想一想去年 10 月的焦煤、焦炭，想一想今年 2 月俄乌冲突伊始时的原油（创出近 40 年来新高）、天然气，再看一看今年 3 月份的“妖镍”逼空行情，身边人的“爆仓”哪一次不是在均线发散的时候，哪一次不是在顶着趋势加速的时候，所以按照交易体系，如果你平时关注商品期权，那么持仓结构里一定要存在买方持仓，而绝不能只是以卖为主。

那么，在大宗商品的世界里，当你真的有超过 95%的信心觉得某个点位过不了了，或者某个点位跌不破了，可以怎么办呢？最好的方式是用价差替代“单腿”！牛市价差、熊市价差、反向比率认购、反向比率认沽，是我过去在商品上用得最多的四个组合。

- 牛市认沽价差：买“低”行权价认沽＋卖“高”行权价认沽，买∶卖＝1∶1；
- 熊市认购价差：买“高”行权价认购＋卖“低”行权价认购，买∶卖＝1∶1；
- 反向比率认购：买“高”行权价认购＋卖“低”行权价认购，买∶卖＝$m:n>1$；
- 反向比率认沽：买“低”行权价认沽＋卖“高”行权价认沽，买∶卖＝$m:n>1$。

从上面四行的表述里可以看出，这四个组合有一个共同的特点，那就是“权利仓数量≥义务仓数量”。而正是这一点，才能把你的损失转为有限，才不会因为一个大幅跳空或者持续逼空而出现“爆仓”。

下面我们继续深入探讨这四个组合：

(1) 对于牛市认沽价差，可以视它为裸卖认沽的替代，相当于用更虚值的认沽作为灾难保险，适合认为下方某个支撑位很难破，有保护地收取一笔“期权费”。

(2) 对于熊市认购价差，可以视它为裸卖认购的替代，相当于用更虚值的认购作为灾难保险，适合认为上方某个压力位很难破，有保护地收取一笔“期权费”。

那么，用价差组合和预埋止损单，有没有区别？有很大区别！在传统的股票交易或者期货交易里，止盈止损是需要我们下单预设的(一种“预埋单”)，如果出现一个意外的大幅跳空，就会出现心理止损价与实际止损价的巨大差异(比如2020年2月3日沪指史上最大低开)。然而，牛市价差却完全不同，不论下一次开盘时如何低开，它的亏损都不会超过一个限额，比如大跌10%和大跌5%，对我造成的损失差异可能是很小的；反过来，当标的涨到一定程度后，牛市价差的潜在收益也就没什么可盼的了，相当于可以考虑提前止盈。这就是牛市/熊市价差的特点——自带止盈与止损，由于商品交易的夜盘时间长，跳空缺口多，从长期来看，这种“一买一卖”的组合还是挺适合某些商品标的的，在一定程度上省去了必须夜盘盯市的烦恼。

(3) 反向比率组合，包括反向比率认购和反向比率认沽。这里就以反向比率认购2∶1为例，这个组合本质上与单腿买购有着异曲同工之妙，两者都属于做多后市，同时希望“升波”的策略。它和单腿买购都是保留无限上涨获利空间的，只不过，相比单腿买购，这个组合降低了突然“扭头”大跌的风险，当标的“扭头”大跌时，它的下行亏损将小于单腿买购。如果你在实盘里曾经使用过反向比率组合，就会发现它最忌讳的是开在“隐波”的中高位，通常只要开仓后“隐波”掉得不是太厉害，整个组合的回撤就不会太大，所以，它适合在“隐波”处于低位时的看涨行情下果断建仓。

对于商品期权的交易，还有三个要点是要始终关注的：一是要做主力月份流动性好的合约，比如主力月份平值附近的合约，否则遇到极端环境的时候，非主力合约都未必平得出来；二是要权利仓大于义务仓，这样就算价格突然转向，也不至于面临突发的无限风险；三是要当你持有的期货多(空)头面临流动性枯竭时，仍然可以关注期权，因为期权市场上或许还存在能交易的合约，在那个时候，除了买入等量期权以外，或许也没有别的办法还可能救你于“水火之中”了。

84. 国内期权再添新成员！关于中证 500 和创业板期权，你需要了解些什么

（本文作于 2022 年 9 月 19 日）

时光荏苒，岁月如梭！今天对于期权人，又是划时代的一天，国内期权市场增添了两大新成员——中证 500ETF 期权和创业板 ETF 期权，从上证 50、沪深 300 到中证 1000、中证 500、创业板，这意味着目前国内的金融期权基本已经遍布各大指数，可以保护的股票范围越来越宽。

上市首日，从“波动率”的角度看，沪市中证 500ETF 期权的平值隐波位于 21～22，深市中证 500ETF 期权的平值隐波位于 22 附近，创业板 ETF 期权的平值隐波位于 26～28，粗略地说，创业板期权的“波”是中证 500 期权的 1.2 倍，中证 500 期权的“波”是沪深 300 期权的 1.2 倍，整体的定价符合预期。

不过在实际操作前，我们还是很想知道，对于新期权，今天的“波”放在历史长河里看，算高还是算低？中证 500 和创业板两个指数又有什么特点？于是，借着 500ETF 期权与创业板 ETF 期权上市的日子，我们就来扫描一下这两个指数的相关数据。

中证 500 指数，最早发布于 2007 年 1 月 15 日。与上证综指不同（总市值），它的编制是使用自由流通市值进行加权的，它的成分股数量始终为 500 个，每隔半年左右更新一次成分股的名单。与沪深 300 不同，中证 500 更代表着整个 A 股的中盘价值与成长，在整个行业分布中，信息技术大约占到中证 500 的 17.5%，工业占到 18.4%，医疗保健占到 10.1%，可选消费占到 8.2%，传统金融、房地产仅仅占到 11%左右（如图 84－1 所示）。

而创业板指最早发布于 2010 年 6 月 1 日。它也是使用自由流通市值进行加权的，它的成分股数量始终为 100 个，每隔半年左右更新一次成分股的名单。与中证 500 不同，创业板指成分股的权重分配没有那么均衡，第一大权重股宁德时代占据了 18.5%左右的权重，第二、第三大权重股东方财富和迈瑞医疗分别占有 7%和 4%的权重，更代表着整个 A 股的大盘成长，在整个行业分布中，工业大约占到创业板指的 38.9%，医疗保健占到了 22.5%，信息技术占到了 16.0%，日常消费和可选消费仅占 8.0%，金融的权重小于 8.0%（如图 84－2 所示）。

做期权的朋友还会关心什么？一定是波动率。由于相关的期权还没上市，不可能有精确的隐波数据，因此我们可以看看这两大指数的历史波动率是怎样的走势。

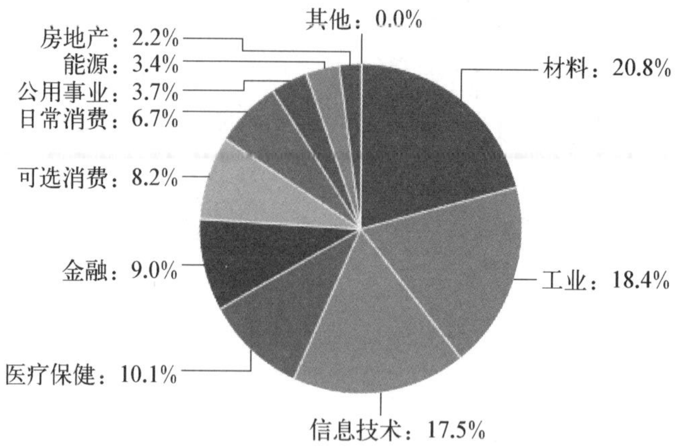

数据来源：Wind。

图 84－1　中证 500 指数的主要行业分布

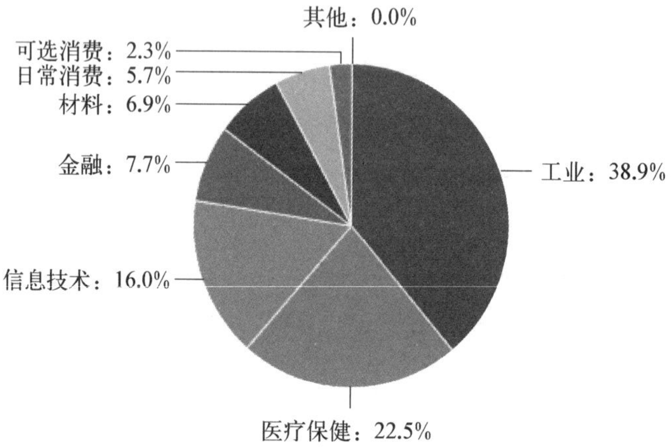

数据来源：Wind。

图 84－2　创业板指的主要行业分布

先来看看中证 500 指数，近十年内，它的 20 天期历史波动率最高到过 80 以上（发生在 2015 年牛熊转换之年），最低到过 10 以下（发生在 2017 年 4 月的极致低波时期），有近 1 000 个交易日的历史波动率位于 15.91～23.18（属于频率最高的区域），也有超过 400 个交易日的历史波动率位于 23.18～30.44（如图 84－3 和图 84－4 所示）。

再来看看创业板指数，近十年内，它的 20 天期历史波动率最高到过 85 以上（自然也发生在 2015 年牛熊转换之年），最低到过 10.4 附近（发生在 2017 年 4 月的极致低波时期），历史波动率分布频率最高的区域位于 24.73～31.90（有超过 700 个交易日），分布频率次高的区域位于 17.56～24.73（有超过 650 个交易日）。可以说，从大概率的情况看，创业板的历史波动率是中证 500 的 1.1～1.4 倍（如图 84－5 和图 84－6 所示）。

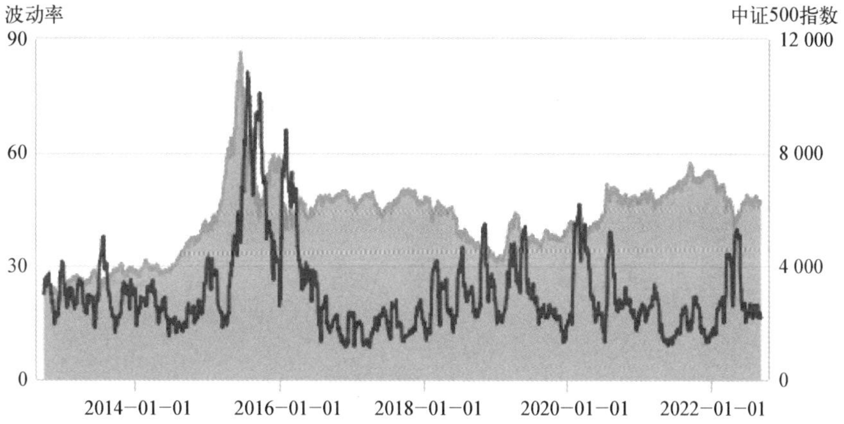

数据来源：Wind。

图 84－3　中证 500 指数 20 天期历史波动率走势

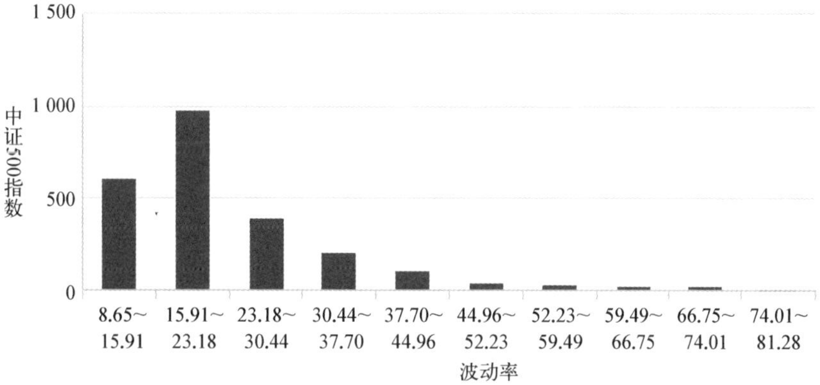

数据来源：Wind。

图 84－4　中证 500 指数 20 天期历史波动率频率分布

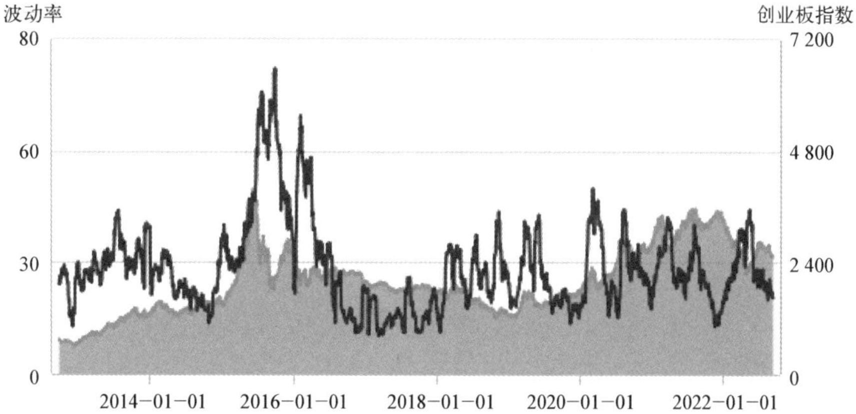

数据来源：Wind。

图 84－5　创业板指数 20 天期历史波动率走势

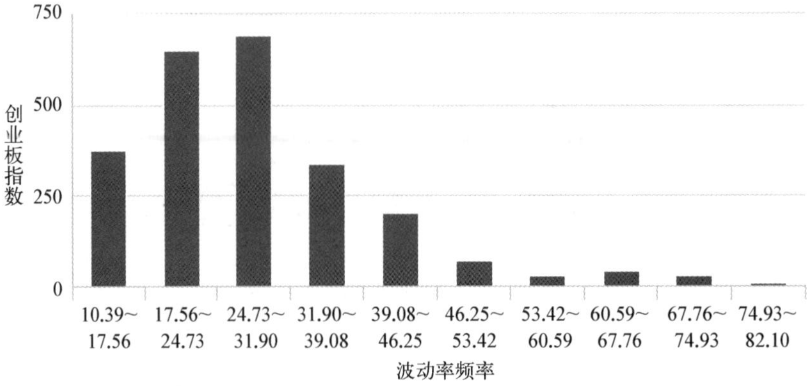

数据来源：Wind。

图 84－6　创业板指数 20 天期历史波动率频率分布

当然，熟悉期权的朋友一定知道，期权上市以后，平值期权隐波的实际值大概率比历史波动率更高一些，因此我们找到了历史波动率的中位数，并且对上市后平值期权隐波的中位数有了一定的感觉。

期权是个很讲究概率的工具，从实操的角度来说，我们在确定具体买卖哪个合约时，经常会思考这么一个问题：当我卖出开仓了这份虚值期权，到期日有多大概率会被打穿？从历史上看，背后的标的在一个月内涨跌幅通常能有多大？现在我们就来找一下相关的数据，从下面两张图(图 84－7、图 84－8)里可以看出：

- 中证 500 历史涨跌幅大概率位于－5.64%～8.11%区域，由于中证 500ETF 目前在 6 元以上，相邻期权行权价间距为 0.25，因此虚 2 档基本上对应了这个区域。
- 创业板指历史涨跌幅大概率位于－11.58%～10.42%区域，由于创业板 ETF 目前在 2 元以上，相邻期权行权价间距为 0.05，因此虚 5 档～虚 6 档基本上对应了这个区域。

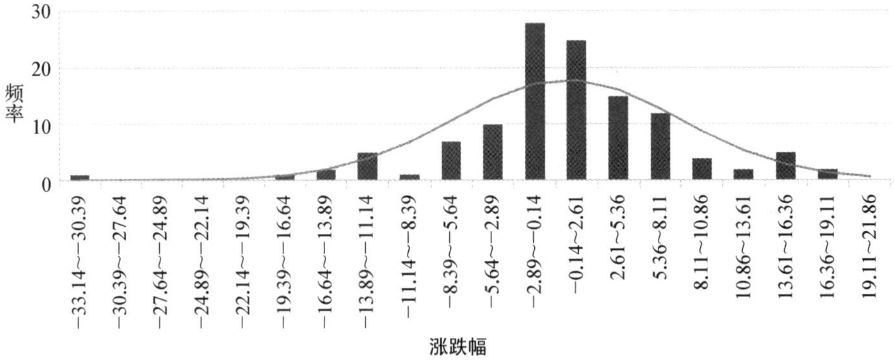

数据来源：Wind。

图 84－7　中证 500 指数历史月度涨跌幅分布

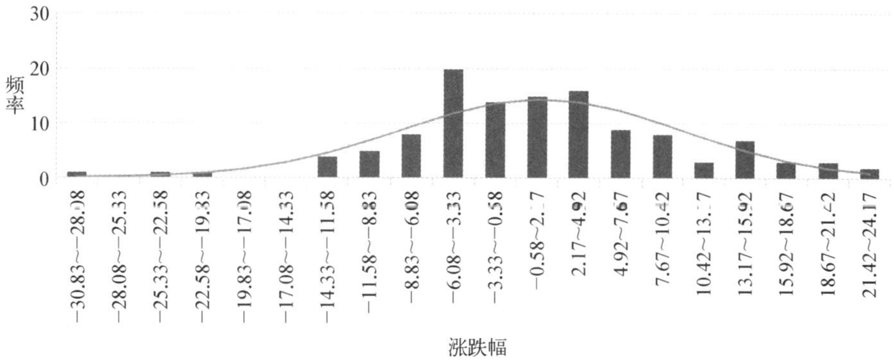

数据来源：Wind。

图 84－8　创业板指数历史月度涨跌幅分布

一个个中小盘期权自被推出以后，对丰富投资策略就产生了重要的中长期意义！

第一，对冲风险更为精确，选股范围更为广泛。

一个很简单的道理，衍生品的有效对冲一般是针对对应标的和相关成分股的，大盘指数的期指/期权无法对冲中小盘股票的下行风险。在近五年里，我们看到了量化对冲(量化中性)类产品的规模迅速扩张，但绝大部分在全市场里选股的机构，苦于品种的稀缺，只能用带有明显贴水的 IC(500 期指)来"强行"逐月对冲。一方面，选择单一性和交易的拥挤会导致贴水的加大，另一方面在市值这个维度，也存在很大的对冲偏差。而在未来，这个对冲工具箱里又多了一个中证 1000 期指和期权，对冲的贴水成本和跟踪误差能否控制得更为精细，就更考验一个机构的能力了。

有实践经验的朋友应该已感受到，与股指期货相比，期权有一个优势，就是可以灵活拉开不同的行权价间距来进行领口策略的对冲。这样的对冲类策略不仅能试图去赚取选股 Alpha 的收益，而且保留了一部分指数 Beta 的上行收益，遇到像 2019 年 2 月、2020 年 7 月那样的暴涨月份，当日用等面值 1∶1 期指对冲的结果极有可能是负收益，而用期权套保的结果基本上能做到以正收益告终。

所以，在一个个宽基指数期权推出后，当我们想保留部分上行收益时，就可以更为精准地进行对冲。比如，针对"600×××"与"300×××"的那些大市值股票，我使用 50ETF 和 300ETF 期权对冲，而针对"002×××"等中小市值的股票，我就用中证 1000 期权去对冲。做到不同的股票底仓配上更具针对性的套保头寸，一旦外围传来利空，导致科技龙头意外大跌时，认沽期权端就能够自然地把这个利空抵消(Price in)了。

第二，多品种分仓位的趋势交易。

期指、期权是一种可以实现 T+0 止盈止损的工具，许多资产管理机构会出于回撤

比较可控的角度发行类似于 CTA 的趋势追踪型产品。

对于趋势交易而言，所谓“花无百日红”，不管是日频还是日内，一个标的不可能永远有趋势，而 CTA 策略的本质实际上就是运用多品种、多周期的日内操作或日频操作，让各品种之间的趋势能够接力。打个比方，比如大小盘轮动 CTA 策略，它的投资逻辑就是当大盘指数在最近小幅盘整没有趋势，而中小盘指数有趋势时，就试图追踪有趋势的标的品种，以期望在收益上接力，这样可以在一定程度分散无趋势品种的连续回撤风险。

因此，从这个角度看，品种越丰富，也就越能多一些机会，分一部分仓位去追踪另一个标的的趋势，从而实现交易者分散风险、增强收益的交易目标。

第三，给“大小盘”之间的配对交易提供更多路径。

衍生品的魅力不仅在于单合约方向上的趋势追踪，而且在于多合约之间的相对强弱交易。熟悉大小盘轮动的朋友知道，许多机构会把沪深 300 视为大盘标的，把中证 500 视为偏中盘标的，把中证 1000 视为偏小盘标的，通过它们之间的趋势强弱关系来猜测当前市场的大小盘风格轮动。

在过去只有一个大盘指数期权的时候，交易者通常只能寻找单品种各合约之间的相对强弱关系，卖出波动率高估的合约、买入波动率低估的合约，以期待波动率收敛的统计套利。但对于未来，这样的交易也可以在沪深 300、中证 500、中证 1000 这些期权之间进行，配对交易机会将变得更为丰富，比如，卖 50 沽＋买 500 沽、买 50 购＋卖创业板购等。由于买期权的权利金支出往往比期货开仓所占用的保证金低得多，因此用期权进行配对交易也有助于进一步提升资金的使用效率。

85. 从雷曼兄弟到硅谷银行，一个用了衍生品，一个却恰好没用

（本文作于 2023 年 3 月 12 日）

这个周末，美国硅谷银行 48 小时内"光速破产"，成为最受瞩目的事件……

硅谷银行的"光速破产"，让大家不免联想起了 15 年前破产倒闭的雷曼兄弟。但说来也正是一种宿命，2008 年雷曼兄弟的倒闭是深度参与了"次贷"衍生产品（如 CDO、CDS 以及其他嵌套类衍生品等），杠杆不断加大，底层资产的"黑天鹅"下跌最后让其遭遇了巨额的亏损，而这一次硅谷银行的破产恰恰是没有使用衍生品进行利率风险管理……

这件事大致的情况是，这家于 1983 年才成立的银行，依靠服务 VC 资本、创业企业等差异化客户起家，所以也称为创投银行，其五年前的存款规模还只有 600 亿美元以上，可是 2020 年美联储的"直升机撒钱"让其存款规模达到 2 000 亿美元。上升了这么多负债（存款对银行就是负债），就像一个一直管着一两亿美元的基金经理突然管理 100 亿美元，不论是决策层还是经理层，经验的缺乏都导致了问题的发生，这两年来，硅谷银行将这其中一半左右的存款投资到中长期美国国债和 MBS（投出去的钱就是银行的资产）。

于是，关键问题就来了，投出去的资产过于单一化、集中化，且到期时间要比存款长很多（这个称为期限错配），这就导致一旦美联储开启激进快速的加息，一方面，它的那些创投客户挤兑的概率会变高，另一方面，利率上行则债券价格下行，它之前很早投出去的中长期债券就面临账面上的浮亏，尽管持有到期还是会还本付息，但挤兑的速度不允许它再持有下去，当浮亏与挤兑共振到一定程度时，就会变现并变成实亏，最终资不抵债，也就是破产。

可以看到，在这个过程中，硅谷银行并没有像雷曼兄弟银行那样大量滥用衍生品！它甚至连适度运用利率衍生品进行对冲都没有做。一般来说，利率类衍生品的对冲工具可以分为国债期货、利率互换、利率互换期权（Swaption）等。那它为什么没有使用呢？我想可能有两方面的原因：一是两年前的美债收益率只有一点几，太低了，用利率互换期权工具的"保险费"太贵，最后算下来成本有点高了；二是和它本身缺乏风险管理意识有关系，毕竟国债期货不需要预先支付成本，只是占用保证金，而且并不是一

定要一直对冲，实盘里可以择机对冲，所以没有择机使用对冲工具，与配置过于单一化的错误之源是一样的，都是缺乏对尾部风险的管理意识。

所以说，从一个衍生品交易者的角度看，雷曼兄弟和硅谷银行的倒闭原因恰恰相反，一个是过度滥用了衍生品，另一个是完全没有用衍生品对冲利率风险！

放到股票市场里，也是一样的！只有管理好尾部风险，才能长存于市场。在美国市场上，对于股票指数的尾部风险管理，也有两种工具：一种工具是事先不用支付成本的，只需占用一部分保证金，比如 VIX 期货；而另一种是事先要支付成本的，那就是买入认沽期权。

先来看第二种——做多 VIX 期货。VIX 期货是美国芝加哥期权交易所上市交易的一个期货品种。容易理解，这个期货背后的标的就是 SP500 波动率指数，做多 VIX 期货就相当于单纯地做多波动率，而做空 VIX 期货就相当于单纯地做空波动率。从过去的历史不难得知，每当“黑天鹅”事件突然袭来时，VIX 指数都会从底部发生一波暴涨，有时候是从十几飙升到三十几，甚至 50 以上。尾部风险越大，VIX 飙升的空间就越大，维持的时间也就越长，这就使得 VIX 期货的多头持仓拥有对冲尾部风险的功能。

再来看第一种——买入认沽期权。虚值期权是一种天生的尾部风险管理工具，因为它就是一张兑奖概率很低的“彩票”。买入虚值期权是一种做多“位移”(Long Gamma)的同时做多波动率(Long Vega)的行为，尽管它在建仓时的 Delta 不大，但它的杠杆率极大，一旦尾部事件真的发生，它的 Delta 不会一成不变，而是可以随着 Gamma 的爆发而大幅增加，同时升波还能对它产生辅助性的收益。类似 2020 年 2 月 3 日、3 月 19 日、2022 年 3 月上旬这样的尾部行情，虚值认沽(或认购)权利仓实际上是在 Delta、Gamma 和 Vega 三个维度上同时赚钱的。

在平时管理“尾部”风险的时候，大道至简的原则往往是最有效的。从朴素的角度说，在对冲尾部风险这件事情上，我们一般不会过于注重太短期的指标，而是结合长期的技术指标，所以看长期的均线要比短期的均线有意义得多，这样可以避开短期噪声的干扰，真正把指数放在历史长河里去衡量低估与高估。比如，月线级别的 MA250 或是年线级别的 MA20 是极为有意义的两根均线，当指数点位相对于 20 年均线的乖离率达到了 100%以上时，在此后很长一段时间内，用买沽防范暴跌风险就会显得更加必要。

那么，硅谷银行事件会不会像雷曼兄弟事件那样，引发多米诺骨牌效应呢？我想两者是有区别的：一是硅谷银行的问题本质在负债端的不稳定和资产端的单一性，这个有别于美国的龙头银行；二是当时雷曼兄弟破产时，美国政府没有及时采取稳定市场信心的行动，就像一个人借了钱去打赏别人了，这钱要不回来了，而这次硅谷银行的破产无论如何还是被联邦存款保险公司(FDIC)安全接管了。

当然，我们作为期权人，还要从“波”的角度再看一看当前美股的恐慌程度。当时，代表美股“恐慌情绪”的 VIX 指数一度飙升到 30 附近，但最终拉出了一根很长的上影线。从历史上多次事件看，我们仍然要小心某一天 VIX 的收盘价站稳 30 以上，如果后续 VIX 恐慌指数向上突破 30，则要小心美股的破位，并密切关注硅谷银行事件后续对其他中小银行的“发酵”影响……

Charming Option on Your Future

产 品 篇

86. 最近比较火的雪球究竟是怎么回事

最近几年，有的时候股票市场的热点较为凌乱，债券市场的收益率又不断上行，导致仍有不少银行理财产品破净。在这样的大背景下，一些高收益的结构化产品成功地捕捉到了人们的视线，比较红的“雪球”就是其中一个。

每个人都希望能通过理财让自己变得更有钱，但我们在购买任何一个理财产品前，都必须先提高自己的辨识能力，一眼抓到每个产品背后的盈亏关键。那么，什么是“雪球”？用最简单的示意图来说，就是一个具有如图 86 - 1 所示损益结构的期权，当标的在产品存续期里下跌不超过 $a\%$时，投资者就能获得一个较高的到期票息率，否则将获得与标的涨跌幅相同的收益率。我们姑且把$-a\%$以上的区域叫作安全区，安全区对应的票息收益率记为 $b\%$。

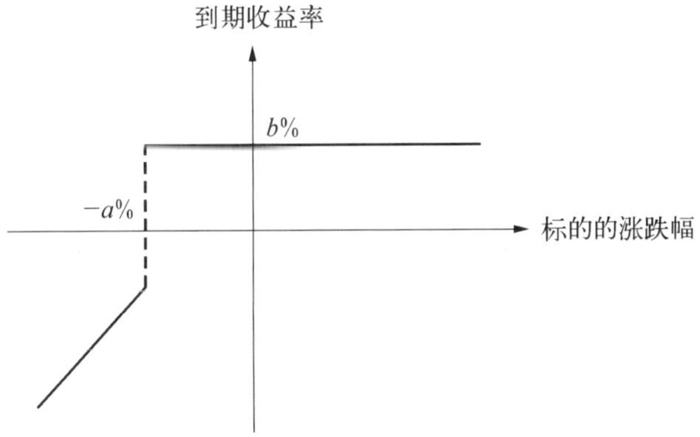

图 86 - 1　最简单的“雪球期权”到期损益示意图

说到这里，你可能大致了解为什么这类期权被称为“雪球”了，那就是因为只要标的不大跌，我们的“本金＋收益”就可以像滚雪球一样“利滚利”了。

不过，在实际发行中，资管机构发行的雪球产品会比上述情况更为复杂些。具体复杂在哪里呢？就复杂在一种叫作“敲入、敲出”式的条款。下面，我们以某个雪球产品的条款为例，详见表 86 - 1。

表 86-1　某资管机构雪球产品的关键条款

关键条款	具体内容
挂钩标的	中证 500 指数
期限	18 个月
敲出观察日	每月最后一个交易日
敲出水平	100%
敲入水平	75%
持有期收益率	1. 如果发生敲出，持有期收益率＝17%×持有天数/365 2. 如果未敲入也未敲出，持有期收益率＝17%×持有天数/365 3. 如果敲入但未敲出，持有期收益率＝标的指数的同期涨跌幅

从上面的表格可以看出，这是一个存续期为一年半（18 个月）的产品，假设这个产品成立的期初，中证 500 指数位于 6 000 点，那么这个产品的敲出点位就是 6 000 点（敲出点位＝标的在期初的点位×敲出水平），敲入点位就是 4 500 点（敲入点位＝标的在期初的点位×敲入水平）。

接着，每个认购者的未来收益可以分为三种情况：

(1) 如果在未来 18 个月里，中证 500 指数曾经在某个月的月末（敲出观察日）收盘站上了 6 000 点，则该产品提前结束，你的到期收益率＝17%×持有天数/365。比如，如果中证 500 指数在第 3 个月末收盘站上了 6 000 点，则产品立刻终止，3 个月里的收益率＝17%×3/12＝4.25%（如图 86-2 所示）。

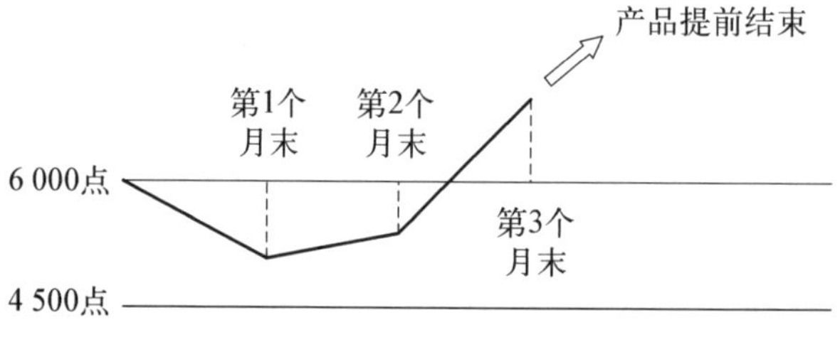

图 86-2　雪球产品中途敲出示意图

(2) 如果在未来 18 个月里，中证 500 指数在每一个月月末（敲出观察日）收盘都没有站上 6 000 点，而且 18 个月内任何一个交易日收盘时都没有跌破 4 500 点，那么在这个产品到期的时候，你在这 18 个月里的收益率＝17%×18/12＝25.5%（如图 86-3 所示）。

(3) 如果在未来 18 个月里，中证 500 指数曾经有一天收盘跌破过 4 500 点，且在此后每一个月月末（敲出观察日）收盘都没有站上 6 000 点，而且 18 个月内任何一

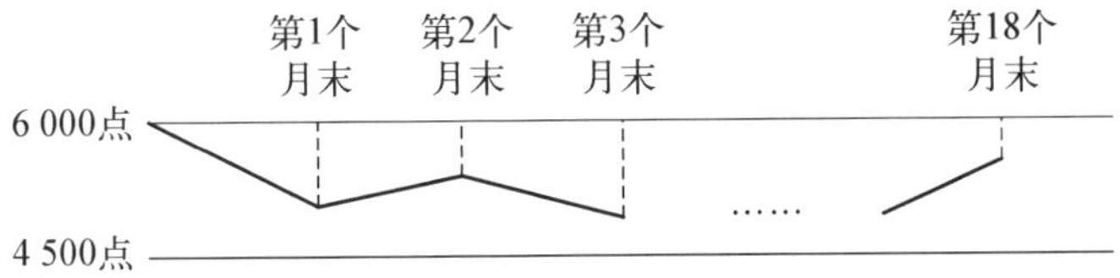

图 86－3　雪球产品既未敲入也未敲出示意图

个交易日收盘时都没有跌破 4 500 点，那么在这个产品到期的时候，你在这 18 个月里的收益率就等于中证 500 在这 18 个月里的涨跌幅。假如 18 个月以后，中证 500 不幸跌到了 5 000 点，那么这 18 个月的收益率＝5 000÷6 000－1＝－16.67％（如图 86－4 所示）。

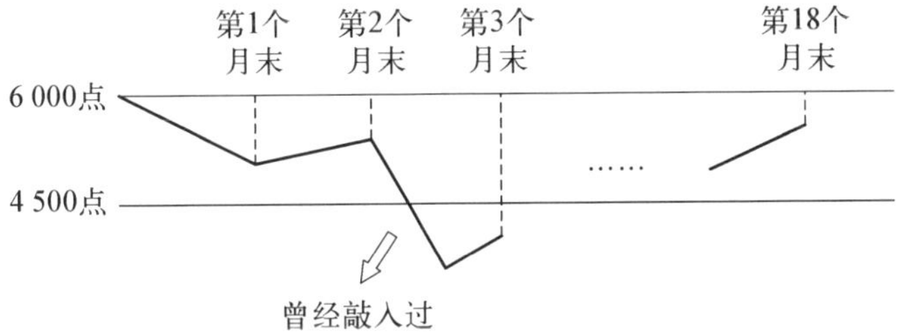

图 86－4　雪球产品中途敲入但最终未敲出示意图

事实上，不论一个产品的结构有多复杂，我们都可以用足球彩票的语言来通俗地进行解释。对于上面这些条款，其实我们可以理解成一张“巴西对意大利”的“足彩”，只不过这张“足彩”需要每隔 10 分钟观察一下：

- 如果在观察的时候，巴西队正好处于领先状态，那么这张彩票就会马上兑奖，你将获得一个较高的利息；
- 如果在 90 分钟的比赛里，巴西队从未落后过，且在每次观察的时候也未领先过，那么在比赛结束时，你也获得一个同样的高息；
- 如果在 90 分钟的比赛里，巴西队曾经落后过，且在每次观察的时候再也没有领先过，那么你将损失一笔钱。

看到雪球这个损益结构，最容易让大家想起什么？那就是卖出认沽期权的损益图，不同的无非是，传统的卖出认沽期权是没有间断点的，损益曲线是连续的，而雪球期权会在下方－a％的地方出现一个“突变”，存在一个间断点。但事实上，这个间断点只是一个表象，不论这个间断点位于何处，也不论安全区的到期收益率有多高，雪球期权本质上还是类似于卖出认沽，是一种不希望大跌，认为后市有支撑的结构，当你看出了这点，也就抓到了此类产品的“关键”。

除了上述内容外，每位投资者还可以从以下的三个问答中，进一步提高自己的投资理财能力，让自己变得更强大。

第一，雪球产品相对合适的买点在哪里？那就是标的在未来一段时间内下行安全边际较大的时候。雪球期权本质上是一种卖出认沽期权，它是不希望大跌的，所以标的在期初的点位能买得低一些就最好了。一个很简单的道理：沪指在5 000点和在3 000点，哪个时点更合适买？自然是低位的时候。这就需要我们从基本面或技术面对标的进行一定的考察，通常而言，基本面可以参考的指标是估值与股息率，而技术面上可以参考的指标是当前点位相对于中长期均线的乖离率，还有标的本身的波动率等。

比如2020年3月末，沪指已经跌到了2 600多点，技术面上直逼20年均线，基本面上等于2 440×(1＋去年GDP增速)，是一个基本面和技术面具有双重支撑的点位，这个时候再大跌20%以上的概率非常低；又如，对于某些低估值、高股息的个股标的，它们的市盈率在10倍以下，有的市净率在1.5倍以下，但股息率则能在5%以上，这种标的也可以列入我们考察的范围。毕竟这些个股在一个考察期内要跌到敲入值下方比较困难，即便跌到了，那就权当以一个安全边际接盘对应数量的股票，等待后续再涨回去。

第二，购买雪球产品时一定要控制好仓位，做到万一中途向下敲入后，其损失是自己可以承受的。举个非常简单的例子，我买了100万元的雪球类资管产品，敲出水平在75%，这意味着我到期时最大亏损是有可能在25%以上的。因此，如果我真的亏了25万元，问问自己：这是不是我能够承受的范围？此时，我愿不愿意，同时有没有剩余的资金去接盘对应数量的标的现货？从某种意义上讲，一笔投资的仓位大小，正是取决于我们所估计的“胜率×盈亏比”有多高。

第三，要注意雪球产品高胜率、低赔率的特点。我们平时做过场内期权卖方就会知道，卖方赚钱往往不是因为其自己对方向判断有多准，而是时间和降波在暗中助了一臂之力，在方向不出大错的情况下，它的胜率是比较高的，因而很多人会容易“上瘾”。然而，我们绝不可能永远通过每月“无脑”单卖或“无脑”双卖去长期获利，这是因为一次中途大跌的超级“黑天鹅”就会把一年的收益抹平。所以，即便我们连续几个月都因为向上敲出而获利告终，我们也不能被连续的“胜利”而冲昏头脑，而需要再次回到上面说的第一点，从基本面或技术面对标的再进行一遍考察，再决定是否续费购买新的雪球产品。这里再一次强调，对于雪球期权，我们往往会更青睐那种低估值、高股息、低波动率，相对长期均线的乖离率较小的标的。

最后，我想要说的是，任何一个产品的创设都不是随心所欲、没有依据的，恰恰相反，在金融市场里，它们的创设往往是从满足各种套期保值的需求、各种增强收益的需求出发的。当我们提着资金的“旅行箱”，购买包含场外期权的产品前，必须像进入领事馆签证一样，为自己做一个出行前的清单(Checklist)！在查看产品收益盈亏结构时，需要明确以下几点：

(1) 这个产品本质上是做期权的买方还是卖方?

(2) 这个产品合适的买点在哪里?

(3) 我什么时候会获得收益?

(4) 我的最大收益是多少?

(5) 我什么时候会产生亏损?

(6) 我的最大亏损是多少?

如果能够明确这几点,就意味着我们具备了参与其中的辨识能力!

87. 什么是“OTM 雪球”？你知道它与“经典雪球”的区别吗

这几年，场外期权市场里的雪球成了最为出圈的产品。不论是指数类还是个股类，雪球产品的规模都上升得很快。在最近的几周里，我又看到一些券商创设出了另一款类型的雪球，叫作“OTM 雪球”。它是什么呢？我们今天一起来看看吧。

“OTM 雪球”期权是什么？相比普通雪球，它可以被理解为一种较低票息、较高“安全垫”的另类雪球。为了解释清楚“OTM 雪球”，我们先来回顾一下普通雪球的三种盈亏情况。

对于普通雪球而言，新手只需要先知道三个“价”——期初价、敲出价、敲入价。

举个例子，以最常见的“中证 500 一年期雪球期权”为例，假设期初价是 6 000 点，敲出价也是 6 000 点，敲入价是 4 800 点（以向下 20%的幅度敲入），同时假设敲出观察日是每月最后一天，敲入观察日是每个交易日，月票息率为 1.75%，那么在雪球期权的持有期内，总共只会发生三种情况：

情况一：中途曾经发生敲出（包括到期敲出）

举个例子，在第 3 个月的最后一个交易日，中证 500 指数收盘涨过了 6 000 点，高于敲出价。这个时候，这份普通雪球就会立刻敲出，提前到期，于是这三个月的持有收益率就等于 5.25%（1.75%×3）。

情况二：中途未敲入，也未敲出

如果整个一年里，中证 500 每天收盘都站在 4 800 点（敲入价）以上，同时每个月最后一个交易日收盘都没有涨过 6 000 点。对于这种情况，这份雪球期权会到期再结束，于是这一整年的持有收益率就等于 21%（1.75%×12）。

情况三：中途发生敲入，最终未敲出

如果在雪球期权一年的期限里，中证 500 曾经有一天收盘跌破了 4 800 点，而且在每个月最后一天收盘都没有涨过 6 000 点，那么这份雪球期权就会以期初价 6 000 点作为成本线，转为一个指数增强产品，此后的净值就基本上跟中证 500 指数同步涨跌了。

于是，对于普通雪球，只要到期前没有大跌，没有跌到敲入值以下，你最终都是赚钱的，获得的是一个很有吸引力的高"票息"（上例中是年化 21%）。但是，没有无缘无故的高票息，所付出的"交换"就是万一中途敲入，且最终未敲出，我就相当于以期初价 6 000 点建仓了中证 500 指数多头。这个时候我浮亏了多少呢？

（1）若中证 500 最终落在了 5 400 点，那我就先浮亏了 10%；

（2）若中证 500 最终落在了 5 000 点，那我就先浮亏了 16.67%；

（3）若中证 500 指数的价格更糟糕，最终落在了 4 500 点，那就表示我已经先浮亏 25%。

所以，对于普通雪球，一旦发生了情况三，则在 6 000 点以下的区域里，交易者就没有了任何"安全垫"，而我就是以 6 000 点（期初价）去接货一个正股多头。

现在我们来对比解释"OTM 雪球"。什么是"OTM 雪球"？它是这么一个产品，对于上述的情况一和情况二，它和普通雪球是没有任何区别的，它的盈亏结构正是在"情况三"发生的时候，会与普通雪球有所不同。

熟悉期权的朋友，一定知道"OTM"（英文全称是 Out of the Money）在期权里是虚值的意思，广义地说，就是多了一个"安全垫"。对于上面所说的情况三（中途敲入但最终未敲出），"OTM 雪球"期权的"安全垫"在哪里？它的"安全垫"是这样处理的，只不过在上面的情况三里多了一种分类而已：

情况三(a)：中证 500 到期期末价介于敲入价和敲出价之间

这个时候，这份"OTM 雪球"将会以中证 500 的期末收盘价作为"成本线"，转为一个 500 指数多头。举个例子，中证 500 在雪球期权的到期日收在 5 400 点（介于敲入价 4 800 点和敲出价 6 000 点之间），那么我就相当于以期末价 5 400 点建仓了中证 500 指数增强多头，也就是说，在过去的一年里，我最多没有拿到原来预期的年化高"票息"，但在转为指数多头的时候，我并没有预先吃进一个浮亏。

情况三(b)：中证 500 到期期末价低于敲入价

这个时候，这份"OTM 雪球"将会以敲入价作为"成本线"，转为一个 500 指数增强产品。同样举个例子，中证 500 在雪球期权的到期日收在 4 500 点（低于敲入价 4 800 点），那么我就相当于以敲入价 4 800 点建仓了中证 500 指数多头，此时的浮亏仅仅只有 −6.25%（4 500/4 800 − 1），也要比普通雪球里 −25%（4 500/6 000 − 1）的浮亏低很多。

说到这里，大家应该看出两者的区别了！简言之：对于向上敲出，没区别；对于向下敲入，有区别！两者的区别在于："OTM 雪球"多了一层"4 800～6 000 点"的"安全垫”，而普通雪球没有。

然而，场外期权的结构设计是极其平衡的，得到好处就一定有牺牲。相比普通雪球，尽管“OTM雪球”向下的安全垫变厚了，保本的概率也变得更大，但它在向上敲出时所获得的“月票息”也一定变低了。以2021年上半年一些券商的报价来看，在大致相同敲入敲出价的情况下，中证500普通雪球的“年化票息”可以在20%左右，而“OTM雪球”的“年化票息”则在10%～12%。这就是一种典型的交换，牺牲一定的票息来换取下方更大的“安全垫”，让自己万一到期接货的时候，接货成本价变得更低。

事实上，各种场外期权的本质是一种非线性变换，比如定点后弯折、折断后平移等。事实上，普通雪球也好，“OTM雪球”也罢，在数学上都是一种变换，它们仍然同属于“卖认沽”(Short Put)的大类。所以，对于“较高票息”“但不保本”“收益有限”“相对高胜率”“存在尾部风险”这些“关键词句”，每个参与者都要有最基本的理解和认识。

有时候想想，在这个理财的大时代里，对于一种工具、一种产品，即使我们不一定做，保持一种学习的动力，也能让我们始终保持睁眼看“世界”！

88. 凤凰与雪球，又有什么区别

这一年，从“爆款”基金到“出圈”雪球，可以说是行情推动了需求，需求推动了卖点。当抱团股干拔估值的时候，我们的朋友圈里看到的全是明星基金；而当大盘陷入低迷震荡的时候，又让人看到了雪球产品的“价值”。根据2020年中证协的数据，券商收益凭证的发行规模首次超过了1万亿元，也有券商估算，其中雪球产品的规模可能已经达到40%的比例。

对于任何一个产品，看到收益的同时，也需要看到潜在的风险，看似“天上掉钱”的事情总是有必要问个究竟。在《最近比较火的雪球究竟是怎么回事》一文中，我们非常详细地介绍了雪球期权的盈亏结构和参与要点，而在这个市场上，还有一种产品的结构很像雪球，它就是“凤凰”。

凤凰与雪球虽然非常相似，但它们仍然存在区别。它们的主要区别就在于“计息的方式”。下面，我们就用一个实际的例子来看看凤凰期权的条款（详见表88－1）。

表88－1　某资管机构某个凤凰类产品的关键条款

关键条款	具体内容
挂钩标的	中证500指数
期限	6个月
敲出观察日	每月最后一个交易日
敲出水平	期初价格×100%
敲入观察日	存续期内每一个交易日
敲入水平	期初价格×80%
月票息	1.8%
持有期收益率	1. 假如在某个敲出观察日敲出，那么产品提前到期， 收益率＝1.8%×有效观察月的个数
	2. 假如在所有敲出观察日都未敲出，那么产品不会提前到期， 进一步：

续 表

关键条款	具体内容
持有期收益率	(1) 如果存续期内未曾发生过敲入， 那么收益率＝1.8%×6
	(2) 如果存续期内曾发生过敲入， 那么收益率＝1.8%×有效观察月的个数＋标的指数的同期跌幅

这里，我们来解释一下什么叫“有效观察月”，可以这么理解：如果某个月里某天收盘曾经敲入过，那么这个月就算作“无效观察月”；反之，如果某个月里任何一天收盘都没有下跌至期初点位的80%以下，那么这个月就算作“有效观察月”。

假设中证500在期初的点位是6 000点，让我们一起来看看不同情景下的收益有多少。

情景一

假如在未来6个月里，中证500指数先抑后扬，曾经在第4个月的月末收盘站上了6 000点，其中，第1、第3、第4个月是“有效观察月”，第2个月是“无效观察月”(在第2个月里某一天收盘曾跌破过4 800点)，于是这个产品提前结束，你的到期收益率就等于5.4%(1.8%×3)。具体如图88－1所示。

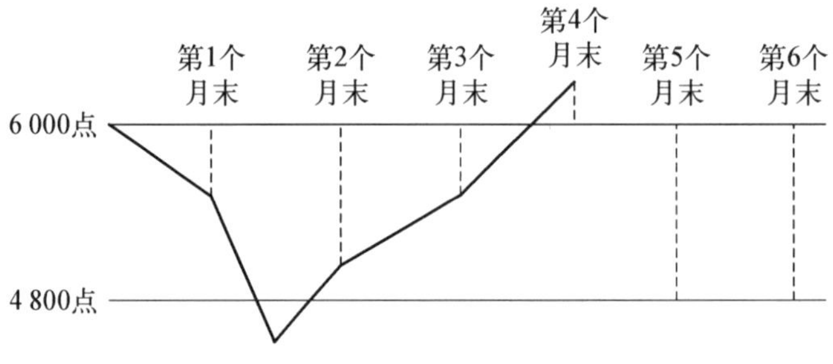

图88－1　情景一的到期收益率

情景二

假如在未来6个月里，中证500指数震荡下行后进入区间盘整，在这6个月的每一个月末的收盘点位都在6 000点以下，且从未跌破过4 800点(第1、第2、第3、第4、第5、第6个月都是“有效观察月”)，于是你的到期收益率就等于10.8%(1.8%×6)。具体如图88－2所示。

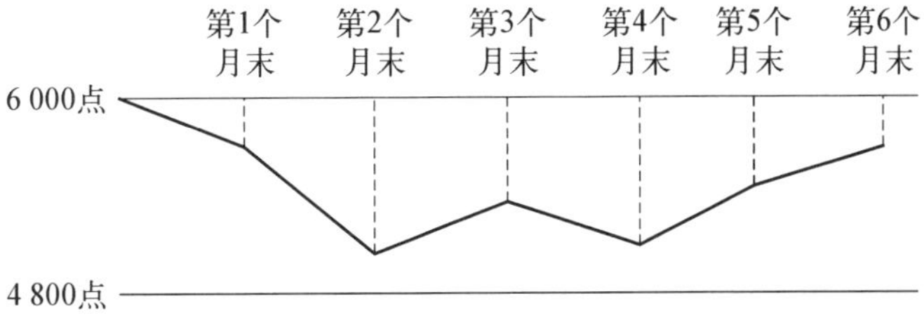

图 88－2　情景二的到期收益率

情景三

假如在未来 6 个月里，中证 500 指数一度出现深度探底，在这 6 个月的每一个月末的收盘点位都在 6 000 点以下，曾经在第 2、第 4 个月月中跌破过 4 800 点，这意味着第 1、第 3、第 5、第 6 个月属于“有效观察月”，第 2、第 4 个月属于“无效观察月”，于是你的到期收益率＝1.8%×4－中证 500 在这 6 个月的涨跌幅。进一步，如果中证 500 指数在这 6 个月里下跌了 10%，那么最终这个凤凰期权购买者的收益率＝7.2%－10%＝－2.8%。具体如图 88－3 所示。

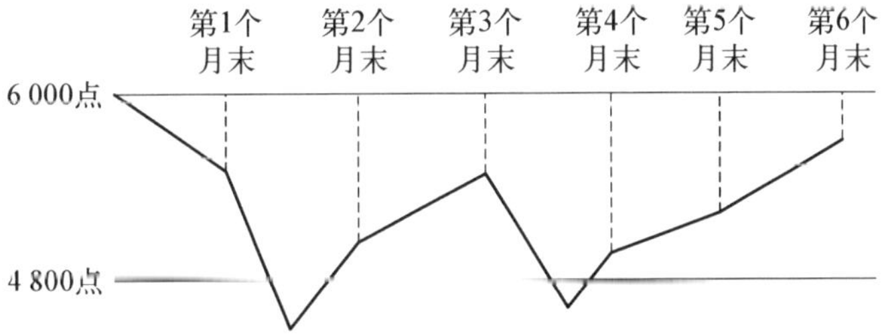

图 88－3　情景三的到期收益率

我们可以发现，对于凤凰期权而言，最好的情况是这 6 个月里每个月的月末都没有敲出，也从未发生过敲入，这样我们的收益率就等于全部 6 个月的票息 10.8%。那最坏的情况呢？那就是这 6 个月里，中证 500 指数一路下行，从第 1 个月跌到第 6 个月，每个月都是“无效观察月”，票息收入等于 0，同时还得承受标的指数同期的跌幅。

然后，我们对比一下《最近比较火的雪球究竟是怎么回事》一文中的雪球期权。凤凰与雪球，两者的相同点就是，一旦某个月末发生敲出(涨过期初价格)，产品就会自动结束，否则就继续存续下去直至到期；然而，两者的核心区别就在于四个字——计息方式！

对于凤凰期权而言，只要某一个月里没有敲入过(对于上面的案例，就是没有跌破过 4 800 点)，这个月的票息就会给你计入，有 3 个月计息 3 个月，有 5 个月计息 5 个月。

而对于雪球期权，则是要么都计息，要么都不计息，相当于是一种“非黑即白”的计息方式。比如，若指数在第 3 个月月末敲出（涨过期初价格），那么就计息 3 个月；若指数在第 5 个月月末敲出（涨过期初价格），那么就计息 5 个月；在整个持有过程中，不会区分什么“有效观察月”与“无效观察月”。

假如你同时购买了一份 6 个月期限的凤凰期权产品和一份 6 个月期限的雪球期权产品，中证 500 的期初价格是 6 000 点，并在第 3 个月月中跌破了 4 800 点，那么在此以后，中证 500 不同的走势路径就会导致凤凰期权与雪球期权的收入出现很大的差异。

如果此后中证 500 一路下探再未站上过 4 800 点，那么对于凤凰期权，你还能获得第 1 个月和第 2 个月的票息，而对于雪球期权，你就不能获得任何月份的票息了；可是，如果中证 500 在到期日“奇迹般”地干拔到 6 000 点以上，那么对于雪球期权，你将获得全部 6 个月的票息，而对于凤凰期权，你将至少失去第 3 个月的票息收入。

所以说，雪球和凤凰，两者同属“卖出认沽型”的期权，也同属“路径依赖型”的期权，但由于“计息方式”的不同，在中途敲入而未敲出的情况下，凤凰期权的票息往往会拿得更多一些！

89. 买雪球，你图什么，更要防什么

“只要不大跌，你就能赢钱”，这句话放在雪球产品上，确实是如此。

牛年以后，由于前期“抱团股”杀过了一轮估值，各大指数累计跌幅较大，这使得许多人预期短期继续暴跌的可能性变低，于是雪球产品就成了前一阵最“出圈”的产品。

在前面几篇文章中，我们曾经比较详细地介绍了雪球产品的基本原理。所以，大家看这篇文章的时候，可以结合前面的文章一起来看。

从理科生的视角来看，期权都可以视为一个个分段函数，无非有的是“定点弯折”（如传统欧式认购、认沽），有的则是“定点间断”（如雪球期权）。我们在咨询每一个雪球产品前，主要需要抓住四个方面：产品期限有多久？每月票息是多少？向下敲入是多少？向上敲出是多少？

有人在问客户买雪球，他图的是什么？毫无疑问，他图的一定是两个“高”——相对高的胜率以及相对高的票息。像目前国内的中证 500 指数雪球，年化票息介于 15%～21%；而像有些个股雪球，年化票息甚至超过 25%。于是，就有朋友会留言：既然券商是客户的对手方，如果指数一直往“东北”方向走，雪球频频敲出，那他们岂不是亏到家了？关于这一点，其实不用我们来操心，券商的 FICC 等部门就是做这个事的，他们有专门的交易台和交易员来对每天的雪球净头寸进行动态对冲。

这种对冲，从原理上可以说得很简单，比如一家券商 A 发行了一期“茅台雪球”，在这个产品的有效期内，如果交易员发现茅台股价下跌了，大概率不用支付当月票息了，则会动态减仓一点茅台股票；反之，当他发现茅台股价上涨了，这个票息大概率要支付了，就会动态加仓一点茅台股票，用茅台股价的价差收入去抵消一些票息的支出。

对于券商而言，发行了×××的雪球产品，他的手里就有×××的多头持仓，于是，聪明的朋友就可以想明白一个问题了，为什么当前国内中证 500 指数雪球的票息率能给得很高（甚至堪比一些个股雪球）。其背后很大的一个原因就是中证 500 指数有股指期货，他们可以用中证 500 期指多头（Long IC）去替代中证 500ETF 的多头，由于 IC 通常处于贴水的状态，贴水对做多又是有利的，于是这部分贴水的收入就能挤点出来作为票息的补充，因此，在没有出现 500 场内期权前，在 500 期指贴水未能明显收窄前，500 指数雪球的“票息”本身就是一个不小的“红利”。

我们知道，对于买雪球的客户，每个月滚动向上敲出是有利的，标的价格在一定范

围内来回波动也是不在乎的，但与此同时，他们也需要知晓可能的注意点会在哪里，需要防范什么。关于这个问题，我们可以从上涨和下跌两个角度归纳出两个要点：

一是标的持续大涨带来的踏空风险。在前文中，我们提到过雪球是一种收益有限的凭证，它最适合的情况就是标的在一个安全区域内小幅波动。不同于“鲨鱼鳍”等“买入型”的期权，雪球本质上是一种“卖出型”的期权，它占用的资金不算小，因此对于同样金额的资金，这个月是直接投指数还是“滚雪球”，这是一个问题！如果你预见某个标的在未来一段时间有趋势的苗头，那你反而应该直接买入正股。比如，2020 年 7 月份的时候，中证 500 带量突破了前期压力线，一个月大涨了 12%，那么这个月的收益率就是中证 500 雪球的 6～8 倍。

二是标的在敲入以后常年不涨。举个例子，对于一年期的中证 500 雪球，如果中证 500 在未来一年里曾经跌破过期初价的 70%(敲入值)，并且在每个敲出观察日，都没有能够爬到敲出价(比如期初价的 103%)以上，这就意味着你在产品到期日这一天，将获得与中证 500 同期的涨跌幅。此时的你，相当于接了中证 500 指数多头，那么之后一段时间你将与中证 500 指数同甘共苦了。假如出现了一种相对不太好的情况，比如你正好在 2011 年年初接了货，2011—2013 年累计下跌 14.63%(2011 年下跌 33.83%，2012 年上涨 0.28%，2013 年上涨 16.89%)，这意味着在这三年间，你始终没有找到很好的卖点卖出 500ETF，那么对于这部分资金，就相当于多了三年的机会成本。

综上来说，玩雪球一定不是“无脑”去玩的，交易者必须是在了解标的的基础上进行的。从操作要点的角度，我们至少可以总结出以下三点：

一是每月“滚雪球”，一定要参考背后标的的绝对估值和相对估值。每个月或者每一周看一下某个行业相对于长期历史的估值在什么水平，是 20%分位数以下还是 80%分位数以上，还有某个行业相对于短期一个月的估值干拔了多少，以及干拔的幅度有没有创出历史之最，等等。其实这是一个很好的习惯，因为快速下跌大多是杀估值所致。

二是分散标的。说白了，就是从分散风险的角度，别把所有的“宝”押在一只标的上。比如在平时投资的时候，不论是通过自己还是借助外部顾问，预先确定好一个标的池，然后把自己的总资产分成 n 个资金通道，一个资金通道投向一个产品，以此来削弱某个标的敲入后潜在的机会成本。

三是有条件的话，可以考虑用场内期权进行事前尾部对冲。比如，当前我分散买入几只杀过估值的权重股雪球，然后牺牲一点月度票息，拿出零头去买入深度虚值的沪深 300 或者上证 50 场内认沽期权。如果这些权重股集体大跌，那么上证 50、沪深 300 等指数基本难以幸免。因此，当尾部风险真的发生时，我可以在场内期权这一端按照价、量原则分批设好止盈点，用场内认沽期权的或有收入去降低未来万一(在雪球到期时)接货的持仓成本。

90. “雷”！“雷”！“雷”！“无脑”买信用债，还不如选择“雪球＋保险”

这个世界就是这么辩证！有些东西看似只是一个“债”，但出事了则风险巨大；有些东西看似风险很大，却是长期收益的利器。

2020 年四季度的信用债，由于频繁“爆雷”，已经成了全市场关注的焦点！

- 10 月 23 日，华晨集团到期私募债违约；
- 11 月 11 日，永煤集团 10 亿超短融“20 永煤 SCP003”实质性违约；
- 11 月 12 日，紫光集团存续债大跌 30％以上；
- 11 月 13 日晚间，成龙建设集团公告称“17 成龙 03”公司债违约；

……

连续两家信用评级为 AAA 级的国企出现违约，超出了市场预期，这让一部分“信用债”的价格和债券基金净值下跌得很不“体面”。一张 100 元的面值，可以几天内跌去 80％～90％的市值，这再一次印证了只要是比无风险利率高的收益率，就都是风险溢价，只不过有些风险我们平时一直都很重视，而有些风险则隐藏得很好而已。

不难理解，信用债之所以对许多人有吸引力，就是因为它拥有诱人的信用利差，也就是相比国债、国开债等利率债，它的收益率都要来得更高，很多人宁愿相信这个“信用利差”会兑现，也不愿意参与股票指数的长期投资。

然而，从投资风险的角度来说，相比信用债的公司风险，指数层面的风险更为“显性”，显性的风险往往只会造成一个弹性形变（可恢复的形变），而越是隐性的风险，越是会造成影响巨大的范性形变（不可恢复的形变）。从一个期权人的角度去看，尤其是在股票市场安全边际较大的时候，相比购买收益率两位数的信用债，我会宁愿选择“场外雪球＋场内灾难保险”的组合。

这里，我们再对雪球产品做一个简单的回顾（如表 90－1 所示）。

在表 90－1 的案例中，它所表达的含义就是：

假如你购买这个雪球产品的那一天，中证 500 的点位是 6 000 点，那么所谓“敲入”，就是指中证 500 指数 18 个月内曾经跌破过 4 500 点；而所谓“敲出”，就是指某个月最后一天中证 500 指数正好站在 6 000 点的上方。

表 90－1　某资管机构雪球产品的关键条款

关键条款	具体内容
挂钩标的	中证 500 指数
期限	18 个月
敲出观察日	每月最后一个交易日
敲出水平	100%
敲入水平	75%
持有期收益率	1. 如果发生敲出，持有期收益率＝17%×持有天数/365 2. 如果未敲入也未敲出，持有期收益率＝17%×持有天数/365 3. 如果敲入但未敲出，持有期收益率＝标的指数的同期涨跌幅

对于雪球产品，一旦某个月敲出，就意味着提前到期，然后结算票息；反之，若一直没有敲入，中途曾经敲入，那么最终的收益率就是标的指数的同期跌幅。因此，我们买雪球产品的时候，所期待的是什么？就是期待指数最终能够敲出，最好不要中途敲入。

从上面的案例中，你觉得买(指数类)雪球产品需要注意什么呢？从我的角度看，有这样三个要点值得注意。

一是需要略带择时做，尽量在风险释放过以后买。

如果指数的估值指标(如 pe_ttm，pb_lf)已经处于历史 80%分位数以上，或者技术面上标的价格已经脱离长期均线太多，那么对于这些时点，就有必要避开。但如果标的价格在一根长期均线的正常乖离率以内呢？那就是一个相对安全的区域了。从历史统计来看，20 年均线是一根极强的支撑线，由于雪球产品的敲入值一般是当前指数点位的 70%～80%，因此，一旦指数的点位已经落在 20 年均线的 30%乖离率以内，中途敲入的概率就会大大降低，最终赚到票息的概率也就大大提高了。

二是相对高位找长期期限做，相对低位短期滚动做。

市面上，不同的券商、不同的基金子公司，都会设计不同期限的指数雪球产品，有的是 6 个月的，有的是 12 个月的，有的是 18 个月的，有的是 24 个月的。对于资金量大的客户，还可以单独定制期限。这个期限的选择重不重要呢？我觉得是重要的！试想 2018 年上半年，当时有一些客户购买了一年期的雪球，此后市场一路下行，指数跌破敲入值，最终一年后没有敲出，相当于这些客户最终的收益率就是同期指数的跌幅。但是假如他们买了两年期的雪球产品呢？那他们就熬过了 2018 年一年的“严冬”，尽管中途也发生了敲入，但两年给了更多的等待机会，最终在经济复苏和国内增量资金的介入下，指数顺利完成了从敲入到敲出的“逆袭”。

三是雪球与“灾难保险”的结合。

我们可以在中期趋势暂时被破的时候，在场内期权市场里买入一定仓位的“黑天鹅保险”。举个容易理解的例子，假如我买了一个12个月期限的雪球，如果中途未敲入，或是曾敲入最终敲出，那么我将获得17％的年化票息，摊到每个月上就是1.4％左右的票息。假如我拿出其中的0.4％去买入一个10％以上的虚值程度认沽期权，以此作为一个“灾难保险”，如果这个月没出事，就当作是白买了；反之，如果这个月出事了，那么这些仓位的“灾难保险”就会起到至关重要的作用。

历史上在实盘里，一张虚值认沽出现30～100倍的涨幅已经发生过很多次。比如，2018年2月6日—2018年2月9日这四天内，一张“50ETF沽2月2850”认沽期权从40元左右的价格上涨到1 980元，最高涨幅达到50倍左右。又如，2020年1月22日—2月3日这三天内，一张“300ETF沽2月3600”认沽期权从35元左右最高涨到1 699元，最高涨幅同样在50倍左右。这意味着什么呢？这意味着当趋势被破（放量破位）的信号发出时，0.4％的仓位产生了20％（0.4％×50）的收益率，于是，这个“灾难保险”的收益就可以用来抵消后续万一雪球产品敲入但没有敲出的（部分或者全部）指数下跌风险了！

91. 买雪球，你赢了，券商就输了吗

了解一个产品，通常会有两层境界：第一层境界是从“我”出发，了解“我”买了以后，什么时候会赚钱，什么时候会亏钱；第二层境界则是从“对手方”出发，了解“我”的对手方在干什么，当“我”赚钱的时候，他是不是一定会亏钱。

近些年的雪球产品，把握住了指数大跌后震荡的节奏，也抓住了低利率时代下市场对于“高胜率票息”的渴求。它的盈亏可以简单地表述为：只要标的不大跌（未敲入），买家就会赢得“高票息”；但如果标的大跌（敲入且未敲出），买家就会承担一定幅度的亏损。

从表面上看，雪球产品似乎是买家与发行人之间的零和博弈，似乎发行人很希望大跌，这样他们就可以逃脱10%～30%的年化票息了。然而，现实并非表面上看到的那样！雪球产品的主要发行人——券商，在出售雪球以后，手里往往持有对应正股的底仓，正是这个底仓让这场博弈变得不再那么简单……

事实上，每个雪球的买家相当于持有了一个“变相”的卖沽（正 Delta 敞口），他们不希望发生大跌，最好正股就像“木乃伊”那样一动不动，于是他们的对手方——雪球的发行人，就相当于持有了一个“变相”的买沽（负 Delta 敞口）。那么，如果是你，作为一个产品的发行人，你会简单地与买家博弈某个方向吗？会把自己暴露在那么大的方向敞口之下吗？显然不会！如果错了呢？那发行人不是自找麻烦、自找破产吗？因此，作为雪球的发行人，他们在方向上通常是尽量保持中立的（Delta 相对中性）。

只要稍微了解一些场内欧式期权，我们就会知道买沽是负 Delta 的，要实现 Delta 中性，就需要预先买入一些正股作为底仓。雪球的发行人正是这么设计的，这就是为什么在发售完一堆雪球后，他们手里往往会有一定数量的正股作为底仓，因为只有左手“变相买沽”＋右手“正股多头”，才有可能形成一个方向（Delta）中立的组合。

了解这一点后，我们可以再想想他们是怎么攒够“票息”去兑付的。是把我们买雪球的保证金拿出去买“非标信托”吗？非也！券商是通过来回低吸高抛正股，积累出利润，以此来兑付潜在的“票息”的。关于这一点，我们不妨就从最简单的欧式认沽期权去理解：当正股价格大跌时，买沽的 Delta（绝对值）就会自然增大，因此，要继续保持方向上的中立，就需要买入更多的正股才行；反之，当正股价格上涨时，买沽的 Delta（绝对值）就会自然下降，要继续保持方向上的中立，这时就可以卖掉一点手中的正股。

于是，跌的时候买正股，涨的时候卖正股，这一次次“低吸高抛”的操作就在为“某一次敲出票息”积攒利润。

看到这里，你是不是有些明白了？当券商出售完某个雪球后，为了控制方向上的风险敞口，他们的交易员用网格化的方式对正股做着加仓与减仓，而至于他们能不能盈利，就取决于未来正股的走势是不是方便他们积攒出相应的票息了。为了方便理解，我们可以简单、粗略地把正股的走势分成“涨”“平”“跌”三种情况。

第一种情况是上涨而敲出。

对于这种情况，买家会获得 1%～2%的月票息，而由于券商手里有正股的底仓，因此，往往在扣除月票息后，还能在正股上有所盈利。最终，买家盈利，券商大概率也盈利。

第二种情况是下跌而敲入(假设不再敲出)。

对于这种情况，买家最终会以亏损告终，亏损幅度＝期末价/期初价－1。假设买家买了 100 万元名义本金的雪球，期末价比期初价低了 20%，那么买家就亏损了 20 万元，这部分亏损就变成了券商的盈利，而在正股端呢，由于券商持有的正股市值往往低于 100 万元的名义本金，因此正股端的亏损就小于 20 万元，总体合计下来，最终券商大概率盈利，买家亏损。

第三种情况则是正股一路小幅盘整。

对于这种情况，是买家最希望看到的情形，因为买家铁定能够盈利，且时间拖得越长，买家的累积票息越多，至于券商能否盈利，就得看其在这种窄幅震荡市里的“低吸高抛”能不能攒够支付的票息了。容易理解，正股的实际波动越大(小)，低吸高抛的操作空间就越大(小)，攒够票息的概率也就越大(小)，如果券商在出售雪球时给客户的报价太高，而一年里正股的实际波动太小，那最终的结果就很可能是买家赚钱，而券商自己却亏钱了。仔细想一想，这充分说明了券商在出售雪球时，并不是在做简单的方向性交易，而是在做多波动率。当未来实际波动率大于报价背后隐含的波动率时，就说明券商一开始的票息报低了，这才是他们乐意看到的情况！

当然，上述的情况分类只是粗略的，只是方便我们对原理的理解。对于券商，他们的报价和背后的对冲技术，在很大程度上决定了这笔“生意”赚不赚钱，发行一个雪球，他们的风险自然很集中，而发行多个雪球，风险也就在一定程度上被分散了。

说了这些，你有没有发现，对于雪球这个产品，买家与券商之间并非简单的零和博弈(比如正股上涨，就可能出现对双方都盈利的情况)，这一点似曾相识，是在哪儿呢？对了！其实它和场内期权交易是如出一辙的。

举个例子，某天我买了10张300认购期权赚钱了，而我的对手方是某家做市商。但从期权的角度看，他所卖出的这10张认购的确是亏钱了，可是做市商并不是一个方向交易者，为了保持Delta的中性，他买入了一定数量的IF（沪深300股指期货）进行了对冲，一大卜来，他很有可能在300期指上的盈利覆盖了卖购一端的亏损，他同样没有亏损！那么，最终是谁亏了？大概率是做市商在期指市场的那个对手方——某位投机客，由于当天指数上涨，而他在期指上无保护地进行了做空，最终成了当天的亏损者……

92. 是不是所有的雪球都会“爆仓”

2021 年的春节长假成了当年两市风格重要的分水岭！春节前，“一酱功成万股哭”，全市场非“茅”不认，没有持有各行业的第一龙头，都不好意思说自己在做投资。然而“月满则亏”，3 月以后，以“贵州茅台”为首的“茅族”股大败于以“宁德时代”为首的“宁族”股，许多“茅”都经历了 30%以上的惨痛下跌。

随着“敲入”比例的增高，当时有不少报道也开始“危言耸听”，或是把雪球比作我国香港过去的累计期权（“I kill you later”），或是一逢雪球就说“爆仓”。那么，是不是所有的雪球都会“爆仓”，都需要追保呢？这里，我们就来做一个相对仔细的梳理。

我们还是先来回顾一下普通雪球的三种情形：

第一种情形：敲出过（包括敲入后敲出），此时买家的盈亏等于“月票息×持有月份数”；

第二种情形：未敲出也未敲入，此时买家的盈亏等于“月票息×全部月份数”；

第三种情形：未敲出但曾敲入，此时买家的盈亏就等于同期正股的跌幅了，即“期末价/期初价－1”。

雪球的本质是一倍下行风险的“卖沽型”产品，在实际交易过程中，我往往需要先以名义本金的一个比例 a%作为保证金。尽管绝大部分时候并不需要追保，但在正股接近或者击穿敲入价以后，事先抵押的保证金就有可能抵不上最终的亏损了，这个时候，在尾部风险发生的时候，券商就会向自己的客户发出追保通知（Margin Call）了。

由于雪球是一个“收益有限，潜在风险无限”的工具，因此，尾部风险成为它永远的“阿喀琉斯之踵”。为了减轻或者解决这个“痛”，很多券商设计出了多个“变种”的雪球。比较常见的“变种”有“无追保雪球”“OTM 雪球”“小雪球”等，尽管它们的盈亏形状各不相同，但它们的目标都只有一个，那就是削弱尾部风险，削弱普通雪球产品“第三种情形”里的下行风险。

让我们先来看看“无追保雪球”。以“80 - 103 中证 500 无追保雪球”为例，期初价 7 000 点，12 个月后到期，“103”意味着敲出价等于 7 000×103%＝7 210 点，“80”意味着敲入价等于 7 000×80%＝5 600 点。与普通雪球一样，敲入观察日往往是每天，而敲出观察日通常是在每月末。所谓“敲出”，就是某个月末涨过了 7 210 点；而所谓“敲入”，就是某一天收盘跌破了 5 600 点。

它的盈亏同样分为三种情况：(1) 敲出过(包括曾经敲入，后面敲出了)；(2) 未敲出也未敲入；(3) 未敲出但曾敲入。第一、第二种情况和普通雪球一模一样，客户所赚的收益都等于“月票息×持有月份数”。比如一份“无追保雪球”的月票息为1%，持有至第3个月敲出，那么这3个月的收益率就是3%；假如12个月里既没有跌破过5 600点，也没有在月末站上7 210点，那么12个月的收益率就是12%。

然而，对于第三种情况，“无追保雪球”却设置了一个亏损的底线，它规定：

- 如果正股的期末价高于敲入值(比如6 000点)，那么买家的亏损幅度就等于“期末价/期初价−1”；
- 如果正股的期末价低于敲入值(比如5 000点)，那么买家的亏损幅度就锁定在20%(即“敲入价/期初价−1”)。

具体的盈亏情况如图92－1、图92－2所示。

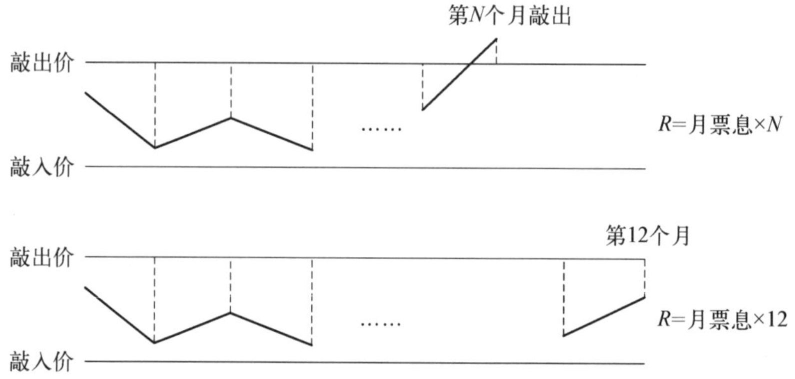

图92－1　“无追保雪球”在第一、第二种情况下的盈亏示意图

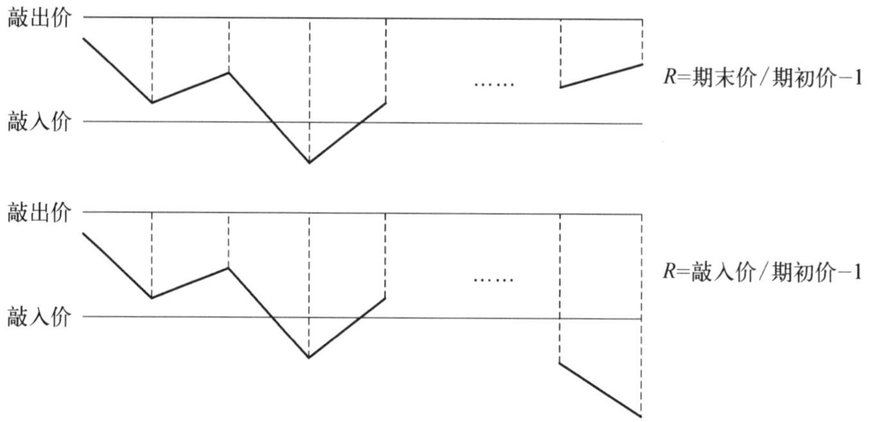

图92－2　“无追保雪球”在第三种情况下的盈亏示意图

实际上，对于“无追保雪球”的第三种情况，它的具体盈亏可以统一地表述为Max(期末价/期初价−1，敲入价/期初价−1)。这意味着“无追保雪球”的最大亏损就是 20%，一旦交纳了 20%的保证金，自然也就不会再面临中途的追保和“爆仓”了，整个产品盈利上有顶、亏损下有底，与“买虚卖平”的牛市认沽价差非常相似。

接下来，我们来对比一下“OTM 雪球”。所有要素不变，我们以“80－103 中证 500 OTM 雪球”为例，期初价 7 000 点，12 个月后到期，于是敲出价等于 7 000×103%＝7 210 点，敲入价等于 7 000×80%＝5 600 点。同样，它的盈亏也分为三种情况。第一种情况是曾经在某个月末敲出过，第二种情况是一直未敲出也未敲入。对于这两种情况，买家所赚的收益也都和普通雪球一样，等于“月票息×持有月份数”，这里不再赘述。

那么，在第三种情况下，“OTM 雪球”与“无追保雪球”的差别又在哪里呢？非常有意思！在削弱尾部风险这件事情上，“OTM 雪球”与“无追保雪球”正好采用了两种设计。“无追保雪球”是让买家的最大亏损不超过敲入的幅度，但如果期末价相较于期初价下跌了 10%，买家依然会先亏掉 10%；“OTM 雪球”并没有设置最大亏损幅度，而是会多给买家一个“不亏损”的“安全垫”，只有当正股期末价击穿这个“安全垫”时，买家才会最终亏损，它规定：

- 如果正股的期末价高于敲入价（比如 6 000 点），买家并不发生亏损；
- 如果正股的期末价低于敲入价（比如5 000点），买家才会亏损敲入价以下的部分。

具体的盈亏情况如图 92－3、图 92－4 所示。

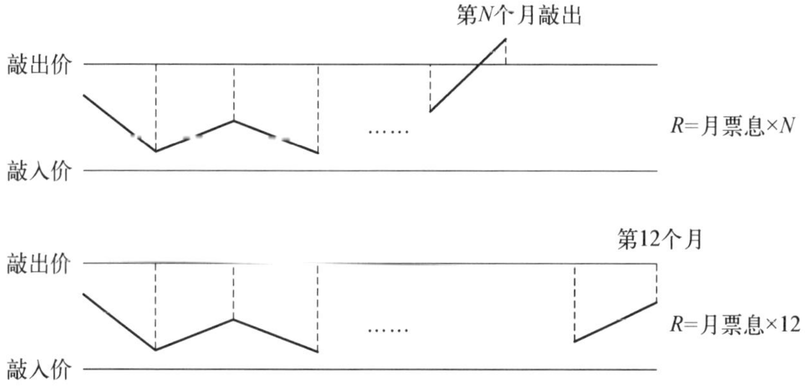

图 92－3 “OTM 雪球”在第一、第二种情形下的盈亏示意图

于是，对于“OTM 雪球”的第三种情况，它的具体盈亏就可以统一表述为 MIN(期末价/敲入价－1,0)。你可以发现，与“无追保雪球”不同，“OTM 雪球”只是给了一个很厚的“安全垫”，但若真的出现股灾式的行情，则它仍然是一个无限亏损的结构，所以“OTM 雪球”理论上还是可能存在追保的。

最后，我们来看一看另一种“风险有限”的雪球结构，它叫作“小雪球”。“小雪球”的结构与普通雪球略有差别，它没有敲入价，却有敲出价和期权费；它不太像场内期权里的“卖沽”，更像是一种“买平卖虚”的牛市认购价差。

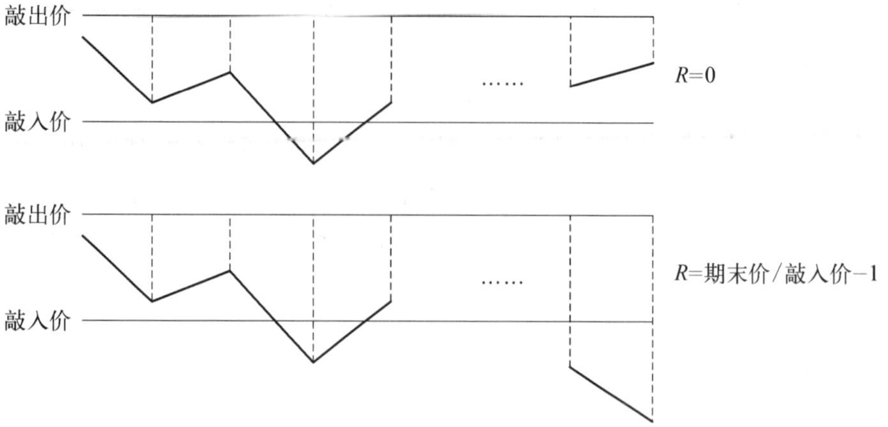

图 92-4 “OTM 雪球”在第三种情形下的盈亏示意图

举个简单的例子，假设一份 12 个月期限的“103”中证 500“小雪球”，月票息为 0.5%，月期权费为 0.15%，目前期初价为 7 000 点，那么它的敲出价就等于 7 210 点（7 000×103%），每月末作为敲出观察日。通常来说，“小雪球”的产品条款会规定：

- 如果正股曾在某个月末敲出，那么买家的盈利就等于“（月票息－月期权费）×持有月份数”；
- 如果正股始终没有敲出，则买家最后以亏损告终，亏损额等于“月期权费×12”（付出 12 个月的费用，代表亏损）。

在这个例子中，第 3 个月敲出对应的收益率是 1.05%（0.35%×3），第 9 个月敲出对应的收益率是 3.15%（0.35%×9），最后第 12 个月敲出对应的收益率等于 4.2%（0.35%×12）；但如果正股在这 12 个月末的价格都没有涨过 7 210 点，那就要输钱了，最终会亏损 1.8%（0.15%×12）。

具体的盈亏情况如图 92-5 所示。

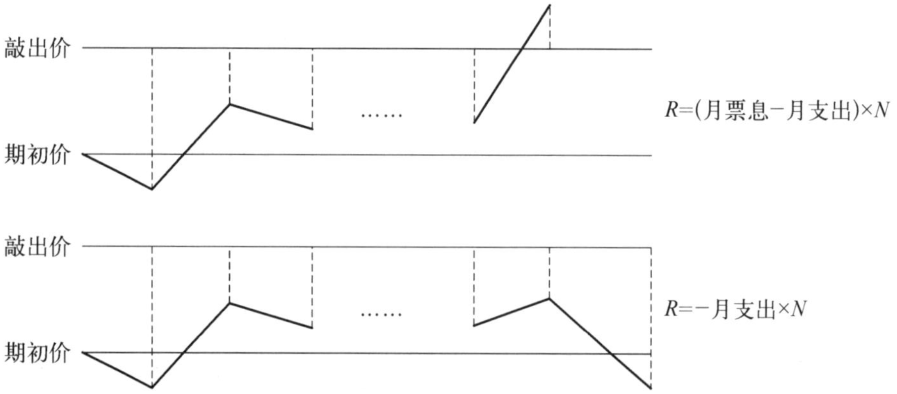

图 92-5 “小雪球”的盈亏示意图

当然，这个世界是公平的！既然"无追保雪球""OTM 雪球""小雪球"都是从不同角度去削弱正股的尾部风险，所以，与普通的"大雪球"相比，它们的票息肯定要来得少。

因此，说到这里，大家应该明白了，不是所有带"雪球"字眼的工具都需要追保，一个衍生工具有没有"爆仓"风险，根本上还是取决于它的潜在亏损是不是有限，以及持续下行或上行风险是不是兜得住。对于"无追保雪球"和"小雪球"，它们本质上类似于场内期权里的牛差，所以并不存在追保风险。

最后需要说明的是，尽管普通雪球存在追保风险，但它并不同于我国香港过去的累计期权。过去，多家国际投行曾在我国香港创设了一种叫作累计期权的工具，简单地说，它是一种在敲出时会比雪球票息高出 2～3 倍收益的产品，然而一旦敲入，买家就需要承担 2～3 倍正股跌幅的亏损，它的本质是一种加杠杆版本的雪球。由于 2008 年金融危机期间许多资产出现"自由落体式"的下跌，导致许多累计期权的买家亏光名义本金还不够，因此，累计期权的英文名称 Accumulator 也被谐音谑称为"I kill you later"……

93. 半仓底仓＋半仓网格，这像不像雪球

近几年，一种叫作"雪球"的收益凭证一度风靡市场……

这里，我们从一个"半仓底仓＋半仓网格"的操作说起，你会发现，这种看似和期权毫无关系的低吸高抛操作，原来与雪球非常相似。

什么叫"半仓底仓＋半仓网格"？顾名思义，就是对于某个正股×，我先拿出一半的仓位买入，然后每下跌 $a\%$，加仓 $b\%$的仓位，直至把所有的"子弹"用尽；反过来，正股每上涨 $a\%$，我就要减仓 $b\%$的仓位，直至把所有正股平完。举个具体的例子，我手里有 100 万元，先买入 50 万元市值的中证 500ETF，然后正股每下跌 1%，我就加仓 2%仓位的 500ETF，直到 500ETF 下跌到 25%的时候达到满仓；反过来，正股每上涨 1%，我就减仓 2%仓位的 500ETF，直到手里不再有 500ETF。

在这个过程中，我的盈亏会怎么样？——往上、往下、震荡。以下我们就分三种情况来看看。

情况一　如果 500ETF 一路上涨，中途累计上涨了 25%，那我就会根据预设的止盈点，一步一步减完所有的正股。

情况二　如果 500ETF 一路下跌，中途累计下跌了 25%，那我就会面临被动满仓的局面，于是我的"子弹"用尽，而我的盈亏自然就完全取决于 500ETF 的涨跌了。

情况三　如果 500ETF 既没有一路上涨，也没有一路下跌，一直在来回震荡，那我就会进入一种反复"网格化"的加仓与减仓，进一步若是 500ETF 一直在－25%～0%这个区间内震荡，我每一次的加仓与减仓就相当于在不断降低初始一半底仓的成本。

试想一下，对于上述的"情况一"，如果我在上方设置一个整体止盈点，比如 500ETF 相对于初始开仓价上涨了 5%，我就平完手里的全部正股，那这个操作很像什么？就非常类似于雪球期权里的"提前敲出"了；对于上述"情况二"，那"－25%"就非常类似于雪球期权里的"中途敲入"了，因为对于敲入但未敲出的雪球，最终的盈亏就等同于正股的涨跌幅；而对于上述"情况三"，每一次网格化的加仓与减仓，就相当于我为自己多做了一个波段，这一个个波段微利的累计就非常类似于雪球期权里的"票息"。

通过这样一个"高抛低吸"策略，我们逐渐可以理解在雪球产品的背后，券商到底在干吗？他们正是以一种"网格化"的方式进行"高抛低吸"的操作，为雪球的买家累积"票息"。于是，你或许一下子能够明白，为什么券商的身份是做多波动率了。因为正

股越是能够充分多地来回震荡波动，就越有利于网格化地获得波段的收益。

就以上面的例子来说明，不难发现，每一次中证 500ETF 来回触碰一次“网格”，我们就能多赚 1%，而这个波段对应的仓位是 2%，因此每做一次来回间的“网格波段”，我们就能积累 2‱的收益。假如一年里这样的来回波段有 200 次，我就能积累 4%的收益；假如一年里这样的来回波段有 300 次，我就能积累 6%的收益。对于某些正股，一天日内振幅大于 1%的情形是时常会遇见的。当然，在实盘里，这个“网格”的设置也是有讲究的，设置得越窄，每一次的波段收益越小，但日内触碰开平仓的信号就会越频繁，所需要追求的就是一种期望的最大化。

实际上，券商是最不怕正股有单边行情的。一方面，如果正股一路上涨，那么券商手里一半的底仓早已积累到应付的“票息”，甚至还能为自己留下多余的收益；另一方面，如果正股一路下跌发生了敲入，券商在正股上的亏损就可以用你在雪球上的亏损来“打平”。券商相对害怕的一种情况是横盘小幅震荡，因为在这种情况下，券商很难用类似“半仓底仓+半仓网格”的方式积累出足够的“票息”，这个时候，雪球买家才是实现了对券商的“完胜”。

然而，这种一年里横盘箱体的可能性大不大呢？不大！已经有一些券商金工的朋友测算过，过去几年能守在敲入、敲出“两轨”之间的正股占比不足 10%，所以事实确实是：大部分正股会在一年或两年的时间里敲入或敲出。除此之外，每家券商会对雪球背后的正股进行精细的波动率估计，他们大概率会选择历史上容易“上蹿下跳”的标的作为正股，而且在报价（“报票息”）的时候，其隐含的波动率也会低于他们所估算的波动率。

不过，“半仓底仓+半仓网格”这个“高抛低吸”的策略还是有几个地方与真实的雪球有区别。上面说的上方止盈点封顶是一个区别，还有一个重要的区别就是：临近敲入值的区域——对于真实的雪球，它是一个奇异期权，它的 Delta 绝对值会在临近敲入边界的附近超过 100%，也就是说，这个时候，券商需要初始资金以外的资金去买入 150%甚至 200%仓位的正股，才能实现方向上的中性。

说到这里你会发现，与动画片《中华小当家》“特级厨师”那一集一样，“半仓底仓+半仓网格”似面但又非面，它在某些“特征”、某些“区域”上很像雪球期权，但与真实的雪球又有区别。其实，“半仓底仓+半仓网格”这种操作模式也不只是为了直观地解释雪球，同时也是一种柔和的、防止“后悔”的交易方式。当你长期看好一个标的时，你需要有一部分仓位防止踏空，也需要省下一部分仓位灵活机动，在期权交易里，“半仓（面值）牛市价差+半仓波段”也是一种常用的操作套路。

94. 用雪球“框底”，算不算巴菲特策略

每一次大跌过后，一定会有许多人关心“底”是不是确立了，“抄底”的时机是不是到来了。其实，天天在思考是“抄底”还是观望，这本质上还是一种典型的非黑即白的线性思维。然而，对于期权人来说，我们往往会这么问：

- **为什么我一定要去精确地“抄底”？**
- **为什么不能用一种工具去“框底”？**
- **为什么要去猜大盘能反弹多少，而不是去想一想还会不会跌 20%以上？**
- **如果继续下跌 20%，我愿不愿意建仓接货，从此长期持有？**

在期权人的眼里，能不能企稳和能不能反弹很高是两件事情，预期短期企稳和预期暴力返转在做法上是完全不同的，前者会用“框底”的方法去操作，后者会用“抄底”的方法去操作。

这里，我以 2022 年 3 月中旬的行情为例。当时大盘仍然是一个中期有压力的格局，从周线级别看，自 2022 年 2 月 21 日起的那一周至今，沪深 300 已经连续收出了五根阴线，这追平了 2013 年以来的最长连阴周数（注意：2018 年 5 月最后一周到 2018 年 7 月第一周期间，其中第三根 K 线属于一根假阴线），所以从短期价格来看，已经算是进入了近十年的尾部区域。

在这样的格局下，如何用上证 50 和沪深 300 场内期权去“框底”呢？可以设计一些思路：

第一种思路是很短线的思路。当时的隐波重新高于近一周的实波（Realized Volatility），在震荡的过程中，日内趁下跌的过程里控制仓位做一些卖沽，当天设置好止盈止损点平仓离场，算是一种思路；反过来，在盘中跳水的时候过度加码买沽，则比较容易受到隐波、时间甚至方向三个维度的“三杀”。

第二种思路是隔日的思路。既然是隔日，那么从风控的角度，用价差期权去代替裸卖，就能防住不少的隔日跳空风险。价差可以有多种持仓结构：一种是牛市认沽价差，比如卖出虚 2 认沽＋买入虚 3 同月认沽，两者数量 1∶1；一种是“买近卖远”，比如卖出 6 月虚值认沽，然后用差不多行权价的 4 月认沽去卡位防“黑天鹅”；还有一种就是用比率认沽价差，即买一些虚值认沽和卖多些更虚值认沽，以一部分买沽削弱义务仓的风险敞口。

那么，从场外期权的角度，你又会想到什么招数呢？——比如用过去提过的雪球去“框底”。

对于雪球买家来说，其最大的收益就是“月票息×全部月份数”。买雪球和卖期权一样，是收益封顶的，因此，这是一种“以静制动”的策略，对于具有长期投资价值的标的，比较适合在大幅急跌的缩量震荡阶段操作。通常来说，一年里向上或向下加速的行情波段相对较少，若是能够避开股价走势斜率极其陡峭的时候，等待大跌后极致缩量的阶段给自己增“厚”一点收益，是有比较大的概率赚到部分“月票息”的。

那么，它的“潜在风险”在哪里？那就是“尾部风险”，就是正股价格一直跌，到期前一度跌破敲入价，且最终没有涨回到敲出价以上——这个时候，你就相当于要以期初价的成本买入正股。

不过，这个“尾部风险”可以是一个相对的概念，超出承受范围就是风险，反之则还有翻盘的机会。假如我本来就想建仓某个指数，有充足的资金接货，敲入价附近又确实达到了我心里的极限价位，那即便敲入了，就权当作长线投资了。当然，这里有一点非常重要，就是你必须确保有充足的资金接货，为了确保这一点，就不要随便加杠杆。

说到这里，有些朋友可能会联想到股神巴菲特曾经屡次尝试的一个策略，许多教科书里也有过这样的一个经典案例：1993 年，巴菲特曾用卖认沽的方式尝试接货“可口可乐”公司的股票。

巴菲特是一个不折不扣的可乐迷，他爱喝可乐，在他至今持有的十大重仓股中还留着不少可口可乐的股份。早在 1993 年 4 月他就希望长期持有该股票，但他觉得当时 40 美元的股价偏高，于是采用了卖出可口可乐认沽期权的策略——以 1.5 美元期权费卖出了 500 万份 1993 年 12 月到期、行权价为 35 美元的认沽期权。

这么做的目的是什么呢？就是做好两手准备，若股价在期权到期日下跌至 35 美元以下，巴菲特就相当于以 35 美元价格买入可口可乐股票并持有，算上之前收入的期权费，相当于把买入成本降低至 33.5 美元；反过来，若股价最终高于 35 美元，则巴菲特获得全部期权费收入。这个策略，在具有足额资金保证的情况下，叫作“现金担保卖沽”(Cash-secured Short Put)。

于是，我们可以对比一下巴菲特的“现金担保卖沽”与买雪球两种手法，你会发现：买雪球对比巴菲特策略，两者像却不同！

说它们“像”，是因为两者都归为“卖认沽”的大类，都试图在震荡的波段里帮投资者增“厚”收益，都认为即便正股先跌，今后也终能(长期)上涨；说“不同”，是因为两者在“票息”和“胜率”还有“实际接货价”上都不尽相同。对于传统的巴菲特策略，他所卖的虚值认沽，其期权费收入不会很高，胜率往往在 50%～70%，实际接货价仅等于“认沽行权价减去期权费”；而对于买雪球而言，其“月票息”收入往往更高，胜率也更高，但实际接货价则是期初价，期末价可能与期初价相差 20%以上。

实际上，“抄底”还是“框底”，是两种截然不同的思路：前者是希望找到精确的低点去博取一段反弹，后者则是先仔细分析向下的安全边际，然后赚取后续震荡磨底的钱。

从技术面上看，20年均线是全球主流指数的一根强支撑线，美国道琼斯指数至今已有一百多年的历史，历史上跌破这根均线的时点几乎都发生了非常重大的事件，比如，20世纪的大萧条时期、第二次世界大战时期、布雷顿森林体系瓦解时期，还有2008年“次贷”危机时期等。尽管上证综指的历史时间比较短，但至今还都收在了20年均线的上方，2016年1月、2019年1月、2020年3月沪指走出自然缩量底的时候都曾下探了20年均线，随后便开启了一波反弹。处在当下，沪指上一个底部探到了3 023点，而今年的20年均线则在2 770点左右，两者之间的距离已经不到10%，所以从这个角度看，与2022年年初的估值相比，“框底”的安全边际正在逐步凸显……

95. 安全气囊又是何方神圣

在前面的几篇文章里，我们曾经对比了两类非常热门的场外期权——凤凰和雪球，尽管两者在计息方式上有些许的不同，但这两类期权的本质都是一种类似于“卖沽型”的期权，只要不大跌，就能获得“高息”收入，否则则与标的本身同涨跌。那么，假如有个客户，他的需求并不只是获得一个或有的“高息”收入，而是希望能在下方有个保护区域的情况下，获得比标的本身更多的上涨收益，那么针对这种需求，市场上有没有类似的期权结构呢？

有！期权的一个强大之处就在于它总能像搭“乐高积木”一样，变化出所需要的结构形状。这一类期权结构就叫作“安全气囊”(Airbag)。

我们随便指定 个标的，比如中证 500 指数，当前的点位是 6 000 点，假如未来 1 年里，中证 500 从未跌破过 4 800 点，那么在产品到期时，我只享受中证 500 上涨的收益，不承担下跌的损失；反过来，假如未来 1 年里，中证 500 曾经跌破过 4 800 点，那么产品到期时，我的收益率就与中证 500 指数同涨跌，这就叫安全气囊期权。在这个例子里，相当于给了 20%的下行“安全垫”，只要中证 500 指数下跌幅度在 20%以内，我就不会吃进标的指数的全部跌幅，同时享受到期时万一涨过 6 000 点的收益率。

为了让各位读者对安全气囊的结构有更为直观的感受，我还是一如既往地用情景举例的方式来解说。沿用上面的例子，假如在期初，中证 500 的点位在 6 000 点，安全气囊的下方保护幅度为 20%，那么到了期末(比如 1 年后)，我的到期收益率可以分为以下四种场景：

情景一 假如在未来 1 年里，中证 500 指数从未跌破过 4 800 点(6 000×0.8)，但到期时的点位位于 6 000 点下方(比如 5 000 点)，在这种情况下，我到期时不承担亏损。

情景二 假如在未来 1 年里，中证 500 指数从未跌破过 4 800 点(6 000×0.8)，并且到期时的点位处在 6 000 点上方(比如 7 000 点)，在这种情况下，我到期时的收益率等于中证 500 这一年的涨幅，即 7 000/6 000－1＝16.67%。

情景三 假如在未来 1 年里，中证 500 指数曾经某一天收盘跌破过 4 800 点(6 000×0.8)，并且到期时的点位处在 6 000 点下方(比如 5 000 点)，在这种情况下，我到期时的收益率就等于中证 500 这一年的跌幅，即 5 000/6 000－1＝－16.67%。

情景四 假如在未来 1 年里，中证 500 指数曾经某一天收盘跌破过 4 200 点

(6 000×0.7)，不过后半程非常争气，在到期时的点位一举站上 6 000 点(比如 7 000 点)，在这种情况下，我到期时的收益率也等于中证 500 这一年的涨幅，即 7 000/6 000－1＝16.67%。

用一个四象限的图来加以总结，我们就可以把情景分为“从未敲入＋到期上涨”“从未敲入＋到期下跌”“曾经敲入＋到期上涨”“曾经敲入＋到期下跌”(如图 95－1 所示)。

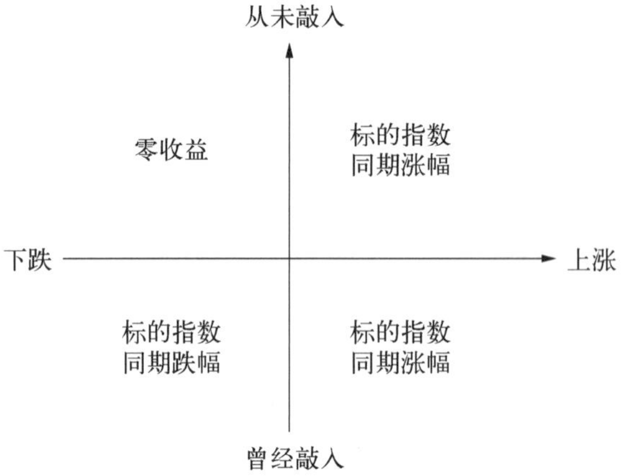

图 95－1　安全气囊类产品盈亏示意图

看到这里，想必大家就比较清楚安全气囊期权的盈亏结构了，它与场内期权里的“买购＋卖虚值沽”比较相似。于是，我们可以进一步感悟到这样的几个要点：

第一，对比凤凰期权与雪球期权，安全气囊期权是同下不同上。对于下方敲入这件事，这三类期权都是一样的，一旦中途敲入后，只要到期没有涨过期初点位，到期时的收益率就与标的指数的跌幅完全相同；但是对于上方而言，安全气囊期权保留了标的指数巨大的上行空间，而雪球期权和凤凰期权则是获得一个较高的票息。因此，三者之间究竟哪个更合适，取决于对标的指数未来有没有大涨的预期。

第二，对于任何一个安全气囊期权，这个 a% 的保护范围，本质上就是给了每个购买人一个下跌的安全边际，但要注意的是，这个 a% 的“安全垫”只能用一次，不是用作无限次保护的。打个比方，这个 a% 更像气球，下行幅度达到 a% 后就会破掉，它不是一个真的垫子，不可以反复用来保护。这就意味着购买该结构产品的投资者，需要对标的的下行空间具有一定的判断，最好是在一个指数已经经历过一轮恐慌下跌之后，或是指数已经经历了充分缩量，在技术面上站稳了某根中长期均线。

96. 买基金，你知道自己在买什么吗

关于买基金这件事，我们听到过很多种说法。有的提出了“不要在低谷转身离去，也不要在顶峰慕名而来”，有的提出了“定投是最好的投基方式”。

可是我认为，在买一只基金前，我们最应该知道的是它的盈利源在哪里，亏损源在哪里。下面我们不妨就来好好聊一聊平时大家经常听说的三类“非固收”的基金：股票多头类、CTA 期货类，以及期权类基金。

在这三类基金中，股票多头类基金的盈亏源无疑是最清楚的，用行话来说，那就是 Beta 和 Alpha。所谓 Beta，说通俗点就是大盘的表现好不好，某个成分指数的表现好不好；而所谓 Alpha，就是指这个基金经理的选股能力怎么样，有没有跑赢指数，有没有满仓踏空，有没有出现指数涨而他的股票却在亏的情况。

现在身边很多朋友买的股票基金，有的名叫“指数增强型”，有的名叫“灵活配置型”。什么是“指数增强型”？说白了，其实就是在某个成分指数的样本股里选择一部分股票，比如在沪深 300 里选出 30 只票，在中证 500 里选出 50 只票，定期或者不定期换仓一次，以试图用“小样本”的优势来跑赢所对标的指数。那什么是“灵活配置型”呢？就是没有了某个成分指数的限制，基金经理可以自由发挥，在沪深 300 里买一点，也可以在中证 500 里买一点，超跌的时候还可以在中证 1000 里买一点。

平时我们买基金，不论是买指数增强型，还是灵活配置型，都是希望基金经理能抓到有长期价值的个股，或者抓对某个潜在的风格。但是我们必须清楚，这类基金是纯多头的（Long Only），本身是没有对冲保护的，所以它们的缺点就是太过依赖 Beta，假如遇到 2018 年全年“慢熊”，就会“巧妇难为无米之炊”，不论是哪个股票基金经理，除非其空仓，否则就是跌多跌少的问题。虽然有些基金最终比指数跌得少，但对于投资者而言，其资产还是缩水了。

于是，在大盘表现可能不太好的时候，就一定需要找到其他资产去接力，其中的一类资产就是 CTA 基金。

CTA 基金是什么意思呢？它的英文全称是“Commodity Trading Advisor”，直译为“商品交易顾问”，从比较宽泛的角度来说，大家可以把它理解为以商品期货作为主要投资标的的基金。

一般对于 CTA 基金，它背后的策略会是什么呢？相对粗略地分，主要可以分成

两类：趋势交易和套利交易。

CTA 基金里的趋势交易，不会盯着一个品种去交易，而是把基金资产分成 n 个资金通道，通道 1 去追踪期货 A 的趋势，通道 2 去追踪期货 B 的趋势……由于许多大宗商品本身具有周期性，一旦趋势形成就容易延续一段时间，因此这类基金的赚钱逻辑就是依赖趋势，当某几个品种有一段明显趋势的时候，用它们赚到的钱去弥补那些暂时正在震荡的期货品种，从而实现总资产级别的盈利。

而 CTA 基金里的套利交易同样可以有多种方式，可以是国内外品种的联动价差套利（如 LME 铜和沪铜），也可以是基于产业逻辑进行跨品种套利，还可以是基于历史统计规律，对相关的品种（如豆油和棕榈油）进行一多一空的配对交易。

知道了大致的策略后，我们也就能为 CTA 基金总结出三个“多”——多品种、多周期、多策略。如果一个 CTA 基金的净值是长期横盘，然后一下子猛地上涨，那么它背后大概率是运用了趋势交易。因为趋势交易本身是一种低胜率、高赔率的操作，相比之下，套利型的 CTA 基金净值曲线可能会显得更平稳一些。

不难想象，由于 CTA 基金背后投资的标的都是各种大宗商品，黄金和股市可以是负相关的，有些期货品种和股市是低相关的，这就导致了历史上很多时候 CTA 基金的净值与股票多头基金是低相关的，两者之间形成一种趋势上的互补。

可是，如果一段时间里，许多资产没有出“趋势”怎么办？在这个时候，只有期权类的产品才能增加收益了。

有一个基本常识是，不论是现货还是期货，只要是线性的工具，它就只能交易趋势，没有趋势就很难赚钱，所以要在震荡市里有所作为，只能依赖非线性工具，那就是期权，因此，期权可以看成对“无趋势”这个空白点的弥补。

那么，常见的一些期权类基金又如何区分呢？粗略地说，我们可以把它们分为“带 Delta 敞口的基金”“波动率套利的基金”“收益凭证类的基金”。

先说说“带 Delta 敞口的基金”，这些基金一般会按照主观或者量化的原则去确定何时保持“正 Delta＋正 Vega”，何时转到“负 Delta＋正 Vega”，何时转到“正 Delta＋负 Vega”，何时转到“负 Delta＋负 Vega”。当然，为了在震荡市里体现期权的优势，许多基金可能在很多时间里保留着负 Vega 的敞口。

接着是“波动率套利的基金”，这些基金往往遵循严格的 Delta 中性原则，基于统计上的信号去低买波动率、高卖波动率。真正的波动率套利绝对不是很多人想象的双买、双卖，而是有买有卖，买卖比例恰好构成 Delta 中性。由于这类基金是以 Delta 中性作为第一原则的，因此它的收益不会特别地高，是一种相对低风险的产品，很多人往往把它们视为某种低风险理财产品的替代。

最后来看看“收益凭证类的基金”，这类基金的背后通常是把资产投向券商创设的场外期权或者收益凭证。为了突出这类基金在震荡行情里的优势，与 CTA 等趋势类基金形成互补，市场上比较多见的是分散配置一部分指数类的雪球期权，或是分散配置一部分个股类的雪球期权。

不难理解，如果一只期权基金是以做空波动率为主的，那它与 CTA 基金的净值一定是低相关的，因为这两类基金，一个是博趋势的而另一个是玩震荡的，一个是高赔率的而另一个是高胜率的。

当然，一只好的期权基金，一定不会“无脑”地去赚卖方的钱，它有能力在持续逼空或逼多的行情里防好回撤，甚至获得盈利。因此，投资期权类基金之前，很有必要明确了解它的风控体系，并且观察一下这些基金在过去几个“黑天鹅”交易日里是否经受住了考验。

如果一只期权基金永远在双卖，那结果可想而知……

如果一只期权基金没有“黑天鹅”风控，那也很难走远……

了解一下他们的权利仓/义务仓(Long/Short)比例，了解一下他们是如何判断震荡转趋势的。假如这个基金是投资场外期权的(如雪球期权)，那就还有必要了解一下它背后的股票标的是什么，对应的年化票息和敲入值是否符合你的心理预期。

……

好了，今天说了这么多，最后让我们来重温一下这三类基金的作用吧。股票多头基金，负责抓取上行进攻的机会，避开行情的踏空；CTA 基金，负责寻找其他资产趋势机会，起到平滑权益波动的作用；而期权类基金，则作为震荡市里的利器，同时需要控制好风险。三者各司其职，发挥着自己应有的功能。

97. 为什么期权产品更看重卡玛比，而不是夏普比

由于这两年进入了基金大时代，不少朋友在挑选基金时，也不再是简单地看收益、看排名，而是逐渐问起了“收益风险比”的重要性。什么是“收益风险比”？简言之，就是一单位风险能产生多少百分比的收益。我们投资了那么多年，都明白，如果几年内需要承担20％的回撤才能获得20％的年化收益，尽管它的最终结果可能是好的，但因为收益风险比太低，我们很有可能买在了顶部，也有可能中途拿不住。

在业内，夏普比和卡玛比是最常用的两大“收益风险比”，其公式为：

$$\text{夏普比}=\frac{\text{年收益率}-\text{无风险利率}}{\text{年化波动率}}$$

$$\text{卡玛比}=\frac{\text{年化收益率}}{\text{期间最大回撤}}$$

夏普比是用“波动率”来度量风险的，它反映了一根净值曲线看上去平稳不平稳，通常，一根净值“上蹿下跳”的幅度越大，则它的夏普比就越低，所以对于一个非固收类的产品，能够高于3的夏普比简直就是神一般的存在；反观卡玛比，则是用最大回撤去度量风险的，不难理解，如果产品净值前期的最高点在2，且相对于最高点最多下跌了20％，那么这根净值的最大回撤就是20％，它更多用来表示的是一只产品面临过的极端风险。我们知道，在穿越过“牛熊”的5年里，年化20％以上的收益是多么不容易，而产生10％的最大回撤却只需要一天（千股跌停），所以从长期看，高于5的卡玛比同样也是神一般的存在……

如果你到市场上去买股票类基金、CTA基金、混合类基金，几乎会发现这样一个现象，其夏普比要高于卡玛比。然而，在国内做期权交易快6年了，不论是过去的回测还是实盘，我都会发现一段时间以后，策略的卡玛比往往高于夏普比。对于这样的结果，你说仅仅是一种偶然，还是一种必然？

这绝对不是什么偶然，而是源于期权背后的三个字——“非线性”。“期权是非线性的工具”——这是期权玩家经常挂在嘴边的一句话。所谓的非线性，可以从很多种角度去理解，比如随着实值、平值、虚值的变化，义务仓保证金比例是不固定的，每个合约的杠杆比率是不固定的，当然最关键的一点还在于期权的盈亏图是一条折线而并非

直线，这就意味着不论你是做买方还是做卖方，你的长期日收益率分布要么是左偏，要么是右偏，都是不对称的。

对于没有掺入期权的基金，如股票多头、股债平衡、CTA、股票＋期指对冲，不论其资产有多分散，不论各自的仓位权重有多大，最终的 n 个资产都还是线性的，因此，这些产品就可以视为这 n 个资产的线性组合，其长期日收益率的分布自然也就是对称的了。可是，当我们在资产里加入期权后，一切就都改变了。在传统的“固收”产品里嵌入期权（场内、场外、单腿、牛差等），它就成了一个损失有限但强趋势下有巨大收益的结构；在传统的“权益”产品里嵌入“买虚沽＋或有卖虚购”，这就相当于锁定了最大回撤，从长期看又形成了一个下行有限而上行不封顶的结构……于是，在 n 个线性资产里，只要加入一个非线性资产，它的日收益率分布就一定是不对称的了。

那么，日收益率分布不对称，与夏普比、卡玛比有什么关系？为什么一个期权产品，它的卡玛比往往会更高呢？我们想一想就明白了。对于一个对称的分布（如正态分布），年化波动率是由每天收益率的标准差算出来的，也就是一倍 Sigma，而最大回撤往往是一个极端行情下的尾部风险，好比 3 倍 Sigma，3 倍 Sigma 当然会大于 1 倍 Sigma，因此最大回撤会明显高于波动率，卡玛比也就低于夏普比。然而，对于一个左偏的分布[如买入认购期权（Long Call）]，它的波动率往往会高于最大回撤（比如－2%、2%、1%、－0.5%、6%五个数，它的最大回撤就是 2%，而波动率却等于 3.03%），这样一来，它的卡玛比就显得较高，而夏普比就未必很高了。

从我挑选基金的角度来看，买 CTA、期指对冲基金可以看重夏普比，但买期权类的产品则更应该看卡玛比！以“股票＋期权对冲”的产品为例，它和期指对冲不同，它的目标并不是防范所有下行的回撤，而只是防住一个灾难性的回撤，然后尽可能跟上大盘的收益。试想一下，以 2020 年全年的行情为例，3 月份的时候大盘大跌了 20%，“股票＋期权”产品防住了灾难，只回撤了 4%；7 月份的时候，大盘大涨了超过 10%，在亏掉一些买沽的价差后，“股票＋期权”产品的净值当月上涨了 10%，基本跟上了指数；若是把这两个月的收益率合起来看，就会立刻发现产品的最大回撤等于 4%，而这两个收益率的标准差却高达 9.9%，于是，这个基金的波动率高于最大回撤，卡玛比很高，夏普比却很一般了。

可是想一想，在一个“上蹿下跳”的年份里，“股票＋期权”产品的卡玛比高，但夏普比则相对一般，这个基金是好还是坏呢？我想，从做实盘的初心来看，当然是好，因为它实现了规避尾部风险，同时保留上行收益的初衷。

所以，在挑选和评价一只基金的时候，也不是持“本本主义”的，用同一个指标未必适合所有类型的基金。对于一个期权类的产品，它的背后配置了多个收益不对称、左偏或右偏的资产，所以回撤比波动小这件事并不奇怪，卡玛比更高、夏普比一般也并不奇怪。假如我要把一堆资产委外出去，那么在配置任何一个期权产品前，我都更看重它能否给我的风险兜底，而未必在乎中途净值的来回波动，这就是为什么对于期权类的产品，我更看重卡玛比，而不是夏普比！

98. “指数增强”能不能靠期权

什么是指数增强基金？需要强调的是，并非市面上所有能够跑赢指数的股票基金都叫指数增强基金（以下简称指增基金）。试想一下，你会说某个主动股票型基金是指增基金吗？如果一只基金只重仓了 5～10 只股票，别人会说这是指增基金吗？不会！因为他们股票持仓的个数相对较少，净值与指数的偏离度很大，所以要说一只基金是指数增强基金，至少需要满足两个条件：

（1）长期以跑赢跟踪指数为目的（通俗地说，长期净值确实“跑赢大盘”了！）

（2）净值与指数的年化跟踪误差不能太大（通俗地说，就是净值与指数是具有一定相似度的）。

目前在国内的量化基金中，“指数增强”与“量化中性”是最大的两个门类，指数增强属于多头量化，大多数也是中低频量化，它是不带对冲的。正因为它不带对冲，所以指增基金盈亏同源，起起伏伏也就并不奇怪了。比如，在某一段时间里，它因某个板块或者风格“拔杆而起”，然而只要换仓稍不及时，它也会在另一段时间因为同一个板块的下跌而跑输指数。2021 年 9—10 月，为什么很多中证 500 的指增基金回撤很大？很大程度上是因为那个时期代表周期上游的资源股跌得“凶”，有些基金又超配了周期股，所以盈亏同源，那段时间的回撤也就自然比较大。

那么，做指数增强，量化机构一般会用到哪些手段呢？归纳起来至少有三种。

第一种手段是调整股票之间的权重。

市面上最常见的指增基金是针对沪深 300 和中证 500 的。当然 2021 年也有私募机构发行了中证 1000 的指增基金。一般来说，诸如沪深 300、中证 500 这些常见的指数，都是将股票价格按照自由流通市值的方式进行加权的，所以要跑赢指数，就显然需要调整各股票之间的权重，当你配给某只成分股的权重超过了指数里的权重，就称为“超配”，反之就称为“低配”。

这种“超配”和“低配”的方式可以有很多。要说简单传统的方式，超配前期波动率低的股票是一种方式，超配短期涨幅大的股票也是一种方式，超配预测 ROE 高的股票也算是一种方式；而要说复杂的方式，比如一些机构基于人工智能挖掘的许多盘口因子、高频价量因子。一个长期从事指增的基金经理，他需要做的是对每一种配权方式在哪种市场格局、哪种宏观环境下有效性强有一个基本的认识。拿 2021 年的行情来说，茅台的权重和宁德时代的权重，谁是超配，谁是低配？对此的决策直接决定了一只基金一整年的业绩！

第二种手段是在第一种做法的基础上，对其中一部分仓位做一些波段性操作，同时加上网下打新的操作。

这里的“做波段”，可以是一种趋势性择时。比如右侧加仓某个处在强趋势途中的行业或者个股，也可以是在持有底仓的情况下，针对某些日内波动率大的成分股做一些变相 T0 的高抛低吸，刮点“鱼鳞”。于是，大部分仓位作为配置盘低频换仓，而小部分仓位则作为交易盘中高频交易，所以这种指增的模式就可以用一个“1＋1＋1＝3”的等式一言以蔽之，那就是“配置增‘厚’”＋“交易增‘厚’”＋“打新增‘厚’”(如图 98－1 所示)。

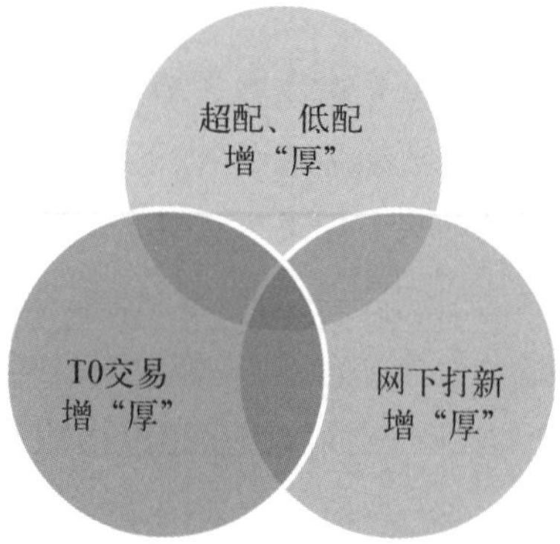

图 98－1 “1＋1＋1”增强来源示意图

第三种手段则是搭配衍生工具。

期指多头可以作为指数的替代，但要进一步增“厚”收益，首当其冲的就会想到期权了！在期权里，能进一步增强的方式有很多，这里我们就聊聊两种相对简单的增强方式：一种是利用“卖购”来增强，还有一种就是利用“权利仓”来增强。

先来看看第一种——指数多头＋卖购。有人会说，这不是备兑开仓吗？没错，形式上很相似，但实际处理上则可以灵活很多。过去，我曾经做过不少关于备兑策略的回测，对于过去 5～6 年的 A 股市场，持续滚动备兑卖出 5%虚值的近月认购，确实能够跑赢指数，增强收益，可是这样的“跑赢”仍然依赖于过去 5～6 年 50 指数总体慢牛的格局。自 2015 年至今，50 指数整体上还是呈慢慢往“东北”方向移动的走势，而备兑策略又是喜欢长期震荡上行的环境，所以我们才能看到备兑跑赢指数的结果。然而，如果一年里指数快速上涨呢？那备兑卖购就会限制指数的涨幅，最终跑输指数。

从过去的回测和实盘的经验看，我们可以做出这样一个估算：如果一年里有两个以上的月份大涨 10%，那么这一年 12 次滚动备兑卖购就大概率无法再跑赢指数了。所以，要真正“全天候”地跑赢指数，我就不能“无脑”地滚动逐月卖购，而是必须在卖购上有一定的移仓技术。比如，有些波段可以卖购持有不动，有些波段需要中途向上移仓卖购，有些波段里甚至不留任何卖购，而这个原则和体系就是一个基金经理需要去设计和践行的。

除了备兑卖购以外，我们还能利用“权利仓”来进行或有的增强。期指贴水率的存在，我们已经累积了一定的超额收益，那么这部分收益可以如何利用呢？就是利用“权利仓”的以小博大功能。现在来算一笔简单的“账”，假如沪深 300 的年化贴水率为 3%，从这 3%中拿出千分之几，在某一次强趋势的右侧初期，或者在极致低波的时期，或者某个长假前夕适度布局。当然，究竟是买购还是买沽？同样是可以非常灵活的。若是做趋势交易，那自然会结合趋势时而买购，时而买沽；但若是当成一个“黑天鹅”的保险，那就始终对应了买沽，结构上也就相当于一个“指数多头＋或有保险”了。像这样的“指增”方式，最终图的是什么？就是一年里有几次买沽的赔率很大，使盈利时的平均收益率能明显覆盖亏损时的平均亏损率，如是而已。

当然，从更严格的要求来说，怎样的增强才算得上真正的“增强”呢？对于已经有股指期货的指数而言，整个基金的净值不仅跑赢了指数，还跑赢了股指期货。由于每年的期指都有着天然的贴水，假如股票组合换来换去，忙活了一年，最终连期指的贴水都没有覆盖，那其实回头看，这一年就有点“白忙活儿”的感觉了……

99. 年化收益率 10%，过去 5 年有多少人可以做到

我记得在 2020 年 8 月，一则上海阿姨招女婿的消息传遍了金融人士的朋友圈。“不看房，不看车，只看理财水平高”，从阿姨的这个要求可以估计出她的家庭背景应该不缺钱，缺的是让钱稳健保值、增值的能力。尽管我特别反感把自己当成商品，把婚姻当成交易，但不得不说，这位阿姨的要求道出了这个市场的痛点，那就是实现“长期稳健的收益”真的没有多少人做得到……

- 2014—2015 年的牛市造就了很多“股神”，然而经历了三轮断崖下跌后，所剩者有几？
- 2017 年重仓茅台、平安等白马可以笑傲江湖，然而 2018 年这些基金有几个能保住正收益？
- 2019 年的一季度，很多股票账户的资产也曾来了个翻倍，然而今年上半年的疫情又抹去了多少收益？

在历史长河里，某一年翻一倍甚至几倍并不少见，少见的是 5 年以上连续获得复利，换言之，1 年赚 100%的难度会远远小于 5 年都赚 10%以上。

当然，要求一个人每年都收获两位数的正收益，这似乎太可遇而不可求了。通常，我们会用年化收益率来评价一个人的长期理财能力。那么，什么是年化收益率？尽管许多朋友嘴上一直在说，但其实并不见得真的知道它的概念。举个例子，过去五年，我的净值从 1.000 元涨到了 2.000 元，那么我的年化收益率是多少？也许有人会说，那不就是 20%。非也！其实 20%并不是年化收益率，年化收益率 R 是一个复利的概念，它是通过 $(1+R)^5=1+100\%$ 反推计算出来的，所以这个例子中的年化收益率等于 14.87%。

回望过去五年里，国内的各大指数的年化收益率都等于多少呢？从 2015 年 1 月 1 日到 2020 年 7 月 31 日这段时间内，被动投资国内各大指数基金的结果是，上证 50 的年化收益率为 4.32%，沪深 300 指数的年化收益率为 5.36%，中小板指的年化收益率为 9.81%，等等(详见表 99 - 1)。五个主流成分指数中，仅仅只有创业板指满足年化收益率 10%以上的条件。

表 99－1 2015 年 1 月 1 日—2020 年 7 月 31 日，内盘各大指数年化收益率

	累计收益率	年化收益率
上证综指	2.33%	0.42%
上证 50	25.87%	4.32%
沪深 300	32.86%	5.36%
中证 500	23.61%	3.97%
中小板指	66.41%	9.81%
创业板指	89.94%	12.52%

那么，被动投资外盘指数（如表 99－2 所示）或者黄金在过去的五年半里能达到年化收益率两位数吗？可惜的是，在过去五年多这么牛的标普 500，还有近来极为强势的黄金，都没有实现两位数的年化收益率，其年化收益率分别为 8.88%和 9.86%，只有纳斯达克做到了 16.25%的年化收益率（如表 99－2 所示）。

表 99－2 2015 年 1 月 1 日—2020 年 7 月 31 日，外盘各大指数年化收益率

	累计收益率	年化收益率
道琼斯指数	48.28%	7.51%
纳斯达克指数	126.88%	16.25%
标普 500 指数	58.88%	8.88%
德国 DAX30 指数	25.58%	4.28%
国际金价	66.83%	9.86%

通过这些数据，可以说明什么呢？说明在过去五年多的市场里，在经历了多轮“牛熊”的转换后，在经历了各类意外事件的冲击后，仅仅依靠被动投资要达到年化收益率 10%以上，是需要很敏锐的眼光和一定的运气的，比如这五年你在内盘一直坚持持有创业板 ETF，或是在外盘一直坚持持有纳斯达克 100ETF。

与此同时，前仆后继的基金经理进入这个行业，带着 10%以上的年化收益率“梦想”，希望能够通过主动管理的方式实现这个“梦想”。不过，理想是丰满的，现实却是骨感的。尽管 2021 年的行情又造就了许多新的“股神”，但若把 2018 年纳入其中，则我们可以得到这样一个统计数据：

过去三年(必须含2018年)内，每年年化收益率能达到10%左右的基金，就是处于全市场前5%的水平，而每年年化收益率达到15%左右的基金，就已经处于全市场前1%的水平。上海电视台不是有一个相亲节目叫《百里挑一》吗？过去三年每年年化收益率达到15%以上的基金经理，就已经是"百里挑一"了。

很明显，若要穿越到2018年，普通的选股策略就很难保证正收益了，因为那一年是大小盘通杀，指数一步一个台阶往下掉，许多现在的明星"基金"那一年都很难保住正收益，更不用说10%以上了。那么，这些市场前5%的基金是怎么做到的呢？通过回顾自己的实盘经验并与同业交流，我们发现，除了高频交易外(因为对大部分人而言不现实)，采用两类策略曾经在连续几个年份里做到了这一点。

第一类是大类资产配置策略。

大类资产配置的基本逻辑就是别把钱集中在一种资产上。比如，大盘股指数放一点，小盘股指数放一点，黄金放一点，固收放一点，分散化投资，以期望各类资产之间能够互相弥补、互相接力，用"东边不亮西边亮"的策略实现长期稳定的年化收益。在这个金融圈里，大类资产配置又有多种流派和做法，这里主要介绍三种：第一种是纯粹基于宏观基本面，基金经理本身对经济和通胀前景有着深刻的认识，对各类资产的周期把握也很有节奏；第二种是基于技术面进行趋势性资产轮动，简言之，就是哪个资产现在出"趋势"了，那就第一时间尽快右侧交易加仓这类资产，减仓另一类资产；第三种就是模仿桥水曾经的"神话"基金——风险平价基金(Risk Parity)，风险越低的资产配置的权重相对更高。

第二类是"有买有卖"的期权轮动策略。

大道至简，我们可以基于趋势线之间的位置关系，设置一套"春夏秋冬"的轮动体系。"春天"的信号表示市场可能进入震荡上行，操作上就以卖认沽为底仓，买认沽做或有防守；"秋天"的信号表示市场可能进入震荡下行，以卖认购为底仓，买认购做或有防守；"夏天"的信号表示市场可能进入趋势上行，以买认购为底仓，卖认购降低成本；"冬天"的信号表示市场可能进入趋势下行，以买认沽为底仓，卖认沽降低成本，信号切换即转换持仓，相当于一种变相的止盈与止损。仓位控制方面，轮动到"夏冬"时，买期权的仓位不超过5%，而轮动到"春秋"时，卖期权的仓位不超过30%。每一年的目标非常明确，那就是抓到一次"夏冬"的机会，在"春秋"切换到"夏冬"之际，尽快完成由卖转买的接力，靠买方头寸为年化收益做出大的贡献。

复利，被称为人类"第八大奇迹"，但殊不知稳定的复利又是二级市场里最困难的事情。我们经常说A股市场是"二八分化"的市场，若是从时间维度来理解"二八分化"这个词，则可以理解为每一年基本上是20%的趋势行情，加上80%的难熬行情，也就是说，一年里 20%的时光是用来做积累收益的，而 80%的时光则是用来控制回撤的。长期而言，要做到年化收益率 10%以上，不仅需要进攻的能力，而且得有一定的防守能力。一个简单的等式，我们都会计算，$(1+100\%)\times(1-50\%)=1$，一次翻倍的进攻后，回撤 50%，就意味着前功尽弃，而这个等式也恰恰揭示了能做到长期年化收益率 10%是多么值得尊敬。

100. 量化私募的回撤，真的很令人“惊讶”吗

2021 年 11 月，不少量化私募的回撤创出年内新高，千亿的量化私募又全面暂停了申购，这些消息聚到一起，自然引发了市场的关注……

任何策略、任何产品，都有它最适应的环境和不友好的环境。2021 年四季度量化私募的回撤，真的很令人“惊讶”吗？这里，我们尽量用相对通俗的语言来概括一下每个量化策略的“痛点”在哪里。

先来说说“指数增强”产品。顾名思义，指数增强是以跑赢基准指数（比如沪深 300、中证 500）为目的的产品，它最害怕的情况就是指数没怎么跌，而整个个股组合却一直跌跌不休。这种时候，我们就有一个专门的术语来刻画它，叫“负 Alpha”。什么时候很容易产生“负 Alpha”？往往是市场风格极致切换，或者行业轮动太快的时候。很容易想象，如果前期一只 500 增强基金靠周期股获得巨大的超额收益，那么当周期股明显跑输指数的时候，它的超额收益也就变成了超额损失；如果一只基金为了跑赢指数，在某个行业上配的权重太多、暴露太大，那么当这个行业突然放量下跌的那天，它的净值大概率也就跑输指数了……

再来看看“量化中性”产品。所谓量化中性，它是在中性什么？说白了，就是要把指数涨跌的方向性风险中性掉，那拿什么去中性，去对冲？主要就是靠股指期货（简称期指），若是用一个等式来表达，则是：量化中性＝股票组合＋期指空头。所以，当指数没怎么下跌而个股组合持续下跌时，或者当指数出现大涨而个股组合只是小涨时，这类产品的回撤就会放大。

由于量化中性的产品里带了一个“期指空头”，很多产品的历史回撤看似比较可控，因此市面上有很多机构称之为“类固收”。只是，从我自己的角度来看，我从来没有把“量化中性”等同于“类固收”，因为它并没有债券里“吃票息”的那份确定性。所谓最大回撤控制在 2%或 3%以内，其实也只是一个相对的数据，是在一个风格相对稳定、超额收益不被反复破坏的环境里才能实现的。如果遇到 2020 年 7 月 6 日、2019 年 2 月 25 日、2014 年 11 月的时候呢，难保不超出自己的历史最大回撤……

量化中性产品还有一个独有的“痛点”，那就是当股指期货从贴水转为大幅升水的时候。玩过期指的朋友都知道，期指价格小于现货指数，叫“贴水”；反之，期指价格高于现货指数，叫“升水”。在中性的产品里，期指的作用是对冲，是一个空头头寸。因

此，如果现货指数本身没怎么涨，而期指从贴水的状态转为了大幅升水，那产品净值也会莫名其妙地多亏掉一份“升水”的钱。过去什么时候发生过这种情况呢？如 2014 年 11—12 月、2019 年 2—3 月、2020 年 7 月、2021 年 9—12 月等。所以，如果一个中性产品里的期指空头已经建在上述月份之前，那在经历这些月份的时候，对期指空头头寸是不利的。

然后还有一种叫作 CTA 的产品。它的主要交易对象是各个品种的商品期货，它最害怕的情况是商品价格无序波动，多空被反复“打脸”。大家可能听说过 2021 年某些 CTA 私募基金也创出了历史最大回撤，这其实与当年商品的“变脸”行情有很大关系。

回想一下 2021 年的商品行情，你经历了什么？以螺纹和铁矿为代表的多个品种曾在盘中多次大幅反转，化工品则因沙特油田遭受袭击而一度出现暴涨、暴跌，9 月中下旬的焦煤、焦炭、动力煤更是从一路涨停转为一路跌停。由于大部分 CTA 基金还是以追踪商品趋势为主的，因此，在商品期货行情多变、被反复“打脸”的环境里，止损点设得窄的基金容易踏空行情，失去收益，止损点设得松的基金则容易遭遇连续的回撤。

最后来看看做空波动率的产品，这类产品曾经在 2016 年、2017 年，甚至 2019 年还很火，但是在经历 2020 年的三轮暴击（2020 年 2 月 3 日、2020 年 3 月、2020 年 7 月）后，各家私募风控水平的高低就一下子显现了。对于做空波动率的产品，它最害怕的是指数突发性的剧烈波动，这就要求管理人在 Gamma 中性上做好功夫。有实盘经验的朋友可能会将历史上暴涨暴跌的波段，像地震震级一样去分类，而类似于 2018 年 2 月 9 日、2019 年 2 月 25 日、2020 年 2 月 3 日这样的交易日则都属于 9 级以上地震，这些时期也往往对应了一个做空波动率产品的最大回撤。

此外，你可能还会在这个市场听到另一种产品——“固收＋”。什么是“固收＋”？它的目的是在平均理财收益率的水平上帮你再增“厚”一点。但是若是有一天“固收＋”集体出现了大的回撤，没有保住本金，那同样不用大惊小怪……因为“固收＋”里的“＋”同样是相对的，就像指数增强产品一样，如果遇到极端情况，它也可能从“固收＋”变成“固收－”，这就是一种盈亏同源（如图 100 - 1 所示）。

一般来说，“固收＋”有两种常见的模式：一种叫作 CPPI，另一种叫作 OBPI。什么是 CPPI？通俗地说，就是“a％仓位的债券＋（1－a％）仓位的股票”，这里的 a％可能是 80％，也可能是别的参数。股票端的仓位会动态调整，也会有止损

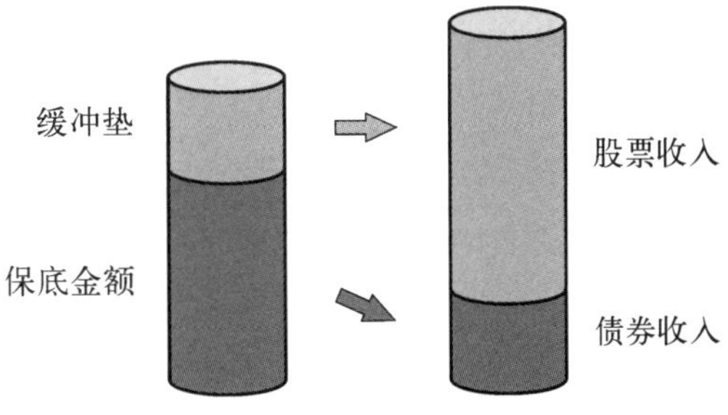

图 100 - 1 “固收＋”CPPI 策略示意图

线。如果一年下来，80%的债券产生了4%的收入，20%的股票产生了20%的收入，那么一年下来，整个产品净值就上涨了7.2%，也就如预期那样产生了“+”。然而你同样需要事先知道，如果这一年遭遇了股债“双杀”，那么这个产品也有可能本金不保。而另一种“固收+”的做法叫作OBPI，它是拿债券端产生的票息分一次或多次去买入某个方向的场外期权。尽管相比CPPI，OBPI模式的本金更安全，但由于期权买方天然与时间为敌，这就要求交易者对方向有更为精确的判断。

上述五种产品回撤的主因归纳详见表100-1。

表100-1　主要产品类型回撤的主因归纳

产品类型	回撤主因
指数增强产品	风格切换过快，行业轮动过快……
量化中性产品	风格切换过快，行业轮动过快，期指大幅升水……
CTA产品	无序波动，反复“打脸”……
做空波动率的产品	行情突然剧烈波动……
固收+	股债“双杀”，某个资产方向看错……

说到这里，了解每个策略回撤的主因真的有那么重要吗？重要！因为了解了这些原因后，你可能就会看淡中途某些正常的回撤，你也可以判断出一个产品背后是不是在做应该做的事。如果你用这些原因仍然无法解释连续的回撤，那么这个产品有可能已经发生了风格的偏移……

实际上，2021年四季度的回撤并没有什么可惊讶的。当一个策略遇到与交易者自己的风格很不匹配的时候，或是遇到极端行情的时候，都有可能创出历史最大回撤。还记得2020年3月份美股四次熔断的时候，瑞·达利欧(Ray. Dalio)的桥水全天候基金不也出现了两位数的回撤吗？其原因很简单，当时股债双杀，黄金、原油也在跌，所有资产几乎都在下跌。风险平价基金所用的策略属于大类资产配置策略的一种，而资产配置的基本逻辑就是别把钱集中在一种资产上，即分散化投资，以期望各类资产之间能够互相弥补、互相接力，通俗地说，就是用“东边不亮西边亮”的策略去实现“全天候”投资的理念。然而，如果所有资产都跌了呢？这个时候，桥水“全天候”的净值曲线也会产生历史的最大回撤。

其实，我们没必要神化量化，也没必要埋汰量化，量化的本质无非是用数量化的方法来做决策，有的依赖高频价量，但很多也依赖基本面的数据。放到历史的长河里去看，2021年四季度的量化回撤太正常了，一波3个月内的回撤并不能说明策略的失效，这个回撤只要还在一个体系的控制之内，只要不是灾难回撤，仍然还算是一个“良性”的回撤。从我自己的角度来说，我更在乎的不是一朝一夕的回撤，而是清楚：我自己在赚什么钱？整个体系里，谁是主攻头寸，谁是防守头寸？长期收益的逻辑是否清晰可靠？整个产品有没有防范“黑天鹅”的能力？所以，我相信真正做过实盘的 FOF 也会从这些角度去评判一只产品，而不只是持“本本主义”，拿出夏普比、卡玛比来衡量一只基金的潜力……